Jugend und Demokratie –
Politische Bildung auf dem Prüfstand

Studien zur Schul- und Bildungsforschung

Band 18

Herausgegeben vom Zentrum für Schulforschung und
Fragen der Lehrerbildung (ZSL)
der Martin-Luther-Universität Halle-Wittenberg

Heinz-Hermann Krüger/Sibylle Reinhardt/
Catrin Kötters-König/Nicolle Pfaff/
Ralf Schmidt/Adrienne Krappidel/
Frank Tillmann

Jugend und Demokratie – Politische Bildung auf dem Prüfstand

Eine quantitative und qualitative Studie
aus Sachsen-Anhalt

Leske + Budrich, Opladen 2002

Gedruckt auf säurefreiem und alterungsbeständigem Papier.

Die Deutsche Bibliothek – CIP-Einheitsaufnahme
Ein Titeldatensatz für die Publikation ist bei der Deutschen Bibliothek erhältlich

ISBN 3-8100-3574-2

© 2002 Leske + Budrich, Opladen

Druck: DruckPartner Rübelmann, Hemsbach
Printed in Germany

Inhalt

III. Politische Bildung an Einzelschulen

IV. Bildungspolitische und fachdidaktische Perspektiven

Vorwort

In diesem Buch wird von den Ergebnissen eines Forschungsprojektes berichtet, das in den Jahren 1998 bis 2002 im Zentrum für Schulforschung und Fragen der Lehrerbildung (ZSL) an der Martin-Luther-Universität in Halle durchgeführt wurde. Ziel des Forschungsprojektes war es, erstmals im Bundesland Sachsen-Anhalt das Verhältnis von Jugendlichen im Schul- und Berufsschulalter zu Demokratie, Politik und politischer Bildung in einer repräsentativen quantitativen Studie sowie ergänzend und vertiefend in einer qualitativen Studie zu untersuchen. Das Forschungsvorhaben knüpft an Traditionslinien und Fragestellungen der Schulqualitäts- und Schulkulturforschung, der politischen Sozialisationsforschung sowie der Forschung zur politischen Bildung an und versucht, diese miteinander zu verbinden. Vorgestellt werden zunächst die Ergebnisse einer repräsentativen Befragung von Jugendlichen in Sachsen-Anhalt zu Politik, Jugendkulturen und Rechtsextremismus, zur Partizipation in der Schule, zur Einschätzung des Sozialkundeunterrichts, zur Freizeit und zur politischen Sozialisation in der Familie. Anschließend wird auf der Basis der Ergebnisse einer qualitativen Studie genauer aufgezeigt, welche Bedingungen an Einzelschulen eher zu gelingenden bzw. problematischen politischen Sozialisationsprozessen führen. Ausgehend von diesen Befunden werden abschließend einige Perspektiven für die Bildungs- und Jugendpolitik sowie für die Reform der politischen Bildung an Schulen entwickelt.

Wie bei den meisten größeren Forschungsprojekten dieser Art sind auch in diesem Fall mehr Personen beteiligt, als das Inhaltsverzeichnis eines Buches ausweisen kann. Vor allem wollen wir uns bei den rund 1460 Schülerinnen und Schülern bedanken, die bereitwillig die umfangreichen Fragebögen ausgefüllt haben sowie bei den Schülern und Lehrern an zwei ausgewählten Einzelschulen, die sich an den mehrstündigen Gruppendiskussionen beteiligt haben. Unser Dank gilt insbesondere auch den Schulleitern der an unserer Untersuchung beteiligten Schulen, die in zu Beginn unseres Forschungsprojektes durchgeführten Leitfadeninterviews umfassend Auskunft über die politische Bildung, demokratisches Lernen und Partizipationsformen an ihrer Schule Auskunft gaben.

Zum Forschungsteam gehörte fast zwei Jahre Birgit Fischer, die auch an der Abfassung von Projektberichten beteiligt war, und der hier für die engagierte Mitarbeit im Projekt zu danken ist. Wie immer gilt der Dank auch Petra Essebier, die einige Manuskripte hergestellt und technisch betreut hat. Für die Endredaktion des gesamten Buches sowie für die Herstellung der Druckformatvorlage sei Ralf Schmidt herzlich gedankt. Bedanken möchten wir uns auch bei den Kollegen im Direktorium des ZSL, die unser Projektteam in inhaltlichen Fragen beraten haben. Zu danken haben wir schließlich auch dem Kultusministerium von Sachsen-Anhalt, insbesondere Herrn Günther, Herrn Dr. Koehn und Frau Cieslok, das die Durchführung dieses Projektes durch die Bereitstellung einer mehrjährigen finanziellen Sachbeihilfe ermöglicht hat.

Halle, im Juli 2002   Die Autorinnen und Autoren

8

I. Theoretischer und methodischer Ansatz

Heinz-Hermann Krüger/Catrin Kötters-König/
Nicolle Pfaff/Ralf Schmidt

1. Jugend, Demokratie und Politische Bildung

Der Titel des hier vorgelegten Buches, dessen zentrale Begriffe in der Überschrift des ersten Kapitels noch einmal aufgegriffen werden, deutet bereits die verschiedenen thematischen Facetten an, die in diesem Band angesprochen werden. Einerseits wird das Verhältnis von Jugendlichen zur Demokratie, genauer gesagt ihre politischen Orientierungen, Beteiligungsformen, jugendkulturellen und ethnozentrischen Orientierungen etc., auch in ihren Wechselbezügen zu Einflüssen der Schule, der Familie oder der Welt der Peers analysiert. Andererseits werden verschiedene Aspekte der politischen Bildung in der Schule, wie etwa die methodische Gestaltung des Sozialkundeunterrichts oder die Bedeutung der Schülergremienarbeit, in den Blick genommen. Anknüpfend an die Ergebnisse einer repräsentativen Schülerbefragung und einer qualitativen Fallstudie an zwei Einzelschulen wird dabei nach der Relevanz und Wirksamkeit von politischer Bildung in der Schule gefragt, und insofern steht – wie im Titel des Buches etwas provokativ formuliert – die Situation der politischen Bildung an den untersuchten Schulen im Bundesland Sachsen-Anhalt auf dem Prüfstand.

Im Folgenden skizzieren wir zunächst die Forschungsdiskurse zur politischen Sozialisation von Jugendlichen und zur politischen Bildung in groben Umrissen, auf die sich unsere Untersuchung bezieht, und werden die zentralen Fragestellungen und leitenden theoretischen Modellüberlegungen unserer Studie vorstellen. Im Anschluss daran beschreiben wir die Kriterien der Stichprobenziehung und die untersuchten Regionen. Im weiteren werden wir die Erhebungs- und Auswertungsverfahren unserer Untersuchung darstellen und abschließend werden wir den Gang der Argumentation in den einzelnen Kapiteln dieses Buches skizzieren.

1.1 Forschungsbezüge und theoretisches Untersuchungsmodell

Unsere Studie knüpft an zwei komplexe Forschungstraditionen an, an die Ansätze und Ergebnisse der sozial- und erziehungswissenschaftlichen Jugendforschung zu politischen Orientierungen von Heranwachsenden sowie an die Konzepte und Resultate der Schulforschung, insbesondere an Untersuchungen zur politischen Bildung und zur schulischen Partizipation, und versucht diese beiden Forschungsdiskurse zu verknüpfen. Im Bereich der Jugendforschung beziehen wir uns vor allem auf quantitative Jugendsurveys zu politischen und jugendkulturellen Orientierungen von Heranwachsenden in West- und insbesondere in Ostdeutschland, wie sie im vergangenen Jahrzehnt etwa im Rahmen der Shell-Jugend-Studien (vgl. Jugendwerk der Deutschen Shell 1992; 1997; 2000), im Kontext der Untersuchungen des Deutschen Jugendinstituts (vgl. etwa Hoffmann-Lange 1995; Gille/Krüger 2000), und von Heitmeyer u.a. (1995), Melzer (1992) oder Sturzbecher (2001) durchgeführt worden sind. Außerdem knüpfen wir an eigene quantitative Studien (vgl. Behnken/Krüger u.a. 1991; Büchner/Fuhs/Krüger 1996; Krüger/ Grundmann/Kötters 2000) an, bei denen wir im Verlaufe der 1990er Jahre mehrfach Heranwachsende in Sachsen-Anhalt (und teilweise auch im Ost-West-Vergleich) nicht nur nach ihren Einstellungen zu Politik und Jugendkulturen, sondern auch zu ihren Freizeitaktivitäten, Einbindungen in Organisationen oder elterlichen Erziehungsstilen befragt haben. Aus diesen Untersuchungen haben wir eine Reihe von Konstrukten in das Befragungsinstrumentarium unserer quantitativen Teilstudie mit dem Ziel aufgenommen, Vergleiche mit Schülereinstellungen aus den 1990er Jahren zu ermöglichen und längerfristige Entwicklungstrends herauszuarbeiten.

Daneben haben wir auch einige Skalen aus der politikwissenschaftlichen und soziologischen Umfrageforschung, soweit sie auch in der Jugendforschung rezipiert worden sind (vgl. etwa Hoffmann-Lange 1999; Meulemann 1996), in unser Erhebungsinstrumentarium übernommen, um vor dem Hintergrund der repräsentativen Bevölkerungsumfragen verschiedener Altersgruppen auch die Resultate unserer Schülerbefragung besser einordnen zu können. Ein weiterer Forschungsbereich aus der Jugendforschung, der für die Interpretation einiger unserer Befunde wichtig ist, sind eine Reihe von qualitativen Studien, die in den vergangenen Jahren insbesondere zu den Sozialisationsbedingungen, dem Alltagsleben oder den Biographien von rechtsorientierten und fremdenfeindlichen Jugendlichen durchgeführt worden sind (vgl. etwa Bohnsack u.a. 1995; Heitmeyer u.a. 1993; Hopf u.a. 1995; Eckert/Reis/ Wetzstein 2000).

Neben den Traditionslinien und Diskursen der Jugendforschung bezieht sich unsere Untersuchung auch auf die Ansätze und Ergebnisse der empirischen Schulforschung. Dabei sind außer Studien, die sich mit generellen Fragen von Schulklima und Schulqualität beschäftigt haben (vgl. etwa Fend 1998; Krüger/Grundmann/Kötters 2000), vor allem jene Untersuchungen relevant, die die Bedeutung und Effekte der politischen Bildung sowie der schulischen Partizipation untersucht haben. Zu beiden Themenkomplexen wurden in der Zeit der Schüler- und Studentenproteste in den späten 1960er

Jahren in Westdeutschland bereits einige Studien durchgeführt (vgl. Teschner 1968; Becker/Herkommer/Bergmann 1967; Schneider 1967). Insbesondere die Untersuchung von Teschner (1968) zur Relevanz der politischen Bildung in hessischen Gymnasien machte deutlich, dass die Wirksamkeit des politischen Unterrichts gemessen an den Intentionen der Lehrpläne insgesamt gering ist, auch wenn sich dabei zwischen einzelnen Klassen erhebliche Unterschiede im Informationsniveau und politischen Bewusstsein der Schüler zeigten. Angeregt durch die Impulse aus der internationalen Schulforschung, durch die Debatten um eine Verbesserung der Schulqualität und Schulkultur und um die Stärkung der Einflussrechte von Kindern und Jugendlichen erlebte die Diskussion um die Effekte schulischer politischer Bildung und um die Möglichkeiten schulischer Partizipation im letzten Jahrzehnt eine Renaissance. Empirische Studien zu diesen Themenfeldern gibt es jedoch bislang nur wenige. Zur politischen Bildung und moralischen Erziehung wurden zu der durch Kohlberg inspirierten Idee einer gerechten Schulgemeinschaft seit den späten 1980er Jahren einige Untersuchungen in Deutschland, der Schweiz und den USA im Rahmen der Begleitforschung zu Schulversuchen realisiert (vgl. Power 1998; Oser 1998; Reinhardt 1998). Außerdem wurde im Kontext der international vergleichenden Studie zu „civic education", an der 28 Länder teilnehmen, in den vergangenen Jahren nicht nur eine nationale Fallstudie auf der Basis von Experteninterviews zu den Rahmenbedingungen und zentralen Zielen der politischen Bildung in Deutschland durchgeführt (vgl. Händle/Oesterreich/Trommer 1999). Vielmehr wurden inzwischen im Kontext dieser Untersuchung auch knapp 4000 Jugendliche im Alter von 14 bis 15 Jahren in Deutschland zu ihrem politischen Wissen, ihren politischen Einstellungen und zu ihrer demokratischen Beteiligungsbereitschaft in der Schule befragt (zu ersten Auswertungen vgl. Oesterreich 2001). Mit den Möglichkeiten der Mitbestimmung der Schüler an der Gestaltung des Schullebens und des Unterrichts haben sich auf der Basis einer bundesweiten Schülerumfrage das Dortmunder Institut für Schulentwicklungsforschung (vgl. Mauthe/Pfeiffer 1996); im Rahmen einer auf das Land Sachsen-Anhalt bezogenen repräsentativen Schülerbefragung Krüger/Grundmann/Kötters (2000) sowie im Rahmen einer qualitativen Fallstudie an zwei Gymnasien Meyer und Schmidt (2000) beschäftigt.

Auch wenn die Forschungssituation zum Thema schulische Partizipation und zur Bedeutung der politischen Bildung insgesamt als noch nicht zufriedenstellend angesehen werden kann, boten die wenigen vorliegenden Studien in ihren Fragestellungen und ihren insbesondere quantitativen Untersuchungsinstrumenten Anknüpfungspunkte, die wir im Rahmen unserer eigenen Studie aufgegriffen haben. Vor allem haben wir aus den Studien zur Qualität und „effectiveness" von Schulen die Erkenntnis übernommen, dass kaum von den äußeren Organisationsmerkmalen von Schule linear auf die qualitative Ausgestaltung des Schullebens, auf eine partizipative Schul- und

Lernkultur sowie auf die politischen Einstellungen der Schüler geschlossen werden kann. Deshalb setzt unsere Studie in allen Untersuchungsschritten auf der Ebene der Einzelschule an.

Theoretisch bezieht sich unsere Studie auf einen mehrperspektivischen Ansatz, wie er in der sozialisationstheoretischen und sozialökologischen Forschung im letzten Jahrzehnt entwickelt worden ist, in der eine Person-Kontext-Beziehung in ihrem Interdependenzzusammenhang zu mesosozialen und makrosozialen Bedingungen analysiert wird. Da das zentrale Ziel unserer Untersuchung darin bestand, das Verhältnis der Jugendlichen im Bundesland Sachsen-Anhalt zu Politik und Demokratie unter Berücksichtigung der Einflüsse mikrosozialer Lebenswelten (Familie, Schule, peers und Freizeit) und meso- bzw. makrosozialer Bedingungskontexte zu untersuchen, erschien ein Rückgriff auf Mehrebenenmodelle dafür geeignet (vgl. Hurrelmann/Ulich 1991; Krüger/Lersch 1993). Darunter wird eine mehrdimensionale Theoriekonstruktion verstanden, die relevante Einflussgrößen in Bezug auf die Person-Umwelt-Beziehung benennt und sie auf verschiedenen Systemebenen lokalisiert (Mikro-, Meso-, Makroebene), objektive und subjektive Faktoren der Persönlichkeitsentwicklung berücksichtigt und die aktive Auseinandersetzung des Individuums mit seiner Umwelt betont. Im Zentrum der Analyse steht die Persönlichkeit des Heranwachsenden und dessen politische Orientierungen. Gleichzeitig werden diese Orientierungen jedoch in ihrer wechselseitigen Abhängigkeit von den Einflüssen des mittelbaren oder unmittelbaren Lebensweltbezugs in Schule, Familie und Freizeit sowie in ihrem Interdependenzverhältnis zu gesellschaftlichen Rahmenbedingungen und individuellen Voraussetzungen analysiert.

Diese theoretischen Grundannahmen haben wir in einem in Schaubild 1 dargestellten mehrperspektivischen Untersuchungsmodell konkretisiert, das die für die Ausformung des Verhältnisses der Jugendlichen zu Politik und Demokratie relevanten Einflussgrößen auf verschiedenen Systemebenen erfasst: der gesellschaftlichen Makroebene (gesamtgesellschaftliche Rahmenbedingungen), der regionalen Mesoebene (Besonderheiten der Untersuchungsregionen) und der institutionellen Mikroebene, zu der die Schule, die Familie sowie die Welt der Gleichaltrigengruppe und der Freizeit gehören. Im Zentrum des Modells steht der Jugendliche mit seinen individuellen, schulbezogenen und allgemeinen Merkmalen und Einstellungen (Individualebene).

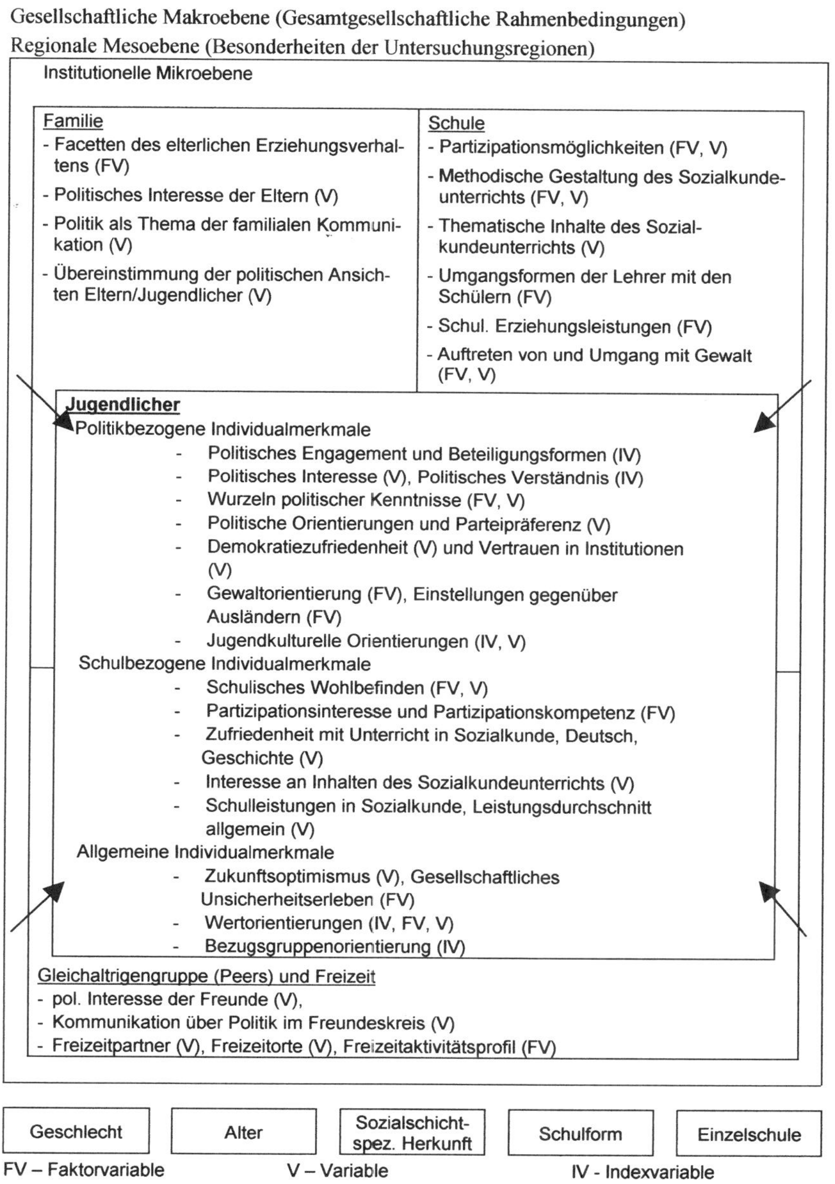

Gesellschaftliche Makroebene (Gesamtgesellschaftliche Rahmenbedingungen)

Regionale Mesoebene (Besonderheiten der Untersuchungsregionen)

Institutionelle Mikroebene

Familie
- Facetten des elterlichen Erziehungsverhaltens (FV)
- Politisches Interesse der Eltern (V)
- Politik als Thema der familialen Kommunikation (V)
- Übereinstimmung der politischen Ansichten Eltern/Jugendlicher (V)

Schule
- Partizipationsmöglichkeiten (FV, V)
- Methodische Gestaltung des Sozialkundeunterrichts (FV, V)
- Thematische Inhalte des Sozialkundeunterrichts (V)
- Umgangsformen der Lehrer mit den Schülern (FV)
- Schul. Erziehungsleistungen (FV)
- Auftreten von und Umgang mit Gewalt (FV, V)

Jugendlicher
Politikbezogene Individualmerkmale
  - Politisches Engagement und Beteiligungsformen (IV)
  - Politisches Interesse (V), Politisches Verständnis (IV)
  - Wurzeln politischer Kenntnisse (FV, V)
  - Politische Orientierungen und Parteipräferenz (V)
  - Demokratiezufriedenheit (V) und Vertrauen in Institutionen (V)
  - Gewaltorientierung (FV), Einstellungen gegenüber Ausländern (FV)
  - Jugendkulturelle Orientierungen (IV, V)
Schulbezogene Individualmerkmale
  - Schulisches Wohlbefinden (FV, V)
  - Partizipationsinteresse und Partizipationskompetenz (FV)
  - Zufriedenheit mit Unterricht in Sozialkunde, Deutsch, Geschichte (V)
  - Interesse an Inhalten des Sozialkundeunterrichts (V)
  - Schulleistungen in Sozialkunde, Leistungsdurchschnitt allgemein (V)
Allgemeine Individualmerkmale
  - Zukunftsoptimismus (V), Gesellschaftliches Unsicherheitserleben (FV)
  - Wertorientierungen (IV, FV, V)
  - Bezugsgruppenorientierung (IV)

Gleichaltrigengruppe (Peers) und Freizeit
- pol. Interesse der Freunde (V),
- Kommunikation über Politik im Freundeskreis (V)
- Freizeitpartner (V), Freizeitorte (V), Freizeitaktivitätsprofil (FV)

| Geschlecht | Alter | Sozialschicht-spez. Herkunft | Schulform | Einzelschule |

FV – Faktorvariable   V – Variable   IV - Indexvariable

Schaubild 1: Untersuchungsmodell

Die Untersuchungskomponente *Politikbezogene Individualmerkmale* haben wir mittels der folgenden Einzelvariablen und Gefüge von Faktorvariablen erfasst: das fiktive und faktische schulische Engagement sowie die allgemeine politische Engagementbereitschaft, das Interesse an Politik sowie das über drei Fragen exemplarisch abgefragte politische Verständnis, die Wurzeln der politischen Kenntnisse, die über die Selbstverortung im Spektrum einer linken bis rechten politischen Grundeinstellung und die Sympathie mit politischen Parteien erfassten politischen Orientierungen, die Zufriedenheit mit der Demokratie und das in verschiedene Organisationen und Institutionen gesetzte Vertrauen, die Gewaltorientierung und die Einstellungen gegenüber Ausländern sowie die Mitgliedschaft in bzw. den Grad an Sympathie für verschiedene jugendkulturelle Gruppen. Neben diesen politikbezogenen Merkmalen und Einstellungen haben wir auf der Individualebene außerdem folgende *Schulbezogene Individualmerkmale* in die Untersuchung einbezogen: das an dem schulischen Selbstwert- und Kompetenzerleben, der Schulfreude und dem schulischen Belastungserleben gemessene Wohlbefinden der Jugendlichen in der Schule, ihr Interesse an der Partizipation in der Schule sowie das Vorhandensein dafür notwendiger Kompetenzen, ihre Zufriedenheit mit dem Unterricht in den Schulfächern Sozialkunde, Deutsch und Geschichte sowie ihren Notendurchschnitt, das Interesse an den verschiedensten thematischen Inhalten des Sozialkundeunterrichts sowie die Erfahrung verschiedenster Unterrichtsverfahren. Unter der Komponente *Allgemeine Individualmerkmale* versammeln wir gegenwarts- und zukunftsbezogene Einstellungen, wertorientierte Einstellungen sowie die Bezugsgruppenorientierung der Jugendlichen.

Stellt der Jugendliche mit diesen Individualmerkmalen praktisch das Analysezentrum unserer Untersuchung dar, sind die Lebensbereiche *Familie*, *Schule* sowie *Gleichaltrigengruppe (Peers) und Freizeit* als Einflussbereiche in unser Untersuchungsmodell integriert, von denen wir auf der institutionellen Mikroebene untereinander kumulative, kompensatorische bzw. unabhängige Wirkungen auf die allgemeinen, schulbezogenen und insbesondere die politikbezogenen Orientierungen und Einstellungen der Jugendlichen erwartet haben. Bei der Analyse des Stellenwertes der *Schule* fragen wir nach Partizipationsmöglichkeiten, der methodischen Gestaltung des Sozialkundeunterrichts, den im Sozialkundeunterricht behandelten thematischen Inhalten, den Umgangsformen der Lehrer mit den Schülern, den schulischen Erziehungsleistungen sowie dem Auftreten von und den Umgang mit Gewalt in der Schule. Bezüglich der Lebenswelt *Familie* erstreckt sich unser Aufmerksamkeitsspektrum von den Facetten des elterlichen Erziehungsverhaltens über das Interesse der Eltern an Politik und die Behandlung politischer Themen in der innerfamilialen Kommunikation bis hin zu der Übereinstimmung der politischen Einstellungen der Jugendlichen und ihrer Eltern. Zur Berücksichtigung der sozialisatorischen Einflüsse *der Gleichaltrigengruppe und der*

Freizeitwelt erfassen wir ähnlich wie bei der Familie das Interesse der Freunde an Politik und die Kommunikation über politische Themen im Freundeskreis. Von Interesse sind außerdem die Freizeitpartner der Jugendlichen, die Mitgliedschaft und das Engagement in schulischen Freizeitgruppen und außerschulischen Vereinen und die sich zu bestimmten Mustern verdichtenden Freizeitaktivitäten der Jugendlichen.

Darüber hinaus haben wir in unserem Analysemodell die gesamtgesellschaftlichen Rahmenbedingungen und die mesosozialen Einflüsse der Untersuchungsregionen als äußere Rahmung mit berücksichtigt (vgl. auch Krüger/Grundmann/Kötters 2000, S. 20).

1.2 Untersuchungsansatz, Stichprobe, Regionenbeschreibung und Methoden

1.2.1 Untersuchungsdesign und –phasen

Ausgehend von diesen theoretischen Bezügen, Forschungstraditionen und Fragestellungen haben wir für unsere empirische Studie ein Projektdesign entwickelt, das auf einer Kombination quantitativer und qualitativer Methoden basiert und zeitlich mehrphasig angelegt war. Da unsere Untersuchung darauf abzielt, Perspektiven der Jugend- und der Schulforschung zu verknüpfen, sind auf der einen Seite die Jugendlichen als Individuen, auf der anderen Seite die untersuchten Einzelschulen zentrale Bezugsgrößen für die Analyse.

In der multimethodisch angelegten Vorstudie stehen die in die Stichprobe einbezogenen Einzelschulen im Zentrum der Betrachtung. Über eine teilstandardisierte schriftliche Befragung der Schulleitungen erfassten wir in diesem Zusammenhang erstens organisatorische und strukturelle Rahmenbedingungen der Einzelschulen. Zweitens wurden in leitfaden-gestützten Experteninterviews mit den Schulleiterinnen und Schulleitern der zu untersuchenden Schulen die Entstehungsbedingungen, das spezielle pädagogische Programm sowie der Stellenwert und die aktuelle Situation der politischen Bildung an den Schulen erhoben. Ergänzt wurden diese Materialien durch ethnographische Feldprotokolle der Interviewerinnen und Interviewer. Aus den zur Verfügung stehenden Daten wurden gegen Abschluss der ersten Phase Schulportraits der 17 in die Untersuchung einbezogenen Einzelschulen erstellt, die in einem Forschungsbericht dokumentiert worden sind (vgl. Krüger/Reinhardt u.a. 2001).

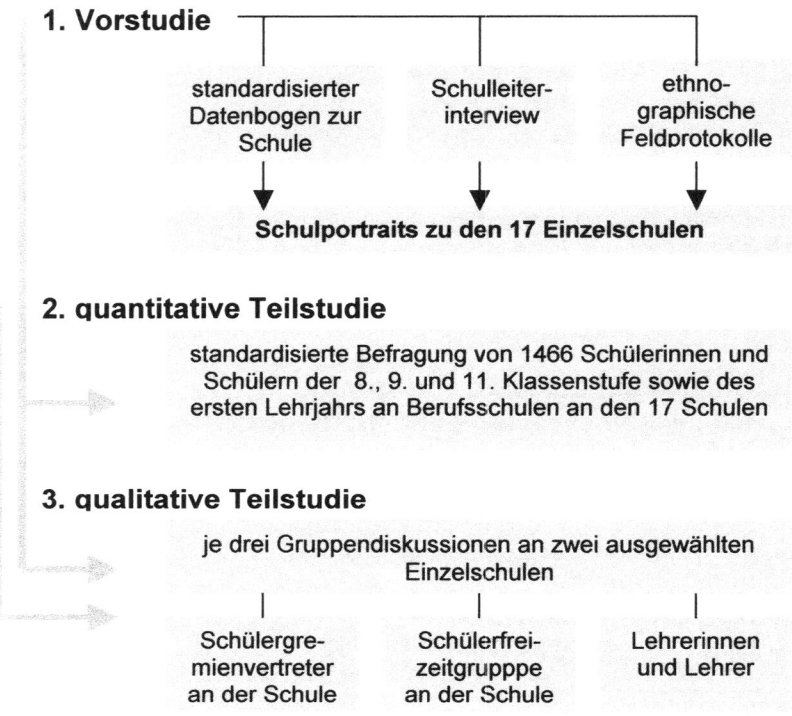

1. Vorstudie

| standardisierter Datenbogen zur Schule | Schulleiter- interview | ethno- graphische Feldprotokolle |

↓ ↓ ↓

Schulportraits zu den 17 Einzelschulen

2. quantitative Teilstudie

standardisierte Befragung von 1466 Schülerinnen und Schülern der 8., 9. und 11. Klassenstufe sowie des ersten Lehrjahrs an Berufsschulen an den 17 Schulen

3. qualitative Teilstudie

je drei Gruppendiskussionen an zwei ausgewählten Einzelschulen

| Schülergre- mienvertreter an der Schule | Schülerfrei- zeitgrupppe an der Schule | Lehrerinnen und Lehrer |

Schaubild 2: Untersuchungsdesign der Studie

Die quantitative Teilstudie umfasst eine standardisierte Befragung von Schülerinnen und Schülern in der Sekundarstufe und der gymnasialen Oberstufe bzw. Berufsausbildung an den Schulformen Sekundarschule, Gymnasium und Berufsschule. Darüber hinaus haben wir in die Untersuchung eine Lernbehindertenschule und eine Integrative Gesamtschule im Bundesland Sachsen-Anhalt einbezogen. Der Fokus unserer Untersuchung lag auf der Analyse von Prozessen der politischen Bildung an Schulen. Bei der Konzeption der Studie gingen wir davon aus, dass diese Prozesse im komplexen Gesamtgeschehen an Schulen durch hypothesenprüfende quantitative Forschungsverfahren allein nicht hinreichend analysiert werden können.

Um schulkulturelle Bedingungen der Bedeutung der politischen Bildung an Schulen und des Umgangs mit politischen Themen und demokratischen Verfahren an der Schule zu erfassen, integriert das Untersuchungsdesign der Studie mit zentralem Stellenwert eine qualitative Teilstudie, in der mit der

18

Methode der Gruppendiskussion je zwei Schüler- und eine Lehrergruppe an
zwei ausgewählten Einzelschulen zu Prozessen der politischen Bildung an
der Schule befragt wurden. Die Auswahl dieser beiden Schulen erfolgte auf
der Grundlage der Ergebnisse der Vorstudie und der deskriptiven Analyse der
Schülerbefragung. Befragt wurden auf diese Weise zum einen Schülerinnen
und Schüler, die in den Partizipationsgremien ihrer Schule aktiv waren, zum
zweiten Jugendliche, die sich aus gemeinsamen Freizeitaktivitäten in der
Schule kannten und zum dritten Lehrerinnen und Lehrer, die in ihrem Unterricht, in außerunterrichtlichen Tätigkeiten an der Schule oder in der Schulor-
ganisation mit politischer Bildung an der Schule in Berührung kamen.

Der Ablauf der Untersuchung kann in einem zeitlichen Rahmen von vier
Phasen beschrieben werden:

Erste Phase:
Am Beginn der Untersuchung in der Zeit von September 1999 bis April 2000
standen einerseits die Stichprobenziehung und die Entwicklung des quantitativen Erhebungsinstruments und andererseits die Durchführung der Vorstudie
mit dem Ziel der Erfassung der Charakteristika der in die Stichprobe einbezogenen Einzelschulen im Vordergrund.

Zweite Phase:
An diese Vorstudie schloss sich von April bis August des Jahres 2000 die
Durchführung der Schülerbefragung an. Nach der Entwicklung des umfangreichen Fragebogens und Überarbeitung des Befragungsinstruments im Anschluss an die Durchführung eines Pretests in der jüngsten einbezogenen
Befragtengruppe wurden im Juni/Juli 2000 insgesamt 1466 Schülerinnen und
Schüler in den Klassenstufen 8, 9 und 11 sowie im ersten Lehrjahr an Berufsschulen in verschiedenen Regionen Sachsen-Anhalts im Klassenverband
schriftlich befragt. In der Folgezeit erfolgte die Aufbereitung und Bereini-
gung der so ermittelten Daten für die quantitative Analyse.

Dritte Phase:
In der dritten Untersuchungsphase von September 2000 bis April 2001 wurden die Daten der Schülerbefragung zunächst deskriptiv ausgewertet. Der
Fokus dieser Auswertung lag dabei auf den Bedingungen der politischen
Bildung an den Einzelschulen. Unter Rückgriff auf die in der Vorstudie erarbeiteten Schulportraits und erste einzelschulbezogene Ergebnisse der Schülerbefragung wurden in dieser Phase zwei Einzelschulen ausgewählt, an denen mit qualitativen Untersuchungsmethoden Prozesse der politischen Bildung an Schulen genauer untersucht werden sollten. Mit dem im Verlauf der
Studie erarbeiteten und im Vorab an einer anderen Schule getesteten Diskus-
sionsleitfaden wurden im November/Dezember 2000 insgesamt sechs Gruppendiskussionen mit Schüler- und Lehrergruppen an den beiden ausgewähl-

ten Schulen durchgeführt. Die durchgeführten Diskussionen wurden im Anschluss daran parallel zur bi- und multivariaten Auswertung der Schülerbefragung in ausgewählten Auszügen transkribiert.

Vierte Phase:
Die vierte und längste Phase der Untersuchung, die von Mai 2001 bis Frühjahr 2002 andauerte, diente der Auswertung der in den verschiedenen Untersuchungsphasen erhobenen Daten und Materialien und der Aufbereitung und Veröffentlichung der Ergebnisse für verschiedene Adressatenkreise. Im Zentrum dieser Arbeit stand neben der Weiterentwicklung des wissenschaftlichen Wissens zu Fragen der politischen Bildung in der Schule und zu soziopolitischen Orientierungen von Jugendlichen auch die dezidierte Rückmeldung der Ergebnisse an die an der Untersuchung beteiligten Einzelschulen sowie die Erarbeitung von aus unseren Ergebnissen resultierenden jugend- und bildungspolitischen sowie schulpädagogischen Empfehlungen.

1.2.2 Kriterien der Stichprobenziehung und Rücklauf der quantitativen Teilstudie

Die unserer Untersuchung zugrundeliegende Stichprobe wurde ausgehend von der einleitend dargestellten Fragestellung, basierend auf den theoretischen Grundlagen der Untersuchung und den Ressourcen des Projektes nach einem mehrstufigen und geschichteten Auswahlverfahren (vgl. Borz/Döring 1995; Kromrey 1995) ermittelt. Folgende Kriterien waren bei der Stichprobenziehung bestimmend:

Stufe 1: Schichtungsmerkmal Region
Ausgehend von der Hypothese, dass regionale Lage und sozioökonomische Bedingungen des Umfeldes einer Schule einen Einfluss auf die Gestaltung schulischer Abläufe haben, wurden zwei ländliche und zwei städtische Regionen unter Berücksichtigung ihrer ökonomischen Strukturbedingungen, Bevölkerungsprognosen, dem politischen Wahlverhalten der Bewohner sowie ihrer geographischen Lage im Bundesland Sachsen-Anhalt bestimmt.

Stufe 2: Schichtungsmerkmal Schulform
Aus der Grundgesamtheit der 14–18jährigen Schülerinnen und Schüler in Sachsen-Anhalt wurde eine bezogen auf das Merkmal Schulform (Sonderschule, Sekundarschule, Gesamtschule, Gymnasium, Berufsbildende Schule) repräsentative Teilmenge an Schulen verschiedener Schulformen in den vier Regionen ermittelt, bestehend aus 8 Sekundarschulen, 4 Gymnasien, 2 Berufsschulen, 1 Gesamtschule und einer Sonderschule (aus forschungsorganisatorischen Gründen: Lernbehindertenschule). Dabei wurde darauf geachtet,

die zahlenmäßig stärker in der Stichprobe vertretenen Schulformen Sekundarschule, Gymnasium und Berufsschule gleichmäßig auf die Regionen zu verteilen.

Stufe 3: Auswahl der Einzelschulen
Die Schulen wurden anhand der Liste Allgemein- und Berufsbildender Schulen zufällig gezogen (Nummerierung und Zufallsauswahl). Pro Schultyp in jeder Region wurde eine Ersatzschule nach gleichem Prinzip ausgewählt. Unter den zufällig ermittelten Gymnasien befand sich ein Gymnasium in einer Großstadt, in dem aufgrund des Status und Profils der Schule mit Sondergenehmigung der zuständigen Behörden bislang kein Sozialkundeunterricht stattfand. In Anbetracht des zentralen Stellenwertes der aktuellen Situation im Sozialkundeunterricht in dieser Untersuchung wurde deshalb zusätzlich ein großstädtisches Gymnasium in die Stichprobe aufgenommen. Die quantitativen Befragungsdaten aus der betreffenden Schule ohne Sozialkundeunterricht bleiben im Folgenden bei der Auswertung der Schülerbefragung unberücksichtigt.

Stufe 4: Klumpenmerkmal Schulklasse
Letztlich wurden in den 17 sich an der Untersuchung beteiligenden Schulen (zur Kontaktaufnahme und Beteiligungsbereitschaft s.u.) anhand der in einem Fragebogen zu den statistischen Rahmendaten ermittelten Klassen der Jahrgangsstufen 8, 9 und 11 für jede Einzelschule kontrolliert zufällig die zu befragenden Klassen bestimmt. Schülerinnen und Schüler wurden anhand der Klassenzugehörigkeit in Klumpen erfasst, um Einflüsse des Faktors Klassenzugehörigkeit prüfen zu können.

Die quantitative Teilstudie der Untersuchung basiert als standardisierte Befragung auf einem quantitativen Forschungsansatz, um die einleitend beschriebenen Fragestellungen zu bearbeiten und aufgestellte Hypothesen zu verifizieren bzw. zu falsifizieren. Insgesamt ist die Befragung bezogen auf die Kriterien *Region, Schulform* und Einzelschulen als einmalige schriftliche Repräsentativbefragung von Schülerinnen und Schülern
- der Klassenstufen 8 und 9 an Sekundarschulen und Sonderschulen,
- der Klassenstufen 8, 9 und 11 an Gymnasien und Gesamtschulen sowie
- des 1. Lehrjahres an Berufsbildenden Schulen

im Bundesland Sachsen-Anhalt angelegt, die eine Momentaufnahme der erhobenen Dimensionen zum Untersuchungszeitpunkt Sommer 2000 darstellt.

Von den im Vorfeld der Studie geplanten 1884 Schülerinnen und Schülern haben sich 1466 beteiligt, was einer Rücklaufquote von 77,8 Prozent entspricht. Dabei variierte die Befragungsteilnahme stark zwischen den Einzelschulen, sie reichte hier von 48 Prozent bis 92 Prozent der geplanten

Stichprobe. Eine eher geringe Beteiligung von Schülerinnen und Schülern (50–60 %) an drei Schulen kam durch missverständliche Absprachen bzw. mangelnde Organisation an den Schulen zustande.

Die zuvor vom Klassenlehrer angekündigte schriftliche Befragung der Jugendlichen fand im Klassen- bzw. Kursverband statt und nahm zwei Unterrichtsstunden à 45 Minuten in Anspruch. Zu Beginn der Befragung stellten die Interviewerinnen und Interviewer die Untersuchung in ihren Zielen und ihrer Anlage vor, erläuterten den Fragebogen und beantworteten offene Fragen. An der Durchführung der Befragung waren insgesamt 8 Personen beteiligt, deren Zuordnung zu den Klassen zufällig verlief. Während der Befragung stand je eine Interviewerin/ein Interviewer der Klasse für Rückfragen zur Verfügung, die Lehrerinnen und Lehrer konnten selbst darüber entscheiden, ob sie der Befragung (ohne Einfluss auf deren Verlauf zu nehmen) beiwohnen oder nicht. Weiterhin wurde in jeder Klasse ein Untersuchungsprotokoll über den Verlauf der Befragung, Bedingungen der Beteiligung und eventuell auftretende Probleme geführt.

Besondere Befragungsbedingungen bestanden an der teilnehmenden Lernbehindertenschule, für die mit der Schulleitung spezielle Absprachen getroffen wurden: Zum einen wurde die Befragung in enger Kooperation zwischen Interviewerin/Interviewer und der Klassenlehrerin/dem Klassenlehrer der befragten Klasse durchgeführt. Zum zweiten wurde der Fragebogen mit der Schulleiterin der Schule auf seine Tauglichkeit hin diskutiert und daraufhin eine stark gekürzte Fassung des Instruments für die Befragung an dieser Schule erarbeitet. Drittens wurde zwischen den zwei Schulstunden eine 10-minütige Pause eingelegt.

Schaubild 3 auf der folgenden Seite zeigt nun die Struktur der geplanten und der realisierten Stichprobe im Vergleich zur Grundgesamtheit der Schülerinnen und Schüler in Sachsen-Anhalt in Abhängigkeit von den Merkmalen Schulform, Klassenstufe und Geschlecht.

Die Anzahl der einbezogenen Schulen pro Schulform wurde auf der Grundlage der Schuljahresendstatistik des Landes Sachsen-Anhalt aus dem Schuljahr 1998/1999 berechnet. Differenzen zwischen Soll- und Ist-Stichprobe ergaben sich zum einen erwartbar aus der auf dem Anspruch der Aussagefähigkeit über Einzelschulen beruhenden Einbezug von mindestens 4 Klassen pro untersuchter Schule und zum anderen zufällig durch geringe Rücklaufquoten an einzelnen Schulen oder in Klassen.

Schulform	Klassen-stufe	Grundge-samtheit N	Stichprobe (Soll)		Stichprobe (Ist)	
			n	%	n	%
Sekundarschule	8	22252	329	18,3	252	18,7
n=8	9	22140	324	18,2	247	18,3
Lernbehinderten-schule	8	1757	31	1,7	24	1,8
n=1	9	2019	29	1,4	21	1,6
Gesamtschule	8	581	47	0,5	34	2,5
n=1	9	498	47	0,4	38	2,8
	11	187	24	0,2	22	1,6
Gymnasium	8	11964	267	9,8	178	13,2
n=5	9	10801	262	8,9	185	13,7
	11	10405	225	8,5	146	10,8
Berufsschule[1] n=2	1. LJ	39100	298	32,0	200	14,8
Gesamt	**Gesamt**	**121704**	**1884**	**100**	**1466**	**100**

Geschlecht (bezogen auf die Sekundarstufe)	Grundge-samtheit N	Stichprobe (Soll)		Stichprobe (Ist)	
		n	%	n	%
Mädchen	110243	942	50	706	52,7
Jungen	113734	942	50	634	47,3

Schaubild 3: Struktur der geplanten und der tatsächlichen Stichprobe
im Vergleich zur Grundgesamtheit

Bei der Betrachtung der Stichprobe unter Repräsentativitätsgesichtspunkten
fällt auf, dass die Berufsschülerschaft in der Stichprobe deutlich unterreprä-
sentiert ist, wohingegen Gymnasiasten und Schülerinnen und Schüler an
Gesamtschulen bezogen auf die Grundgesamtheit anteilsmäßig zu stark vertreten sind. Für diese Studie ist die Berufsschülerstichprobe in zweifacher
Hinsicht eine besondere Untersuchungspopulation, da sie sich gegenüber den
im Übrigen hier untersuchten Schulformen einerseits durch starke Heterogenität der Ausbildungsgänge und des Alters der Schüler und andererseits durch
einen hochgradig selektiven Rücklauf auszeichnet. Die geringe Gesamtzahl

---

1 Im Bereich der Berufsschulbildung haben wir Klassen der Berufsfachschule aus
   den Zweigen Wirtschaft und Handwerk, sowie Klassen des Fachgymnasiums, der
   Fachoberschule, des Berufsgrundbildungsjahres und des Berufsvorbereitungs-
   jahres untersucht.

der befragten Berufsschüler und –schülerinnen kommt durch den vergleichs-
weise geringen Rücklauf von 72 bzw. 48 Prozent an den beiden untersuchten
Berufsschulen zustande, dabei variierte die Beteiligung in den Klassen stark.
Auch Mädchen und in der Stadt lebende Schülerinnen und Schüler sind in der
Stichprobe leicht überrepräsentiert. Diese Differenzen zwischen Soll- und Ist-
Stichprobe haben wir bei der Interpretation der Ergebnisse immer dann durch
den Einsatz von Gewichtungsprozeduren berücksichtigt, wenn die Abhängigkeit des jeweils untersuchten Sachverhalts vom Merkmal Schulform ange-
nommen werden muss bzw. faktisch gegeben ist.

1.2.3 Beschreibung der Untersuchungsregionen

Mit der Wiedervereinigung rückte Sachsen-Anhalt in eine zentrale Lage
innerhalb Deutschlands. Angrenzende Bundesländer sind Niedersachsen,
Brandenburg, Sachsen und Thüringen.
    Die Standorte der insgesamt siebzehn in die Stichprobe einbezogenen
Schulen befinden sich in den Landkreisen Bördekreis, Bitterfeld, der kreis-
freien Stadt Halle und in der Landeshauptstadt Magdeburg. Durch die Auswahl dieser vier verschiedenen und im folgenden näher beschriebenen Regionen sollte versucht werden, dem Anspruch unserer Untersuchung, einen
repräsentativen Überblick über Stand und Perspektiven politischer Bildung
an Schulen im Bundesland Sachsen-Anhalt zu geben, gerecht zu werden.

Die kreisfreie Stadt Magdeburg, Landeshauptstadt
Am Mittellauf der Elbe, nordöstlich der Magdeburger Börde gelegen, befindet sich die mit ihren 235.073 Einwohnern[2] zweitgrößte Stadt Sachsen-
Anhalts, die im Jahre 1990 das Rennen um den Status der Landeshauptstadt
knapp für sich – und gegen die Stadt Halle – entscheiden konnte. Herausra-
gend ist insbesondere die infrastrukturelle Situation der mit einem Binnenha-
fen und hervorragenden Autobahn- und Bahnanschlüssen ausgestatteten
Stadt.
    Magdeburg blickt auf eine über tausendjährige Geschichte zurück; die
Stadt wurde im Jahre 805 erstmals urkundlich erwähnt. Städte- und Kultur-
führer verweisen gern auf die bewegte Historie der Stadt, die Sakralbauten
und nicht zuletzt auf ihre großen Söhne. In der Vergangenheit war Magdeburg eine Metropole mit internationaler Bedeutung; der bekannte Breite Weg
etwa zählte einst zu den prachtvollsten Boulevards Europas. Vom ehemaligen
Glanz der Stadt haben der Zweite Weltkrieg und das städtebauliche Feinge-
fühl der DDR-Zeit allerdings wenig übrig gelassen. "Der Nachgeborene, auch
wenn er nicht Magdeburger ist, der eine Postkartenansicht mit dem ver-

---

2   Angaben des Statistischen Landesamtes Sachsen-Anhalt für das Jahr 1999

gleicht, was er heute geboten bekommt, verfällt in tiefe Schwermut."[3] Ein Aushängeschild der Stadt ist der wegen seiner "Magdeburger Halbkugeln" berühmte Naturforscher und langjährige Bürgermeister der Stadt, Otto von Guericke, dessen Namen die 1954 als Technische Hochschule gegründete Universität der Landeshauptstadt trägt. An dieser Universität werden heute neben naturwissenschaftlich-technischen auch sozial- und geisteswissenschaftliche Studiengänge angeboten. Darüber hinaus besitzt die Stadt eine Fachhochschule; insgesamt waren zum Zeitpunkt unserer Erhebungen etwa 10.000 Studierende in den verschiedenen Ausbildungsgängen dieser beiden Einrichtungen eingeschrieben.

In der Stadt Magdeburg lebten im Jahr 2000 etwa 28.000 Kinder und Jugendliche im Alter bis zu 15 Jahren; das sind ca. 13 Prozent der Gesamtbevölkerung[4]. Das ungenügende Angebot an Freizeiteinrichtungen für Jugendliche dieser Altersgruppen in der Landeshauptstadt wird seit Schließung vieler Jugendfreizeiteinrichtungen in der Nachwendezeit immer wieder öffentlich kritisiert. Besonders Stadtteile, die mit sozialen und sozioökonomischen Problemen sowie in den letzten Jahren verstärkt mit sozialer Entmischung zu kämpfen haben, sind davon betroffen, da die entstehenden kommerziellen Freizeitangebote im Stadtzentrum für die hier lebenden Jugendlichen wenig Bedeutung haben. Die insgesamt 15.067 Schülerinnen und Schüler Magdeburgs lernten im Schuljahr 1998/99 an 113 allgemeinbildenden Schulen[5]. Davon sind 54 Grundschulen, 31 Sekundarschulen, 13 Gymnasien, 12 Sonderschulen und 2 Gesamtschulen. Zusätzlich gibt es in Magdeburg 7 Berufsbildende Schulen.

Die kreisfreie Stadt Halle
Halle ist mit ihren 249.672 Einwohnern[6] die größte Stadt des Bundeslandes Sachsen-Anhalt. Seit der Wahl zur Landeshauptstadt, die bekanntermaßen zugunsten des weiteren Mitbewerbers Magdeburg ausging, firmiert Halle immerhin als "Kulturelle Hauptstadt" des Landes – ein Anspruch, dem man trotz stark begrenzter Mittel durch die Ausrichtung zahlreicher kultureller

---

3   Zimmerling, D./Blase, D.: Sachsen-Anhalt. Braunschweig 1991, S. 52.
4   Nach Bevölkerungsvorausberechnungen des Statistischen Landesamtes des Landes Sachsen-Anhalt aus dem Jahr 1996, aktuelle Daten dieses Differenzierungsgrades liegen derzeit noch nicht vor.
5   Angaben des Statistischen Landesamtes Sachsen-Anhalt, Schuljahresanfangsstatistik Unterricht und Bildung 1998/99.
6   Stand: Sommer 2000

Ereignisse gerecht zu werden sucht[7]. Das ebenfalls über 1000jährige Halle präsentiert sich zunächst, ähnlich wie die Landeshauptstadt, als historische Stätte mit jahrhundertealten Baudenkmälern, als Salz-, Hanse- oder Universitätsstadt; als Wiege der Aufklärung und des Pietismus. Die zahlreichen Reise- und Stadtführer wissen über das Leben und Wirken herausragender Persönlichkeiten zu berichten; unter ihnen der Komponist G. F. Händel, der Theologe und Pädagoge A. H. Francke, Philosophen wie Thomasius und Wolff, der Anatom Meckel oder die Ärztin Dorothea von Erxleben, die 1754 als erste Frau in Deutschland den medizinischen Doktorgrad erlangte. Insbesondere als traditionsreiches Zentrum moderner Wissenschaft macht die Stadt Halle von sich Reden. Eines ihrer Aushängeschilder ist dabei die "Leopoldina", die als die älteste naturwissenschaftliche Akademie Deutschlands gilt.

"Die zweimal hunderttausend Leute lebten nicht hier, weil es besonders Spaß machte, hier zu leben. [...] Jedes Kind konnte hier die Richtung des Windes nach dem vorherrschenden Geruch bestimmen: Chemie oder Malzkaffee oder Braunkohle. Über allem diese Dunstglocke..." So beschreibt Christa Wolf[8] schon im Jahre 1963 die eher alltägliche Seite der Stadt, die man wohl meist vergeblich in den zahlreichen Stadtbeschreibungen suchen wird: Schließlich ist Halle für die Mehrzahl seiner Bürger sicher weit weniger die gepriesene Traditionsstätte als vielmehr eine Stadt mit ökonomischen Belastungen, einer immer noch stark rekonstruktionsbedürftigen Bausubstanz in vielen Wohngegenden wie der in den sechziger Jahren erbauten Chemiearbeiterstadt Halle-Neustadt, die erst im Zuge der Wiedervereinigung der Stadt Halle angegliedert wurde. Auf der anderen Seite sind vor allem die Innenstadt und einige Wohnviertel im Innenstadtbereich inzwischen weitgehend rekonstruiert und lassen etwas von dem akademisch-bürgerlichen Charme der Stadt wiederaufleben. Insgesamt gleicht die Stadt jedoch auch 10 Jahre nach der Wende noch immer einer großen Baustelle.

Die Einwohnerzahl der Stadt ging in den letzten Jahren von über 300.000 Personen (1990-1992) auf etwa 250.000 zurück, nachdem immer mehr Menschen in die ländliche Umgebung der Saalestadt oder in andere Regionen Deutschlands abwanderten. In Halle leben 31.500 Kinder und Jugendliche im Alter bis zu 15 Jahren, was einen Anteil von ca. 12 Prozent an der Gesamtbevölkerung ausmacht.

---

7   vgl. Fuhs, B./du Bois-Reymond, M./Grundmann, G.: Kindliche Lebensbedingungen im interkulturellen Vergleich. Zur Infrastruktur einer ausgewählten Region in Westdeutschland, Ostdeutschland und den Niederlanden. In: du Bois-Reymond, M. u.a.: Kinderleben. Modernisierung von Kindheit im interkulturellen Vergleich. Opladen 1994, S. 35-60.
8   zit. in: Filmer, Werner u.a.: Sachsen-Anhalt, München und Berlin 1991, S. 120.

Von den 128 allgemeinbildenden Schulen staatlicher Trägerschaft in der Stadt sind 59 Grundschulen, 35 Sekundarschulen, 15 Gymnasien, 15 Sonderschulen und 3 Gesamtschulen, hier werden 21.759 Schülerinnen und Schüler unterrichtet. Zusätzlich gibt es 8 Berufsbildende Schulen. Die Zahl der Schulen hat sich dabei in den letzten vier Schuljahren mit dem Rückgang der Schülerzahlen und aus bildungsökonomischen Gründen um fast ein Drittel reduziert. Auch im Jahr 2000 fand in Halle eine breite Debatte über mögliche bzw. notwendige Schulschließungen statt, die von Lehrer-, Eltern- und Schülerschaft mit Ablehnung bis hin zu einzelnen Protestaktionen beantwortet wurde.

Die Stadt Halle kann auf ein relativ umfangreiches kulturelles Angebot für Kinder und Jugendliche verweisen; darunter ein vielfältiges Angebot an Jugendfreizeiteinrichtungen und eine Reihe von Interessenvereinigungen oder Vereinen mit kinderspezifischen Zielsetzungen, sowie zahlreiche Bibliotheken, Sportvereine und kommerzielle Freizeitangebote[9].

Der Landkreis Bördekreis

Der Landkreis erstreckt sich über eine Fläche von 880 qkm und weist eine Einwohnerzahl von 83.669 auf. Das ergibt eine Bevölkerungsdichte von ca. 94 Einwohnern pro qkm. Angrenzende Kreise sind der Ohrekreis im Norden, Magdeburg und Schönebeck im Osten, Aschersleben, Staßfurt, Quedlinburg und Halberstadt im Süden, sowie Helmstedt im Westen. Die Kreisstadt ist Oschersleben.

Der Landkreis gehört mit einer Arbeitslosenquote von ca. 20 Prozent seit Jahren zu den Problemregionen in den neuen Bundesländern. Dabei bestehen deutliche Differenzen zwischen dem nördlichen und dem südlichen Teil des Landkreises. Während die nördlichen Regionen des Bördekreises von der wirtschaftlichen Auslagerung aus der Stadt Madgeburg profitieren, ließ der erwartete Aufschwung im Süden des Landkreises im Jahr 2000 noch auf sich warten.

Einer der wichtigsten harten Standortfaktoren bei der Ansiedlungswerbung im Standortmarketing der Gewerbegebiete des Bördekreises ist die Verkehrsanbindung der Standorte an Autobahnen, Bundesstraßen und Eisenbahnlinien. Als ein Indiz dafür kann das starke Interesse von Unternehmen für die autobahnnahen Gemeinden Osterwed-dingen, Langenweddingen und Dodendorf gewertet werden.

Besonders stark ist der Rückgang der Zahl der in der Landwirtschaft beschäftigten Personen. 1989 betrug der Anteil auf dem Gebiet des heutigen Bördekreises etwa das Doppelte des heutigen Landesdurchschnittes. In Zahlen ausgedrückt, waren im Dezember 1989 etwa 8.371 und im Dezember

---

9   vgl. hierzu näher Fuhs/du Bois-Reymond/Grundmann a.a.O., S. 38 ff.

1998 schätzungsweise 1.300 Menschen in diesem Wirtschaftszweig beschäftigt.

Im Jahr 1998 gab es im Bördekreis 43 Betriebe mit jeweils mehr als 20 Beschäftigten im Wirtschaftsbereich "verarbeitendes Gewerbe". Trotz der im Jahr 2000 im Osten relativ zum Westen negativen konjunkturellen Lage ist hier ein Aufwärtstrend zu erkennen. Das Handwerk ist eine der tragenden Säulen der Wirtschaft im Kreisgebiet. Bei den Beschäftigtenzahlen ist ein deutlicher Trend zur Stabilisierung festzustellen.

Von den insgesamt im Bördekreis lebenden 83.669 Menschen sind ca. 11.300 unter 16 Jahre alt[10]. Die ca. 10.000 Schülerinnen und Schüler an allgemeinbildenden Schulen besuchten im Schuljahr 1998/99 insgesamt 55 Schulen, davon sind 29 Grundschulen, 19 Sekundarschulen, 3 Gymnasien und 4 Sonderschulen. Daneben gibt es eine Berufsschule im Bördekreis. Im Kulturbereich dominieren in der ländlichen Region Kultur- und Sportverbände und –vereine, es gibt nur wenige kommerzielle Freizeitangebote, auch Jugendzentren und Jugendclubs führen eher eine Nischenexistenz.

Der Landkreis Bitterfeld

Der Landkreis Bitterfeld zählt zum Regierungsbezirk Dessau und beheimatet insgesamt ca. 117.000 Einwohner in sechs Städten und 39 Gemeinden auf einer Fläche von 504 km^2. Damit ist Bitterfeld einer der am dichtesten besiedelten Landkreise Sachsen-Anhalts. Größte Städte sind Wolfen mit ca. 35.000 und die Kreisstadt selbst mit ca. 17.000 Einwohnern[11]. Angrenzende Landkreise sind der Saalkreis, Köthen, Wittenberg, Delitzsch in Sachsen und im Norden die kreisfreie Stadt Dessau. Auf dem traditionellen Knotenbahnhof von Bitterfeld kreuzten sich schon im vorigen Jahrhundert die Züge, die Rohstoffe nach Bitterfeld brachten und Produkte in die Welt transportierten.

Die Kreisstadt Bitterfeld mit etwa 17.000 Einwohnern wurde erstmals im Jahre 1224 urkundlich erwähnt. Bitterfeld ist ein wichtiger Industriestandort (Chemie) und Verkehrsknotenpunkt im Ballungsraum Halle-Leipzig-Dessau. Zur Neu- und Umgestaltung Bitterfelds haben auch die EXPO-Projekte beigetragen. Die Rekultivierung der ehemaligen Tagebaulandschaft „Goitzsche" zum Erholungs- und Naturschutzgebiet soll in absehbarer Zeit den Tourismus in die Stadt führen.

Wolfen, mit etwa 35.000 Einwohnern größte Stadt im Landkreis Bitterfeld, ist eine traditionsreiche Industriestadt im Süden Sachsen-Anhalts. Wolfen ist eine Stadt im Grünen. Zwischen den Stadtteilen Wolfen-Altstadt und Wolfen-Nord liegt das Landschaftsschutzgebiet „Fuhneaue". Nahezu 40

---

10 Nach Bevölkerungsvorausberechnungen des Statistischen Landesamtes des Landes Sachsen-Anhalt aus dem Jahr 1996.

11 Stand 10/2000

Prozent der Kreisbevölkerung lebten im ländlichen Raum, in insgesamt 39 Gemeinden.

Aufgrund der großen Tradition als Industriestandort gibt es im Landkreis Bitterfeld günstige Voraussetzungen für Ansiedlungen verschiedenster Branchen. Hervorzuheben ist vor allem die langjährige Erfahrung in der Chemie- und Filmproduktion. Daraus ableitend existiert in der Bevölkerung eine breite Akzeptanz gegenüber der in 100 Jahren gewachsenen chemischen Industrie. Eine bekannt gute Infrastruktur ermöglicht eine flexible Gestaltung des Produktions- und Dienstleistungsbetriebes bereits ansässiger Unternehmen. Gleichwohl kämpft die Region immer noch mit den Folgen der wirtschaftlichen Veränderungen in der Nachwendezeit, welche zur Stillegung großer Betriebe und zur Freisetzung einer großen Anzahl von Arbeitskräften geführt hat. Damit verbunden ist die Abwanderung von Fachkräften und ein negativer Wanderungssaldo.

Die schulische Versorgung der Bevölkerung ist durch 30 Grundschulen (davon 4 Grundschulen mit Vorklassen), 19 Sekundarschulen sowie 4 Gymnasien und 4 Sonderschulen (jeweils zwei für Lernbehinderte und Geistigbehinderte) im allgemeinbildenden Bereich sichergestellt. Diese Schulen wurden im Schuljahr 1998/99 von insgesamt 14.706 Schülerinnen und Schülern besucht. Außerdem existieren zwei berufsbildende Schulen, an denen ca. 3.400 Jugendliche ausgebildet werden. Weiterhin haben sich 20 Bildungseinrichtungen etabliert, die sich wie die Berufsbildenden Schulen am Anforderungsprofil hier produzierender Unternehmen orientieren und eng mit diesen kooperieren. Ein neues Berufsschulzentrum (EXPO-2000 Projekt) entstand unter der Einbeziehung des Bitterfelder Kulturpalastes als Low-Tech-Gebäude inmitten des Industrieparks Bitterfeld-Wolfen. In und um Bitterfeld gibt es, gerade vor dem Hintergrund der Bemühungen der Region, sich als Tourismuszentrum ein zweites wirtschaftliches Standbein zu schaffen, vielfältige Projekte in den Bereichen Landschaftsentwicklung und Kunst und Kultur, in denen Jugendliche gern gesehene Ehrenamtliche sind. Während die Stadt Bitterfeld über eine Reihe von kommerziellen Bildungsanbietern vor allem im Kulturbereich und auch über einige Jugendzentren in verschiedenen Trägerschaften verfügt, dominieren in den ländlichen Regionen um die Stadt Sportvereine die institutionellen Freizeiträume von Jugendlichen.

1.2.4 Untersuchungsmethoden

Wie bei der Darstellung des Projektdesigns bereits angedeutet, haben wir uns nach einer multimethodisch angelegten Vorstudie in den beiden zentralen Teilstudien unserer Untersuchung zum einen auf eine standardisierte quantitative Befragung von Schülern, zum anderen auf die qualitative Methode der Gruppendiskussion mit ausgewählten Schüler- und Lehrergruppen gestützt.

Diese Erhebungsinstrumente und die bei der Auswertung der quantitativen Daten bzw. Diskussionstexte verwendeten Analyseverfahren werden im folgenden beschrieben, ehe abschließend noch einmal generelle Fragen der Triangulation quantitativer und qualitativer methodischer Zugänge und Daten diskutiert werden, da diese sowohl bei der methodischen Anlage dieser Studie als auch bei der Auswertung der Ergebnisse einen wichtigen Stellenwert haben.

a) Quantitatives Erhebungsinstrument und Auswertungsverfahren

Zur Entwicklung des Erhebungsinstrumentes

Die quantitative Teilstudie basiert auf einem Forschungsansatz, der empirisch-analytische Methoden aufgreift, um die vorgestellten Fragestellungen und Hypothesen zu verifizieren bzw. zu falsifizieren.

Das Erhebungsinstrument dieser Teilstudie ist ein standardisierter Fragebogen, mit dem Daten zu allgemeinen, politikbezogenen und schulbezogenen Individualmerkmalen und Einstellungen sowie wesentliche Einflussfaktoren aus den Bereichen Schule, Familie, Freizeit und Gleichaltrige erhoben werden konnten. Aufbauend auf einem aufwändigen Prozess der Sichtung und des Durchgangs durch die einschlägige Literatur sowie der Hypothesensammlung wurde der letztlich verwandte Fragebogen über mehrere Monate hinweg erarbeitet und diskutiert. Dabei konnte zum großen Teil auf bereits bewährte Skalen und Fragekonstruktionen aus der erziehungs- und sozialwissenschaftlichen Jugendforschung sowie der Schulforschung zurückgegriffen werden. Als wesentlicher Bezugspunkt diente im Bereich allgemeiner und schulbezogener Individualmerkmale sowie im Bereich des Einflusses der Sozialisationsinstanzen Schule, Familie und Gleichaltrige die Untersuchung „Jugendliche Lebenswelten und Schulentwicklung" (vgl. Krüger/ Grundmann/Kötters 2000), der etwa ein Drittel der im Fragebogen verwandten Fragen und Instrumente entstammen. Bezogen auf politikbezogene Individualmerkmale und Einstellungen von Jugendlichen, aber auch im Bereich der externen Einflussfaktoren wurden Skalen aus sozialwissenschaftlichen Jugendstudien (u.a. Studien des Jugendwerks der Deutschen Shell 1992, 1997; Jugendsurveys (1, 2) des DJI 1995, 2000, vgl. Hoffmann-Lange 1995, Gille/ Krüger 2000) sowie aus politikwissenschaftlichen (Hoffmann-Lange 1999) und schulsoziologischen Untersuchungen (Oesterreich 2001, Becker/ Herkommer/Bergmann 1967, Teschner 1968) aufgenommen. Einige wenige Fragen wurden in Anlehnung an bereits bestehende Konstrukte neu erarbeitet. Nach der Fertigstellung wurde der Fragebogen in einer ersten Fassung mit Vertretern der jüngsten Befragtengruppe, Schülerinnen und Schülern der Klassenstufe 8, in einem Pretest ausprobiert. Ziel dieses Probelaufs war es, in Zusammenarbeit mit den Probanden den Bedeutungsgehalt von Fragen und Begriffen eingehend zu diskutieren, fehlende Antwortvorgaben aufzuspüren, die Verständlichkeit von Frage- und Antwortformulierungen sicherzustellen und die Schlüssigkeit des Fragebogenaufbaus sowie die Adäquanz, Stimmigkeit bzw. Suggestibilität der Formulierungen zu überprüfen, um das Erhebungsinstrument anschließend gründlich überarbeiten, modifizieren und kürzen zu können. Dabei verwarfen wir Fragen und ersetzten uneindeutige und missverständliche Formulierungen durch alternative, mit den Probanden diskutierte Begriffe.

Der Fragebogen, der letztendlich als Erhebungsinstrument in unserer quantitativen Teilstudie eingesetzt wurde, untergliederte sich in folgende Themenschwerpunkte:

Teil 1: Politik- und gesellschaftsbezogene Verhaltens-, Meinungs- und Verständnisfragen
Teil 2: Faktfragen zu sozialdemographischen Daten
Teil 3: Schulbezogene Fakt-, Verhaltens- und Meinungsfragen
Teil 4: Fakt-, Verhaltens- und Meinungsfragen zu den familialen Generationenbeziehungen und zur politischen Aktivierung durch die Familie und Gleichaltrige
Teil 5: Fakt- und Verhaltensfragen zu Jugendkulturen und Freizeit

Dem ersten Teil wurde eine direkte Anrede der Befragten vorangestellt, in der bei Zusicherung von Anonymität um eine offene und ehrliche Beantwortung aller Fragen gebeten wurde.

Wenige offene Fragen zur Erfassung sozialdemographischer Daten (Alter, Staatsangehörigkeit, Wohnort, Geschwisterzahl u.ä.) mussten von den befragten Jugendlichen durch eigene Formulierungen beantwortet werden. Die überwiegende Mehrheit der Fragen wurde jedoch geschlossen gestellt. Diese Fragen bestanden zum großen Teil aus Aussagen, zu denen die Befragten durch Ankreuzen vorgegebener Antwortmöglichkeiten auf mehrstufigen Skalen ihre Zustimmung bzw. Ablehnung kenntlich machen konnten. Bei den verwandten Ratingskalen handelt es sich im Falle von Fakt- und Verhaltensfragen zumeist um eine vierstufige Skala („trifft gar nicht zu" bis „trifft vollkommen zu"), in einem Fall um eine sechsstufige Skala, also Antwortmodelle, die ein Ausweichen auf eine mittlere Antwortkategorie als "weiß nicht" - Antwort, Möglichkeit des Ausdrucks von Protest zur Frage oder Antwort aus Zaghaftigkeit (vgl. Mummendey 1987, S. 56) ausschließen sollten. Nur in inhaltlich begründeten Ausnahmefällen (Einstellungsfragen) wurde auf ein fünfstufiges Bewertungsschema zurückgegriffen.

Verfahren der Datenauswertung
In unserer Untersuchung haben wir die Dimensionen der Komponenten des Untersuchungsmodells größtenteils durch faktorenanalytisches Verdichten der Vielzahl von Einzelitems und anschließende Skalenbildung durch Berechnung von entsprechenden Summenscores abgebildet. Bevor wir das der

Faktorenanalyse zugrunde liegende Prinzip und die weiteren angewandten Analyseverfahren knapp umreißen, geben wir zunächst eine kurze Erläuterung der wichtigsten Darstellungsformen von Datenmaterial auf Einzelitemebene:

Durch statistische Kennzahlen der zentralen Tendenz einer Verteilung wird das Antwortverhalten der Befragten zum einen durch Angaben über die durchschnittliche Antworttendenz (Lokalisation) und zum anderen durch Angaben über die beobachtete Streuung des Antwortverhaltens (Dispersion) näher charakterisiert. Nur bei Berücksichtigung beider Aspekte des Antwortverhaltens ist eine sinnvolle Interpretation - vor allem wenn es um den Vergleich von Teilstichproben oder Gruppen geht - möglich. Eine Schätzung des Zentralwertes einer Verteilung leistet der Median. Dieser ist als der Punkt auf der Antwortskala definiert, unter- und oberhalb dessen 50 Prozent der Merkmalsträger lokalisiert sind. Dementsprechend ist das 1. Quartil als der Punkt auf der Skala definiert, unterhalb dessen 25 Prozent und oberhalb dessen 75 Prozent der Merkmalsträger liegen. Das 3. Quartil schneidet die Verteilung an dem Punkt der Skala, der die 25 Prozent im oberen Abschnitt der Verteilung liegenden Befragten von den unteren 75 Prozent trennt. Unter dem Semiquartilsabstand SQ versteht man das zwischen dem 1. und 3. Quartil liegende halbierte Skalenintervall. Es ist ein Maß für die Homo- bzw. Heterogenität, mit der die Befragten ein Item bewertet haben. Der Mittelwert stellt das arithmetische Mittel bzw. den Schwerpunkt einer Verteilung dar. Das zugehörige Streuungsmaß ist die Standardabweichung s. Diese gibt an, wie viele Punkte die Antworten im Durchschnitt vom Mittelwert abweichen.

Faktorenanalyse
Wie in den einzelnen Beiträgen dieses Buches deutlich wird, haben wir in unserem sehr umfangreichen und komplexe Sachverhalte abbildenden Datenmaterial faktorenanalytisch Merkmalsstrukturen aufgespürt, mit denen anschließend unter der jeweiligen Fragestellung die Analyse fortgesetzt wurde. Ein Beispiel dafür ist das in Kapitel 2 verwandte Konstrukt „Prosozialität", das Bestandteil eines komplexen Gefüges von unterschiedlichen Wertevorstellungen ist, und insgesamt 7 Variablen verknüpft.

Die Faktorenanalyse ermöglicht als ein struktur-entdeckendes Verfahren, eine Vielzahl von Einzelitems auf der Basis der Inter-Item-Korrelationen nach ihrer Ähnlichkeit zu ordnen. Ähnlichkeit von zwei Items bedeutet, dass die Befragten diese Items nicht unabhängig voneinander beantworten. Mit Hilfe der Faktorenanalyse werden diese Items durch Extraktionen von Faktoren gebündelt. Items, die hoch miteinander korrelieren, laden auf einem gemeinsamen Faktor. Eine hohe Ladung eines Items auf einem Faktor bedeutet, dass das Item mit dem Faktor selbst und allen anderen auf diesem Faktor ladenden Items hoch korreliert. Während einerseits die einen Faktor konstituierenden Items untereinander möglichst hoch korrelieren sollen, ist anderererseits eine Extraktion idealerweise voneinander unabhängiger Faktoren wünschenswert. Wie gut eine Faktorenextraktion eine solche Reduzierung in Form einer Bündelung der Items leistet und wie hoch der damit verbundene Itemverlust ist, kann an dem Anteil der Gesamtvarianzaufklärung des Faktors abgeschätzt werden. Betrachtet man die Summe der Varianz aller Ausgangsitems als Gesamtvarianz, so erklären die gefundenen Faktoren einen jeweils unterschiedlichen Anteil dieser Gesamtvarianz. Je größer die durch einen Faktor aufgeklärte Varianz ist, desto größer ist seine Bedeutung für die Bündelung der Ausgangsitems. Ziel einer Faktorenanalyse ist dabei, mit Hilfe von möglichst wenigen Faktoren eine zufriedenstellende Varianzaufklärung zu erreichen. Im Anschluss an die Faktorenextraktion werden die Faktoren inhaltlich gedeutet. Dabei steht die Frage im Vordergrund, welches die gemeinsame Beurteilungsdimension der auf einem Faktor hoch positiv oder hoch negativ ladenden Items ist. Um dabei zufriedenstellende Erkenntnisse über die Struktur eines Merkmalsraumes zu gewinnen, bedarf es einer sorgfältigen, immer wieder auf die einen Faktor konstituierenden Einzelitems rückbezogenen Interpretation der Faktoren.

Clusteranalyse
Bei der Untersuchung der familialen Erziehungsverhältnisse in Kapitel 7 dieses Bandes erschien die Frage wichtig, ob sich in der Gesamtgruppe der Befragten Teilgruppen finden lassen, die in Bezug auf die einzelnen Facetten des elterlichen Erziehungsverhaltens ein möglichst homogenes Wahrnehmungsmuster zeigen. Zur Bearbeitung dieser Problemstellung eignet sich die Clusteranalyse. Dieses struktur-entdeckende Verfahren fragt auf der Basis von Algorithmen danach, wie man bei einem bestimmten Itempool aus der Verteilung der Werte hinreichend vieler Fälle auf diesen Variablen am besten homogene Gruppen von Fällen bilden kann. Ziel der vorgenommenen Gruppen- (Cluster-)bildung ist dabei, dass sich die einem Cluster angehörigen Befragten untereinander möglichst ähnlich sowie von den zu einem anderen Cluster gehörenden Befragten möglichst verschieden sind. Das Verfahren geht dabei im wesentlichen folgendermaßen vor (vgl. Laatz 1993, S. 412): Bevor der eigentliche, rechnergestützte Algorithmus initiiert wird, müssen zunächst jene Variablen ausgewählt werden, die für die Klassifikation bedeutsam zu seien scheinen. Anschließend wird für jeden Fall die Distanz zu allen anderen Fällen ermittelt. Dazu wird ein Distanzmaß verwendet, das die Distanz dieser Fälle zueinander auf allen ausgewählten Variablen zu einem Gesamtwert zusammenfasst, also ein Maß für die durchschnittliche oder summierte Distanz über alle Variablen. Es werden schrittweise jene Fälle zu Clustern zusammengefasst, die nach diesem Maß gar nicht oder nur gering voneinander differieren. Mit Hilfe dieser Clusterzentrenanalyse ist es möglich, verschiedene Clusterlösungen zu ermitteln. Man kann die Probanden 2, 3, 4 usw. Gruppen zuordnen. Wichtig hierbei ist jedoch zu entscheiden, bei

wie vielen Clustern eine optimale Lösung erreicht ist. Dies geschieht nicht auf der Basis eines Algorithmus, sondern nach inhaltlichen bzw. theoriegeleiteten Kriterien (vgl. Laatz 1993).

Chaidanalyse
Bei der Chaid- (Chi-squared Automatic Detector) Analyse handelt es sich um ein auf Chi-Quadrat-Tests basierendes Verfahren, das Zusammenhänge zwischen verschiedenen Variablen entdeckt und Segmentierungsmodelle entwirft. Es zählt somit ebenfalls zu den struktur-entdeckenden Verfahren. Wir haben es zum Beispiel in Kapitel 2 dieses Bandes herangezogen, um Kontrastgruppen schulischer Beteiligungsbereitschaft zu identifizieren. Anhand von Vorhersagevariablen wird eine Untersuchungspopulation so in verschiedene Teilpopulationen (Segmente) eingeteilt, dass die abhängige Variable in diesen Segmenten signifikant unterschiedliche Ausprägungen hat. Bezüglich des Grades dieser Ausprägungen können die Segmente in eine Reihenfolge gebracht werden. Außerdem wird erkennbar, welche Vorhersagevariablen einen starken oder auch gar keinen Einfluss auf die abhängige Variable haben.
Während die Anwendung dieser drei Verfahren noch keiner differenzierten Vorstellungen über die im Datensatz bestehenden Beziehungszusammenhänge bedarf, verlangen die folgenden zwei Verfahren konkrete Annahmen über Variablenzusammenhänge, die auf sachlogischen und theoretischen Überlegungen basieren.

Varianzanalyse
Die auf einem allgemeinen linearen Modell basierende Varianzanalyse ist ein strukturprüfendes Verfahren, bei dem die abhängigen Variablen metrisch und die unabhängigen Variablen nominal skaliert sind. Es eignet sich zur Untersuchung der Wirkung einer oder mehrerer unabhängiger Variablen auf eine oder mehrere abhängige Variablen. Dazu bedarf es einer Vermutung über die Wirkungsrichtung der Variablen. Je nach Anzahl der unabhängigen Variablen spricht man von ein-, zwei- usw. –faktorieller Varianzanalyse. Zur Anwendung gekommen ist dieses Verfahren zum Beispiel in Kapitel 5 bei der Prüfung des Einflusses der Rolle von Handlungsorientierung und Kontroversität im Sozialkundeunterricht auf demokratische Einstellungen von Schülern unter zusätzlicher Berücksichtigung des Merkmals Schulform.

Regressionsanalyse
Die strukturprüfende Regressionsanalyse verlangt demgegenüber, dass nicht nur die abhängige, sondern auch die unabhängigen Variablen metrisch skaliert sind. Dieses Verfahren eignet sich, angenommene Beziehungen zwischen einer abhängigen und mehreren unabhängigen Variablen zu überprüfen und abzuschätzen, wie zum Beispiel in Kapitel sechs bei der Prüfung des

34

Einflusses familialer Erfahrungen Jugendlicher auf ihre politische Aktivitätsbereitschaft. Es unterstellt dabei eine nicht umkehrbare Richtung des Zusammenhanges, untersucht also „Je-Desto-Beziehungen" (Backhaus u.a.
1996, S. 3). Das Regressionsmodell sollte die vermuteten Ursache-Wirkungs-
Beziehungen möglichst vollständig enthalten.

b) Qualitative Erhebungsinstrumente und Auswertungsverfahren

Ein zweiter methodischer Schwerpunkt der Untersuchung war neben der
quantitativen Schülerbefragung die Befragung von Schülern und Lehrern
mittels qualitativer Verfahren. Bei der qualitativen Teilstudie ging es primär
darum, Ursachen und Hintergründe für besonders schwierige oder besonders
gelungene politische Sozialisations- und Bildungsprozesse in den Einzelschulen zu analysieren. Die qualitative Teilstudie baute auf den Ergebnissen des
Statistikbogens, der Schulleiterbefragungen und den Ergebnissen der quantitativen Studie auf. Anhand dieser Instrumente wurden zwei Schulen identifiziert, die in den Umfragewerten für politische Orientierungen, Fragen schulischer und unterrichtlicher Partizipation sowie schulklimatischer Faktoren
relativ hohe bzw. niedrige Werte erzielt hatten bei gleichzeitig erkennbaren
Bemühungen der Schulleitung und Lehrerschaft um Verbesserung der Inte-
raktions- und Kommunikationskultur an der Schule. Ziel dieser Vorgehens-
weise war die Darstellung einer Schule, die mit entsprechendem pädagogischen Bemühen zu guten Ergebnissen kommt, und einer zweiten Schule, die
trotz pädagogischer Bemühungen in ihren erhofften Erträgen hinter den Möglichkeiten zurückbleibt. Über den kontrastiven Vergleich der beiden Schulen
sollten Erkenntnisse über die Bedingungen schulischer Sozialisations- und
Bildungsprozesse ermittelt werden.

Gruppendiskussionen mit Schülern und Lehrern
Hierzu war es notwendig, über die schriftliche Befragung hinaus die verschiedenen Akteure der konkreten Schule zu Wort kommen zu lassen. Pro
Schule wurden daher jeweils eine Lehrergruppe und zwei Schülergruppen im
Rahmen von Gruppendiskussionen befragt. Neben den Partizipationsgremien
der Schule, in denen besonders engagierte Schüler zu finden waren, sollten
auch politisch desinteressierte und verhaltensauffällige Schüler berücksichtigt
werden. Dies gelang aufgrund der Auswahlhoheit der Lehrer bzw. des Schulleiters insbesondere an der Sekundarschule F jedoch nur sehr begrenzt.
    Teilnehmer der Gruppendiskussionen mit den Lehrern waren die Sozial-
kundelehrer der jeweiligen Schule, der stellvertretende Schulleiter sowie
einige Lehrer, die in der Schulkonferenz mitarbeiten oder außerunterrichtlichen Arbeitsgemeinschaften angehören. Das Kriterium der „natürlichen
Gruppen" konnte streng genommen nur bei drei Gruppen realisiert werden,
nämlich bei der Lehrergruppe der Sekundarschule F und den beiden Schüler-

gruppen des Gymnasiums D. Bei den übrigen Gruppen kann als gemeinsamer erweiterter Horizont der Gruppenteilnehmer die Zugehörigkeit zur jeweiligen Schule unterstellt werden.

Die Diskussionen wurden auf Tonband aufgezeichnet, um sie später einer besseren Auswertung unterziehen zu können. Die Diskussionsleitung wurde von einem Projektmitarbeiter übernommen. Die einzelnen Fragestellungen der Gruppendiskussionen wurden in einem lockeren Interviewleitfaden im Wesentlichen festgelegt; schwerpunktmäßig wurden die Situation der politischen Bildung, der schulischen Partizipation und der Haltung zu Ausländern und Fragen des Rechtsradikalismus an der jeweiligen Schule angesprochen. Diese drei Themengebiete standen, ausgehend von den quantitativen Untersuchungsergebnissen, im Mittelpunkt unseres Interesses und zeigten sich in den Diskussionen als fruchtbare Themenbereiche, die die Eigenarten der Schulen im Hinblick auf schulkulturelle Klimafaktoren sehr gut abbildeten. Die Standardisierung der Ausgangsfragestellung bestand in der offenen, erzählgenerierenden Eingangsfrage „Erzählen Sie doch mal, in welchen Situationen Ihnen politische Bildung in der Schule begegnet". Durch diese Einstiegsfrage wurde den beteiligten Schülern und Lehrern zunächst die Möglichkeit gegeben, ihre Erfahrungen in die Diskussion einzubringen und so ein Thema zu generieren, das Bedeutsamkeit für die Gruppe besitzt. Somit können zum einen für die Gruppe und damit auch für die Schule relevante Themenbereiche, die sich aus den schriftlichen Befragungen so detailliert nicht erschließen lassen, bestimmt und zum anderen über die Unterschiedlichkeit der einzelnen Akteure innerhalb einer Gruppe und zwischen den verschiedenen Gruppen verschiedene Sichtweisen ermittelt werden. Nach der offenen Phase der Themenkonstitution durch die Gruppe schloss sich dann eine Nachfragephase an, die zunächst auf Themen der Gruppe Bezug nahm und weitere noch nicht angesprochene Themen des Leitfadens aufgriff und vertiefte. In einer dritten Diskussionsphase konnte der Interviewer auf Brüche in der Argumentation der Gruppe und auf spezielle Probleme der Schule Bezug nehmen und die Gruppe damit konfrontieren. Die Gruppengröße lag im Bereich von 5-8 Personen; die Diskussionen dauerten etwa 90 Minuten. Es wurden Feldprotokolle angefertigt, die später zur Beschreibung der Diskussionssituation und des Zustandekommens der einzelnen Gruppen dienten.

Dokumentarische Methode als Auswertungsverfahren
Die verschriftlichten Gruppendiskussionen wurden anschließend unter Bezug auf die dokumentarische Methode von Bohnsack (1991) mit dem Ziel ausgewertet, kollektive Einschätzungen von Schülern und Lehrern zur Situation der politischen Sozialisation und Bildung, der Partizipation in der Schule und Fragen des Umgangs mit Ausländerfeindlichkeit und Rechtsradikalismus an ihrer jeweiligen Schule herauszuarbeiten (vgl. auch Bohnsack u.a. 1995).

Hierzu wurde zunächst anhand der Tonbandaufzeichnungen eine inhaltliche Zusammenfassung vorgenommen, die die wesentlichen Themen der Diskussion auflistete. Anhand dieser Übersicht wurden dann in einem zweiten Schritt die Bereiche der Diskussion markiert, die eine hohe Selbstläufigkeit der Diskussion und eine Eigeninitiierung des Themas durch die Gruppe aufwiesen. Hierzu eigneten sich die Eingangssequenzen der Diskussionen besonders gut, da in diesen die Themenkonstitution der Gruppe durch die offene Eingangsfrage befördert wurde und das Thema der politischen Bildung an der Schule durch die Teilnehmer konstituiert wurde. Nach diesen beiden Auswertungsphasen, die von jeweils einem an der Diskussion beteiligten Forscher vorgenommen wurde, wurden in der dritten Phase anhand der markierten Bereiche und unter Einbeziehung der Originaltonbänder jene Bereiche ausgewählt, die im Hinblick auf unsere Fragestellung besonders ergiebig waren. Diese Themengebiete waren die bereits mehrfach erwähnten Fragen zur politischen Bildung, Partizipation und Ausländerfeindlichkeit/Rechtsradikalismus. Diese Abschnitte wurden dann transkribiert und einer Mikroanalyse unterzogen. In einem ersten Schritt wurden die Texte nach dem Verfahren der formulierenden Interpretation analysiert, die zum Ziel hatte, die thematische Struktur des Diskurses durch die Formulierung von Überschriften und durch Paraphrasierung zu identifizieren (vgl. Loos/Schäffer 2001). Der zweite Analyseschritt der reflektierenden Interpretation war auf die kollektive Handlungspraxis der Akteure gerichtet und zeichnete sich durch einen Vergleich der verschiedenen Gruppen innerhalb einer Schule aus. In einem dritten und letzten Analyseschritt erfolgte eine kontrastive Interpretation der Gruppen beider Schulen mit dem Ziel, die unterschiedliche Spannbreite kollektiver Handlungspraxen und Orientierungshorizonte der beteiligten Akteure je Themengebiet im Vergleich zu dokumentieren (vgl. ebd., S. 63).

c) Zur Triangulation quantitativer und qualitativer Forschungszugänge

Insgesamt zielt unsere Untersuchung darauf ab, qualitative und quantitative Forschungszugänge gewinnbringend nebeneinander bei der Analyse von Prozessen der politischen Sozialisation und politischen Bildung in der Schule einzusetzen und bei der Interpretation der Ergebnisse ergänzend zu nutzen. Die Triangulation quantitativer und qualitativer Zugänge bezieht sich zum einen auf das Design der Untersuchung. Hierbei wurde nicht nur, wie in der Jugend- und Schulforschung häufiger praktiziert (vgl. Krüger/Pfaff 2002b), eine qualitative Vorstudie in Gestalt von Schulleiterinterviews und ethnographischen Feldprotokollen einer repräsentativen Schülerbefragung vorangestellt, um erste Eindrücke von der Situation an den untersuchten Einzelschulen zu erhalten und das Gegenstandsfeld politische Sozialisation und politische Bildung genauer zu explorieren. Vielmehr wurde in dem dreiphasig angelegten Untersuchungsdesign der quantitativen Schülerbefragung auch noch eine qualitative Teiluntersuchung mit dem Ziel nachgestellt, Ursachen und Hintergründe für besonders problematische oder eher gelungene politische Bildungs- und Sozialisationsprozesse an Einzelschulen herauszuarbeiten.

Die Triangulation quantitativer und qualitativer Zugänge dokumentiert sich zum zweiten im Spektrum der in der Untersuchung eingesetzten Erhebungsmethoden, wobei sich die Vorstudie auf ein multimethodisches Erhebungsdesign stützt, während die nachfolgenden Teilstudien quantitative bzw. qualitative Untersuchungsinstrumentarien jeweils getrennt nutzen. Die Triangulation quantitativer und qualitativer Forschungszugänge bezieht sich zum dritten, zumindest in einigen Kapiteln dieses Buches, auch auf die Ebene der Auswertung und Interpretation, wenn z. B. quantitativ herausgearbeitete Zusammenhänge unter Bezug auf die Ergebnisse der Gruppendiskussionen vertiefend interpretiert oder auch umgekehrt aus den Gruppendiskussionen gewonnene Hypothesen zu politischen Orientierungen von Jugendlichen mit den quantitativen Ergebnissen konfrontiert werden.

Bei der Anwendung von qualitativen und quantitativen Forschungszugängen legten wir ein Triangulationsverständnis zugrunde, das von der Komplementarität, d.h. von einem Ergänzungsverhältnis qualitativer und quantitativer Forschungsansätze ausgeht. Im Gegensatz zu Denzin (1978), der Triangulation als eine Validierungsstrategie begreift, folgen wir somit der Prämisse, dass durch den Einsatz verschiedener Forschungsmethoden nicht ein valideres und wahreres, sondern lediglich ein facettenreicheres Bild von komplexen Untersuchungsgegenständen wie der Situation der politischen Bildung an den Schulen in Sachsen-Anhalt gezeichnet werden kann (vgl. Krüger 2000, S. 325). Dabei kann es punktuell durchaus vorkommen, dass sich die mit Hilfe quantitativer und qualitativer Forschungsmethoden produzierten Ergebnisse widersprechen. Solche widersprüchlichen Resultate nehmen wir zum Anlass, die Reichweite und Erklärungskraft der jeweils eingesetzten Methoden bzw. der zugrundegelegten theoretischen Konzepte und Sichtweisen kritisch zu überprüfen.

1.3 Ein kurzer Gang durch die weiteren Kapitel des Buches

In den folgenden sechs Kapiteln werden zunächst vor allem gestützt auf die Ergebnisse unserer repräsentativen Schülerbefragung die politischen Orientierungen von Jugendlichen in Sachsen-Anhalt auch in ihren Wechselbezügen zu Einflüssen der Schule, Familie und der Freizeit untersucht. Sibylle Reinhardt und Frank Tillmann zeigen im Kapitel 2, dass die Jugendlichen im Allgemeinen eine große Distanz zur Politik haben und viele von ihnen demokratische Konfliktmechanismen missverstehen. Offensichtlich übertragen sie Kategorien des privaten Lebens auf Politik; der Erwerb von Konfliktkompetenz ist deshalb eine äußerst anspruchsvolle Bildungsaufgabe. Zudem wird ein „rechter" Weg zur Politik verdeutlicht: rechtsorientierte Jugendliche sind – im Vergleich zu den meisten Jugendlichen – politisch interessierter und entschiedener. Sie nutzen die Instrumente der Demokratie, ohne ihre Normen zu teilen.

Im Kapitel 3 diskutieren Heinz-Hermann Krüger und Nicolle Pfaff rechte jugendkulturelle, ausländerfeindliche und gewaltaffine Orientierungen von Jugendlichen als Probleme für Schule und Unterricht. Ausgehend von der Analyse des Vorkommens und der Entwicklung rechtsextremer Einstellungstendenzen unter Jugendlichen in den 1990er Jahren in Sachsen-Anhalt wird anschließend zwischen durch rechte Einstellungsmuster von Schülern hoch und gering belasteten Schulen unterschieden und am Beispiel von zwei Einzelschulen aufgezeigt, welche Handlungschancen Schulen haben, rechtsextremen Einstellungstendenzen in ihrer Schülerschaft entgegenzuwirken.

Ralf Schmidt untersucht in Kapitel 4 verschiedene Partizipationsformen von Schülern in der Schule, deren Spektrum von der Mitbestimmung an der Gestaltung des Schullebens, über die Beteiligung an der Schülergremienarbeit bis hin zur Partizipation im Unterricht reicht. Ähnlich wie in anderen Studien mündet auch seine Analyse in dem Befund, dass die Mehrheit der Schüler die Beteiligungschancen bei der Gestaltung des außerunterrichtlichen Schullebens positiv beurteilt, während die Mitbestimmungsmöglichkeiten im Unterricht und in den Gremien der Schule eher skeptisch eingeschätzt werden.

Catrin Kötters-König richtet in Kapitel 5 ihre Aufmerksamkeit auf die Wirksamkeit der politischen Bildung im Sozialkundeunterricht. Ausgehend vom Konzept der Handlungsorientierung und dem Kontroversprinzip wird der Stellenwert verschiedener Unterrichtsmethoden im Alltag des Sozialkundeunterrichts untersucht. Dabei wird zwischen Klassen differenziert, in denen der Sozialkundeunterricht methodisch sehr vielfältig gestaltet wird und solchen, in dem Sozialkundelehrer monoton darbietend und lehrerzentriert unterrichten. Aufgezeigt wird, dass ein methodisch vielfältiger Sozialkundeunterricht eher die Entwicklung einer politischen Handlungsorientierung und ein komplexeres politisches Verständnis der Schüler fördert.

Im Kapitel 6 werden von Nicolle Pfaff Pfade der politischen Bildung im Freizeitleben von Jugendlichen analysiert. Thematisiert werden das Freizeitverhalten von Jugendlichen in der Schule, in Organisationen, Vereinen und Gleichaltrigengruppen mit einem besonderen Fokus auf dem sozialen und politischen Ehrenamt sowie auf Kommunikation über Politik. Die Untersuchung mündet in dem Fazit, dass Formen der Auseinandersetzung mit politischen Themen, Strukturen und Institutionen außerhalb des Unterrichts und der Familie nur einen marginalen Stellenwert haben und deutlich von sozialen Ungleichheiten geprägt sind.

Catrin Kötters-König geht in Kapitel 7 der zentralen Frage nach der Wirkung von Anregungen aus der familialen Umwelt auf das politische Lernen von Jugendlichen nach. Dazu werden zunächst verschiedene Facetten des elterlichen Erziehungsverhaltens und das Verhältnis der Eltern zur Politik beschrieben. Anschließend wird empirisch überprüft, welche der in der Familie gesammelten Erfahrungen bei der Herausbildung der politischen Aktivitätsbereitschaft von Jugendlichen manifest und latent wirksam sind und ob es Interdependenzen zwischen diesen Einflussfaktoren gibt.

Die beiden Beiträge im dritten Teil dieses Buches rücken Fragen nach der Wirksamkeit von politischer Bildung an Einzelschulen ins Zentrum der Analyse. Gestützt auf die Ergebnisse der qualitativen Teilstudie, vor allem auf die Auswertung der Gruppendiskussionen mit ausgewählten Schüler- und Lehrergruppen, untersucht Ralf Schmidt im Kapitel 8 die Situation der politischen Bildung, Aspekte schulischer Partizipation und den Umgang mit Ausländern an einer Sekundarschule und an einem Gymnasium in Sachsen-Anhalt. Über die Beschreibung der Einzelschulen hinaus erfolgt ein kontrastiver Vergleich beider Schulen mit dem Ziel, die Besonderheiten der jeweiligen Einzelschule, ihre jeweiligen Stärken und Defizite herauszuarbeiten und Ansätze zur Lösung identifizierter Probleme vorzuschlagen.

Nicolle Pfaff, Ralf Schmidt und Adrienne Krappidel beschäftigen sich im Kapitel 9 noch einmal resümierend mit den zentralen Ergebnissen der gesamten Untersuchung. Unter Bezug auf die Daten aus der quantitativen und der qualitativen Teilstudie gehen sie der Frage nach, wie Prozesse der politischen Bildung an Sekundarschulen und Gymnasien in Sachsen-Anhalt gehandhabt und wahrgenommen werden und welche Bedingungen zu einer erfolgreichen politischen Sozialisation von Jugendlichen beitragen können.

Im abschließenden Teil dieses Buches beschäftigt sich Sibylle Reinhardt mit den bildungs- und fachdidaktischen Konsequenzen, die aus den Ergebnissen unserer Studie resultieren. Während in Kapitel 10 anknüpfend an anerkennungstheoretische Diskurse vier Thesen zur Verbesserung des demokratischen Lernens in der Schule entwickelt werden, werden in Kapitel 11 daraus pragmatische Vorschläge für die Bildungspolitik, die Schulentwicklung und die Reform der politischen Bildung abgeleitet.

II. Politische Orientierungen Jugendlicher im
   Spannungsfeld der Einflüsse von Schule,
   Familie und Peers

Sibylle Reinhardt/Frank Tillmann

2. Politische Orientierungen, Beteiligungsformen und Wertorientierungen

2.1 Demokratie-Lernen als Bildungsaufgabe

Einzelne Ereignisse, wie die Landtagswahl in Sachsen-Anhalt im April 1998, erinnern daran, dass Demokratie ein politisches System ist, das auch von der Handhabung durch seine Bürgerinnen und Bürger abhängt. 13 Prozent der Wählerstimmen waren an die Deutsche Volks Union (DVU) gegangen, die sich im Wahlkampf mit demagogischen Slogans (z.B. gegen Ausländer) innerhalb der letzten Wochen vor der Wahl erfolgreich als radikale Alternative präsentiert hatte. Besonders alarmierte die Tatsache, dass in den jüngeren Jahrgängen der Wähleranteil der DVU noch höher lag, und zwar in der Gruppe der Erstwähler im Alter von 18 bis 21 Jahren bei fast 30 Prozent. Dabei war ihr Anteil bei den Männern dieser Altersgruppe noch einmal höher, weil Frauen deutlich weniger die DVU wählten (Holtmann 1998a; 1998b, S. 31 f.).

Die hohe Zustimmung der jüngsten Wählergruppe für eine Partei am rechten Rand des Spektrums bedeutet, dass grundlegende Werte des demokratischen Systems wie die Gleichachtung aller und der Respekt vor der Würde auch der Anderen sich nicht automatisch „vererben". Demokratie reproduziert sich nicht aus sich selbst - also ihren Institutionen und ihrer fortdauernden Existenz - heraus. Vor über dreißig Jahren hat Böckenförde auf dieses Integrationsproblem der Demokratie hingewiesen. „Der freiheitliche, säkularisierte Staat lebt von Voraussetzungen, die er selbst nicht garantieren kann." (1967, S. 60 - kursiv i.O.) Weder könne diese Gesellschaft auf klare und eindeutige Grundlagen weltanschaulicher Herkunft (wie Religion oder Nation) für die Formulierung ihrer Homogenität bauen, noch könne der demokratische Staat diese Grundlage über Rechtszwang und Autorität herstellen. „Als freiheitlicher Staat kann er (...) nur bestehen, wenn sich die Freiheit, die er seinen Bürgern gewährt, von innen her, aus der moralischen Substanz des einzelnen und der Homogenität der Gesellschaft, reguliert." (a.a.O.)

Zwar ist nicht geklärt, wie resistent die Institutionen der Demokratie gegen Nichtgebrauch und gegen Missbrauch sind (vgl. Gabriel 1997, S. 389; 2001, S. 98), aber in jedem Falle werden die Idee demokratischer Legitimation und irgendwann auch die Realität demokratischer Systeme durch die Nichtachtung bzw. Verachtung ihrer Bürgerinnen und Bürger beschädigt und gefährdet (auch Kaase 1999, S. 63 f.). Jede Generation muss die normativen und faktischen Grundlagen des Systems, also die Werte und die informierte und verantwortete Handhabung der Systemstrukturen, neu erwerben. Diese Qualifikation wird seit dem Entstehen der Bundesrepublik in der Figur des mündigen Bürgers zusammengefasst. Möglicherweise hat die Beschwörung der Eigenschaften des idealen Bürgers in der Demokratie in Richtlinien und Festreden zu Überdruss geführt, auch weil die Spannung zwischen Idee und gegebener Realität zu leicht als Dementi der Idee fehlverstanden wird, statt die Diskrepanz entweder als Aufforderung zu verstärktem Bemühen oder als akzeptable Differenz zu begreifen.

Das Ausmaß der Bildungsaufgabe ist gewaltig: Die alltägliche Sozialisation kann kaum den Umgang mit Spannungen zwischen Prinzipien und Überzeugungen, die moderne Gesellschaften und demokratische Systeme kennzeichnen, bereitstellen. Die Pluralität von Interessen, Lebensgeschichten und Überzeugungen muss sich in Konflikten äußern, weil sie gleichermaßen berechtigt sind zur Suche nach Mehrheiten und nach Durchsetzung. Und nur durch das Austragen solcher Konflikte können gemeinsame Regelungen entstehen, die im günstigen Falle eine nachvollziehbare Gemeinsamkeit dieser Einzel- und Partikularsichten ergeben. Die Bürger und Bürgerinnen müssen selbst herausfinden und beschließen, worin sie sich gleichen und worin sie sich unterscheiden - und ob sie das wollen. In diesen Kampf um Anerkennung und um die Sicherung der Lebensgrundlagen gehen die Einzelinteressen als Ausgangspunkte der Herstellung von Gemeinsamkeit ein, die sich aber nicht automatisch (wie durch eine unsichtbare Hand) ergibt. Auch der modische Ruf nach Werten kann diese Grundlage nicht umstandslos sichern, weil z.B. „Solidarität" und „Gerechtigkeit" zwar eine Ahnung der Verallgemeinerung enthalten, aber in der Anwendung und Konkretion auf jeden Fall Streitfragen erzeugen: Wer soll mit wem solidarisch sein (der andere mit mir oder ich mit ihm)? Wer ist dieser andere (mein Nächster oder auch der fernere Unbekannte)? (vgl. Reinhardt 2000).

Die Bürgerinnen und Bürger sind unwiderruflich voneinander abhängig, weil sie sich gegenseitig mit ihren Wahlentscheidungen binden. Auch das Nichtwählen oder Protestwählen ist eine Entscheidung, von der der Bürger sich zwar subjektiv distanzieren mag („interessiert mich nicht", „ist nicht mein Ding" usw.), der er objektiv aber nicht entgehen kann. Die staatsbürgerliche Würde ist in der Gleichheit im Wahlrecht materialisiert, gesellschaftliche Ungleichheiten bringen den unterschiedlichen Gebrauch der Gleichheit hervor und verstärken damit u.U. auch solche Ungleichheiten, die nicht - im Zuge von Individualisierung und Pluralisierung - die Vielfalt bereichern, sondern die eher die notwendige Integration von Gesellschaft und Politik verhindern.

Das demokratische System betont die Legitimität und die Notwendigkeit des Konflikts. Konflikt und Konsens sind dialektische Prozesse: das Austragen von Konflikten braucht einerseits den Konsens und bringt ihn andererseits (auf Zeit) hervor; der tragfähige Konsens geht aus Konflikten hervor (und nicht nur aus Überlieferungen, die ihrerseits in Konflikten entwickelt worden sein mögen). Deshalb kann Bildung zur Demokratie als „Konfliktfähigkeit" verstanden werden, die Folgendes umfasst:

- Ziviler Umgang mit Kontroversen (Verzicht auf Gewalt, Akzeptanz von Regeln und Prüfung auf Tragfähigkeit, kurzum: Streitkultur),
- Vermittlung des Eigeninteresses mit den Interessen Nah- und Fernstehender und seine Ausweitung in Richtung auf ein allgemeineres Interesse (Perspektivenübernahme und Verallgemeinerungsprüfung),
- Erkenntnis und Beurteilung von unterschiedlichen Mechanismen der Koordination des Handelns der Einzelnen sowie Teilnahme an der Regelung dieser Mechanismen (sozialwissenschaftliche Einsichten in Lebenswelt, Wirtschaft und Politik sowie andere gesellschaftliche Teilsysteme und politisches Entscheiden über ihre Rahmenbedingungen, kurzum: strukturelle Differenzen analysieren, bewerten und evtl. politisch beeinflussen),
- Reflexion und Entscheidung von Werten der individuellen Lebensführung und der strukturellen Bedingungen (moralisch-politische Urteilsbildung).

Die Formulierung von Konfliktfähigkeit als Kernkompetenz von Demokratie-Handeln hat den Vorteil, dass der Prozess des Lernens von Subjekten in diesem politischen System erfasst wird.

Zum Ersten wird dem Charakter des politischen Systems (also der „Sache") entsprochen. Gerhard Schulze (1977, S. 26 f.) hat politische Handlungssituationen durch vier Merkmale charakterisiert, und zwar durch Komplexität, Problemhaltigkeit, Konflikt und Unsicherheit. Der kognitive Anforderungsgehalt an das Handeln ist hoch, es geht um unbefriedigende und veränderungswürdige Zustände (und nicht um die harmonische Zustimmung zum Konsens), die Auseinandersetzungen verlaufen in der Regel höchst kontrovers, und es gibt selten klare Lösungen und klare Fronten. Auf jeden Fall überschreiten die Aktionen die Sphären der Alltagsinteraktionen und erzeugen auch dadurch Unsicherheiten.

Zum Zweiten wird der Erwerb politischer Orientierungen als Entwicklungsaufgabe (Fend 2000, S. 387) erfasst. „Wünschenswerte und für die Stabilität einer Demokratie zentrale politische Orientierungen entstehen (...) nicht naturwüchsig, sie ergeben sich nicht als selbstverständliches Korrelat des politischen Systems. Sie bedürfen der „Pflege", sie bedürfen der expliziten „Herstellungsbemühung" (Fend 1991, S. 197). Der Prozess der Bildung und Selbstbildung erfolgt dabei nicht nur im - gewissermaßen objektiven - Interesse des demokratischen Systems, sondern er erschließt dem lernenden Subjekt solche Fähigkeiten und Fertigkeiten, die der Verwirklichung seiner Bedürfnisse und Potentiale dienen können. Die Transformation der Systemeigenschaft der Komplexität und Konflikthaftigkeit in die Verfügung über Kompetenzen ist eine erhebliche Komplikation der - gewissermaßen normalen - entwicklungspsychologischen Abläufe. „Eine besondere Form jenseits des formal-logischen Denkens ist das dialektische Denken." (Oerter 1997, S.

35). Dabei geht es um die Bearbeitung von Widersprüchen, die sich nicht logisch auflösen lassen. Sie bedürfen also anderer Arten der Bearbeitung, wozu zu allererst gehört, diese Widersprüche zu sehen und auszuhalten. Dann stellt sich die Frage der Beurteilung und Abwägung und eventuell Entscheidung, die eine Spielart von Synthese ergeben mag. Dieses dialektische Denken werde, so Oerter, im Jugendalter noch kaum beobachtet.

Zum Dritten ermöglicht die Zuspitzung von Demokratie-Lernen als Konfliktkompetenz den Anschluss an neuere - auch empirische - Untersuchungen zum schulischen Lernen. Klieme u.a. (2001) diskutieren unterschiedliche Kompetenzbegriffe und engen dann auf den in der PISA-Studie verwandten Begriff ein: „Kompetenzen sind Systeme aus spezifischen, prinzipiell erlernbaren Fertigkeiten, Kenntnissen und metakognitivem Wissen, die es erlauben, eine Klasse von Anforderungen in bestimmten Alltags-, Schul- oder Arbeitsumgebungen zu bewältigen." (S. 182). In dieser Fassung des Begriffs werden Kompetenzen funktional definiert, d.h. sie dienen der Bewältigung bestimmter Anforderungen; sie sind bezogen auf (nur) kognitive Fähigkeiten und Fertigkeiten und erfassen nicht motivationale Orientierungen; sie sind bereichsspezifisch, d.h. auf einen begrenzten Bereich von Kontexten und Situationen bezogen; schließlich sind sie als begrenzt verallgemeinerbar gedacht, d.h. als Dispositionen. Für unsere Zwecke ist es sicherlich notwendig, die Begrenzung auf kognitive Leistungen zu überschreiten und affektive, evaluative und pragmatische Fähigkeiten und Fertigkeiten einzubeziehen. Auch wenn es zur Zeit nicht möglich erscheint, diesen Begriff von demokratisch-politischer Kompetenz in stringenter Weise zu operationalisieren, so bietet er jedenfalls einen sinnvollen Bezugspunkt für Interpretationen und Reflexionen.

Die alltägliche Sozialisation bietet deshalb keine Garantie für den Erwerb demokratischer Konfliktkompetenz, weil die Lebenswelten des Alltags einer anderen Struktur-"Logik" folgen als die Situationen demokratisch-politischen Handelns. Die Entgegensetzungen von „privat" und „öffentlich", von „Gemeinschaft" und „Gesellschaft" oder auch von „Lebenswelt" und „Systemwelten" (vgl. Korte 1993, Lektion 5; Treibel 1993, Lektion 8) kann - in idealtypischer Verwendung - die unterschiedlichen Logiken kennzeichnen helfen. Weiterhin kann die Entgegensetzung zur Analyse und Interpretation von sozialem Wandel beitragen. So stießen Reinhardt/Richter/Scherer (1996) bei dem Versuch, irritierende Beobachtungen aus der schulischen, der universitären und der Bildungsarbeit in politischen Parteien zu verstehen, auf die folgenden Ergebnisse: Seit die Jugendphase nicht mehr als Statuspassage begriffen werden kann und seit Jugendliche mit einem Mehr an Ressourcen gewissermaßen drei Leben auf einmal leben können, wird die Frage der Identitätsformulierung offener und anspruchsvoller. An die Stelle klarer Zustimmung oder Entgegensetzung z.B. zur älteren Generation tritt die Nutzung von Angeboten (und nicht von Vorbildern) in wechselnder Qualität. Politik erscheint jedenfalls kaum als wichtiges Thema der Selbstdefinition. Besonders bei

Studentinnen zeigte sich ein Zwei-Welten-Modell (vgl. Richter 1996), bei dem das Private das Relevante und Beeinflussbare ist, während Politik als fremd erscheint und über private Mechanismen assimiliert wird (für Umweltschutz wird der Müll getrennt, aber nichts politisch gefordert). In vergleichbarer Weise stellt sich die Generation von 1968 der Generation von 1989 als entgegengesetzt dar: Während die 68er eher zu einer Politisierung des Privaten tendierten, privatisieren die 89er eher auch in der Politik: Politik wird mit Kategorien und Gefühlen des unmittelbaren Lebens, also der Primärgruppen im nahen Umfeld, gefasst und auf diese Weise entpolitisiert (vgl. Scherer 1996).

Die folgende Gegenüberstellung von Merkmalen des Privaten und des Öffentlichen hat den Zweck, auf den qualitativen Unterschied hinzuweisen und damit anzudeuten, wie anspruchsvoll die Entwicklungsaufgabe der Herausbildung von demokratischer Konfliktkompetenz ist:

Privat	**Öffentlich**
Geschützt, abgeschirmt	Einsichtig, öffentlich
Autonomie (Selbstbestimmung)	Partizipation (Mitbestimmung)
Subjekt-Entscheidung	Entscheidungen über Macht, Herrschaft, Konkurrenz
Eigeninteresse	Andere Interessen, Allgemeininteresse
Nahraum	Ferne und fernere Räume
Selbstbezug, Rückbezug	Vielfältige Bezüge
Harmonie führt zu Konsens	Konflikt führt zu Konsens
Lebenswelt	Systemwelt(en)
Gemeinschaft	Gesellschaft
Individualisierung	Integration
Primärgruppen	Sekundäre Organisationen

Es ist zu vermuten, dass sich mit dem Eigenwert der Jugendphase (nicht mehr Passage zum Erwachsenenstatus) die Wahlmöglichkeiten und -notwendigkeiten im privaten Lebensbereich erhöht haben und keine automatische Brechung bzw. Übersetzung in die Sphäre des Öffentlichen und Politischen anzunehmen ist. Auch Beck (2001) sieht die Gefahren nicht in dem, was die öffentliche Diskussion fürchtet, nämlich in Werte-Verfall und Ich-Sucht. Sondern: Die Suche nach dem „eigenen Leben" verläuft und verliert sich „in einem unendlichen Regress des Privaten" (S. 6), so dass im Prozess der Individualisierung nicht bewusst wird, dass das eigene Leben im öffentlichen und politischen Austausch mit anderen grundgelegt wird.

Es gilt also, für politische Bildung nach Mechanismen zu suchen, wie diese Transformation in der Entwicklung zu fördern ist. Zuvor gilt es, empirische Befunde zu schildern und zu interpretieren, wobei die skizzierten Idealtypen helfen werden, die Bedingungen des Lernens zu erläutern.

2.2 Daten und Interpretationen - die Stellung Jugendlicher zu Politik und Schule

a) Das Private ist nicht politisch - politisches Interesse und Vertrauen in Institutionen

Als ein plausibler Indikator für die Verwicklung des Subjekts mit dem politischen System kann das abgefragte politische Interesse gelten. Über diese Plausibilität hinaus gibt es auch empirische Evidenz dafür, dass dieses subjektive Interesse nicht nur größere Aufmerksamkeit für politische Vorgänge bedeutet, sondern auch Handlungsrelevanz besitzt und somit als die „motivationale Basisorientierung" in der politischen Sozialisation betrachtet werden kann (Kuhn 2000, S. 31-33).

In den allgemeinen Umfragen bei der erwachsenen Bevölkerung zeigt dieser Indikator in der alten Bundesrepublik einen Anstieg seit den 50er Jahren bis Mitte der 90er Jahre, dessen spürbarste Zunahme in den 60er Jahren erfolgte (was mit dem kulturellen Umbruch und der Studentenbewegung zu erklären ist). Seit Mitte der 90er Jahre geht das erklärte politische Interesse zurück; ob es sich hierbei um einen langfristigen Trend handelt oder um ein nicht weiter erklärtes Schwanken der Werte, ist (noch) nicht entscheidbar (vgl. Meulemann 1996, S. 104; Hoffmann-Lange 1999, S. 367).

Die Gruppe der Jugendlichen und jungen Erwachsenen zwischen 15-24 Jahren (Shell-Studien) bzw. zwischen 16-29 Jahren (DJI-Jugendsurveys) zeigt ebenfalls in den 90er Jahren ein Abflachen des erklärten politischen Interesses. Ferner stellen sich vier Faktoren heraus, die das politische Interesse beeinflussen: Geschlecht (Frauen/Mädchen sind weniger interessiert), Bildung (ein höheres Bildungsniveau geht mit höherem Interesse einher), Alter (bis zum Lebensalter von ca. 30 Jahren steigt das Interesse i.d.R. stetig an) und Region (im Osten war das Interesse nach der Wende höher als im Westen, und zwar besonders auch der jungen Frauen, sank dann aber stark ab, besonders bei den jungen Frauen). (vgl. Fischer 2000a, S. 263; Gille/ Krüger/de Rijke 2000, S. 215).

Stellt man die Ergebnisse unterschiedlicher Studien gegenüber, so kann es nicht um den Vergleich von Prozentzahlen gehen, weil die verwendeten Instrumente nicht völlig identisch sind, sondern zu vergleichen sind die Relationen in den Daten. Die Shell-Studien erbitten die Angabe „ja" oder „nein" zur Frage nach dem politischen Interesse, die DJI-Jugendsurveys geben fünf

Stufen für die Antwort vor. Ganz unterschiedliche Größenordnungen würden entweder bedeuten, dass die Operationen doch recht Unterschiedliches messen, oder dass hier ein neuer oder ein spezieller Befund vorliegt. Die deutschen Ergebnisse der IEA-Studie zu „Civic Education" (vgl. Oesterreich 2001) liegen noch nicht vor, so dass hier keine Einordnung möglich ist.

Wie stellen sich die Schülerinnen und Schüler Sachsen-Anhalts in ihrem politischen Interesse im Sommer 2000 dar?[1]

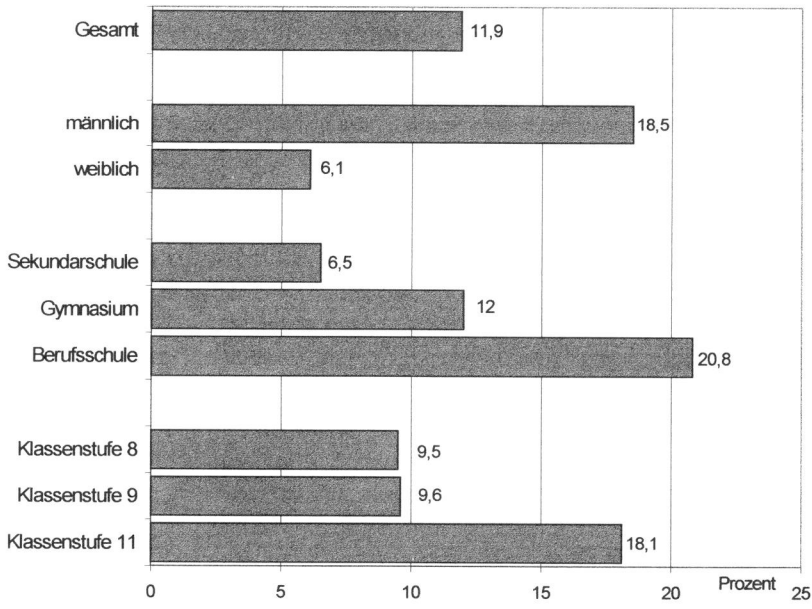

Schaubild 1: Politisches Interesse
Frage 1: „Sind Sie politisch interessiert?" (sehr interessiert, ziemlich interessiert, etwas interessiert, recht wenig interessiert, gar nicht interessiert) Zustimmung in Prozent (sehr interessiert, ziemlich interessiert)

Verblüffend gering ist - gemessen an der Idee von gleicher Teilhabe an Demokratie durch alle Staatsbürgerinnen und Staatsbürger - das politische Interesse in der Gesamtgruppe, in der sich nur 12 Prozent für politisch sehr oder ziemlich interessiert erklären. (Die mittlere der fünf Antwortkategorien - „etwas interessiert" - haben wir nicht in die Definition von „politisch interes-

---

1   Befragt worden waren Schulklassen der 8., 9. und 11. Klassen, letztere in Gymnasien und Berufsschulen. (vgl. Kapitel 1).

siert" einbezogen, weil sich hier die Tendenz zu sozial erwünschten Antworten und inhaltliche Unklarheit versammeln können.)

Der Faktor „Alter" zeigt sich deutlich: in der Klassenstufe 11 sind ca. 18 Prozent der Befragten politisch interessiert gegenüber knapp 10 Prozent in den Klassen 8 und 9. Die große Bedeutung, die das Alter für das Interesse an Politik hat, ist nicht verwunderlich. Politische Aufgaben, politische Konflikte und politische Ordnungen (womit drei unterschiedliche Politikbegriffe - policy, politics, polity - bezeichnet sind) betreffen nicht das unmittelbar spürbare Dasein von Jugendlichen; sie liegen überhaupt nicht „nahe". Aus der Perspektive von jungen Menschen ist die Ausbildung einer politischen Identität keine zwingende Aufgabe; erst mit zunehmendem Alter erhalten und übernehmen sie Funktionen und Rollen, die sie verantwortlich für andere werden lassen und die sie in übergreifende Zusammenhänge stellen. Diese durch die Realität ihres Lebens provozierte Ausweitung der Perspektive kann zur Öffnung des Interesses für Politik führen. Älterwerden bedeutet auch das Andauern der Chance für Lernprozesse sowohl organisierter als auch informeller Art, die das kognitive Begreifen und das emotionale Balancieren erleichtern.

Der Faktor „Bildung" stellt sich als Einflussvariable auch in Sachsen-Anhalt heraus. Gleichaltrige Jugendliche im Gymnasium sind politisch interessierter als Jugendliche an den Sekundarschulen. Jugendliche im berufsbildenden Schulwesen, die gymnasiale Bildungsgänge besuchen, sind interessierter als gleichaltrige Jugendliche in der Berufsausbildung. Auch finden wir unter den Schülern mit sehr guten und guten Schulnoten mehr politisch Interessierte. Theoretisierende, reflektierende Lernprozesse allgemeinbildender Art fördern den Zugang zu komplexen und distanzierten Wirklichkeitsbereichen, die sich dem Subjekt nicht von selbst aufdrängen. (vgl. auch Achatz u.a. 2000, S. 428). Hier sei angemerkt, dass - unter dem Thema „Der 'rechte' Weg zur Politik" - unten eine Gruppe von politisch interessierten Jugendlichen diskutiert wird, die dieser Globalaussage nicht entspricht. Es sei auch angemerkt, dass hier nicht die Bedeutung der Bildungsexpansion für die historische Entwicklung des politischen Interesses diskutiert wird und auch nicht die Unterscheidung zwischen Osten und Westen Deutschlands, die durch unsere Daten ja auch nicht erfasst wird (zu beidem vgl. Bock/Reinhardt 2002).

Der Unterschied im politischen Interesse nach dem Faktor „Geschlecht" ist frappierend - Jungen erklären sich dreimal so häufig für politisch interessiert wie Mädchen. Wie ist dieses Datum zu erklären bzw. zu verstehen? Vor Jahrzehnten hätte es nahegelegen, das damals geringere Bildungsniveau der Mädchen als intervenierende Variable heranzuziehen - hier haben die Mädchen aber längst gleichgezogen bzw. die Jungen überholt (in Sachsen-Anhalt ist der Anteil der Mädchen in den Gymnasien viel höher als der der Jungen). Auch eine naturalistische Erklärung, die das Geschlecht als biologische Tatsache heranzieht, widerspricht den historischen Tatsachen des erheblichen

Wandels im politischen Interesse, das offensichtlich nicht biologisch determiniert ist.

Plausibler ist die Erklärung der sozialen Tatsache durch eine soziale Struktur, nämlich die gesellschaftlich übliche Arbeits- und Rollenteilung zwischen den Geschlechtern. Diese Realität kann in Zusammenhang mit unterschiedlichen Zugängen zu Politik gesehen werden (vgl. auch Sauer 2000): Frauen arbeiten bekanntermaßen äußerst engagiert in sozialen Bewegungen, und zwar engagierter als Männer (vgl. Gaiser/de Rijke 2000, S. 291; Oesterreich 2001, S. 18). Würde man dieses Engagement als „politisches" klassifizieren, so benutzte man einen mikro-politischen, weiten Politikbegriff, der lebensweltliche Bezüge betont, aber zugleich jenen Politikbegriff ausweitet bzw. vermeidet, der Prozesse der Machtbildung und Durchsetzung im staatlichen Institutionengefüge betrifft. Es spricht vieles dafür, dass viele befragte Frauen bzw. Mädchen den Ausdruck „politisch" in der Frage nach dem politischen Interesse mit solchen staatsbezogenen Macht- und Konfliktfragen assoziieren, die ihnen aber eher fremd erscheinen (vgl. dazu z.B. Daten zu geschlechtsspezifischen Interessen und Fachwahlen, Reinhardt 1997b), weshalb sie sich viel seltener als politisch interessiert sehen als männliche Jugendliche.

Was bringt diese Erklärung? Sie ändert nichts an der Tatsache, dass die Schülerinnen sich viel seltener subjektiv in Politik befinden (inter-esse) als die Schüler. Der weite Politikbegriff mit dem Slogan „Das Private ist politisch" verwischt diese Differenz mit der bloßen Behauptung, es sei so, wo doch der engere Politikbegriff die Strukturen politischer Entscheidungen, die im öffentlichen Raum der politischen Auseinandersetzungen und durch komplizierte Verfahren der Willensbildung zustande kommen, als relevante und eigengesetzliche Realität spezifiziert (vgl. auch Hoffmann-Lange 1999, S. 368). Das Verwischen der Differenz suggeriert, Frauen seien zwar anders, aber genauso politisch interessiert wie Männer - aber die Differenz ist gegeben und sollte anerkannt und zum Ausgangspunkt für didaktische Überlegungen werden[2]. Die vier Merkmale politischer Handlungssituationen (komplex, problemhaltig, konflikthaft und unsicher) dürfen nicht durch Deklaration des Privaten zum Politischen zum Verschwinden gebracht werden. Ganz im Gegenteil: Das Private ist harmonisch, sozial mitfühlend, einordnend und nah - und also nicht unmittelbar politisch.

Die Unterscheidung von privater und öffentlicher bzw. politischer Sphäre ermöglicht eine Interpretation auch des unterschiedlichen Vertrauens in Institutionen, das zu den häufig benutzten Indikatoren der Stellung des Subjekts zum politischen System gehört. Hierbei handelt es sich um ein Element von politischem Vertrauen überhaupt, das auch über das Vertrauen des Bürgers in die Offenheit des politischen Systems gegenüber dem Bürgerwillen (Respon-

---

2   Vgl. dazu Hoppe 2000, Reinhardt 1999, Richter 1996, Wetterau 2000 und unten das Kapitel zu didaktischen Konsequenzen.

sivität) und über die Demokratiezufriedenheit operationalisiert wird (vgl. Hoffmann-Lange 1999, S. 371). Der Mangel an Vertrauen wird auch als Politikverdrossenheit bezeichnet. Zwischen diesen Dimensionen politischer Effektivität bestehen deutliche empirische Zusammenhänge (vgl. a.a.O, S. 374; Kuhn 2000, S. 34). Insgesamt haben die Vertrauenswerte in der Vergangenheit abgenommen.

Typischerweise wird das Institutionenvertrauen gemessen, indem einer Liste mit unterschiedlichsten Organisationen und Institutionen eine Skala beigelegt wird, in der die Befragten ankreuzen, ob sie zu einer Institution „überhaupt kein Vertrauen" (Skalenwert 1) oder - über Abstufungen - „sehr großes Vertrauen" (Skalenwert 7 - so der DJI-Jugendsurvey; 5 Abstufungen in der Shell-Studie) haben. Gaiser/Gille/Krüger/de Rijke (2000, S. 17) unterteilen acht der Institutionen der DJI-Befragung in solche der etablierten Politik, solche der Exekutive bzw. Judikative und solche der nicht etablierten Politik; für die Shell-Studie 2000 werden nach Faktoren- und Clusteranalyse sechs Institutionen in je drei „Staatliche Organisationen" und „Nichtstaatliche Organisationen" gruppiert (Fischer 2000a, S. 271). Die Unterteilung des DJI-Jugendsurveys haben wir für einen Teil der von uns erfragten Institutionen in Sachsen-Anhalt übernommen.

Dass die Größenordnungen der Ergebnisse aus den unterschiedlichen Studien sich entsprechen, spricht für die „Echtheit" der Unterschiede im geäußerten Vertrauen zu den unterschiedlichen Gruppen von Institutionen. Am schlechtesten schneiden - mit Abstand - die Kerninstitutionen des politisch-parlamentarischen Systems (Bundestag, Bundesregierung, politische Parteien) ab; viel höher liegen die Vertrauenswerte für alle anderen Institutionen. Was kommt hierin zum Ausdruck?

Die unterschiedlichen Vertrauenswerte mögen zum einen den Eindruck widerspiegeln, den das Handeln der Institutionen auf die Betrachter macht. Da im Frühjahr 2000, kurz vor der Befragung, Spendenskandale der CDU im Bund und im Land Hessen die öffentliche Diskussion stark bestimmten, mag hierin eine Erklärung für das geringe Vertrauen in die Parteien zu sehen sein. Auch verursachen Erscheinung und Inhalt von Politikeräußerungen bzw. von Parlamentsauftritten (wie Leere im Plenarsaal, Polemiken in der Auseinandersetzung usw.) vermutlich häufig Verdruss und Abneigung bei Bürgern und Bürgerinnen.

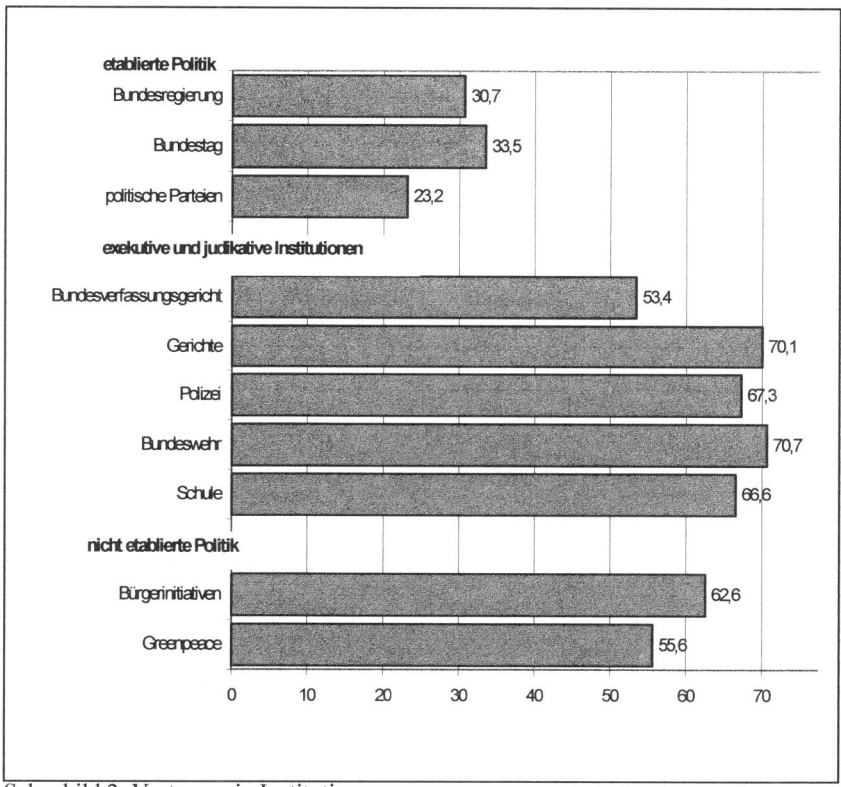

etablierte Politik

Bundesregierung 30,7
Bundestag 33,5
politische Parteien 23,2

exekutive und judikative Institutionen

Bundesverfassungsgericht 53,4
Gerichte 70,1
Polizei 67,3
Bundeswehr 70,7
Schule 66,6

nicht etablierte Politik

Bürgerinitiativen 62,6
Greenpeace 55,6

0 10 20 30 40 50 60 70

Schaubild 2: Vertrauen in Institutionen
Frage 17: „Wie viel Vertrauen bringen Sie den folgenden Einrichtungen und Organisationen entgegen?" (gar kein Vertrauen, wenig Vertrauen, einiges Vertrauen, viel Vertrauen) Zustimmung in Prozent (viel Vertrauen + einiges Vertrauen)

Zum anderen lassen sich die Daten aber auch mit der Mühsal des Demokratie-Lernens erklären. Das politische System der Demokratie setzt für das Verständnis der Kerninstitutionen des Konflikts eine Konfliktkompetenz voraus, die allen privaten Wünschen nach Eindeutigkeit, Harmonie und gemeinschaftlicher Solidarität widerspricht. Den Kerninstitutionen des parlamentarischen Systems kann nur schwer Vertrauen entgegengebracht werden, weil ihr Handeln notwendigerweise nach einer anderen „Logik" erfolgt als das private Leben. Dabei ist auch zu bedenken, dass die Frage nach dem Vertrauen in politische Institutionen selbst dieser Verwechslung von Logiken aufsitzt, denn Vertrauen ist eine Kategorie der sozialen Welt und erst im übertragenen Sinne eine Stellungnahme zur politischen Welt. Mehr noch: Völliges Vertrauen in die konkreten Institutionen Bundestag, Bundesregierung und politische Parteien wäre sogar „blindes" Vertrauen und dem demo-kratischen Prozess, der von der Kritikfähigkeit seiner Bürger lebt, ganz unan-gemessen (vgl. Westle 1997; 1998). Politische Parteien sind definiert durch die Konflikte, die sie in sich (zur Bündelung von Interessen) und gegenein-ander (in der Konkurrenz um Zustimmung in Wahlen und Abstimmungen) austragen. Weder können sie die Gegensätze der gesellschaftlich gegebenen Interessen vereinheitlichen oder leugnen, noch können sie das sog. Allge-meinwohl in einem Akt bemühter Recherche einfach irgendwo auffinden. In der Parteiverdrossenheit zeigt sich also wohl nicht nur eine Quittung für ihre Performanz, sondern auch ein anti-pluralistischer Affekt (vgl. auch Kropp 2000).

Viel Vertrauen erhalten Institutionen, die - wie Bürgerinitiativen - einge-grenzte, lokale Themen mit scheinbar unmittelbarer moralischer Überzeu-gungskraft und direkter Bürgernähe verfolgen. Die Klarheit des Themas (Umweltschutz, bedrohte Tiere, Kindertagesstätten u.ä.) und der Verzicht auf die Einbettung in den Konflikt macht ihre Attraktivität aus. Ebenfalls erhal-ten solche Institutionen viel Vertrauen, die eine eindeutige Aufgabe zu erfül-len haben (Polizei, Bundeswehr z.B.), oder die mit ihrer Funktion der Streit-entscheidung und damit auch Streitschlichtung dem Konflikt scheinbar ent-hoben sind und nicht als Bestandteil des Konfliktsystems begriffen werden müssen (Gerichte). Die These ist also, dass die Institutionen der dritten Ge-walt missverstanden werden als dem Streit entrückte Institutionen und davon in ihren Vertrauenswerten profitieren.

Aufregend ist womöglich unser Ergebnis, dass das Vertrauen in die Insti-tution Schule hoch ist! Wegen des Mangels an Vergleichsdaten (Jugendstu-dien tendierten dazu zu vergessen, dass Jugendliche einen Beruf haben, der für ihr Leben wichtig ist) können wir nicht einschätzen, ob dieses Datum ein großes Kompliment an die Schulen Sachsen-Anhalts darstellt oder ob es so ähnlich in den anderen Bundesländern auch erscheinen würde. Wir hatten vor der Befragung kontroverse Vermutungen: von „noch unter politischen Partei-en" bis hin zu „im Mittelfeld"; jedenfalls hat das Ausmaß der Vertrauenswer-te uns überrascht, denn die Schulpflicht ist der extensivste Zwang, den die staatliche Gemeinschaft ihren Mitgliedern im Verlauf ihres Lebens auferlegt.

b) Der „rechte" Weg zur Politik - die Klasse 173 und die Subgruppe
„rechts"
Die Untersuchung der Daten zum politischen Interesse hat uns auf die Klasse 173 (so die Identifikationsnummer dieser Klasse) gestoßen. Die hohen Werte des politischen Interesses in der Berufsschule provozierten die Frage, ob womöglich der Beruf politisch bilde - das hätte früheren Ergebnissen wider-sprochen, die den Faktor „Bildung" betonten. Da das berufsbildende Schul-wesen eine Schulform mit großer interner Heterogenität ist, konnten wir diese Frage anhand der Bildungsgänge unserer insgesamt 16 Berufs-schulklassen prüfen. Dabei zeigte sich im wesentlichen, dass das politische

Interesse in theoretisch anspruchsvolleren Bildungsgängen (z.B. Fachgymnasium) im Durchschnitt höher ist, dass also auch in den Daten dieser einen Schulform der Faktor „Bildung" auftaucht. Auffälliger war die Tatsache, dass - auf der Ebene von Einzelklassen - sehr große Unterschiede im politischen Interesse existierten: die Extrempunkte sind = 0 Prozent und 35 Prozent. Die Klasse mit 35 Prozent politisch interessierten Befragten ist die Klasse 173, die folgende Merkmale aufweist:

1) Auf die Sonntagsfragen zu Bundestags- und Landtagswahl[3] nennen die Mitglieder der Klasse 173 zu 30 bzw. 40 Prozent rechte Parteien (DVU, REP, NPD als „sonstige") - in der Gesamtgruppe der Befragten sind dies ca. 10 Prozent.

2) Etwa ein Drittel der 22 Mitglieder dieser Klasse stuft sich als politisch „rechts" ein - in der Gesamtgruppe sind dies knapp über 9 Prozent.

3) Die Ausländerfeindlichkeit der Klasse 173 ist noch höher als beim Durchschnitt: hier stimmt mehr als die Hälfte fünf oder sechs von sechs negativen Aussagen zu Ausländern zu - in der Gesamtgruppe äußern sich mehr als ein Drittel so.[4]

4) Die Gewaltaffinität der Klasse 173 ist deutlich höher als in der Gesamtgruppe[5].

5) Der Werte-Horizont ist einerseits der Gesamtgruppe sehr ähnlich[6], aber Ungleichheit scheint wichtig zu sein (weniger Befürwortung von gerecht sein und soziale Unterschiede abbauen).

6) Die Klasse 173 wird nur von Jungen besucht.

Die Klasse 173, die eine landesfinanzierte Berufsausbildung in einem zur Zeit nicht zukunftsträchtigen Lehrberuf absolvierte, demonstriert einen Zugang zur Politik, der nicht aus der Ausbildung demokratischer Grundwerte (Gleichachtung aller, Toleranz) und - in ihrer Konkretion - von Konfliktkompetenz (zivile Streitkultur) resultiert. Einsicht und Loyalität für die normativen Grundlagen sowie Verständnis und Bereitschaft für das demokratische Austragen von Konflikten können hier nicht der Motor für das Interesse an Politik sein. Zu vermuten ist, dass die Mitglieder dieser Kleingruppe die instrumentellen Möglichkeiten, die das demokratische System jedem und jeder bietet, sehen und vermutlich nutzen. Sie finden in der Parteienland-

---

3 Frage Nr. 6.
4 Die Aussagen in Kurzform, s. Frage 21: Fremder im eigenen Land, zu viele, nehmen Arbeitsplätze weg, Belastung für das soziale Netz, häufiger Straftaten, Probleme auf dem Wohnungsmarkt - vier Antwortvorgaben, reliable Zusammengehörigkeit dieser sechs Äußerungen.
5 Frage 19 und 13: mit Gewalt wehren, ich mich prügele, Gewalt kann keine Probleme lösen - umgepolt, Konflikte mit Gewalt austragen.
6 Frage 18: Verantwortung für andere, anderen helfen, Rücksicht nehmen, fair sein.

schaft solche Parteien, auf die sie ihr politisches Interesse fokussieren können. Als Schulklasse stellen sie eine Gruppe dar, deren Binnenkommunikation zur gegenseitigen Bestärkung und zum Zusammenhalt führen kann. Die Projektmitarbeitern erinnert sich: „Sie saßen da uniformiert (mit den Insignien rechter Jugendkulturen) und waren freundlich." Die Klasse 173 teilt also einerseits eine ganze Reihe von Werten mit der Allgemeinheit, ihre Schüler sind mindestens über den Schulbesuch in gesellschaftliche Strukturen integriert, sie sind freundlich und kooperativ in der Situation der Befragung, sie sind über ihr politisches Interesse diesem politischen System instrumentell verbunden - als Demokraten können sie aber nicht bezeichnet werden.

Die Frage, ob diese Klasse 173 eine singuläre Erscheinung sei oder ob hier ein allgemeinerer Zusammenhang vorliegen könnte, zielt auf die Unterstellung, politisches Interesse sei zugleich demokratisches Interesse. Stimmt noch die Vermutung der 60er-Jahre, politisch-demokratisches Interesse sei der Selbstverortung als „links" eher zuzuordnen als der als „rechts"? Aus den Daten der DJI-Studie hatten Kleinert/Krüger und Willems 1998 den Eindruck formuliert, dass bei männlichen Befragten die negative Einstellung gegenüber Ausländern „politisch stärker kontextualisiert" zu sein scheint (S. 26). Die Teilgruppe unserer Befragten, die sich selbst als „rechts" einordnen, wird zur Prüfung dieser Fragen näher charakterisiert.

Die politischen Orientierungen gemäß Selbstzuordnung verteilen sich in der Gesamtgruppe so: Es gibt insgesamt mehr Befragte, die sich als „rechts" bezeichnen (9,3 Prozent) als als „links" (7.7 Prozent). Die mittlere Kategorie „weder ... noch" ist mit großem Abstand am stärksten besetzt (42,2 Prozent), „eher links als rechts" geben 11,4 Prozent an, „eher rechts als links" nennen sich 15,1 Prozent. Diejenigen, die sich nicht zuordnen bzw. in der Mitte ansiedeln, sind also die größte Gruppe, die Gruppen mit rechter oder eher rechter Zuordnung sind etwas größer als die mit linker oder eher linker Zuordnung.

Der Zusammenhang zwischen klarer Selbstzuordnung bei der politischen Orientierung und politischem Interesse ist sehr deutlich: Die Befragten „links" und „rechts" erklären sich zu 20 oder mehr Prozent für politisch interessiert, erheblich mehr als diejenigen mit anderer Zuordnung. Das politische Interesse ist „rechts" dabei eher noch ausgeprägter als links - was die Unterstellung, das politische Interesse sei eine Domäne von links, eindeutig widerlegt.

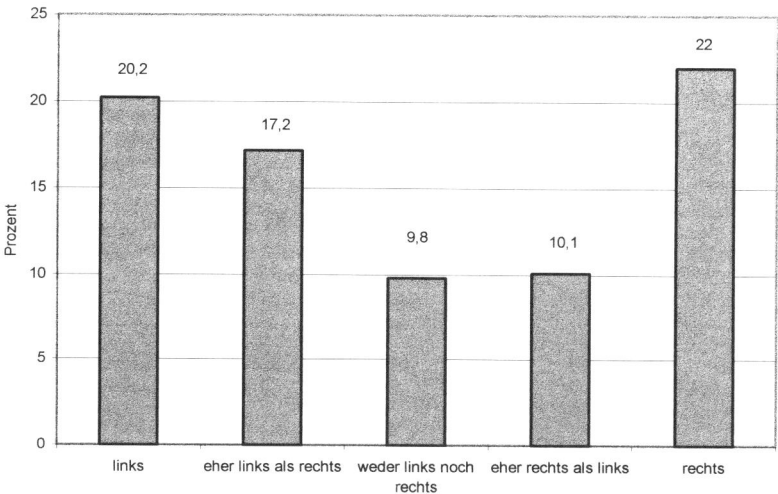

Schaubild 3: Interesse an Politik nach politischer Orientierung
Frage 1: Zustimmung in Prozent (sehr interessiert + ziemlich interessiert)
Frage 4: „Viele Leute verwenden die Begriffe LINKS und RECHTS, wenn es darum geht, unterschiedliche politische Einstellungen zu kennzeichnen. Wenn Sie an Ihre eigenen politischen Ansichten denken, wo würden Sie sich einordnen?"

Die Gruppe der „rechts" Orientierten zeigt folgende weitere Merkmale:
1) Die Subgruppe „rechts" ist im Vergleich zur Gesamtheit der Befragten von großer politischer Klarheit und Entschiedenheit. Auf die Sonntagsfragen zu Bundestags- und Landtagswahlen geben sie zu fast 60 Prozent an, eine der drei rechten Parteien wählen zu wollen. Nur etwa 3 bzw. 5 Prozent von ihnen sagen „weiß ich nicht" - in der Gesamtgruppe sagen dies über 20 Prozent. (Auch machen weniger „rechte" Befragte" „keine Angabe" oder wollen „sowieso nicht wählen.")
2) Die Subgruppe „rechts" besteht zu etwa drei Vierteln (73,8 Prozent) aus männlichen Befragten.
3) Ausländerfeindlichkeit und Gewaltaffinität sind höher als in der Gesamtgruppe.
4) Das Institutionenvertrauen dieser Gruppe ist im Allgemeinen geringer als das der Gesamtgruppe, aber mit zwei Ausnahmen: Der Bundeswehr und den politischen Parteien wird mehr Vertrauen entgegengebracht als vom Durchschnitt der Befragten. Der Unterschied ist erheblich: Die Subgruppe „rechts" bringt den politischen Parteien zu 40 Prozent Vertrauen entgegen, in der Gesamtgruppe sind es nur 23 Prozent.

57

5) Die schulischen Noten sind vergleichsweise schlechter.

6) Schulische Partizipation wird eher abgelehnt.

7) Es finden sich weniger Postmaterialisten in der Gruppe als sonst.

8) Rechte Jugendkulturen werden viel häufiger befürwortet.

9) Sie haben viel häufiger politisch interessierte Freunde als die anderen.

10) Sie zeigen ein höheres Maß an Orientierungslosigkeit.[7]

11) Der Werte-Horizont ist einerseits der Gesamtgruppe ähnlich - auch ihnen sind die meisten Werte recht wichtig. Man kann also nicht sagen, sie hätten bzw. verträten keine Werte. Spitzt man die Betrachtung auf pro-soziale Werte zu[8] zeigt sich ein ähnliches Bild. Aber während in der Gesamtgruppe mit der im Durchschnitt hohen Wertschätzung prosozialer Werte (der Durchschnittswert beträgt 4,0 = wichtig) keine Differenzierungen nach Schulformen oder Region einhergehen, bleibt die Gruppe „rechts" doch spürbar in der Wertschätzung unter dem Durchschnitt, nämlich bei 3,7 (was zu übersetzen ist mit „fast wichtig").

Die Subgruppe „rechts" lässt sich zusammenfassend beschreiben als eine offensichtlich weniger als andere in gesellschaftliche Zusammenhänge integrierte Gruppe von Individuen (s. Vertrauen in Institutionen, schulische Partizipation, pro-soziale Werte, geringerer Postmaterialismus, höhere Ausländerfeindlichkeit und Gewaltaffinität) mit großer politischer Klarheit und Entschiedenheit (politisches Interesse, politische Orientierung, politische Wahlabsicht, Parteienvertrauen, politisch interessierte Freunde).

Der rechte Weg zur Politik ist nach diesen Daten eine Tatsache. Zu vermuten ist, dass politisch rechts orientierte Jugendliche viel eher die Mechanismen des demokratischen Systems nutzen als die anderen Jugendlichen (und besonders: die Mädchen). Es ist weiterhin zu vermuten, dass viele Jugendliche in Sachsen-Anhalt moralisch über rechte Orientierungen bekümmert und empört sind, aber sie überlassen teilweise das Feld der Politik jenen, über die sie empört sind, weil sie sich Distanz und Unentschiedenheit leisten. Die Transformation von moralischen in politische Einsichten und Stellungnahmen ist ein Desiderat und gibt der didaktischen Reflexion eine weitere Aufgabe.

---

7   Frage 7: unsicher - auf alles gefasst sein, früher wußte jeder, heute weiß man nicht.

8   Frage 18: die Items anderen Menschen helfen, Rücksicht nehmen, Ausgleich suchen, fair sein, gleichberechtigt behandeln, gerecht sein, Unterschiede abbauen.

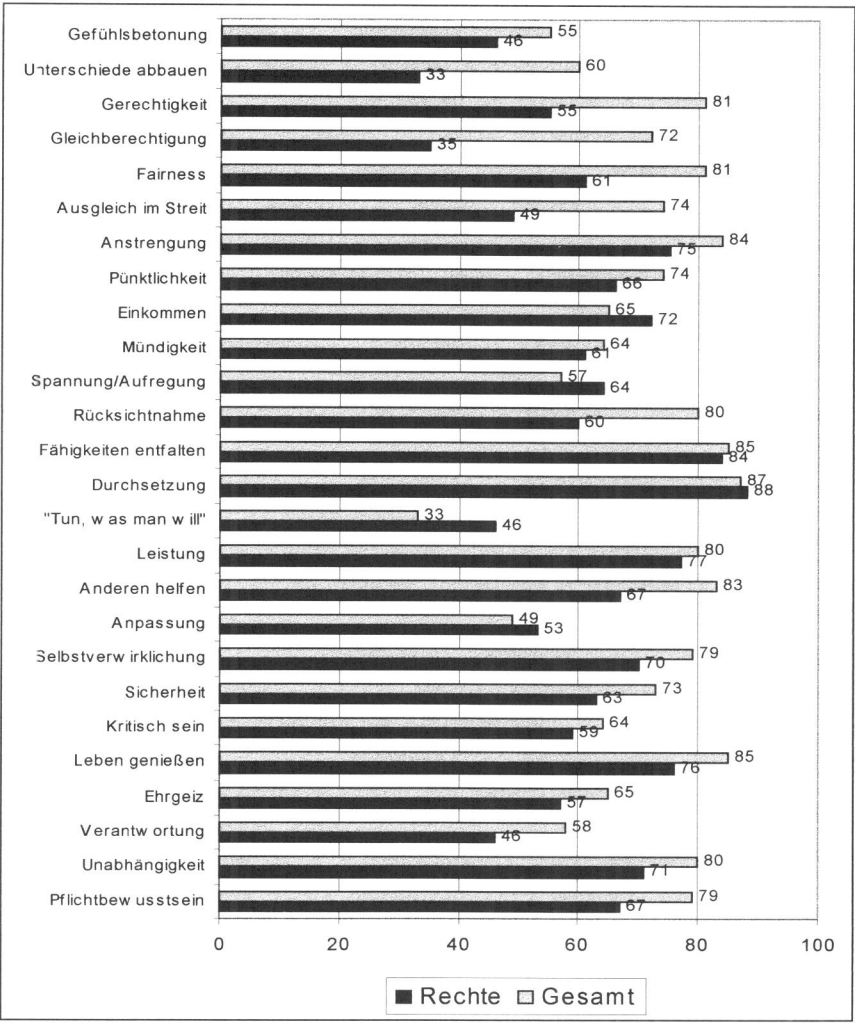

Schaubild 4: Zustimmung zu Wertorientierungen (in Prozent)

Frage 18: „Bitte geben Sie zu jeder Verhaltensweise auf der folgenden Liste an, wie wichtig es für Sie persönlich ist, so zu sein oder sich so zu verhalten!" Hier „wichtig" + „sehr wichtig"

c) (Un-)Verständnis für Demokratie - Konflikte verhindern,
Inszenierung fördern

Das Deutsche Jugendinstitut in München hat 1997 für die Aussage „Ich bin gegen eine Diktatur, aber eine starke Hand müsste mal wieder Ordnung in unseren Staat bringen" bei westdeutschen Jugendlichen knapp 30 Prozent Zustimmung erhalten und bei ostdeutschen Jugendlichen knapp über 40 Prozent Zustimmung (Gille/Krüger/de Rijke 2000, S. 221, 223). Diese „weiche" antidemokratische Formulierung hat den Vorteil, dass die Befragten zuerst ihre Ablehnung einer Diktatur versichern können, um sodann einen zentralen Aspekt derselben zu fordern. Klare antidemokratische Aussagen werden üblicherweise abgelehnt; ebenso finden zentrale demokratische Aussagen, wie die zur Demonstrationsfreiheit, zur Meinungsfreiheit und zur Notwendigkeit der Opposition, regelmäßig hohe Zustimmungen[9]. Die von einer starken Minderheit geforderte „starke Hand" bedeutet - vor der Folie von Konfliktkompetenz als zentraler Demokratiequalifikation - die Tendenz zur Vereinheitlichung, die Suche nach klaren Verhältnissen, den Wunsch nach Personalisierung und Identifikation. Dabei wird den Befürwortern nicht bewusst, dass die Zustimmung zu dieser Aussage der Zustimmung zu genuin demokratischen Strukturprinzipien widerspricht.

Die Hälfte der befragten Schülerinnen und Schüler spricht sich in unserer Studie gegen die Auseinandersetzungen zwischen Interessengruppen aus, weil dies dem Allgemeinwohl schade. Auch wird die Aufgabe der Opposition nicht mit Kritik in Verbindung gebracht: zwei Drittel der Befragten fordern von der Opposition, sie solle die Regierung unterstützen. Und schließlich möchten drei Viertel der Befragten die Interessen des ganzen Volkes immer über die der Einzelnen stellen[10]. Auseinandersetzungen, Kritik und Einzelinteressen werden weitgehend (zur Hälfte bis zu zwei Dritteln) negativ eingeschätzt! Demokratische Systeme sind aber gekennzeichnet durch die Legitimität von Interessenkonflikten, durch ihren geregelten Austrag und durch die Konkurrenz von Parteien und Interessengruppen. Auch gilt das sog. Allgemeinwohl nicht als klar identifizierbar (als mit gutem Willen irgendwo auffindbare Größe), sondern das Allgemeinwohl ist eine Chiffre mit doppelter Bedeutung: sie ist regulative Idee der gemeinsamen Regelung gemeinsamer Angelegenheiten unter gleicher Achtung aller Beteiligten (also eine Idee der Verallgemeinerungsfähigkeit und Abwägung von Interessen) und sie ist die

---

9 Vgl. dazu a.a.O., S. 221 und unsere identischen Fragen 13 a-c, die parallel hohe Zustimmungen erbrachten.

10 Die Ablehnung dieser Formulierung (vgl. zu ihrer Verwendung auch Meulemann 1996, S. 100, und Gille/Krüger/de Rijke 2000, S. 224) verlangt einen komplizierten Schritt der dialektischen Abstraktion von Einzelinteressen in einen Mechanismus der Auseinandersetzung – statt der bloßen Addition von Einzelnen in einer Gesamtgröße, nämlich der des Volkes. Dieser kognitive Anspruch ist hoch; Begreifen von Demokratie erfordert ihn.

Kennzeichnung des empirischen Prozesses der Annäherung an dieses gemeinsame Wohl als Ergebnis konfliktreicher Prozesse.

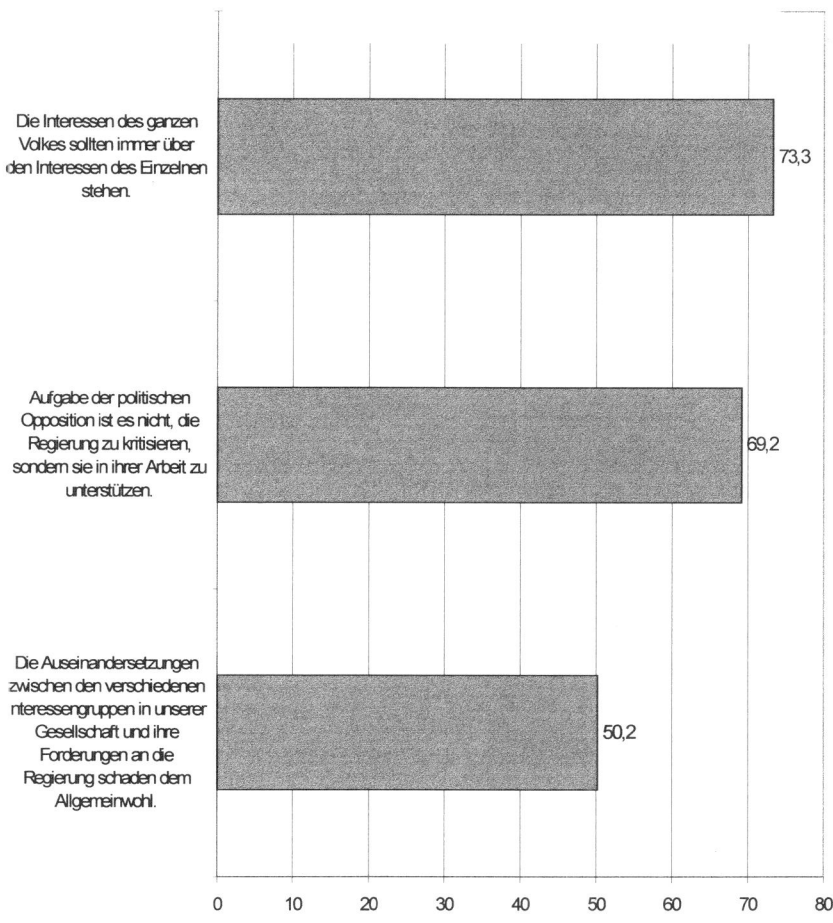

Schaubild 5: Konflikte in Staat und Gesellschaft
Frage 13: „Inwieweit stimmen Sie mit den folgenden Aussagen überein?" (trifft gar nicht zu, trifft eher nicht zu, trifft eher zu, trifft vollkommen zu) Zustimmung in Prozent (trifft eher zu + trifft vollkommen zu)

Konflikte stören und verstören offensichtlich. Deshalb wird die Suche nach Klarheit und Eindeutigkeit dagegen gesetzt. Das zeigt sich auch bei den Ant-

61

worten auf drei weitere Fragen, die dem Verständnis für Demokratie nachzugehen versuchen:

1) „Wer sollte in einer Demokratie das Land regieren?" (Frage 12). Fast
60 Prozent möchten diese Funktion an Experten für Regierungsaufgaben und
politische Angelegenheiten (über 40 Prozent) und an gebildete Personen oder
moralische oder religiöse Führer abgeben. Nur ca. 40 Prozent der Befragten
kreuzen „von allen gewählte Abgeordnete" an. Eine Mehrheit unserer
Befragten würde die politische Herrschaft an Experten und andere
Autoritäten abgeben.

2) „In einer Demokratie ist die wichtigste Funktion von Wahlen?" (Frage
8). Nur ca. 30 Prozent identifizieren die Aufgabe damit, „einen gewaltfreien
Wechsel der Regierung zu ermöglichen". Jeweils etwas über 15 Prozent
sagen, „den Armen mehr Macht zu geben" und „im Land bestehende Gesetze
beizubehalten". Die größte Gruppe - etwa 37 Prozent - sieht die Funktion von
Wahlen darin, „das Interesse der Bürger/innen an der Regierung zu steigern".
Demnach sind für diese Gruppe Wahlen eine Werbeveranstaltung für die
Regierung, die ihre Politik-Inszenierungen damit unters Volk bringt.

3) „Wenn alle Parteien zusammen die Regierung bilden würden, was
wäre dann der schlimmere Nachteil für die Demokratie?" (Frage 14). Die
Zustimmung von ca. 80 Prozent zu der Begründung, „dass es innerhalb der
Regierung ständig zu Streitereien und Zank zwischen den Angehörigen der
einzelnen Parteien käme" gegenüber nur ca. 20 Prozent für die Begründung,
„dass im Parlament nicht mehr so viel Kritik an der Arbeit der Regierung
geübt würde", zeigt das Missverstehen der Rolle der Opposition, der Notwendigkeit von Auseinandersetzungen und des antidemokratischen Charak-
ters von Gleichschaltungen. Die Furcht vor Auseinandersetzungen leitet die
Begründungen und damit das Fehlverstehen demokratischer Mechanismen[11].

Die Antworten der Schülerinnen und Schüler mögen ob ihrer Demokra-
tieferne verwundern - sie sind aber gut zu verstehen, wenn wir als gemeinsamen Punkt die Suche nach Klarheit, wohl auch nach Harmonie und wohl-
wollender Lenkung durch anerkannte Autoritäten identifizieren. Dann zeigt
sich, dass viele junge Menschen demokratische Politik nicht nur da, wo sie
nicht durch Skandale oder Fehlleistungen hervorsticht, sondern auch dort, wo
sie schlicht ihre Funktion erfüllt - nämlich kontrovers und konkurrierend um
Analysen von Problemen und Antworten zu deren Bearbeitung ringt - kaum
als solche erkennen und einordnen können. Die Strukturen des Geschehens
sind ihrem Leben weit entfernt; wenn Kategorien des Privaten auf das Politische angewandt werden, wird Politik ans Private assimiliert und verfehlt.

Didaktische Schlussfolgerungen werden die Aufgabe haben, Lehr- und
Lernprozesse zu skizzieren, die den Umgang mit Konflikten als notwendig,

---

11 Die Fragen 8, 12, 14 wurden - teils in komplizierterer Fassung - in der Konstan-
    zer Längsschnitt-Studie gestellt, s. Fend 1991, S. 173 f., und werden teils in der
    Civic Education Studie der IEA verwandt.

sinnvoll und durchaus zivil erfahren lassen. Auf keinen Fall wird das Belehren und das Auswendiglernen von verbalen Prinzipien der Demokratie etwas bewirken können, weil unverstandene Sätze sich bei einer Umformulierung und bei der Anwendung auf einen neuen konkreten Gegenstand als Hülsen herausstellen würden. Es gilt Lernprozesse zu suchen, die einen Gewinn an begriffener Erfahrung ermöglichen.

d) Partizipation in Politik und Schule - Zusammenhang und Differenz
Allgemein wird vermutet, dass partizipatorische Prozesse in der Schule die allgemeine politische Partizipationsbereitschaft günstig beeinflussen (vgl. Edelstein/Fauser 2001; Himmelmann 2001). Als Kombination von Jugend- und Schulstudie kann die Sachsen-Anhalt-Studie diese - sich auf eine angenommene Strukturhomologie gründende - Vermutung prüfen und differenzieren.

Der Begriff der politischen Partizipation kann einen weiteren Politikbegriff beinhalten, wenn nicht nur Akteure und Institutionen der regulativen Politik betroffen sind (ein engerer Politikbegriff), sondern auch persönliches Handeln eines jeden umfasst wird. Politisches Handeln wird einerseits durch rationales-strategisches Kalkül motiviert, das für die Überwindung von Widerständen auch das Handeln anderer Menschen antizipiert und somit einbezieht; andererseits kann politisches Handeln auch kulturell oder sozial motiviert sein (und nicht nur instrumentell), z.B. durch die Betonung von Partizipation als Eigenwert (vgl. Kaase 1997, S. 473). Da politisches Handeln keineswegs nur als direkte persönliche Interaktionen abläuft, sondern weil anonyme Institutionen (Organisationen wie Parteien und Bewegungen, Strukturen wie Staaten und überstaatliche Zusammenschlüsse) das komplexe Zusammen- und Gegenspiel ermöglichen und kanalisieren, sind für das Verständnis politischen Handelns die Fähigkeit zur Abstraktion und - als komplizierende Fähigkeit - Konfliktkompetenz notwendig.

Die Politikwissenschaft hat in den vergangenen Jahrzehnten die Unterscheidung konventioneller und unkonventioneller Handlungstypen benutzt, wobei die unkonventionellen Handlungen in legale und illegale unterschieden werden (zu Geschichte und Begriff vgl. Kaase 1997, S. 474). Die Unterscheidungen sind auch in der Jugendforschung verwendet worden (so Gaiser/ de Rijke 2000, S. 271). Als konventionell galten die vor Jahrzehnten gängigen Beteiligungen im Rahmen des parlamentarisch-repräsentativen Systems (wie Teilnahme an Wahlen, Mitgliedschaft in Parteien), während als unkonventionell die historisch jüngeren Formen der Beteiligung (wie die in Bewegungen, an Demonstrationen) galten. Diese vormals unkonventionellen Beteiligungen sind inzwischen so gängig und üblich geworden, dass sie an Häufigkeit die konventionellen übertreffen und die Bezeichnung des Unkonventionellen sie nicht mehr recht trifft. Bedeutsam ist nach wie vor die Unterscheidung der sog. unkonventionellen Teilnahmewege in legale (wie Demonstrationen und Bürgerinitiativen) und illegale (wie Hausbesetzung und gewaltaffine Blockaden), weil die zahlenmäßig hohe Erscheinung unkonventioneller Beteiligungen nur für die legalen, aber nicht für die illegalen gilt. Insgesamt kann das Hinzutreten der legalen unkonventionellen Beteiligungsformen zu den historisch älteren konventionellen Beteiligungen als Ausweitung des Repertoires von politischer Partizipation begriffen werden (vgl. Kaase 1997; Klein/Schmalz-Bruns 1997, S. 25 ff.).

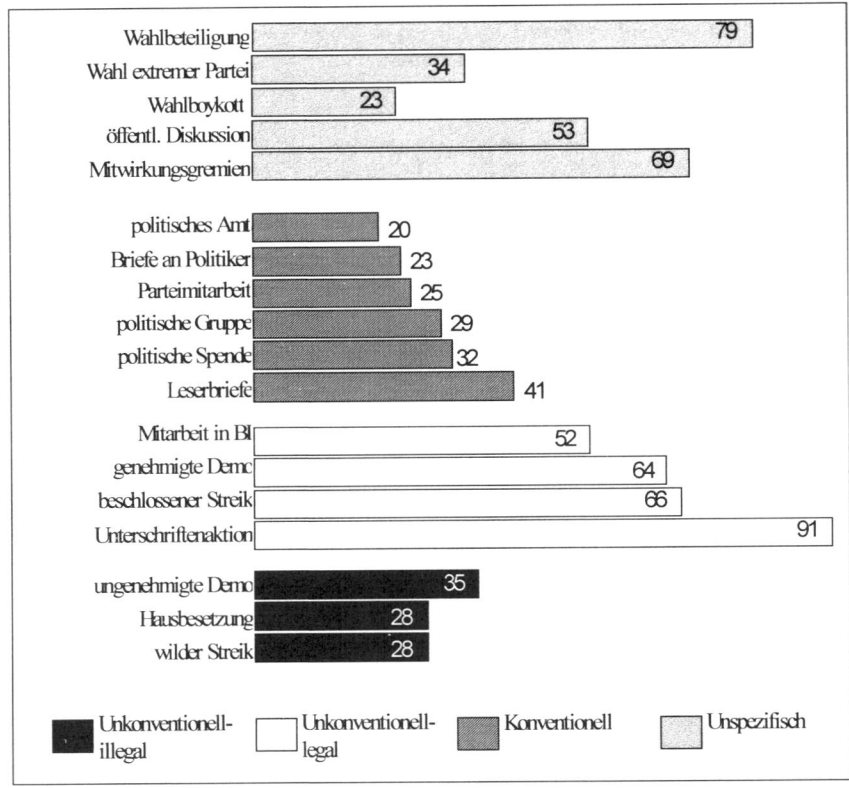

Schaubild 6: Zustimmung zu politischen Beteiligungsformen in Prozent
  Frage 2: „Welche der Möglichkeiten kommen für Sie in Frage und welche nicht?" Hier der Anteil der Zustimmung „Kommt für mich in Frage" + „Habe ich bereits gemacht"

Die Relationen der Beteiligungen sind in der Sachsen-Anhalt-Studie ähnlich wie in anderen Studien (Gaiser/de Rijke 2000, S. 271, 279 f.): Unkonventionell-legale Formen liegen über konventionellen Wegen der Beteiligung. (Dabei haben wir einen Teil der konventionellen Wege als „unspezifisch" ausgewiesen, weil sie einem Großteil unserer Befragten, den noch

64

nicht Wahlberechtigten, für ihr Handeln nicht zugänglich waren und deshalb nur als in Frage kommend gekennzeichnet werden konnten).[12] Auch erhalten illegale Wege unkonventioneller Beteiligung relativ geringe Zustimmung (wobei die Teilnahme an einer ungenehmigten Demonstration immerhin ein Drittel Zustimmung bekommt).

Die Relationen bleiben gleich, wenn wir aus der Gesamtgröße nur die bereits tatsächlich begangenen Wege (was wegen des jungen Alters unserer Befragten die Möglichkeiten stark eingrenzt) herauslösen. Das empirische Passstück tatsächlichen Handelns stimmt - bei viel geringeren absoluten Nennungen - in der Struktur mit der grundsätzlichen Zustimmung überein (allerdings ist die tatsächliche Mitarbeit in einer Bürgerinitiative viel geringer gewesen als die erklärte Bereitschaft). Offensichtlich ist die erklärte Bereitschaft für partizipatorische Wege nicht folgenlos für das praktische Handeln, dessen konkrete Wege natürlich auch davon abhängen, welche bürgerschaftliche Mitwirkung an einem bestimmten Ort in einer begrenzten Zeitspanne verwirklicht wird.

Für die Untersuchung von Zusammenhängen bedarf es einer zusammenfassenden Größe der Partizipation, die wir als Mittelwert-Index über die Zustimmung zu den 18 Beteiligungsformen gebildet haben. Eine hohe mittlere Zustimmung bedeutet also die Zustimmung zu vielen Beteiligungsformen und damit auch die (potentielle) Nutzung eines breiten Spektrums an Handlungsoptionen. Wir haben keine Unterschiede für die verschiedenen einzelnen Schulen derselben Schulform gefunden; eine gewisse Erklärungskraft hat die Altersvariable (Pearsons r = 0,102)[13]; das Geschlecht macht einen Unterschied bei den legalen/illegalen Handlungsweisen (Mädchen lehnen illegale Wege häufiger ab); politisch unentschiedene Jugendliche sind weniger beteiligungsbereit. Merkwürdig ist die Tatsache, dass die Schülerinnen und Schüler im Mittelfeld der eigenen Leistungseinschätzung[14] weniger beteiligungsbereit sind als diejenigen mit gutem bzw. mit schlechterem Notendurchschnitt. Hier schimmert wohl der Effekt der Rechts-Links-Selbsteinschätzung durch (die eine geringe, aber signifikante Beziehung zum Notendurchschnitt zeigt), die sich in einer Answer-Tree-Analyse tatsächlich als wichtiger als der Notendurchschnitt zeigte.[15]

---

12 Andere Wege konnten weder inhaltlich noch faktorenanalytisch einem der Typen zugeordnet werden, z.B. Beteiligung an öffentlichen Diskussionen oder in Mitbestimmungsgremien, und bleiben hier unberücksichtigt.
13 Zweiseitig signifikant auf einem Fehlerniveau von 0,01.
14 Frage 36: Berichteter Notendurchschnitt.
15 Eine Answer-Tree-Analyse stellt Kontrastgruppen auf verschiedenen Ebenen gegenüber, vgl. Schaubild 10 auf Seite 69.

Recht deutlich unterscheiden sich die Beteiligungsbereitschaften nach den Schulformen:

a) Sekundarschule   -   40 Prozent mittlere Zustimmung
b) Gymnasium   -   49 Prozent mittlere Zustimmung
c) Berufsbildende Schulen   -   42 Prozent mittlere Zustimmung.

Der Zusammenhang wird nicht durch das unterschiedliche Alter erklärt, sondern die Schulform zeigt einen genuinen Zusammenhang mit der Beteiligungsbereitschaft.

Die These der Strukturhomologie von allgemeiner politischer und schulischer Partizipation müsste sich in einem eindeutigen Zusammenhang von politischer und schulischer Partizipationsbereitschaft ausdrücken. Das Instrument zur Ermittlung schulischer Beteiligungsbereitschaft umfasste 10 Tätigkeiten, zu denen die Befragten angaben, ob sie bereit wären, sie zu übernehmen.

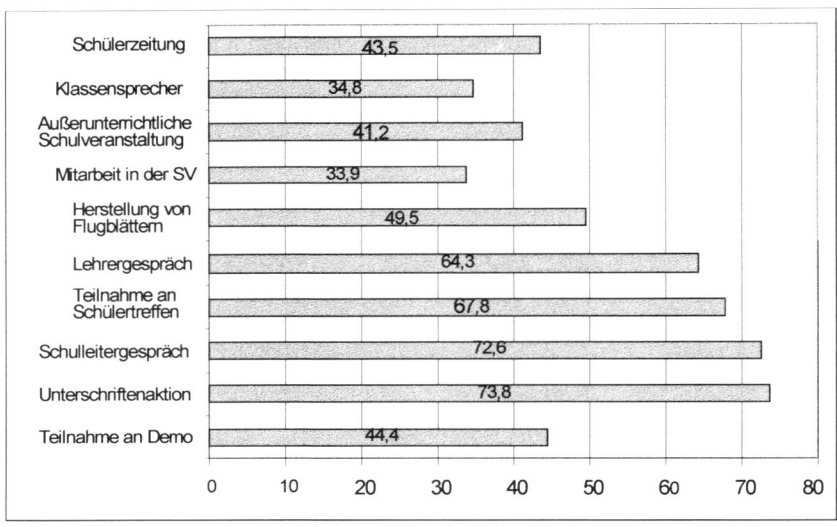

Schaubild 7: Beteiligungsbereitschaft in der Schule (Anteil in Prozent)
Frage 39: „Bitte kreuzen Sie hier an, ob Sie bereit wären, diese Tätigkeit zu übernehmen." hier: „Ja" angekreuzt

Die Struktur der Antworten ist plausibel, weil weniger aufwändige Wege häufiger genannt werden als die anderen. (Ähnliches lässt sich auch bei den Antworten zu politischer Partizipation feststellen - vgl. oben, Schaubild 6). Dass die Teilnahme „an einer Demonstration gegen bildungs- oder schulpolitische Entwicklungen" geringere Zustimmung erhält, kann evtl. damit erklärt werden, dass die Grenze der inter-mediären Institution Schule hier überschritten wird.

Die Zusammenschau der politischen Beteiligungsbereitschaft und der Bereitschaft zu schulischer Partizipation erfolgt über den Vergleich der Indizes der Mittelwerte. Diese Indizes der Mittelwerte korrelieren bemerkenswert deutlich (der Koeffizient nach Pearson ist r = 0.39). Schulische und politische Partizipation sind also nicht deckungsgleich, hängen aber spürbar miteinander zusammen. Den Einstellungen zu beiden Partizipationssphären liegt wohl eine gemeinsame Orientierungsbasis zugrunde. Im gegenteiligen Falle - wenn politische und schulische Partizipation als völlig unabhängige Sphären erschienen wären - hätte die These der Strukturhomologie im Bewusstsein der Befragten keine Entsprechung gehabt. Dann wäre der Ansatz zur politischen Bildung, der sich auf schulische Partizipation stützt, fragwürdig - das ist aber nicht der Fall. Der gegebene Zusammenhang ist - in deutlichem, aber nicht totalem Ausmaß - gegeben.

Wir beobachten - anders als bei der allgemeinen politischen Beteiligungsbereitschaft - einen erheblichen Unterschied in der durchschnittlichen schulischen Partizipationsbereitschaft bei den Einzelschulen derselben Schulform (hier der Vergleich der Sekundarschulen unserer Stichprobe).

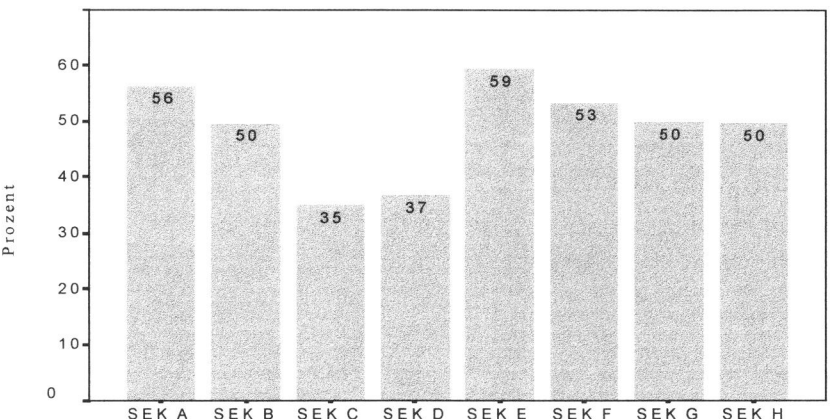

Schaubild 8: Schulische Beteiligungsbereitschaft in einzelnen Sekundarschulen (vgl. Schaubild 7) (Anteile in Prozent)

Hieraus kann man schließen, dass die einzelne Schule sehr wohl einen Unterschied macht für die Ausprägung schulischer Partizipationsbereitschaft - hier kann die Einzelschule fördern oder entmutigen. Dies wirkt sich nicht direkt und unmittelbar auf die allgemeine politische Beteiligungsbereitschaft aus - das verwundert nicht, denn die Bereitschaft zur politischen Beteiligung dürfte von mehr Einflussfaktoren abhängen als die Bereitschaft zur schulischen Partizipation. Aber da beide Sphären deutlich zusammenhängen (gemessen über die Korrelation der Beteiligungsbereitschaften), dürfte die Schule als Institution sehr wohl eine - indirekte, eher über längere Zeitspannen wirkende - Bedeutung für die politische Beteiligung haben.

Zur Differenz der Beteiligungsbereitschaften können wir Hypothesen formulieren, die sich aus der näheren Betrachtung der schulischen Beteiligungsbereitschaft ergeben. Geschlecht, Notendurchschnitt, Rechts-Links-Orientierung und Prosozialität in der Werteorientierung sind beeinflussende Variablen.

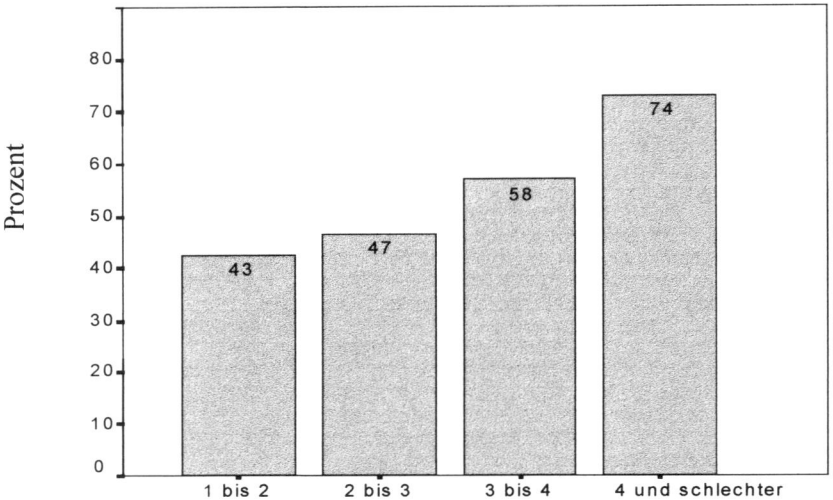

Schaubild 9: Ablehnung schulischer Beteiligung (Frage 39) bei unterschiedlichem Notendurchschnitt (Frage 36) Prozentanteil der Angabe „Nein"

Die Ablehnung schulischer Beteiligungswege nimmt mit schlechteren Noten zu (der Zusammenhang ist bei der Ablehnung klarer als bei der Zustimmung). Die Erklärung für dieses Phänomen ist mehrdeutig: Es kann sich hier ebenso die geringere Integration der Lernenden mit weniger günstigen Noten in die Institution ausdrücken (sowohl von Seiten der Institution als auch von Seiten der Lernenden mit schlechteren Noten) wie auch eine Kompetenzzuschreibung durch die Klassen (anzunehmen ist, dass Schüler mit besseren Noten eher zur Mitwirkung aufgefordert bzw. gewählt werden).

Das Geschlecht spielt eine große Rolle - die schulische Partizipationsbereitschaft ist bei Mädchen viel ausgeprägter als bei Jungen (58 Prozent gegen 47 Prozent). Innerhalb der beiden Gruppen machen bei den Mädchen die Noten einen größeren Unterschied als bei den Jungen, während bei den Jungen die Links-Rechts-Einstufung vor den Noten rangiert. (Bessere Noten

68

gehen i.A. mit höherer Partizipationsbereitschaft einher, dasselbe gilt für die Selbsteinstufung als „links".)

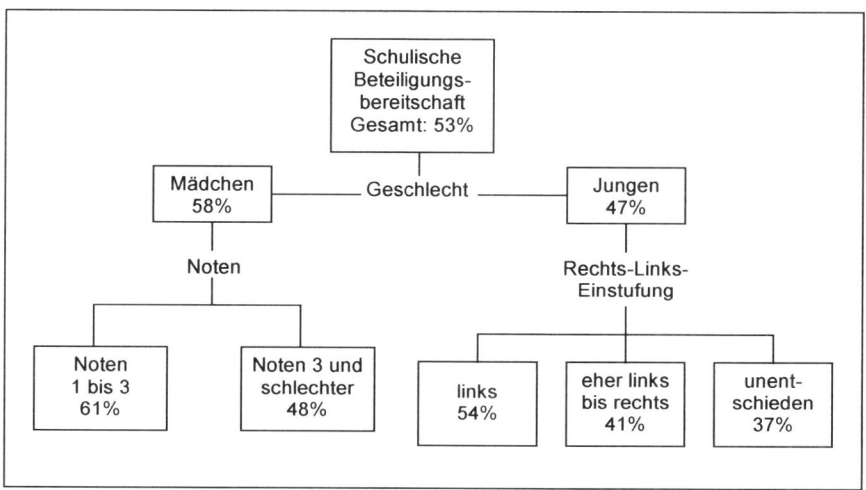

Schaubild 10: Kontrastgruppen nach ihrer schulischen Beteiligungsbereitschaft

Einen weiteren sehr klaren Zusammenhang ergibt die Zusammenschau von schulischer Partizipationsbereitschaft und der Wichtigkeit von prosozialen Werten[16]. Bei einem Mittelwert von nur 3,7 (das ist etwas unter der Angabe „wichtig" bei der Frage nach der persönlichen Bedeutung der Verhaltensweisen), den man im Kontext allgemein stark geteilter Werte sehen muss, stellen wir das Fehlen von schulischer Partizipationsbereitschaft fest, während die stark ausgeprägte Bereitschaft zur schulischen Partizipation mit einem Mittelwert von 4,3 für Prosozialität einhergeht. Zwischen den Polen fehlender und starker Bereitschaft zur schulischen Partizipation sehen wir einen kontinuierlichen Anstieg des Wertes der erklärten Prosozialität.

Dieser eindeutige Zusammenhang zwischen der Zunahme der Prosozialität und der schulischen Beteiligungsbereitschaft wird nicht für die Sphäre der politischen Beteiligungsbereitschaft reproduziert! Dort gibt es keinen Zusammenhang mit Werten der Prosozialität. Möglicherweise liegt hierin ein Hinweis auf die Differenz zwischen schulischer und politischer Partizipation, und zwar sowohl in der objektiven Struktur (hier endet dann die Strukturhomologie) als auch in der Entsprechung bei der individuellen Motivation.

Die Betrachtung schulischer Partizipationsbereitschaft kann durch die Auswertung von Fragen zur erlebten schulischen Partizipation ergänzt wer-

---

16 Frage 18: die Items anderen helfen, Rücksicht nehmen, Ausgleich suchen, fair sein, gleichberechtigt behandeln, gerecht sein, Unterschiede abbauen.

den. Nur (oder immerhin) eine knappe Mehrheit der Befragten ist daran interessiert, an Diskussionen über Schulprobleme teilzunehmen. Nur (oder immerhin) ein reichliches Drittel spricht der Schülervertretung an der eigenen Schule eine große Bedeutung zu. Über 60 Prozent sagen, dass Schüler sich an der Ausgestaltung der Schule beteiligen dürfen.

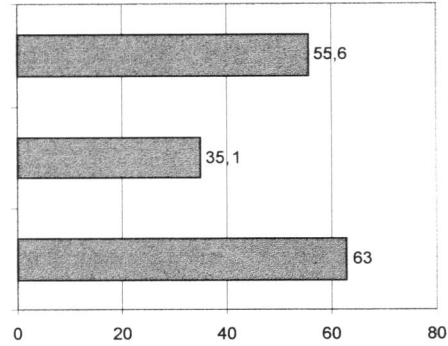

1. „Ich bin daran interessiert, an Diskussionen über Schulprobleme teilzunehmen"   55,6

2. „Bei uns hat die Schülervertretung eine große Bedeutung"   35,1

3. „Schüler dürfen sich an der Ausgestaltung der Schule beteiligen"   63

Schaubild 11: Schulische Partizipation - Anteil der Zustimmung in Prozent
        hier: „trifft eher zu" + „trifft vollkommen zu"
        (1. nach Frage 37; 2. und 3. nach Frage 38)

Die Frage nach dem Zusammenhang zwischen diesen drei Aussagen ist relevant, weil auch hier geprüft werden kann, ob tatsächlich - wie dies der alltäglichen Intuition entsprechen würde - eine Gemeinsamkeit (gewissermaßen ein Kern innerschulischer politischer Partizipation) gegeben ist. Das völlige Auseinanderfallen dieser Dimensionen würde demgegenüber darauf verweisen, dass hier subjektiv (und möglicherweise auch objektiv) ganz unterschiedliche Dimensionen von Beteiligung in der Schule gegeben sein könnten. Unmittelbar einleuchtend ist wiederum die Annahme der begrenzten Unterschiedlichkeit, weil z.B. die SV als repräsentativer Mechanismus der Interessenvertretung eine andere Binnenstruktur der Partizipation bedeutet als die - wie immer geartete - Ausgestaltung der Schule und die - offene, punktuelle, direkte - Beteiligung an Diskussionen.

Korrelationen (Pearsons r)[17]	Bereitschaft zur Teilnahme an Diskussionen zu Schulproblemen	Bereitschaft zur Mitarbeit in der Schülervertretung
Eindruck, an der Ausgestaltung der Schule beteiligt zu sein	0,152	0,124
Eindruck, die Schülervertretung habe an der Schule große Bedeutung	0,161	0,155

Schaubild 12: Zusammenhang zwischen wahrgenommener Gestaltbarkeit und Partizipationsbereitschaft in der Schule

Wer der Schülervertretung eine größere Bedeutung beimisst bzw. die Schülerschaft an der Ausgestaltung der Schule beteiligt weiß, ist eher zur Mitarbeit bereit und an der Teilnahme an Diskussionen schulischer Probleme stärker interessiert. Das bedeutet, dass die unterschiedlichen Wege schulischer Partizipation sich gegenseitig stärken können. Zugleich bedeutet das, dass nicht - im Sinne maximaler Forderungen - eine Schule sich unbedingt in eine Schule totaler Partizipation verwandeln muss, um Partizipation wirksam zu fördern. Auch kleine Schritte haben wahrscheinlich Wirkungen und brauchen nicht vernachlässigt zu werden.

e) Werte-Orientierung - viel Prosozialität, wenig Konflikttoleranz
In Schaubild Nr. 4 (zu Wertorientierungen) zeigte sich, dass bei den Jugendlichen, die wir befragt haben, kein Mangel an Werten festzustellen ist. Viele der genannten Verhaltensweisen werden als „wichtig" oder „sehr wichtig" eingestuft, wobei die Formulierung hervorhebt, dass es um die Beziehung der Befragten als Person zu diesen Verhaltensweisen geht. Der Gesamteindruck wird noch deutlicher, wenn der Index „Prosozialität" gebildet wird (diese Items hatten sich in einer Faktorenanalyse als zusammengehörig herausgestellt), in den sieben Aussagen eingehen (anderen helfen, Rücksicht nehmen, Ausgleich suchen, fair sein, gleichberechtigt handeln, gerecht sein, Unterschiede abbauen).
Der Mittelwert aller Angaben liegt bei 4,0 (also der Angabe „wichtig"). Die Hälfte aller Befragten stuft diese prosozialen Werte als „wichtig" und „sehr wichtig" ein. Nur 10 Prozent äußern sich unklar (ihr Durchschnittswert liegt bei 3,25, was etwas über der Angabe „schwer zu sagen" liegt, also immer noch über „nicht so wichtig"). Die Antworten streuen nur gering, was die Homogenität in der Gesamtgruppe betont. Offensichtlich haben die Jugendlichen einen gemeinsam vertretenen positiven Wertehorizont. Von einem Mangel an Werten kann keine Rede sein.

---

17 Zweiseitig signifikant auf einem Fehlerniveau von 0,01.

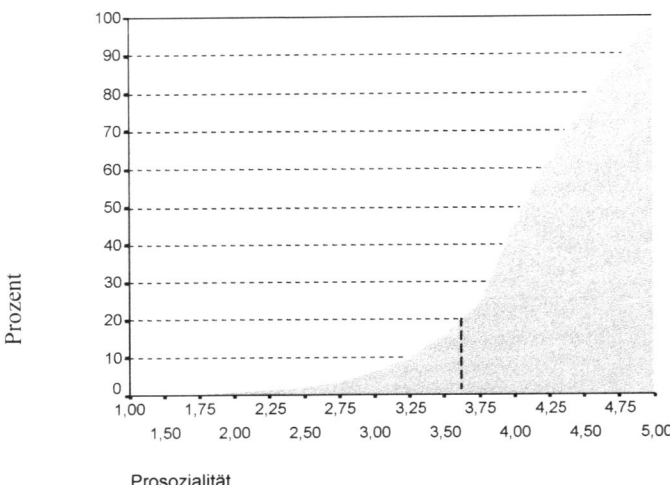

Prosozialität

Schaubild 13: Prosozialität (kumulierte Prozentangaben)
        Frage 18: Vorgaben in 5 Stufen (Items j, o, u, v, w, x, y) Hier: wichtig
        + sehr wichtig

Geringe Unterschiede sind bei einer solchen Verteilung aussagekräftig. Die folgenden Unterschiede haben sich gezeigt:

-   Jugendliche, die sich selbst als „rechts" einordnen, zeigen bei diesem Index einen geringeren Wert (nämlich 3,75).
-   Mädchen betonen prosoziale Werte überdurchschnittlich (nämlich mit 4,3).
-   Die Bereitschaft zur schulischen Partizipation steigt mit dem Wert für Prosozialität linear an.
-   Auf prosoziale Werte wird umso mehr Wert gelegt, je besser die Schulnoten sind (linear ansteigend).
-   Das politische Interesse verhält sich kompliziert zur Prosozialität: Am prosozialsten äußern sich die lediglich „etwas" Interessierten, den Durchschnittswert von 4,0 zeigen die „ziemlich" und „recht wenig" Interessierten, während die „sehr" und die „gar nicht" Interessierten am wenigsten prosozial eingestellt zu sein scheinen.
-   Das Verständnis für Konflikte (vgl. Schaubild 5) hängt nicht positiv mit Prosozialität zusammen. Für alle drei Aussagen (Auseinandersetzungen schaden, Opposition sollte Regierung unterstützen, das ganze Volk über den Einzelinteressen) gilt gleichermaßen, dass die volle Zustimmung - also das Verkennen demokratisch-pluralistischer Strukturen - mit der höchsten Prosozialität (nämlich 4,1) einhergeht, während die klarste Ablehnung mit der geringsten Prosozialität zusammengeht (nämlich 3,9).

72

Die mittleren Antwortvorgaben „trifft eher nicht zu" und „trifft eher zu" zeigen im Durchschnitt den mittleren Prosozialitätswert von 4,0 (vgl. auch Reinhardt 2002).

Im Folgenden sei eine Interpretation dieser merkwürdigen Befunde versucht. Insgesamt enttäuschen die Daten die gängige Hoffnung, dass eine Zunahme an Werten zugleich eine Zunahme an Demokratiebewusstsein bedeute. Prosozialität ist offensichtlich nicht gleichzusetzen mit Konfliktkompetenz, wofür der durchgängige Trend von Harmonie und Nahraum in den Frageformulierungen spricht. Alle Eigenschaften - wie anderen helfen, fair sein etc. - können auf den Bereich der eigenen Bezugsgruppe bezogen werden; sie erzwingen nicht die Perspektivenausweitung auf ferne Andere und fremde Menschen. Die prosozialen Werte[18] können dem privaten Leben verhaftet bleiben und überschreiten dann nicht die Grenze zum Fremden und zum Komplexen (einschließlich komplizierter Institutionen sowie Verfahren der Willensbildung und Konsenssuche durch Streit). Schulische Partizipation findet in Formen direkter persönlicher Interaktion statt, ist also nicht über anonyme Großorganisationen vermittelt und erfordert nicht den Schritt in die Öffentlichkeit.[19]

Eine einlinige Prosozialität steht der Ausbildung von Konfliktkompetenz wohl partiell entgegen, wenn nämlich die Integration über Prosozialität gleichbedeutend ist mit der Abwehr oder Leugnung von Konflikten. Andererseits ist die Integration der Person über Prosozialität wohl unerlässlich für die Ausbildung der normativen Grundlagen der Demokratie (Gleichachtung aller, Respekt für Menschenwürde) und für die Akzeptanz und das Praktizieren der Beteiligungsformen in einer inter-mediären Institution (wie die Schule es ist). Als Hypothese sei formuliert: Prosozialität ist eine notwendige, aber keine hinreichende Bedingung für die Bildung der Kompetenz zur Demokratie.

Unsere Teilgruppen mögen diese Hypothese illustrieren: Die sich als „rechts" identifizierenden Jugendlichen sind vergleichsweise weniger in gesellschaftliche Zusammenhänge integriert und bleiben nicht nur den institutionellen Mechanismen der Partizipation in der Schule fern, sondern sie bewerten zudem andere Menschen nicht als gleichberechtigt (Ausländerfeindlichkeit, Gewaltaffinität). Ihre geringere Prosozialität ist dann als Defizit zu interpretieren - und didaktische Überlegungen müssen ihre Eingliederung in soziale Zusammenhänge zum Ziel haben.

---

18 Prosoziale Werte werden auch in der DJI-Studie hoch eingestuft, s. Gille 2000, S. 156 u. 159, wobei auch dort Frauen als prosozialer erscheinen; vgl. auch Fritzsche 2000a, S. 107 u. 115.

19 Dies mag auch erklären, weshalb die Bereitschaft zur Teilnahme „an einer Demonstration gegen bildungs- oder schulpolitische Entwicklungen" (vgl. Schaubild 7) geringer ausfällt als für andere weniger öffentliche Verfahren.

Demgegenüber ist die Gruppe der Mädchen besser integriert mindestens in die Institution Schule, und zwar auch über die Nutzung und Gestaltung partizipatorischer Möglichkeiten. Ihre höhere Prosozialität ist zugleich womöglich eine Bremse für den Erwerb von Konfliktkompetenz und für die Ausbildung politischen Interesses, was dann nur als konsequent erscheint. Hier wird es in der didaktischen Überlegung darum gehen, ihnen Wege des Umgangs mit Politik und Konflikt zu ermöglichen, die zu einer Komplizierung und Differenzierung der achtenswerten Prosozialität führen können.

Prosozialität ist - wenn diese Thesen stimmen - für Demokratie-Lernen notwendig, muss aber ab einem bestimmten Niveau differenziert und transformiert werden in Konfliktkompetenz. Wie diese Entwicklungsprozesse aussehen, kann bisher nicht präzisiert werden - hier ergeben sich didaktisch höchst relevante Forschungsfragen. Als eine didaktische Konsequenz drängt sich auf, Fachunterricht (mit der primären Funktion, den Erwerb kognitiver Strukturen zu fördern) und Partizipation in der Schule (mit der primären Funktion, Erfahrungen zu ermöglichen) in ein Verhältnis wechselseitiger Unterstützung zu bringen.

2.3 Fazit

Konfliktkompetenz als Kernkompetenz von Demokratie-Lernen stellt eine schwierige Bildungsaufgabe dar, weil die Regeln des privaten Alltagslebens den politischen Vorgängen nicht angemessen sind.

Die empirischen Daten zeigen Distanz und geringes Vertrauen der Jugendlichen zur Politik und ihren Institutionen – bei weitreichendem Missverstehen demokratischer Konfliktmechanismen. Das Problem liegt nicht in einem Mangel an Werten, denn die Zustimmung zu prosozialen Werten ist allgemein und hoch, sondern in der Tendenz zur Harmonisierung und konfliktleugnenden Suche nach Eindeutigkeit.

Ein „rechter" Weg zur Politik ist klar sichtbar: rechts orientierte Jugendliche nutzen die Instrumente der Demokratie, während viele anders (oder gar nicht) orientierte Jugendliche abseits stehen.

Die Bereitschaften zur Partizipation in der Schule und in der Politik sind nicht deckungsgleich, hängen aber zusammen. Die Bereitschaft zur Partizipation ist an Einzelschulen sehr unterschiedlich, was auf die Einflussmöglichkeit der Einzelschule hinweist. Auf diese und andere didaktische Konsequenzen gehen Kapitel 10 und 11 ein.

Heinz-Hermann Krüger/Nicolle Pfaff

3. (Rechte) jugendkulturelle Orientierungen, Gewaltaffinität und Ausländerfeindlichkeit als Probleme für die Schule

3.1 Einleitung und Forschungsstand

Ausgelöst durch die breiten öffentlichen Debatten um fremdenfeindliche Gewalttaten war in der Jugendforschung im vergangenen Jahrzehnt geradezu ein Boom an Studien zu beobachten, die sich mit dem Vorkommen, den spezifischen Ausformungen und Ausdrucksformen und den Bedingungsfaktoren von rechtsextremen Orientierungen unter Jugendlichen auseinandersetzen. Dabei wird, ähnlich wie in der Rechtsextremismusforschung insgesamt, in der Jugendforschung mit verschiedenen Definitionen von Rechtsextremismus (vgl. Möller 2000, S. 29) und theoretischen Erklärungsansätzen operiert. Neben makrosoziologisch orientierten modernisierungstheoretischen Ansätzen, die an das Individualisierungstheorem von Beck (1986) anknüpfen (vgl. Heitmeyer 1987; Heitmeyer u.a. 1993), deprivationstheoretischen Ansätzen, die ökonomische Benachteiligungen beleuchten (vgl. Hopf 1995 u.a.), konflikttheoretischen Ansätzen, die eher die Konflikte um Einwanderung in den Mittelpunkt der Betrachtung stellen (vgl. Willems/Eckert 1995, S. 101), finden sich auch sozialpsychologische Ansätze, die an das Autoritarismuskonzept von Adorno u.a. anknüpfen und dieses weiterzuentwickeln suchen (Hopf u.a. 1995; König 1998; Oesterreich 1993). Eher seltener wird bislang versucht, makro- und mikrosoziologische Erklärungsansätze in komplexeren, integrativ angelegten Theoriedesigns zu verbinden (vgl. etwa Heitmeyer u.a. 1995; Möller 2000; Seipel/Rippel 2000), um so die Mehrdimensionalität des Gegenstandsfeldes Jugend und Rechtsextremismus analytisch fassen zu können.

Methodisch dominieren unter den Studien zum Thema Jugend und Rechtsextremismus quantitative Querschnittsuntersuchungen. Neben allgemeinen Jugendsurveys, die das Thema meist nur am Rande streifen (vgl. Shell-Jugendstudie 1997, 2000; Schmidtchen 1997; Büchner/Fuhs/Krüger 1996), gibt es auch auf Fragen der politischen Sozialisation fokussierte Jugendstudien (vgl. Heitmeyer 1987; Heitmeyer u.a. 1993; Melzer 1992; Held u.a. 1996; Hoffmann-Lange 1995; Gille/Krüger 2000; Sturzbecher 2001; Willems u.a. 1994), die nicht nur auf den Anstieg fremdenfeindlicher Gewalttaten im Verlauf der 1990er Jahre aufmerksam gemacht, sondern die auch auf die unterschiedlichen soziopolitischen Orientierungen von Jugendlichen in Ost- und Westdeutschland hingewiesen haben. So zeigen mehrere Studien übereinstimmend, dass die politische Gewaltbereitschaft gegenüber Fremden ebenso wie die generelle Ausländerfeindlichkeit bei ost-deutschen Jugendlichen deutlich ausgeprägter zu finden ist (vgl. Heitmeyer u.a. 1995; Schmidtchen 1997; Gille/Krüger 2000; Schnabel 1993), während in der faktischen Gewaltausübung ebenso wie in der Orientierung an rechtsextremen Parteien keine gravierenden Ost-West-Unterschiede bei Jugendlichen feststellbar sind (vgl. Heitmeyer u.a. 1995; Gille/Krüger 2000).

Neben einer Vielzahl von Surveystudien, die jedoch nur selten längerfristige Trendvergleiche ermöglichen, sind in den vergangenen Jahren auch eine Reihe von qualitativen Studien durchgeführt worden, die sich mit den Biographien jüngerer rechtsorientierter Jugendlicher (vgl. Möller 2000), mit Ethnozentrismus bei jungen Männern (vgl. Rieker 2000), mit den Entstehungsbedingungen und dem Alltagsleben von Skinhead- oder Hooligangruppen (vgl. Groffmann 2001; Eckert/Reis/Wetzstein 2000; Bohnsack u.a. 1995) oder mit der familialen Sozialisation von rechtsextrem orientierten männlichen Jugendlichen beschäftigt haben (vgl. Hopf u.a. 1995).

Fragt man danach, welche Erkenntnisse die genannten quantitativen und qualitativen Studien zu den Einflüssen verschiedener Sozialisationsbereiche auf die Herausbildung rechtsextremer Orientierungen bei Jugendlichen liefern, so gibt es wichtige Hinweise zu den Einflüssen von Familie und Peers, während die Resultate zum Stellenwert schulischer Einflüsse eher bescheiden ausfallen. Übereinstimmend weisen einige quantitative und qualitative Studien (vgl. Butz/Boehnke 1997; Fend 1994; Hopf u.a. 1995; Heitmeyer/Müller 1995; Kracke u.a. 1993) darauf hin, dass ein positives Familienklima, liebevolle Zuwendung, Anerkennung und emotionale Nähe rechtsextremen Orientierungen bei den untersuchten Jugendlichen entgegenwirken. Eine Reihe vor allem qualitativer Studien belegen darüber hinaus die hohe Bedeutsamkeit der Einbindung in cliquenförmige Gleichaltrigenzusammenhänge für die rechtsextreme Sozialisation. In sozialpsychologischen Studien wird immer die Relevanz für die Herausbildung geschlechtsspezifischer Identität in der Adoleszenz, in erster Linie der Zusammenhang von Cliquenbildung, Mannhaftigkeits-Inszenierungen, Gewalt und Rechtsextremismus thematisiert (vgl. Nölke 1998; König 1998). Andere Untersuchungen zeigen hingegen auf, dass rechte Jugendliche ebenso häufig wie der Durchschnitt der übrigen Jugendlichen in festen Cliquen sind, dass die sozialen Kontakte aber eher oberflächiger Art sind und tragfähige individuelle Freundschaften, vor allem auch verbindliche Beziehungen zu gleichaltrigen Mädchen, eher fehlen (vgl. Möller 2000; Rieker 1997; Utzmann-Krombholz 1994). Dabei werden in der Regel vorwiegend dem rechtsextremen Lager in der Bundesrepublik zugeordnete Szenen rechter Jugendkulturen, wie Skinheads oder Neonazis in den Blick genommen, über diese einseitige und zunächst theoretische Zuordnung hinaus werden Zusammenhänge zwischen den politischen Orientierungen Jugendlicher und deren jugendkulturellen Verortungen hingegen selten untersucht (vgl. z.B. Krüger/Pfaff 2002).

Im Gegensatz zur Jugendforschung, in der rechtsextreme Einstellungen als jugendliche Orientierungen gegenwärtig recht umfassend untersucht sind, sind die Erkenntnisfortschritte zum Themenkomplex des Rechtsextremismus in der Schulforschung eher bescheiden. Schule wird in den einschlägigen Studien zumeist als jugendlicher Lebensraum, selten hingegen als pädagogische Institution bzw. als „öffentliche" Sozialisationsinstanz thematisiert. Zwar wurde in den letzten Jahren beständig für eine schulpädagogische Offensive gegen Ausländerfeindlichkeit und rechte Gewalt geworben (vgl. z.B. Schubarth 2000), über die tatsächlichen Handlungschancen der Schule als Institution ist jedoch bislang wenig bekannt. Bestätigt wird allein zunächst in allen Studien: je höher der Ausbildungsgrad der Befragten ist, desto weniger neigen sie zu rechtsextremistischen, fremdenfeindlichen und antisemitischen Einstellungen (vgl. zusammenfassend Hopf 1997, S. 847). Darüber hinausgehend liefern einige wenige Studien interessante Einzelbefunde. So weisen Baumert (1991) auf der Basis einer Re-Analyse der Allbus-Daten und Melzer (1992) unter Bezug auf die Ergebnisse einer eigenen Survey-Untersuchung darauf hin, dass der Zusammenhang von Ausbildungsniveau und Ethnozentrismus über materialistische und postmaterialistische Werte vermittelt sein könnte, da die Gruppe der Hauptschüler am stärksten materialistische Wert- und ausländerfeindliche Orientierungen aufwies. Landua/Sturzbecher und Welskopf (2001, S. 180) arbeiteten in ihrer Befragung von circa 3500 Schülern im Jahre 1999 in Brandenburg in der Analyse des schulischen Selbstbildes von Schülerinnen und Schülern heraus, dass die Teilgruppe ausländerfeindlicher Schüler eher durch geringere Schulmotivation, häufigeres Schulschwänzen, vergleichsweise hohen Schulstress und durchschnittliche Schulnoten gekennzeichnet sei (vgl. dazu auch Krüger/Grundmann/Pfaff 2000, S. 110).

Am umfassendsten mit der Bedeutung von schulischen Bildungsprozessen für die Herausbildung ausländerfeindlich-nationalistischer Weltbilder und Aggressionsbereitschaft bei Jugendlichen hat sich bislang Helmut Fend (1991, 1994) auseinandergesetzt. Auf der Grundlage der befragten 16Jährigen in der Konstanzer Longitudinalstudie (Untersuchungsjahr 1983, N=1750) und einer Schweizer Paralleluntersuchung (Untersuchungsjahr 1992, N=698) wurden Verbreitungsgrade und Hintergründe rechtsextremen Denkens analysiert. Neben politischen Orientierungen, wie Ausländerfeindlichkeit, nationale Identifikation, politisches Wissen, und allgemeinen oder schulbezogenen Persönlichkeitsmerkmalen, wie Ich-Stärke, prosoziale Motivation, schulische Leistungsbereitschaft, Disziplinlosigkeit und Aggressionsbereitschaft, wurden auch Kontextvariablen zu familialen Erziehungsstilen, politischen Haltungen der Eltern und vor allem eine Reihe von Schulklimavariablen (Restriktivität des Lehrerverhaltens, Leistungskonkurrenz und Konformitätsdruck in der Schulklasse, schulische Mitbestimmung) in dem Untersuchungsdesign berücksichtigt. Diese Studie liefert im Bezug auf die Bedeutung der Schule als fördernde bzw. hemmende Instanz bei der Ausbildung rechtsextremer Einstellungen eine Reihe interessanter Befunde. Überraschenderweise zeigt sich kein ausgeprägter signifikanter Zusammenhang zwischen einem ausländerfeindlich-nationalen Einstellungssyndrom, das Fend bei rund 15 Prozent bis 20 Prozent der befragten Jugendlichen feststellt, und einer deutlicher ausgeprägten schulischen Aggressionsbereitschaft. Die durchgeführte Varianzanalyse zur Gruppe rechtsextrem und ausländerfeindlich denkender Jugendlicher macht jedoch deutlich, dass diese Schülergruppe durch ein Empathiedefizit, durch ein geringes Wissen über die Merkmale der Demokratie, durch fehlende Beteiligung an schulischen Mitbestimmungsprozessen, durch das Erleben eines autoritären Erziehungsstils im Elternhaus sowie eines restriktiven Lehrerverhaltens in der Schule gekennzeichnet ist (vgl. Fend 1994, S. 149). Zu einem ähnlichen Ergebnis im Hinblick auf die Einflüsse einiger Schulklimavariablen auf die Herausbildung ethnozentrischer bzw. politisch rechter Einstellungsmuster kamen auch Krüger und Reinhardt (2000, S. 100) auf der Basis einer 1997 durchgeführten Schulqualitätsstudie in Sachsen-Anhalt (vgl. auch Krüger/Grundmann/Kötters 2000).

In der Schulforschung zum Thema Rechtsextremismus fehlen jedoch fast völlig Studien, die aus der Schulqualitätsforschung die Erkenntnis übernehmen, dass von äußeren Organisationsmerkmalen der Schule nicht linear auf das politische Klima an Einzelschulen geschlossen werden kann. Erste Hinweise darauf, dass sich die Fremdenfeindlichkeit an verschiedenen im Rahmen von Schüler- und Lehrergruppendiskussionen untersuchten Hauptschulen in Westdeutschland deutlich unterscheiden, liefert die qualitative Studie von Würtz (2000). Detailliertere Analysen der vielfältigen Bedingungs- und Ursachengeflechte an Einzelschulen liefert diese Studie allerdings nicht, da es sich hierbei um eine Jugendstudie zu fremdenfeindlichen Einstellungen von Heranwachsenden und nicht um eine Schüler- bzw. Schulstudie handelt.

Dass sich der Anteil an jugendkulturell rechts orientierten, gewaltaffinen und ausländerfeindlichen Jugendlichen zwischen Einzelschulen auch innerhalb gleicher Schulformen erheblich unterscheidet, haben wir bereits herausgearbeitet (Krüger/Pfaff 2001). Diese ersten Analysen deuteten darauf hin, dass neben regionalen Einflussfaktoren, den verschiedenen Profilen der Einzelschulen, autoritärem Lehrerverhalten, der Bedeutung der Gremienarbeit sowie Partizipationschancen an der Gestaltung des Schullebens für Schüler vor allem die unterschiedliche Art der Problemwahrnehmung und der alltäglichen Umgangsstrategien der Lehrer mit rechten jugendkulturellen Orientierungen unter ihren Schülern Differenzierungsfaktoren für die Belastung der Schulen durch rechte politische Einstellungsmuster der jeweiligen Schülergruppen an Einzelschulen sind.

Dabei kann es bei der Untersuchung schulischer Kontextbedingungen von ausländerfeindlichen und gewaltaffinen Einstellungen nicht darum gehen, den Bedeutungsgehalt der Schule als sozialisierende Instanz an der Relevanz von sozioökonomischen Bedingungen, familialen Beziehungsmustern und Effekten der Gleichaltrigengruppe zu messen. Das in bestimmendem Maße der

Ausbildung rechtsextremer Einstellungstendenzen förderliche Bedingungsgeflecht reicht kaum hinter Schulhofmauern. Gefragt werden muss statt dessen nach einer Schulumwelt, die Strukturen für eine angemessene Bearbeitung von antidemokratischen und antihumanitären Positionen hervorbringen und entwickeln kann.

Wir wollen in diesem Beitrag rechte, ausländerfeindliche und gewaltaffine Orientierungen von Jugendlichen zunächst im Spektrum jugendkultureller Stile verorten und einige mittelfristige Entwicklungstrends dieser Einstellungen unter Jugendlichen aufzeigen. Danach werden wir einerseits das Vorkommen rechtsextremer Einstellungen unter Jugendlichen an den von uns untersuchten Schulen analysieren und andererseits die Kontextbedingungen ausländerfeindlicher Schülerorientierungen an hoch und niedrig belasteten Schulen in den Blick nehmen. Dabei gehen wir näher auf potentielle Räume des Erwerbs politischer Streitfähigkeit und des Erlernens politischer Strukturen und Verfahrenswege ein. Abschließend stellen wir unter Rückgriff auf Materialien aus Gruppendiskussionen mit Schülern und Lehrern Auszüge aus zwei Fallstudien von Einzelschulen vor, von denen eine einen relativ geringen und die andere einen hohen Anteil gewaltaffin und ausländerfeindlich eingestellter Jugendlicher unter ihren Schülern aufweist. Dabei geht es uns insbesondere um schulkulturelle Strategien der Ver- und Bearbeitung, die die Schulen zum Umgang mit dem Problem des Rechtsextremismus entwickeln.

3.2 Zum Wandel und Zusammenhang von jugendkulturellen Orientierungen, Ausländerfeindlichkeit und Gewaltaffinität

In der aktuellen Literatur zum Problem des Rechtsextremismus wird zu Recht darauf hingewiesen, dass es sich dabei nicht um ein homogenes Phänomen handelt, sondern dass zu den verschiedenen Facetten des Rechtsextremismus neben der Mitgliedschaft in rechtsextremen Parteien auch Sympathien für rechte jugendliche Subkulturen, ethnozentrische Orientierungen oder auch ideologisch motivierte oder generelle Gewaltbereitschaft gehören können. Die Notwendigkeit differenzierterer Betrachtungen ergibt sich nach Auffassung von Scherr (Scherr 2001, S. 173ff.) auch daraus, dass nicht alle Jugendlichen, die sich als Skinheads darstellen, rechtsextrem und fremdenfeindlich sein müssen, und dass das Ausmaß an rechtsextremen und fremdenfeindlichen Einstellungen bei über 45Jährigen oft stärker ausgeprägt ist als bei Jugendlichen. Wir haben in drei thematisch breiter angelegten landesrepräsentativen Jugendsurveys die Schüler in Sachsen-Anhalt im Verlaufe der 1990er Jahre mehrfach nach ihren Sympathien für die Subkultur der Skinheads, nach ihren Einstellungen zu Ausländern sowie zur Gewalt befragt, so dass wir im Folgenden zunächst einige Entwicklungstrends aufzeigen und anschließend der Frage nachgehen können, wie Ausländerfeindlichkeit und Gewaltaffinität im Spektrum jugendkultureller Orientierungen verortet und inwieweit die Angehörigen der jugendkulturellen Szene der Skinheads als rechtsextrem charakterisiert werden können.

In Schaubild 1 sind die Ergebnisse unserer Befragungen von Schülern aus den verschiedenen Schulformen des allgemeinbildenden Schulwesens in Sachsen-Anhalt aus den Jahren 1993, 1997 und 2000 dargestellt, wobei wir uns nur auf die Altersgruppe der 14- bis 15Jährigen konzentrieren, da diese in allen drei Umfragen identisch war (vgl. Krüger/Kötters 1998, S. 201ff.; Krüger/Grundmann/Pfaff 2000, S. 73ff.).

Zustimmung in %	1993 n=234	1997 n=424	2000 n=781
rechte jugendkulturelle Orientierungen			
Sympathie mit den Skins	11	15	14
ausländerfeindliche/ausländerfreundliche Einstellungen			
Ich bin der Meinung, dass es zu viele Ausländer in Deutschland gibt.	43	54	73
Gewalt gegen Ausländer lehne ich prinzipiell ab.	67	56	73
Gegen Ausländerfeindlichkeit muss man sich aktiv wehren.	67	56	60
gewaltaffine Einstellungen			
Manchmal muss man sich mit Gewalt wehren.	47	60	50
Es kommt öfter vor, dass ich mich mit anderen prügele.	10	6	11
Mit Gewalt kann man keine Probleme lösen.	75	71	78

Schaubild 1: Zum Wandel rechter jugendkultureller, gewaltaffiner und ausländerfeindlicher Einstellungen bei Schülern in Sachsen-Anhalt[1]

Die Analyse der jugendkulturellen Orientierungen der befragten Schüler macht deutlich, dass der Anteil der Sympathisanten der Gruppierung der Skins zwischen 1993 und 1997 deutlich angestiegen und seitdem weitgehend stabil geblieben ist. Betrachtet man im Vergleich dazu die Entwicklung weiterer jugendkultureller Stile, dann ist diese Stabilität der quantitativen Zuordnung Jugendlicher zu rechten Jugendkulturen eine Ausnahme (vgl. Krüger/

---

[1] Im Jahr 2000 haben wir differenzierter nicht nur nach Sympathien für diesen jugendkulturellen Stil gefragt, sondern auch danach, ob man sich selber dieser Gruppe zurechnet. In dem Schaubild werden jene knapp 6 Prozent der Befragten, die sich im Jahre 2000 als Angehörige der Skins bezeichnen, und jene gut 8 Prozent der Befragten, die sich eher als Sympathisanten dieser Szene verorten, zusammengefasst. Im Weiteren betrachten wir dann jedoch nur noch die Angehörigen der Skinheads. (Fragen zu Gewalt vgl. den Fragebogen im Anhang unter Nr. 19 und zu Ausländerfeindlichkeit unter Nr. 21, hier Items j, k und l)

Grundmann/Pfaff 2000; Krüger/Pfaff 2002). Während die Sympathie Heranwachsender mit gesellschaftskritischen Jugendkulturen, wie soziokulturellen Protestbewegungen und Umweltschutzgruppen, und auch linken, alternativen Jugendkulturen, wie Punks oder Autonomen, deutlich zurückgegangen ist, kann sich die rechte jugendkulturelle Szene, wie Skins, Faschos oder Neonazis, nicht nur im Bezug auf ihre Mitgliederzahlen als stabil erweisen, sondern stößt unter den Jugendlichen in Sachsen-Anhalt zunehmend seltener auf Antipathien und statt dessen häufiger auf Gleichgültigkeit. In diesem Zusammenhang kann also von einer Etablierung oder „Normalisierung" rechter jugendkultureller Stile in der Jugendkulturlandschaft gesprochen werden.

Im Hinblick auf den Wandel der ausländerfeindlichen Orientierungen der befragten Schüler lässt sich zunächst einmal feststellen, dass der Anteil derjenigen, die dem Statement „Es gibt zu viele Ausländer in Deutschland" zustimmen, zwischen 1993 und 2000 von 43 auf 73 Prozent dramatisch angestiegen ist. Im gleichen Zeitraum hat der Anteil an Ausländern in den neuen Bundesländern nur unwesentlich zugenommen und ist mit ca. 3 Prozent gemessen an den alten Bundesländern noch immer außerordentlich gering. Relativ stabil geblieben ist im Zeitraum zwischen 1993 und 2000 der Anteil derjenigen, etwa 60 Prozent, die bereit sind, sich gegen Ausländerfeindlichkeit aktiv zur Wehr zu setzen. Leicht angestiegen ist der Anteil der Befragten, die Gewalt gegen Ausländer ablehnen (von 67 auf 73 Prozent). Umgekehrt heißt das aber auch, dass trotz der starken öffentlichen Thematisierung fremdenfeindlicher Gewalt und dem allgemeinen Aufruf zu mehr Zivilcourage gegenwärtig noch über ein Viertel der befragten Jugendlichen Gewalt gegenüber Ausländern tolerieren. Relativ stabil geblieben ist in den vergangenen acht Jahren auch der Anteil von etwa drei Viertel der befragten Schüler in Sachsen-Anhalt, die Gewalt nicht als ein Mittel der Problemlösung ansehen. Umgekehrt ist aber auch die Gruppe derjenigen, die angeben, sich häufiger an körperlichen Gewaltaktionen zu beteiligen, mit etwa 10 Prozent in diesem Zeitraum ebenso eher konstant geblieben.

Untersucht man nun zweitens Zusammenhänge zwischen jugendkulturellen, ausländerfeindlichen und gewaltaffinen Orientierungen, so verschärft sich die Diagnose von der Normalität rechter jugendkultureller Stile in der Jugendkulturlandschaft insofern, als stark ausländerfeindliche Einstellungen über rechte Jugendkulturen hinaus unter den Heranwachsenden verbreitet sind. Unsere Daten (vgl. Schaubild 2) machen deutlich, dass die überwältigende Mehrheit, d.h. fast 90 Prozent der Angehörigen rechter Jugendkulturen, stark ausländerfeindliche Positionen vertreten und mehr als die Hälfte dieser Jugendlichen Gewalt als Strategie zur Durchsetzung der eigenen Interessen begreift. Wir gehen darauf später genauer ein. Aber, und dies muss als besonders beunruhigendes Resultat begriffen werden, auch knapp ein Drittel der sich selbst gesellschaftskritischen Protestbewegungen zugehörig fühlenden Jugendlichen sowie vier von zehn Technofans sind Ausländern gegenüber sehr ablehnend eingestellt. Ethnozentrische Positionen können also über die rechte jugendkulturelle Szene hinaus als unter den Jugendlichen insgesamt verbreitet bestimmt werden.

Gewaltaffinität & Ausländerfeindlichkeit[2]

Jugendkulturelle Orientierung[3]	Anteil an der Gesamt-stichprobe in %	Anteil stark ausländer-feindlicher Jugendlicher in %	Anteil stark gewaltaffiner Jugendlicher in %
keine der genannten Orientierungen	48	27	10
rechte jugendkulturelle Orientierung	6	87	52
gesellschaftskritische jugendkulturelle Orientierung	16	30	7
Techno-Fan	11	41	11
Hip-Hop-Fan	9	21	5
Techno-/Hip-Hop-Fans	10	25	7
Gesamt	100	32	11

Schaubild 2: Gewaltaffinität und Ausländerfeindlichkeit im Spektrum jugendkultureller Orientierungen

Die Bedingungen der Zugehörigkeit ausländerfeindlich und gewaltaffin eingestellter Jugendlicher zu rechten Jugendkulturen sind, wie einleitend dargestellt, bereits umfassend erforscht. Dennoch wollen wir die Angehörigen rechter Jugendkulturen hier noch einmal näher in den Blick nehmen.

Fragt man nach der politischen Selbstverortung derjenigen Jugendlichen, die sich als Angehörige rechter jugendkultureller Szenen begreifen, so zeigen sich im Bezug auf die Gesamtstichprobe folgende Trends: Von den 6 Prozent der befragten Jugendlichen, die sich selbst der Gruppierung der Skins zurechnen, schätzen sich auf einer politischen Rechts-Links-Skala 75 Prozent als eindeutig rechts und weitere 15 Prozent als eher rechts ein. Umgekehrt charakterisieren sich lediglich 3 Prozent dieser Befragten als links bzw. eher links, 7 Prozent der Angehörigen der Skins konnten bzw. wollten sich im politischen Rechts-Links-Spektrum nicht verorten. Eine Analyse der rund 90

---

2 Die Indizes Gewaltaffinität (Frage 19) und Ausländerfeindlichkeit (Frage 21 a, c, g, e, h, j) nehmen eine Typisierung der Befragten nach ihrer Zustimmung zu Fragen zu gewaltaffinem/gewaltvermeidendem Verhalten und zu allgemeinen gesellschaftlichen Vorurteilen gegenüber Ausländern vor. Als stark ausländerfeindlich gilt, wer mind. 5 von 6 ausländerfeindlichen Statements zugestimmt, und als stark gewaltaffin, wer bei allen in den Index einbezogenen Items gewaltbefürwortend geantwortet hat.

3 Der Index jugendkulturelle Orientierung ist das Ergebnis der faktorenanalytischen Verdichtung von 18 abgefragten Gruppenstilen, gezählt wird dabei nur die Zugehörigkeit zu einem bzw. mehreren Stilen (zur Konstruktion, Interpretation der allgemeinen Verteilung und soziodemographischen Bedingungen der Zugehörigkeit vgl. Krüger/Pfaff 2002).

Prozent Angehörigen der Skins, die sich selbst politisch rechts verorten, nach soziodemographischen Merkmalen bestätigt den aus anderen Untersuchungen bekannten Befund (vgl. z. B. Möller 2000), dass es sich bei dieser Gruppierung um eine stark männlich dominierte Jugendszene handelt (80 Prozent Jungen versus 20 Prozent Mädchen), während die Zusammenhänge zwischen der Zugehörigkeit zur rechten Skinszene und dem Bildungsniveau nicht so eindeutig sind, da zwar 60 Prozent der Schüler aus dem engeren Umfeld der rechten Skins eine Sekundarschule, 20 Prozent eine Berufsschule, aber immerhin auch 20 Prozent ein Gymnasium besuchen. Differenziert man nach den gleichen Kriterien das eine Drittel an Schülerinnen und Schülern in unserer Stichprobe, die stark ausländerfeindliche Positionen vertreten, dann bietet sich, wie die Befunde zum Zusammenhang jugendkultureller und ausländerfeindlicher Orientierungen nahe legen, ein etwas heterogeneres Bild. Immerhin 28 Prozent der Mädchen und ein Viertel der Gymnasiasten können als stark ausländerfeindlich bezeichnet werden.

Geht man nun über die Ebene politischer Selbstverortungen hinaus und orientiert sich an der Definition eines soziologischen Rechtsextremismus von Heitmeyer u.a. (1993, S. 13-14), die rechtsextremistische Orientierungsmuster als eine Kombination von Einstellungen der Abwertung und Ausgrenzung des Fremden und Varianten der Gewaltakzeptanz analytisch fassen, so zeigt eine Auswertung unserer Daten zu rechten Skins und den übrigen Schülern das in Schaubild 3 gezeigte Bild.

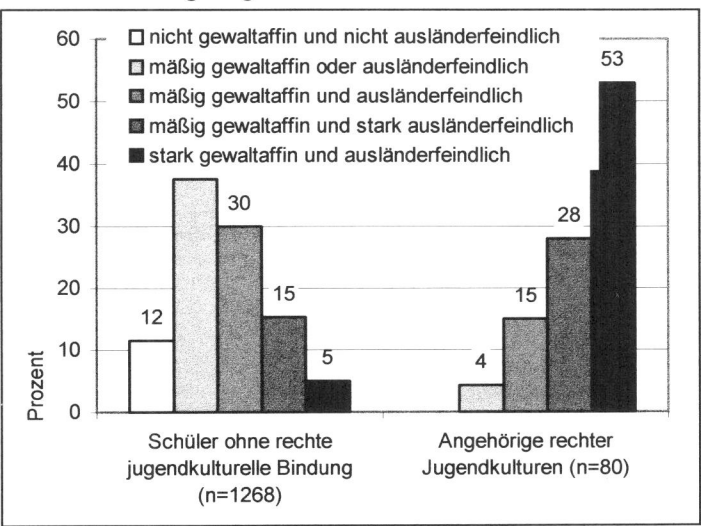

Schaubild 3: Rechtsextreme Einstellungstendenzen Angehöriger rechter Jugendkulturen und übriger Schüler im Vergleich

Dort wird der Grad der Ausländerfeindlichkeit und Gewaltaffinität von rechten Skins und den anderen Jugendlichen unserer Stichprobe bezogen jeweils auf eine fünfstufige Skala illustriert.

Die Darstellung zeigt nicht nur den besorgniserregenden Befund, dass auch 5 Prozent der übrigen Jugendlichen hochgradig gewaltaffin und ausländerfeindlich sind, sondern dass dies auf weit mehr als die Hälfte der rechten Skins zutrifft. Nimmt man die Skalenwerte zu den mäßig gewaltaffinen und hochgradig ausländerfeindlich Eingestellten noch hinzu, so kann man konstatieren, dass 85 Prozent der sich als rechts einschätzenden Skins ausgeprägte rechtsextreme Einstellungstendenzen aufweisen.

Das insbesondere in der eher journalistischen Literatur (vgl. Farin 2001) gezeichnete Bild von der Skinhead-Szene als einer primär unpolitischen Freizeit- und Spaßkultur kann somit durch die Ergebnisse unserer Schülerbefragung überhaupt nicht bestätigt werden. Im Gegenteil: Die Angehörigen rechter Jugendkulturen sind im Gegensatz zu bspw. den Mitgliedern gesellschaftskritischer Gruppen als eine politisch sehr homogen denkende, und, wie wir an anderer Stelle gezeigt haben, auch politisch aktive Gruppe von Jugendlichen einzuschätzen (vgl. Krüger/Pfaff 2002, vgl. Kapitel 1 in diesem Band).

Angehörige rechter Jugendkulturen haben im Durchschnitt mehr Erfahrung mit konkreten politischen Handlungsformen als ihre Altersgenossen und zeigen ein sehr homogenes Wahlverhalten zugunsten rechter Parteien, wie DVU, Republikaner und NPD. Interessant sind darüber hinaus Differenzen zwischen den Angehörigen rechter Jugendkulturen und anderen Jugendlichen im Verhältnis zur Schule. Wie das Schaubild 4 zeigt, ist das Verhältnis zur Schule bei den Mitgliedern von Skins, Faschos und Neonazis deutlich negativer geprägt als das der übrigen Schüler.

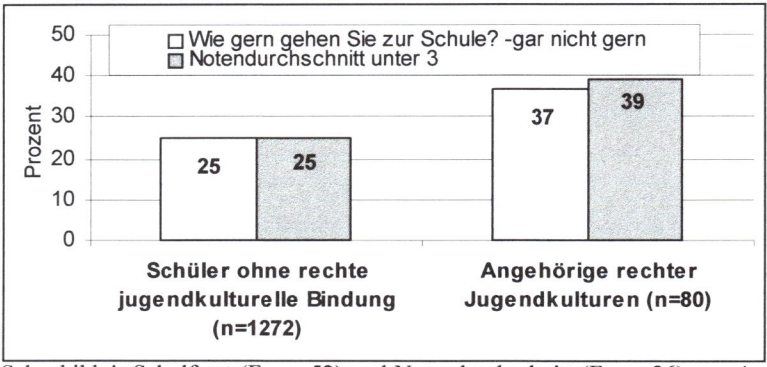

Schaubild 4: Schulfrust (Frage 52) und Notendurchschnitt (Frage 36) von Angehörigen rechter Jugendkulturen und übrigen Schülern im Vergleich

Während unter allen Schülerinnen und Schülern nur knapp ein Viertel angibt, gar nicht gern zur Schule zu gehen, beschreibt unter den Angehörigen rechter

Jugendkulturen jeder Dritte Jugendliche das eigene Verhältnis zur Schule eher als Schulfrust denn als Schullust. Und auch im Hinblick auf den schulischen Leistungsstand stehen diese Jugendlichen ihren Mitschülern um einiges nach. Sie bescheinigen sich selbst auf der gängigen fünfstufigen Notenskala einen im Durchschnitt um 0,3 Punkte niedrigeren Notendurchschnitt als andere Jugendliche.

Dies korrespondiert mit dem generell niedrigen Bildungsniveau der Jugendlichen in dieser Gruppe. Es ist davon auszugehen, dass diese Schüler ein weniger positives Integrationserleben bezogen auf die Institution Schule haben als andere Schüler. Mangelnde Integration in relevante Lebensräume kann, das ist aus individualisierungstheoretischen Arbeiten zur Lebensphase Jugend und aus Untersuchungen zum Gewaltverhalten von Jugendlichen bekannt, ein Risikofaktor für eine erfolgreiche Sozialisation werden (Schröder 1995, Grundmann/Pfaff 2000). Es lässt sich also vermuten, dass es Angehörige rechter Jugendkulturen sind, die in der Schule keine oder nur geringe Anerkennung finden, und die statt dessen versuchen, sich diesen Respekt in außerschulischen Lebensräumen wie der Gleichaltrigengruppe zu erarbeiten. Rechte jugendkulturelle Orientierungen mit ihrem starken Cliquenbezug können diese Funktion übernehmen (vgl. Heitmeyer u.a. 1993, Eckert/Reis/ Wetzstein 2000).

3.3 Vorkommen und schulklimatische Kontextbedingungen von Ausländerfeindlichkeit, Gewaltaffinität und rechten Jugendkulturen an Schulen

Die Schule, das zeigen die hier vorgestellten Resultate zur Schulfreude und zum Leistungsstand Angehöriger rechter Jugendkulturen, ist für diese Jugendlichen nicht der bevorzugte Lebens- und Aktionsraum. Anerkennung und Kriterien der Selbstdefinition finden sie anders als stärker integrierte Mitschüler wohl eher außerhalb der Organisation Schule in den Gleichaltrigengruppen ihrer Szenen. Dennoch stehen pädagogische Maßnahmen im Zusammenhang von Schule und Jugendhilfe im Zentrum der Diskussion um Präventionsstrategien gegen gewaltaffine, ausländerfeindliche und rechte jugendkulturelle Orientierungen unter Jugendlichen (vgl. z.B. Heitmeyer 1987). Obwohl inzwischen für die konkrete schul- und sozialpädagogische Arbeit mit diesen Jugendlichen vielfältige Konzepte und Empfehlungen vorliegen (vgl. für einen Überblick: Schubarth 2000, S. 249ff.), gibt es bislang kaum Studien, die auf der Basis empirischer Untersuchungen Aussagen über die Auseinandersetzung mit zu rechtsextremen Einstellungen tendierenden Schülern in pädagogischen Institutionen treffen können, oder in denen schulklimatische und schulkulturelle Bedingungen von Schulen, die durch ein hohes Vorkommen von Jugendlichen mit rechtsextremen Einstellungen belastet sind, zum Thema gemacht werden. Untersucht wird in der Jugendforschung zum Thema Rechtsextremismus und Ethnozentrismus ausschließlich das schulische Selbstbild rechter Jugendlicher bzw. Schule als ein Aspekt der Bedingungen der Übernahme rechtsextremer Einstellungen – dabei jedoch vor allem als Instanz der Integrationsverweigerung und weniger als pädagogischer Aktionsraum. Gezeigt werden konnte jedoch bspw. in einer Bedingungsanalyse zur Sympathie mit rechten Jugendkulturen, dass Jugendliche dann weniger anfällig für rechte Orientierungen sind, wenn sie sich in ihrer Klasse wohlfühlen und wenn sie bei leistungsbezogenen Problemen in der Schule generell eine Vertrauensperson haben, bei der sie Unterstützung finden (Grundmann/ Krüger/Pfaff 2000, S. 102).

Zu den schulorganisatorischen, schulklimatischen und insbesondere den schulkulturellen Bedingungen ethnozentrischer und rechter jugendkultureller Orientierungen unter Schülerinnen und Schülern gibt es bislang jedoch kaum gesicherte Untersuchungsbefunde. Um diese offenen Fragen soll es im Weiteren gehen. Dazu messen wir zunächst den Anteil Jugendlicher mit gewaltaffinen und ausländerfeindlichen Einstellungen an den untersuchten Schulen und stellen in der Interpretation Schulen mit niedriger solchen mit hoher Belastung durch rechtsextreme Tendenzen in ihrer Schülerschaft gegenüber. Dabei gehen wir in Anlehnung an die Resultate der Schulklimaforschung davon aus, dass schulklimatische Bedingungen an Schulen die Entwicklung gewaltaffiner und ausländerfeindlicher Einstellungen in der Schülerschaft fördern bzw. hemmen können, dass also zwischen niedrig und hoch belasteten Schulen Differenzen in der Gestaltung des Schulalltags bestehen. Betrachtet man zunächst, wie sich die Schüler mit gewaltaffinen und ausländerfeindlichen Einstellungen sowie Angehörige rechter Jugendkulturen in unserer Stichprobe auf die untersuchten Schulen verteilen (vgl. Schaubild 5), so zeigt sich, dass Einzelschulen in sehr unterschiedlichem Maße von diesen Problemen betroffen sind. Der Anteil der stark ausländerfeindlichen Jugendlichen an den Einzelschulen variiert zwischen 20 und 67 Prozent, der Anteil stark gewaltaffin eingestellter Schüler zwischen 2 und 26 Prozent und der Angehöriger rechter Jugendkulturen zwischen 0 und 18 Prozent. Dabei fallen eine hohe Gewaltaffinität und Ausländerfeindlichkeit sowie die Präsenz Angehöriger rechter Subkulturen an der Schule häufig zusammen. Hier deutet sich an, dass Gewaltaffinität, Ausländerfeindlichkeit und rechte jugendkulturelle Orientierungen von Schülern auch auf der Ebene von Einzelschulen eng verwoben sind, also auf ähnliche Bedingungen an den Schulen zurückgeführt werden können. Insgesamt kann also zwischen stark und schwach belasteten Schulen unterschieden werden. Wir nehmen im Weiteren eine Dreiteilung der untersuchten Schulen vor und bezeichnen die fünf Schulen mit den höchsten Anteilen an Schülern mit rechtsextremen Einstellungstendenzen als hoch belastet und die fünf Schulen mit den niedrigsten Anteilen als geringfügig belastet. Die Schulen im Mittelfeld vernachlässigen wir im Folgenden weitgehend.

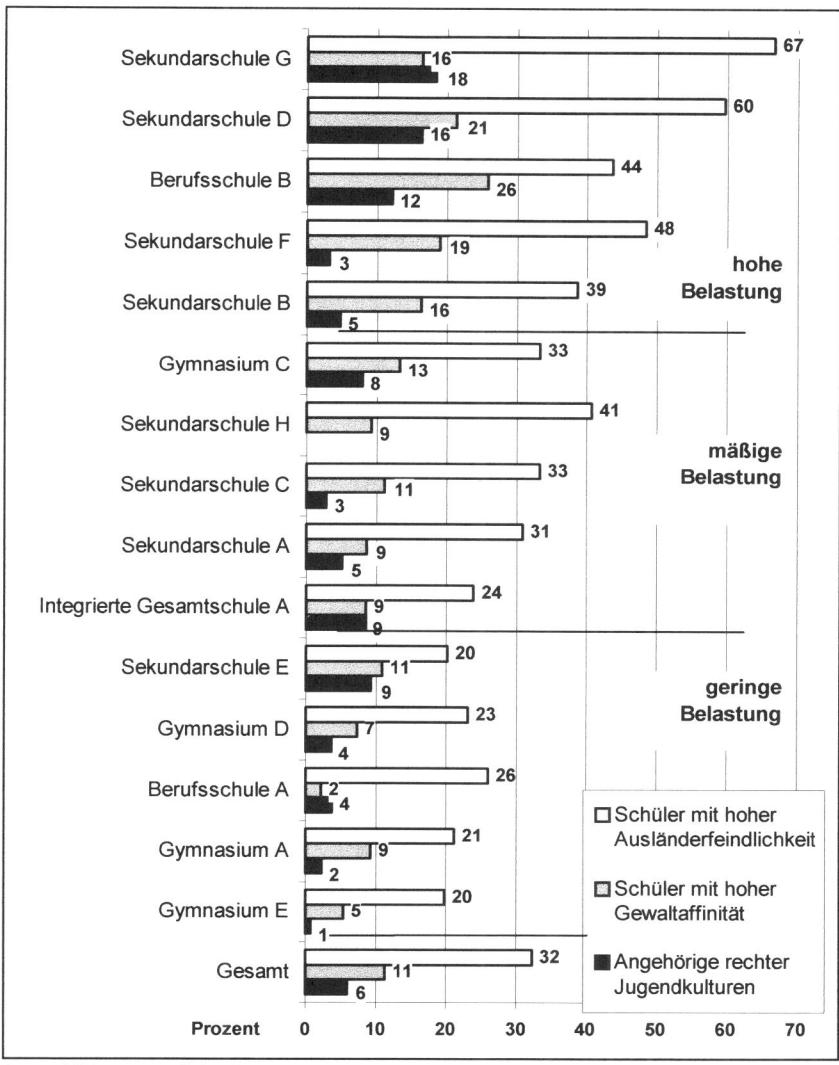

Schaubild 5: Anteil hoch ausländerfeindlicher und gewaltaffiner Schüler sowie Angehöriger rechter Jugendkulturen an verschiedenen Schulen

Wodurch unterscheiden sich nun hoch und gering belastete Schulen voneinander?

Bestätigt wird zunächst der weithin bekannte Befund, dass die Schulform einen wichtigen Prädiktor für den Grad der Belastung darstellt (vgl. z.B.

Kleinert/Krüger/Willems 1998, S.14ff.). So gehört zu den fünf am stärksten durch Ausländerfeindlichkeit, Gewaltaffinität sowie durch die Präsenz rechter Jugendkulturen belasteten Schulen kein Gymnasium, umgekehrt zu den am wenigsten belasteten Schulen nur eine Sekundarschule. Die Sekundarschule E und die Gruppe der mäßig belasteten Schulen zeigen jedoch deutlich, dass Differenzen auf der Ebene der einzelnen Schule Schulformdifferenzen überlagern können. Die Sekundarschulen A, C, E und H haben weniger mit den genannten Problemen zu kämpfen als das Gymnasium C.

Es ist auch bekannt, dass Ausländerfeindlichkeit, Gewaltaffinität und Zugehörigkeit zu rechten Subkulturen unter Jugendlichen in höheren Jahrgangsstufen abnehmen (Kleinert/Krüger/Willems 1998). Die dargestellten Differenzen zwischen Sekundarschule und Gymnasium gelten jedoch durchgängig unabhängig vom Alter der Schüler.

Interessant ist in diesem Zusammenhang auch die Verteilung der beiden in die Untersuchung einbezogenen Berufsschulen. Während die untersuchte städtische Berufsschule A eine sehr geringe Belastung aufweist, ist die ländliche Berufsschule B von einem sehr hohen Anteil gewaltaffin bzw. ausländerfeindlich eingestellter Schüler gekennzeichnet. Neben ihrer geographischen Lage unterscheiden sich diese beiden Schulen auch durch ihr Ausbildungsprofil. Während die Berufsschule A vorwiegend kaufmännische Berufe ausbildet, hat die Berufsschule B ein handwerkliches Ausbildungsprofil mit starker Akzentuierung auf berufsvorbereitenden Ausbildungsgängen. Die deutlichen Differenzen in der Schülerklientel dieser beiden Schulen können so wenigstens teilweise auf regionale Unterschiede und auf das Bildungsniveau der Berufsschüler zurückgeführt werden (vgl. Kapitel 3.1). Differenziertere Analysen haben ergeben, dass an der Berufsschule B insbesondere eine Klasse dieses negative Bild von der Schule befördert (vgl. dazu Reinhardt/Tillmann 2001 und Kapitel 2 in diesem Band).

Die Region, in der Schulen angesiedelt sind, hat insgesamt für die Belastung der Schulen eine große Bedeutung, denn, wie dargestellt, sind es insbesondere Jugendliche in ländlichen Regionen, und damit vor allem in den neuen Bundesländern in Gebieten mit einem äußerst geringen Ausländeranteil, die stark ausländerfeindliche Einstellungen zeigen. Schulen in ländlichen Regionen sind also häufiger starken Belastungen durch rechtsextreme Tendenzen in der Schülerschaft ausgesetzt. In den vorgestellten Gruppen gehören mit den Sekundarschulen F und G zwei Schulen in ländlichen Regionen zu den Problemschulen und mit der Sekundarschule E nur eine Schule zu den gering belasteten Schulen.

Beispiele wie die Sekundarschule E, die trotz ungünstiger regionaler und organisatorischer Ausgangsbedingungen einen geringen Anteil an gewaltaffinen und ausländerfeindlichen Einstellungen in ihrer Schülerschaft aufweisen, machen deutlich, dass Unterschiede zwischen den Schulen nicht allein durch die Schulformzugehörigkeit oder durch regionale Faktoren erklärt werden können.

Vielmehr sind Differenzen in der Belastung von Schulen durch Gewaltaffini-tät, Ausländerfeindlichkeit und im Auftreten rechter Jugendkulturen in der Schülerschaft auch auf der Ebene des Schullebens in den schulklimatischen und schulkulturellen Bedingungen der Einzelschule zu suchen. Die Bedeu-tung der Interaktionsdimension im Schulleben z.B. für das Gewaltvorkommen an Einzelschulen ist aus der Schulklima- und Schulkulturforschung hinläng-lich bekannt (vgl. z.B. Forschungsgruppe Schulevaluation 1998; Grund-mann/Pfaff 2000, S. 147ff.). Als wesentliche Bedingungen, die ein gewalt-freies Schulleben befördern können, werden dabei Faktoren des Lehrerhan-delns sowie der Lehrer-Schüler-Beziehung, konkrete Unterrichtsformen und das subjektive Befinden in den schulischen Sozialbeziehungen beschrieben. In einschlägigen Schulentwicklungskonzepten zur pädagogischen Prävention gegen rechtsextreme Tendenzen unter Jugendlichen, in denen die Ergebnisse aus der Gewaltforschung auf das Problem des Rechtsextremismus übertragen werden, findet sich dieser Katalog ergänzt um ein aktives, demokratisches und interkulturelles Schulleben sowie um ein empathisches schülerorientiertes Lehrerhandeln (Würtz/Hamm/Willems/Eckert 1996, S. 85ff.; Schubarth 2000). Diese Empfehlungen konnten bislang nicht durch empirische Untersu-chungen untermauert werden, hier besteht unseres Erachtens eine Lücke in der Rechtsextremismusforschung. Bekannt ist jedoch, dass zwischen hoch und niedrig durch ausländerfeindliche Einstellungen, Gewaltaffinität und die Präsenz rechter Jugendkulturen belasteten Schulen Differenzen in den schul-klimatischen und schulkulturellen Bedingungen der Einzelschulen bestehen (vgl. Krüger/Pfaff 2001). Dies wollen wir im Weiteren noch einmal konkreti-sieren.

Schaubild 6 auf der nächsten Seite zeigt die durchschnittliche Zustim-mung der Schüler zu einigen Aussagen, die die Bereiche der Schülerpartizipa-tion, des Lehrerverhaltens und des Umgangs mit Gewalt an der Schule betref-fen. Gegenübergestellt sind die Gruppenwerte der 5 am wenigsten belasteten Schulen und der Gruppe der 5 durch rechtsextreme Einstellungstendenzen am stärksten belasteten Schulen. Es wird auf den ersten Blick deutlich, dass zwi-schen stark und schwach belasteten Schulen in allen drei Bereichen Unter-schiede bestehen. Differenzen zwischen den Gruppen gibt es dabei zum ers-ten in der Beurteilung der Jugendlichen ihrer Mitbestimmungsmöglichkeiten an ihren Schulen. Die erste Aussage bezieht sich auf die Gestaltung des Schullebens: „Schüler dürfen Ausflüge und Schulveranstaltungen mitorgani-sieren.". Dem stimmen deutlich mehr Schüler an wenig belasteten Schulen zu als an Schulen, an denen viele Schüler mit ausländerfeindlichen, gewaltaffi-nen oder rechten subkulturellen Orientierungen lernen. Das zweite Statement „Ich halte die Schülervertretung für eine sinnvolle Einrichtung." steht für uns hier für die Bedeutung der Schülervertretungsgremien in der Schule. Die Schüler an niedrig belasteten Schulen halten ihre eigene Schülervertretung für wichtiger als ihre Altersgenossen an Problemschulen. Diese Ergebnisse deu-ten darauf hin, dass gerade die Berücksichtigung von Schülerbedürfnissen und –forderungen bei der Gestaltung des Schullebens sowie die Offenheit der Schule gegenüber institutionalisierten Formen der Artikulation dieser Bedürfnisse einen Unterschied zwischen Schulen mit und solchen ohne einen großen Anteil an Schülern mit rechtsextremen Einstellungen markiert.

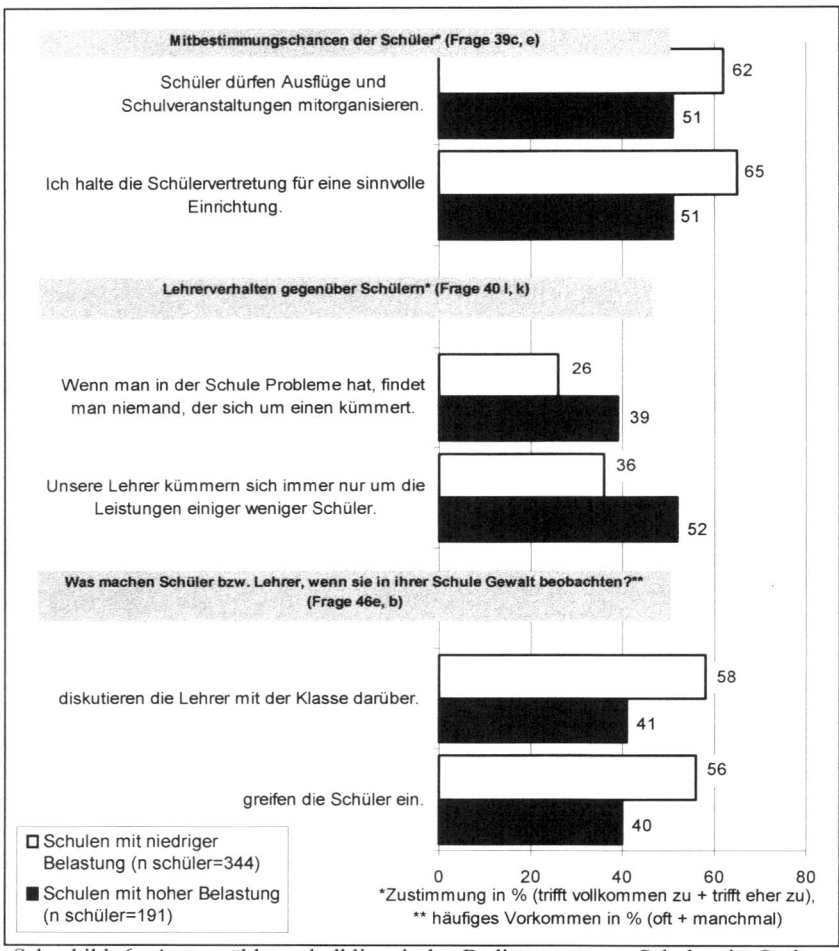

Schaubild 6: Ausgewählte schulklimatische Bedingungen an Schulen in Sachsen-Anhalt mit hoher und niedriger Belastung durch rechtsextreme Einstellungen von Schülern (ohne Berufsschulen, da nur 14-15Jährige)

Differenzen zwischen stark und wenig belasteten Schulen bestehen zum zweiten auch im Verhalten der Lehrer gegenüber Schülern. Die Äußerung „Wenn man in der Schule Probleme hat, findet man niemand, der sich um einen

90

kümmert." weist auf einen Mangel an Zuwendung und effizienter Unterstüt-zung für die Schülerinnen und Schüler hin. Wenn sich „Lehrer immer nur um die Leistungen einiger weniger Schüler kümmern", kann dies als Indiz für ein distanziertes und lehrerzentriertes Lehrerverhalten gedeutet werden. Schüler an durch ausländerfeindliche und gewaltaffine Einstellungen stark belasteten Schulen fühlen sich von ihren Lehrern mit ihren Bedürfnissen und Leistungen weniger ernst genommen als andere Schüler.

Zum dritten existieren Unterschiede zwischen den Gruppen auch im Hin-blick auf schulische Strategien des Umgangs mit Gewalt an der Schule. In der Betrachtung der von den Schülerinnen und Schülern eingeschätzten Häufig-keit verschiedener Formen des Umgangs mit Gewalt im Schulalltag ergibt sich ein Widerspruch. Obwohl Schulen mit niedriger Belastung durch rechts-extreme Einstellungen in ihrer Schülerschaft in deutlich geringerem Ausmaß von körperlicher Gewalt betroffen sind als hoch belastete Schulen, weisen sie ein deutlich höheres Schlichtungspotential auf als diese. An den gering be-lasteten Schulen geben die Schüler häufiger als ihre Altersgenossen an den Problemschulen an, dass Lehrer oder Schüler bei gewalttätigen Konflikten eingreifen und dass auf körperliche Auseinandersetzungen Gespräche und Diskussionen zwischen Lehrern, Opfer und Tätern bzw. mit der gesamten Klasse folgen.

Dieser Widerspruch ist zunächst irritierend, ließe sich doch vermuten, dass die Sensibilität und die Entwicklung von Strategien für den Umgang mit Gewaltproblemen mit der Häufigkeit ihres Auftretens anstiege. Als Erklärung für dieses Phänomen bieten sich verschiedene Hypothesen an: Lehrerinnen und Lehrer an Schulen mit Anteilen von bis zu einem Fünftel stark gewaltaf-fin eingestellter Schüler könnten mit den auftretenden Problemen schlicht überfordert sein. Vermutet werden könnte auch, dass an manchen Schulen existierende Probleme mit Gewalt unter Schülern nicht in ausreichendem Maße ernst genommen oder zum Gegenstand schulinterner Auseinanderset-zungen gemacht werden. Wenig und stark durch gewaltaffine und ausländer-feindliche Einstellungen unter Schülern belastete Schulen, so das Resultat dieses Vergleichs, unterscheiden sich in ihren schulklimatischen Bedingungen voneinander.

3.4 Zur politischen Heterogenität und Streitkultur an Schulen

Der Vergleich hoch und niedrig durch rechtsextreme Einstellungstendenzen belasteter Schulen im Hinblick auf ihre demokratischen Potentiale machte deutlich, dass Schülermitbeteiligung unter Schülerinnen und Schülern an Problemschulen weniger zählt. Die durchschnittlich ausländerfeindlicher und gewaltbefürwortender eingestellten Jugendlichen an den hoch belasteten Schulen sehen ihre Möglichkeiten der Mitwirkung an der Gestaltung des Schullebens ebenso wie in der institutionalisierten Durchsetzung ihrer Interessen in einem deutlich schlechteren Licht als Jugendliche an den weniger belasteten und, wie es scheint, demokratischeren Schulen. Interessant ist dabei gerade auch die Einschätzung des Schlichtungspotentials der Schulen im Umgang mit erlebter Gewalt: Die weniger beteiligten Schülerinnen und Schüler an den Problemschulen greifen aus ihrer Sicht selbst weit seltener schlichtend in gewalttätige Auseinandersetzungen an ihren Schulen ein. Und ihren Lehrern bescheinigen sie deutlich weniger Engagement in der gemeinsamen Bearbeitung dieser Vorkommnisse. In diesen Resultaten deutet sich an, dass an hoch belasteten Schulen Demokratie einerseits weniger Praxis ist, andererseits aber auch die Vermittlung demokratischer Umgangsformen im Schulalltag weniger Bedeutung erhält. Wir wollen, bevor wir abschließend am Beispiel zweier Fallstudien von Schulen zu grundlegenden schulkulturellen Strukturen in der Bearbeitung von Konflikten und Komplexität kommen, einige Aspekte des Umgangs mit den politischen Fragen und Positionen von Jugendlichen an Schulen mit hoher und niedriger Belastung durch rechtsextreme Einstellungstendenzen im Vergleich betrachten.

Politische Auseinandersetzungen sind ohne eine Vielfalt der Positionen unmöglich. Wie heterogen ist nun die jugendkulturelle und politische Meinungslandschaft an Problemschulen, wie den Sekundarschulen D und G in unserer Stichprobe, an denen über zwei Drittel der Schüler stark ausländerfeindlich eingestellt sind?

In der schulischen Jugendkulturlandschaft niedrig und hoch belasteter Schulen bestehen sowohl Ähnlichkeiten als auch elementare Unterscheide. Insgesamt, das zeigt Schaubild 7, ordnen sich an hoch durch Ausländerfeindlichkeit und Gewaltbefürwortung belasteten Schulen mehr Jugendliche einem der abgefragten Stile zu als an gering belasteten. Während sich unter den Jugendlichen in weniger ausländerfeindlichen Schülerschaften nur etwa jede/r Zweite als Angehöriger von mindestens einem der abgefragten Stile beschreibt, sind es an den Problemschulen sechs von zehn Jugendlichen. Dass rechte jugendkulturelle Szenen an durch einen hohen Grad von Ausländerfeindlichkeit und Gewaltaffinität beschriebenen Schulen mehr Anhänger haben, versteht sich von selbst. Nicht dagegen, dass der Anteil der Jugendlichen in beiden Gruppen gleich ist, die sich als Angehörige gesellschaftskritisch-emanzipatorischer Bewegungen, wie Friedens-, Frauen- und Umweltbewegungen, verstehen. Bei dieser Gruppe von Heranwachsenden, das haben auch die Analysen zur Verbreitung ethnozentrischer Positionen gezeigt, kann nicht direkt von ihrer jugendkulturellen auf ihre politischen Orientierungen geschlossen werden. Interessant ist die fast gegensätzliche Verteilung der Anhänger der Musikstile Techno und Hip-Hop und im Vergleich dazu das ähnliche Vorkommen von Fans beider Szenen an hoch und niedrig belasteten Schulen. Vorangegangene Untersuchungen hatten bereits gezeigt, dass die

Rapper eine vorwiegend gymnasiale, städtische Jugendkultur sind, die sich politisch eher links verortet und kaum ausländerfeindliche Positionen impliziert, wohingegen die Alltagsraver eher dem ländlichen Milieu und den niedrigeren Bildungsgängen zuzuordnen bleiben (vgl. auch Krüger/Pfaff 2002). Insgesamt ist jedoch die Jugendkulturlandschaft an wenig belasteten Schulen nur unwesentlich heterogener als an den Problemschulen.

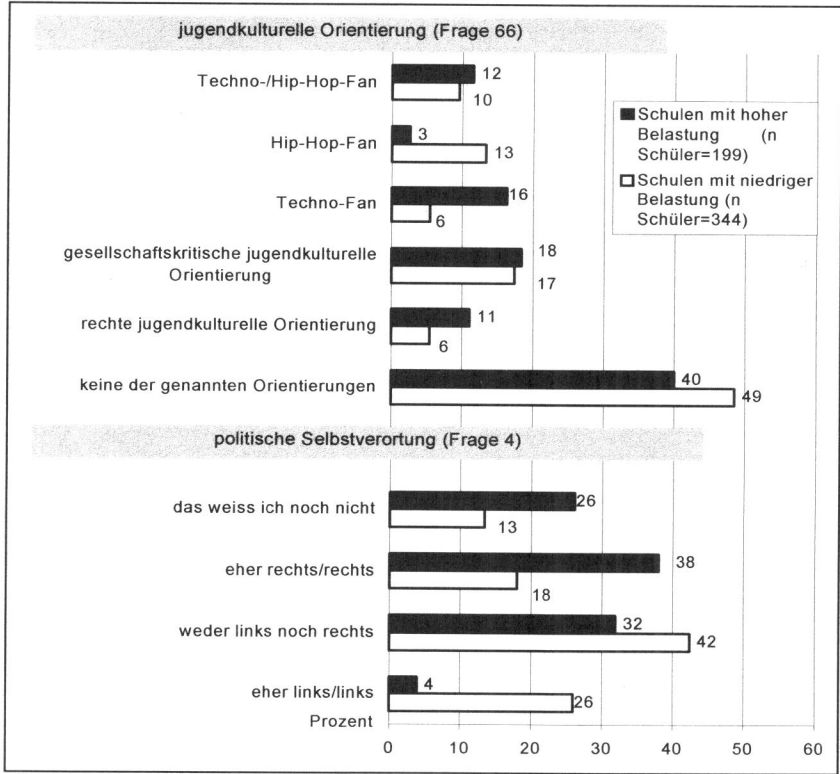

Schaubild 7: Jugendkulturelle Orientierungen und politische Selbstverortung Lernender an hoch und niedrig belasteten Schulen in Sachsen-Anhalt in % (ohne Berufsschulen, da nur 14-15Jährige)

Ein anderes Bild ergibt sich bei der Analyse der politischen Selbstverortung von Schülerinnen und Schülern an hoch und niedrig durch rechtsextreme Einstellungstendenzen belasteten Schulen. Während an den Problemschulen die rechte politische Verortung von Jugendlichen erwartungsgemäß sehr häufig zu beobachten ist, eine Selbstzuordnung zum linken politischen Spektrum hingegen die Ausnahme darstellt, ist an weniger belasteten Schulen das Verhältnis zwischen den politischen Polen weit ausgeglichener. Aufschlussreich

sind auch die Anteile der Jugendlichen, die sich weder rechts noch links einordnen bzw. die sich noch nicht zu verorten wissen. So ist der Anteil der Un-
sicheren an den hoch belasteten Schulen doppelt so hoch wie an den niedrig
belasteten, und umgekehrt ist der Anteil der sich als neutral einschätzenden
Jugendlichen an den Problemschulen deutlich niedriger. Insgesamt besteht
nur an 3 der 16 von uns untersuchten Schulen ein quantitativ ausgeglichenes
Verhältnis zwischen rechten und linken Jugendlichen, an 4 Schulen dominiert
eine linke politische Selbstzuordnung und an 9 Schulen (!) eine rechte. Bei
den stark durch rechtsextreme Einstellungstendenzen in der Schülerschaft belasteten Schulen deutet sich, zumindest im Bezug auf die politische Selbstverortung, eine beunruhigende Armut an verschiedenen politischen Positionen an.

Doch inwieweit ist die Schule überhaupt Ort der politischen Auseinandersetzung für ihre Schüler? Schüler an Problemschulen haben im Durchschnitt weniger Erfahrung mit politischem Handeln an ihren Schulen gesammelt als die Schüler an wenig belasteten Schulen und sie zeigen darüber hinaus deutlich weniger Bereitschaft zur individuellen Beteiligung an schulpolitischen oder aber auch alltäglichen sozialen Interessenkonflikten (vgl. Schaubild 8).

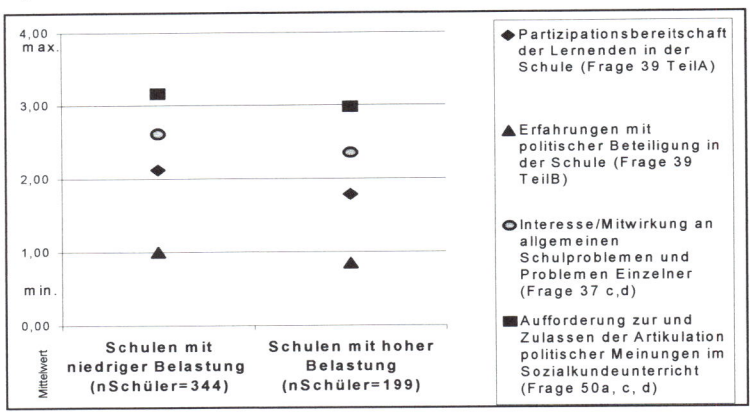

Schaubild 8: Hoch und niedrig durch rechtsextreme Einstellungstendenzen belastete
Schulen in Sachsen-Anhalt als Räume der Kommunikation über Politik
(ausgewählte Merkmale) (ohne Berufsschulen, da nur 14-15Jährige)

Die Indizes, die die faktischen Erfahrungen und die Bereitschaft zur Partizipation in der Schule messen, beinhalten die Bewertung von 10 einzelnen Beteiligungsformen, von der institutionalisierten Mitwirkung, wie der Mitarbeit
in der Schülervertretung und der Übernahme von Ämtern, wie dem des Klassensprechers, über die Teilnahme an bildungspolitischen Aktionen, wie Demonstrationen oder Unterschriftensammlungen, bis hin zu eher alltäglichen,

sozialen Aktionsformen, wie bspw. mit Lehrenden oder Personen aus der Schulleitung über Probleme einzelner Schüler diskutieren. Über einzelne Beteiligungsformen hinaus haben wir das allgemeine Interesse der Schülerinnen und Schüler für die Belange ihrer Schule und die Aussagefähigkeit über aktuelle Fragen zur Schule, sowie die Bereitschaft der Jugendlichen, sich im Schulalltag für andere einzusetzen, ermittelt. Dieser Index beschreibt das allgemeine Interesse der Schülerinnen und Schüler an demokratischen Prozessen und Entscheidungen an ihrer Schule.

Auch dieses Interesse ist in den Schülerschaften an niedrig belasteten Schulen deutlich höher als unter deren Altersgenossen an Schulen, an denen rechtsextreme Einstellungstendenzen Alltag, und wie wir noch zeigen werden, Normalität sind. Das heißt, für Schüler in einer ausländerfeindlichen und verhältnismäßig gewaltaffinen Gleichaltrigenkultur bestehen im Schulalltag in weitaus geringerem Maße institutionalisierte und allgemeine Mitwirkungsforen zur Verfügung als an den wenig belasteten Schulen. Die Jugendlichen an den Problemschulen sind insgesamt nur wenig an den Entscheidungsprozessen an der Schule interessiert.

Ein wesentlicher Lernort für das Erlernen demokratischer Umgangsformen ist sicherlich schließlich der Unterricht. Wir haben in unserer Schülerbefragung die Jugendlichen nach den Möglichkeiten der Artikulation der eigenen politischen Meinung im Sozialkundeunterricht gefragt, dazu, ob sie trotz abweichender Meinungen in der Klasse oder des Lehrers ihre Ansichten äußern können und dazu, ob sie sich von ihren Lehrerinnen und Lehrern mit ihren Meinungen anerkannt und dazu aufgefordert fühlen, im Unterricht die eigenen Positionen zu artikulieren. Das Fazit des Vergleichs hoch und gering durch rechte, ausländerfeindliche und gewaltaffine Einstellungen belasteter Schulen ist, dass auch im Unterricht die Bedingungen für das Erlernen demokratischer Verfahren und die Entwicklung einer politischen Streitkultur deutlich schlechter sind als an wenig belasteten Schulen.

In den Problemschulen gibt es also, abgesehen von den wohl auch eher marginalen Konflikten zwischen jugendkulturellen Szenen, verhältnismäßig wenig Räume, in denen Schüler demokratische Auseinandersetzungen über politische Inhalte erlernen können.

3.5 Schulen im Umgang mit rechtsextremen Tendenzen: Zwei Fallbeispiele

Wir werden im folgenden nun einen zweifachen Perspektivenwechsel vornehmen. Zum ersten verlassen wir die Ebene der quantitativen Analyse und beschreiben, gestützt auf die Informationen aus ethnographischen Feldnotizen, Schulleiterinterviews und vor allem die Ergebnisse von Gruppendiskussionen mit ausgewählten Lehrerinnen und Lehrern, genauer, wie die Pädagogen an zwei Einzelschulen aus unserer Stichprobe mit den Phänomenen von rechten Orientierungen und Ausländerfeindlichkeit bei ihren Schülern umgehen. Damit ergänzen wir zum zweiten die bisher zur Grundlage genommene Schülersicht um die Perspektive der Lehrenden.

Dazu haben wir die Sekundarschule F und das Gymnasium D ausgewählt, die sich nach unseren ersten Eindrücken aufgrund der Feldbesuche und der Schulleiterinterviews auf verschiedene Arten um eine Verbesserung der politischen Bildung bemühten und die aufgrund der Ergebnisse unserer quantitativen Studie bei den Werten zu rechten und ethnozentrischen Orientierungen ihrer Schüler eher Eckpunkte im Spektrum unserer Schulen darstellen.

Die Sekundarschule F

Die Sekundarschule F befindet sich in einem Dorf mit unter 3000 Einwohnern, das wirtschaftlich von der Auslagerung gewerblicher Betriebe in das Umland der benachbarten ostdeutschen Großstadt profitiert. Die untersuchte Schule entstand nach 1990 durch die Zusammenlegung zweier Sekundarschulen, ist aber mit knapp 300 Schülern immer noch eine eher kleine Sekundarschule. Die ehemaligen Schulleiter der beiden Schulen teilen sich nun das Schulleitungsamt. *„Seitdem arbeiten wir so sehr gut zusammen."* sagt der Schulleiter im Interview. Das Lehrerkollegium, das aus etwa 20 Lehrern besteht, ist seitdem konstant geblieben. *„Wir hatten hier noch nie einen Referendar"* sagt der Schulleiter der Schule im Interview. Die Lehrerinnen und Lehrer kennen einander persönlich gut und pflegen über berufliche Kontakte hinaus auch private Beziehungen zueinander. Die regionale Nähe von Schule und Privatleben, die sich nicht nur auf die Beziehungen im Lehrerkollegium, sondern auch auf regelmäßige Kontakte zwischen Lehrenden und Eltern sowie auf Verbindungen zu Vereinen, Kommunalpolitikern und ansässigen Wirtschaftsbetrieben bezieht, gilt an der Schule, das wird sowohl im Schulleiterinterview als auch in der Lehrergruppendiskussion deutlich, als eine notwendige Grundlage der schulischen pädagogischen Arbeit und als Vorteil insbesondere gegenüber großen, anonymeren städtischen Schulen. Die Sekundarschule F hat kein explizites pädagogisches Schulprogramm, ist jedoch nach Auskunft des Schulleiters bemüht, mit anderen Institutionen in der Gemeinde zusammenzuarbeiten und auf diese Weise zugleich die Schüler an Fragen der Kommunalpolitik heranzuführen. Außerunterrichtlich aktiv ist die Schule vor allem im Freizeitbereich, in dem sie ebenfalls eng mit Vereinen und Verbänden der Gemeinde zusammenarbeitet. Die Erziehungsziele der Schule steckt der Schulleiter im Interview im Bereich *„Ordnung, Sauberkeit und höfliche Umgangsformen"* ab. Die Sekundarschule F ist also auf den ersten Blick eine Schule mit einer ausgeprägten Nahraumorientierung, die eng mit den kommunalpolitischen Institutionen, aber auch mit Vereinen und Betrieben in der Gemeinde kooperiert (zur genaueren Beschreibung der Schule vgl. Kapitel 8 in diesem Band).

Eine Lehrerin an der Sekundarschule F hat im Rahmen eines Aufbaustudiums nach der Wende die Lehrbefähigung für das Fach Sozialkunde erworben. Sie unterrichtet in der Schule alle Klassen in dem Fach. Außerunterrichtliche Angebote mit explizit politischen Inhalten gibt es darüber hinaus an der Schule nicht.

In der Gruppendiskussion, an der sechs Lehrer teilnahmen, werden diese vom Interviewer gefragt, ob das Phänomen rechte Jugendliche an der Schule ein Thema sei. In der daran anschließenden Diskussion sagt ein Lehrer:

„Wir hatten ja hier mal son Kleinen (...) der ist dann auch als Glatzkopf rumgerannt und mit Springerstiefeln u.s.w. Das ist jetzt seit zwei Jahren überhaupt nicht mehr der Fall und ich bin froh und wir wecken hier natürlich auch keine schlafenden Hunde, nicht?" (Lehrer 6).

Der Lehrer berichtet von einem rechten Schüler, aber er macht keine Aussagen darüber, wie ihm an der Schule begegnet wurde. Das Thema wird mit dem Hinweis darauf, dass es dies jetzt nicht mehr gibt, rasch abgeschlossen. Der Lehrer befürchtet, mit eventuellen Thematisierungen des Problems die Jugendlichen auf rechte Einstellungen und Symbole aufmerksam zu machen. Ein kurzer Diskussionsauszug zeigt, dass an der Schule rechte und ausländerfeindliche Orientierungen von Jugendlichen nicht zum Thema gemacht werden:

L4: „Es kommen schon manchmal Äußerungen im Unterricht.
L6: Jaa, das ist normal!
L4: Wo man merkt aha, der beschäftigt sich da schon näher mit oder (...) es wird sehr deutsche Musik mitgebracht oder so. das ist schon durchaus klar, aber es ist jetzt keine Massenerscheinung."

(Auszug aus der Lehrergruppendiskussion an der Sekundarschule F)

Ausländerfeindliche Äußerungen und Symbole rechter Jugendkulturen werden an der Sekundarschule F als normale Bestandteile jugendlicher Alltagskultur angesehen. Es scheint keine inhaltliche Auseinandersetzung mit den Orientierungen der Jugendlichen stattzufinden. Die Antworten der Lehrer machen deutlich, dass dieses Problem eher tabuisiert oder bagatellisiert wird. Im weiteren Verlauf der Gruppendiskussion konfrontiert der Interviewer die Lehrer mit den Resultaten unserer Schülerbefragung, die der Schule hohe Werte im Bereich ausländerfeindlicher Einstellungen in ihrer Schülerschaft bescheinigen. Auf die Konfrontation mit diesen quantitativen Untersuchungsergebnissen reagieren die Lehrer mit einer Strategie der Schuldzuweisung an andere Sozialisationsinstanzen. Schuld seien die Eltern, die selber ausländerfeindliche Einstellungen haben, Schuld seien die Medien, die das Thema Gewalt gegenüber Ausländern unnötig hoch putschen, Schuld sei die große Politik mit der Debatte um die deutsche Leitkultur.

In der Argumentationsstruktur der Lehrergruppe dominiert insgesamt eine starke Schuldzuweisung an äußere Instanzen, die gleichzeitig davor entlastet, die Probleme selber aktiv aufzugreifen. Zaghafte Versuche der politischen Bildung beschränken sich auf eine reine Stoffvermittlung und eine Orientierung am Nahraum im Bereich der Gemeindepolitik. Eine Thematisierung des Umgangs mit Fremden findet an dieser Schule nicht statt. Das Andere wird in der Sekundarschule F in einem dörflichen Kontext, in dem keine Ausländer leben und bereits Zugezogene deutscher Herkunft als Störung der dörflichen Atmosphäre wahrgenommen werden, als latente Bedrohung aufgefasst.

Der Schule gelingt es nicht, das aufwändig erzeugte interne Gemeinschaftsleben für die Ver- und Bearbeitung der Problemhaftigkeit und Komplexität der Außenwelt konstruktiv zu nutzen.

Das Gymnasium D

Das Gymnasium D, das hier für eine Schule mit verhältnismäßig geringer Belastung durch rechtsextreme Tendenzen in der Schülerschaft steht, ist in mehrfacher Hinsicht eine Vorzeigeschule. Die Schule befindet sich in einigen neu errichteten bzw. aufwändig sanierten Gebäuden am Stadt-Innenrand einer Kleinstadt eines strukturschwachen Landkreises. Sie ist hervorragend ausgestattet. Das inzwischen mit über 1000 Schülern und über 60 Lehrern sehr große Gymnasium ist aus der ehemaligen Erweiterten Oberschule der Kleinstadt hervorgegangen, deren Hinterlassenschaften in einem intensiven und öffentlichen Auseinandersetzungsprozess verarbeitet worden sind. Das Lehrerkollegium der Schule hat sich seit Entstehen der Schule beständig vergrößert und ist an zeitweiligen personellen Zuwächsen bzw. Variationen durch Referendare oder Austauschprogramme sehr interessiert. Ein zentrales Bemühen der Schule besteht darin, durch eine Vielzahl von Kooperationsbeziehungen und öffentlichen Veranstaltungen zu einem Aushängeschild für Stadt und Region zu werden. *„Schule ist ja ein Ort von öffentlichem Leben..."* (Lehrerin 3) sagt eine Lehrerin in der Gruppendiskussion[4]. Ein Schritt auf diesem Weg ist das Bestreben der Schule, anerkannte Europaschule zu werden. Das Gymnasium steht in engem Austausch und arbeitet an gemeinsamen Projekten mit Schulen aus 10 anderen Ländern. Das Fach Sozialkunde wird an der Schule von 4 Lehrern und Lehrerinnen unterrichtet, von denen zwei eine universitäre Ausbildung haben und zwei Geschichtslehrer sind (zur genaueren Beschreibung der Schule vgl. Kapitel 8 in diesem Band).

Das Gymnasium D hat aus Sicht von Schulleiter, Lehrern und Schülern keine offensichtlichen Probleme mit Ausländerfeindlichkeit und Gewalt an der Schule. Dass, wie die Ergebnisse der Schülerbefragung zeigen, auch an dieser Schule noch bis zu einem Fünftel der Schüler in starkem Maß ausländerfeindlich eingestellt sind, wird an der großen Schule im Schulalltag nur bei hoher Sensibilität offensichtlich. Ausländerfeindliche Einstellungen kommen

---

4   An der Gruppendiskussion am Gymnasium D nahmen wegen Absprachproblemen nur 4 Lehrerinnen und Lehrer teil. (Zur Gesprächssituation und Problemen der Gruppenzusammensetzung vgl. Kapitel 8 in diesem Band)

im Unterricht, in „Zwischenbemerkungen" der Schüler oder „im außerschulischen Bereich" gelegentlich zum Ausdruck. Auch die Lehrer des Gymnasiums D delegieren zwar die Verantwortung für abweichende Orientierungen von Jugendlichen in erster Linie an außerschulische Bereiche, wie die Familie, die Politik und die Medien sowie an die sozioökonomischen Bedingungen in der Region, in der Gruppendiskussion wird jedoch deutlich, dass man ausländerfeindliche Orientierungen an der Schule aufmerksam registriert und auch im Schulalltag thematisiert. Dabei ist die persönliche Auseinandersetzung mit den Jugendlichen aus der Perspektive der befragten Lehrer das wichtigste Mittel im Kampf gegen rechtsextreme Tendenzen in der Schülerschaft.

„Im normalen Umgangsgespräch ohne hier mit diesem pädagogischen Zeigefinger, denke ich, kann man viel mehr erreichen, als wenn man nun sagt, Du bist rechtsextrem, nun begründe mal, warum bist du das." (Lehrerin 4)

Die Lehrer thematisieren das Problem rechtsextremer Orientierungen in der Gruppendiskussion im Gegensatz zu ihren Kollegen an der Sekundarschule F ohne Aufforderung durch den Interviewer. So sagt eine Lehrerin:

„...da kommen also schon wirklich, sage ich mal, Meinungen zum Ausdruck, also die sind gravierend und mit denen kann man sich auf gar keinem Fall also auch abfinden. Also, was für Möglichkeiten hat man dann, ja? Man kann versuchen, zu argumentieren..." (Lehrerin 3)

Sie meint, das wird im weiteren Verlauf der Diskussion deutlich, ausländerfeindliche und rechte Einstellungen unter ihren Schülern. An dieser Schule vertreten, wie gesagt, etwa 20 Prozent der Schüler ausländerfeindliche Positionen, das sind relativ gesehen nur etwa halb so viele wie an der Sekundarschule F. Der wesentliche Unterschied zwischen den Schulen ist für uns die Aufmerksamkeit und Bereitschaft zur Auseinandersetzung, mit der die Lehrerinnen und Lehrer diesen Problemen begegnen. Während der zitierte Lehrer an der Sekundarschule F rechte Orientierungen der Schüler leugnet und tabuisiert, nimmt diese Lehrerin die Einstellungen der Jugendlichen im Unterrichtsalltag wahr, wertet sie als problematisch und fragt nach Handlungschancen. Eine andere Lehrerin berichtet von dieser Episode:

„(...) wenn man dann sagt, ey sag mal, einfach hingeht, Du hast weiße Schnürsenkel, weißt Du eigentlich was das bedeutet? Dann kriegen sie sohne Bombe, weil sie genau wissen, was es bedeutet. Und da habe ich bloß zu dem einen dann gesagt: Aber Du, Du musst aufpassen, denke nicht, das ist hier ne Neuerscheinung, denke nicht, dass dann jemand denkt, Du bist rechts oder so. Der hatte am nächsten Tag keine Schnür-, keine weißen Schnürsenkel drin. Nicht weil er- er hat sich ertappt gefühlt, das ist alles, er hat sich ertappt gefühlt. (...) Und das hatte sich schon rumgesprochen, (...) in der anderen Klasse haben sie den auch schon gefragt, ne? Also haben sie sich darüber unterhalten in der Pause, habe ich was erreicht. Das reicht mir dann erst mal, in der der Situation reicht mir das." (Lehrerin 4)

Auch diese Lehrerin teilt das Problembewusstsein ihrer Kollegin. Und sie reagiert spontan im Schulalltag auf Symbole rechter Jugendkulturen. Sie hat die Schüler irritiert, sie angeregt, sich mit dem Thema auseinanderzusetzen. Und sie hat ihre Position kenntlich gemacht. Auch dies macht einen Unterschied zwischen den beiden Schulen.

Einen weiteren Eckpfeiler der Bemühungen stellt die Integration ausländischer Schüler an der Schule dar. Diese Bestrebungen basieren auf der Erfahrung, dass der Umgang mit dem Fremden Konflikte sichtbar und bearbeitbar macht.

„Komischerweise habe ich festgestellt, in den Klassen gerade wo nun Ausländer drin sind, dass da das Problem gar nicht so akut ist." (Lehrer 1).

Zum einen besuchen inzwischen einige jugendliche Migranten das Gymnasium D, zum anderen wird durch regelmäßige Schüleraustausche mit Partnerschulen in anderen Ländern die Anwesenheit ausländischer Schüler an der Schule gefördert. Inhaltliche Auseinandersetzungen werden an der Schule nicht gescheut, sondern durch Diskussionen im Unterricht, aber auch durch z.T. öffentliche Veranstaltungen, wie bspw. Podiumsdiskussionen mit Politikern und Künstlern oder durch gemeinsame Projekte mit Schülern an ausländischen Schulen, unterstützt. Trotz dieser Bemühungen sind ausländische Schüler auch am Gymnasium D noch keine Normalität. Dies verdeutlichen sowohl der Diskursverlauf in der Lehrergruppendiskussion, der beim Thema „Ausländer" sehr stark gebrochen wird, als auch einzelne Äußerungen der Diskutanten:

„Also für unsere Schüler ist das immer noch was besonderes, auch die Austauschschüler, die wir bis jetzt gehabt haben." (Lehrerin 4).

Durch die Anwesenheit und Unterstützung ausländischer Schüler an der Schule gelingt es dem Gymnasium D aus unserer Sicht, den politischen Konflikt um die Ausländerfrage offen auszutragen.

Als wesentliche Momente der Schulkultur dieser Schule zeichnen sich damit zum einen der Modus der Weltoffenheit und zum anderen die gezielte Erkennung und Bearbeitung von Konflikten ab.

Im direkten Vergleich der beiden beschriebenen Schulen wird deutlich, dass es sehr unterschiedliche Strategien für Schulen gibt, mit Fremdheit, aber auch mit der Ablehnung von sowie mit Gewalt gegen Fremde umzugehen. Während die Sekundarschule F mit ihrer starken Gemeindeorientierung eine Abgrenzung gegenüber der über den dörflichen Nahraum hinausgehenden Außenwelt praktiziert und damit sowohl das Fremde wie auch die Fremdenfeindlichkeit ihrer Schüler aus dem Schulalltag ausgrenzt, werden Ausländer am Gymnasium D bewusst in den Schulalltag integriert und ausländerfeindliche Positionen an der Schule sensibel registriert und offensiv thematisiert.

3.6 Fazit

Unsere Analysen haben verdeutlicht, dass rechte Szenen und ausländerfeindliche Orientierungen in der Jugendkulturlandschaft in Sachsen-Anhalt fest verankert sind. Unter den sich in den letzten Jahren weiter vervielfältigenden und entgrenzenden Jugendkulturen bilden rechte Szenen dabei ein stabiles Moment, das, anders als noch in den frühen 1990er Jahren (vgl. etwa Behnken/Krüger u.a. 1991), nicht mehr deutliche Ablehnung der übrigen Jugendlichen erfährt, sondern statt dessen bei ihnen eher auf Gleichgültigkeit stößt. Angehörige rechter Jugendkulturen sind für die befragten Schülerinnen und Schüler keine Abweichler mehr, sondern Bestandteil jugendlicher Normalität. In ihrem Verhältnis zur Schule unterscheiden sich die Mitglieder rechter Jugendszenen von ihren Mitschülern allerdings deutlich. Ähnlich wie andere Studien (vgl. Landua/Sturzbecher/Welskopf 2001) zeigen auch die Ergebnisse unserer Untersuchung, dass sie schlechtere Leistungen aufweisen und dass ihre Schulfreude eher gering ausgeprägt ist. Auch konnten wir den in der Jugend- und Schulforschung bereits mehrfach herausgearbeiteten Befund bestätigen, dass die Neigung Jugendlicher zu rechtsextremen und fremdenfeindlichen Einstellungen mit dem schulischen Bildungsgrad abnimmt (vgl. etwa Hopf 1997).

Über die bisherigen Erkenntnisse der Schulforschung hinaus konnten wir jedoch auch zeigen, dass zwischen einzelnen Schulen gravierende Unterschiede in der Belastung durch rechte jugendkulturelle Orientierungen, Ausländerfeindlichkeit und Gewaltaffinität unter ihren Schülerinnen und Schülern bestehen und dass diese Schulen auf der Ebene schulklimatischer und schulkultureller Bedingungen erheblich differieren. So zeichnen sich wenig belastete Schulen aus der Sicht der Schülerinnen und Schüler durch eine stärkere Berücksichtigung von Schülerinteressen, durch eine höhere Partizipationsbereitschaft der Lernenden, durch ein höheres Gewaltschlichtungspotential sowie durch eine ausgeprägtere politische Streitkultur im Unterricht aus. Außerdem konnten unsere Fallstudien zu Einzelschulen verdeutlichen, dass eine Politik der Orientierung der Schule nach außen und eine offene Thematisierung von Rechtsextremismus und Ausländerfeindlichkeit Möglichkeiten bietet, rechtsextremen Einstellungen in der Schülerschaft vorzubeugen bzw. entgegenzuwirken, während umgekehrt eine starke Innenorientierung, die mit Strategien der Homogenisierung und Konfliktvermeidung einhergeht, die am schulischen Geschehen Beteiligten blind macht für Probleme von Gewaltaffinität und Ausländerfeindlichkeit. Konnten wir im Rahmen unserer Analyse verschiedene Kontextbedingungen des Vorkommens rechter und ethnozentrischer Orientierungen in Schulen recht differenziert beschreiben, so müsste in zukünftigen Studien der Stellenwert und das Gewicht schulischer Einflussfaktoren in Relation zu der Bedeutung außerschulischer Einflussfaktoren in Gestalt der Familie und der Peergroup bei der Genese rechter Orientierungen noch umfassender untersucht und genauer überprüft werden. Denn erst auf der Basis der Analyse dieses komplexen Bedingungsgeflechts könnte man präzise bestimmen, welchen Stellenwert den pädagogischen Interaktionsprozessen in der Schule beim Kampf gegen rechtsextreme Einstellungen und Haltungen unter Jugendlichen zukommt (vgl. Krüger/Helsper 2001). Dass auch die Schule begrenzte Möglichkeiten hat, rechtsextremen Orientierungen bei Jugendlichen entgegenzuwirken, haben wir in diesem Beitrag verdeutlicht.

Ralf Schmidt

4. Schülerpartizipation im Schulleben und Unterricht

4.1 Theoretische Bezüge

Die Thematik der Partizipation von Schülerinnen und Schülern als eine demokratische Beteiligungsform in der Schule ist ein zentraler Aspekt demokratietheoretischer Überlegungen. Dass ein Zusammenhang zwischen der Bereitschaft zu schulischer und politischer Partizipation gegeben ist, haben unsere Ergebnisse (vgl. Reinhardt/Tillmann, Kapitel 2 in diesem Band) bereits gezeigt. Welche tatsächlichen Mitgestaltungsmöglichkeiten den Schülerinnen und Schülern in Sachsen-Anhalt auf den verschiedenen Ebenen schulischen Lebens eingeräumt werden, soll im folgenden dargestellt werden. Neben dem Ausgangspunkt des positiven Zusammenhangs von schulischer und politischer Beteiligungsbereitschaft bewegt sich die Thematik der Partizipation von Lernenden im Kontext der Debatten um die Verbesserung der Schulqualität und der Schulkultur, die Öffnung der Schulen und um die Stärkung der Einflussrechte von Kindern und Jugendlichen. Diese Diskussion um innerschulische Partizipation erlebt in der schultheoretischen Diskussion in den letzten Jahren eine erneute Renaissance. Das Thema schulische Partizipation hatte erstmals in Westdeutschland in den späten 1960er und frühen 1970er Jahren im Gefolge der Schulkritik der Schüler- und Studentenbewegungen Konjunktur. Neben einer Reihe politisch-programmatisch orientierter Arbeiten (vgl. etwa Auernheimer/Doehlemann 1971) wurde auch eine empirische Studie zur Relevanz der Schülermitverwaltung durchgeführt, die zeigte, dass zwar 85 Prozent der befragten Schüler die Schülermitverwaltung für sinnvoll hielten, ihr aber nur 17 Prozent der Befragten eine große Bedeutung zuschrieben (vgl. Schneider (=Reinhardt) 1967, S. 51). Wir haben diese Frage ebenfalls in unsere Untersuchung aufgenommen und kommen im Verlauf der Darstellung auf dieses Thema zu sprechen.

In mehreren Studien zum Verhältnis zwischen Schulklima und Schulqualität (Baacke/Brücher 1982; Melzer/Stenke 1996; Krüger/Grundmann/Kötters 1998, 2000) ist nachgewiesen worden, dass sich die Zufriedenheit von Schülern mit ihrer Schule und damit die pädagogische Grundatmosphäre deutlich verbessert, wenn Schüler ihre Partizipationschancen in der Schule als vielfältig wahrnehmen und sie sich als ernst zu nehmende Gesprächspartner erleben. Und auch umgekehrt dürfte gelten: Zufriedenheit und eine positive pädagogische Grundatmosphäre sind wiederum begünstigende Faktoren auf dem Weg der Schüler zu Selbstbestimmung und Mitbestimmung im schulischen System.

Generell ist anzumerken, dass empirische Studien zum Themenfeld Schülerpartizipation relativ rar sind. Neben den Arbeiten von Keuffer (1996) und Meyer/Schmidt (2000) zu Mitwirkungsmöglichkeiten von Schülerinnen und Schülern im Fachunterricht sowie der vom Dortmunder IFS realisierten bundesweiten Schülerumfrage (vgl. Mauthe/Pfeiffer 1996) haben Krüger/ Grundmann/Kötters (2000) im Rahmen der Studie „Schulentwicklung in Sachsen-Anhalt" die Einschätzung schulischer Partizipationschancen aus der Sicht der Schüler von fünften und achten Klassen untersucht. Dabei zeigte sich, dass die Schüler bei der Organisation des Schullebens große Einflussmöglichkeiten haben, während an der Planung und Gestaltung des Unterrichts nur die Hälfte der Befragten beteiligt werden. Auch den institutionellen Partizipationsgremien, wie der Schülermitverwaltung, räumten nur die Hälfte der Befragten eine größere Bedeutung ein (vgl. Krüger/Grundmann/Kötters 2000).

Ausgehend von diesen Befunden liegt das weitere Augenmerk auf drei Partizipationsformen, die unterschiedliche Bereiche des schulischen Lebens betreffen. Es handelt sich dabei um die Ebenen der Partizipation an der Gestaltung des Schullebens, die Effektivität und Bedeutung der Schülergremienarbeit aus Sicht der Schüler und die Einschätzung der Partizipation im Unterricht, zu der die Mitsprache der Schülerinnen und Schüler bei der Notengebung als spezielle Erscheinungsform unterrichtlicher Partizipation hinzugenommen wird. Der Begriff der Partizipation wird von uns allgemein als Oberbegriff zur Beschreibung von verschiedenen demokratischen Beteiligungsformen in der Schule verstanden, die teilweise auch in den Mitbestimmungs- und Mitwirkungsrechten für Schüler, Eltern und Lehrer gesetzlich geregelt werden (vgl. Rost 1989).

4.2 Die Partizipation an der Gestaltung des Schullebens

Möglichkeiten der Mitbestimmung von Schülern im Bereich der Gestaltung des Schullebens sind im Rahmen der rechtlichen Vorgaben vor allem den Schülervertretern in der Gesamtkonferenz vorbehalten (vgl. Kultusministerium Sachsen-Anhalt 2000). Da also solche für Schüler relevanten Fragen wie die Mitbestimmung bei schulischen Veranstaltungen und der Ausgestaltung der Schule ausschließlich in der Gesamtkonferenz erörtert und beschlossen werden, hängt es wesentlich von den gewählten Schülervertretern ab, welche Möglichkeiten sie nutzen, bzw. welche sie von der jeweiligen Schule erhalten, inwieweit Schüler tatsächlich Einfluss auf die Planung und

Ausgestaltung des Schullebens nehmen können und wie sie über diesbezügliche Beschlüsse informiert werden.

Da wir annehmen, dass die institutionelle Ermöglichung von Partizipation noch keine hinreichende Bedingung für das Gelingen von Partizipation in der Schule ist, gilt es zu untersuchen, wie die von uns befragten Schüler ihre Partizipationsmöglichkeiten einschätzen. Mauthe/Pfeiffer (1996); Randoll (1997) und Krüger/Grundmann/Kötters (2000) haben in diesem Zusammenhang festgestellt, dass die Interessen von Schülern in innerschulischen Entscheidungsprozessen immer noch nicht in ausreichendem Maße berücksichtigt werden. Wir haben vier Items in den Fragebogen aufgenommen, um die institutionalisierten Mitbestimmungsmöglichkeiten der Schüler in einzelne Bereiche aufschlüsseln zu können[1]. Die Lernenden sollten dabei angeben, wie stark sie in den im Schaubild angegebenen Bereichen von Schule mitgestalten dürfen.

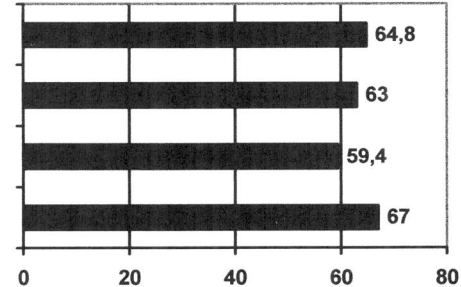

Schaubild 1: Partizipation an der Gestaltung des Schullebens
Frage 38e, f, h, i, Anteil der Zustimmung in Prozent hier: „trifft eher zu" + „trifft vollkommen zu"

Der Überblick über die vier Items ergibt ein recht homogenes Bild: Annähernd zwei Drittel der Schüler geben an, Ausflüge und Schulveranstaltungen mitorganisieren zu dürfen. Auch die Möglichkeit, sich an der Ausgestaltung der Schule beteiligen zu können, wird von zwei Drittel der Schüler bejaht. Die Mitbestimmung bei der Auswahl der Freizeitangebote wird von den befragten Schülern etwas kritischer gesehen, hier stimmen nur knapp 60 Prozent zu. Die stärker den unterrichtlichen Bereich betreffende Frage nach der Mitgestaltung von Projekttagen liegt wieder im Trend der beiden ersten Fragen und wird von zwei Dritteln der Schüler positiv gewertet. In der zum Vergleich herangezogenen Studie „Schulentwicklung in Sachsen-Anhalt" von

1   Dabei wurden den Schülern jeweils vier Antwortvorgaben präsentiert, die sie zur Beurteilung der Items ankreuzen konnten: „trifft gar nicht zu", „trifft eher nicht zu", „trifft eher zu", „trifft vollkommen zu".

Krüger, Grundmann und Kötters, die im Sommer 1997/98 durchgeführt wurde, geben die Schüler der Klassen 5 und 8 zu 72-84 Prozent an, in den genannten Bereichen mitgestalten zu dürfen, so dass eine tendenzielle Verschlechterung festzustellen ist. Dennoch bleibt festzuhalten, dass der überwiegenden Mehrheit der Schüler Mitbeteiligungsmöglichkeiten im Bereich des Schullebens eingeräumt werden. Fasst man diese vier Einzelitems zu einem Konstrukt zusammen, und differenziert nach Schulform und Klassenstufe, so ergibt sich für die Partizipation an der Gestaltung des Schullebens folgendes Bild[2]:

Schulform/Klassenstufe	x	N	s
Sonderschule	1,79	42	0,42
Gesamtschule	1,91	93	0,28
Sekundarschule	1,82	491	0,39
Gymnasium	1,91	499	0,29
Berufsbildende Schulen	1,65	194	0,48
Klasse 8	1,86	483	0,35
Klasse 9	1,86	478	0,35
Klasse 11/1. Lehrjahr	1,76	358	0,43

Schaubild 2: Partizipation an der Gestaltung des Schullebens (Summenscore, Wertebereich [l] = schwache Ausprägung / [2] = starke Ausprägung - Differenzierungsmerkmale: Schulform, Klassenstufe)

Die Schulformen Sonderschule und Gesamtschule sind in der Untersuchung nur mit jeweils einer Schule vertreten, so dass die in diesem Beitrag getroffenen Aussagen nur für diese Schulen gelten. Die Daten zeigen, dass die positive Einschätzung von Partizipationsmöglichkeiten bei der Gestaltung des Schullebens besonders bei den Schülern der Gesamtschule und den Gymnasiasten ausgeprägt ist. Es scheinen sich hier also pädagogische Orientierungen der Schulformen bzw. der Einzelschule niederzuschlagen, die einen stärkeren Einbezug bzw. eine stärkere Beteiligung der Schüler an der Gestaltung des Schullebens ermöglichen. Demgegenüber fällt die Einschätzung der Sekundarschüler, Sonderschüler und ganz besonders der Berufsschüler wesentlich

---

2 In dieser Tabelle sind die vier Items, die das Thema "Partizipation an der Gestaltung des Schullebens" bilden, zusammengefasst. Über die Bildung eines Summenscores und die Berechnung von Mittelwerten (1. Spalte) lassen sich Unterschiede zwischen Schulformen und Klassenstufen bestimmen. In der zweiten und dritten Spalte sind die in die Berechnungen eingehenden absoluten Fallzahlen und deren Streuung (Standardabweichung) aufgelistet.

kritischer aus. Gerade die letzte Gruppe der Berufsschüler zeigt eine deutlich geringere Partizipationsbereitschaft, was u. E. auf die Struktur des dualen Systems zurückzuführen ist, die den Aufenthalt der Berufsschüler in der Schule auf wenige Tage in der Woche beschränkt und somit ein stärkeres Engagement behindert.

Zieht man die Verteilung nach Altersstufen heran, liegt die Einschätzung schulischer Partizipation von Schülern der achten und neunten Klassen in etwa auf dem selben Niveau. Es zeigt sich aber auch, dass die Schüler der elften Klassen und die Berufsschüler ihre Partizipationsmöglichkeiten kritischer einschätzen. Ein denkbarer Erklärungsansatz könnte sein, dass Schüler mit zunehmendem Alter eine kritischere Sicht auf die Reichweite schulischer Partizipation entwickeln und zugleich eigene Aktivitäten reduzieren.

Schlüsselt man die schulische Beteiligungsbereitschaft der befragten Schülerinnen und Schüler genauer auf, wie wir dies anhand von zehn Antwortvorgaben getan haben, ergibt sich folgendes Bild:

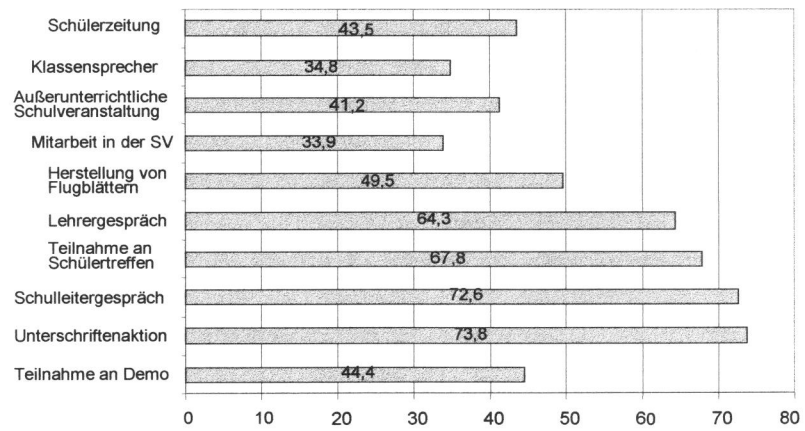

Schaubild 3: Beteiligungsbereitschaft in der Schule (Anteil in Prozent)
Frage 39: „Bitte kreuzen Sie hier an, ob Sie bereit wären, diese Tätigkeit zu übernehmen." hier: „Ja" angekreuzt

Neben der „low-budget" Aktivität der Unterschriftenaktion zeigen die befragten Schülerinnen und Schüler vor allem im Bereich der Kommunikation mit Lehrenden und Lernenden die größte Beteiligungsbereitschaft. Dies könnte ein Hinweis darauf sein, dass das Lehrer-Schüler-Verhältnis positiv bewertet wird und somit die Grundlage für Gespräche gegeben ist. Für Lehrerinnen und Lehrer resultiert daraus die Aufforderung, die Hochschätzung der Schüler von Gesprächen positiv zu nutzen und insbesondere für die Bearbeitung von Problemen und für Metakommunikation zu nutzen.

Demgegenüber fällt auf, dass die Bereitschaft zu Tätigkeiten, die sich um den Themenkomplex der Schülergremienarbeit drehen, nur von einem guten Drittel der Schülerinnen und Schüler geäußert wird und somit das Schlusslicht der angebotenen Beteiligungsmöglichkeiten bildet. Es zeigt sich schon an den deskriptiven Daten, dass dieser Bereich schulischer Partizipation, obwohl schulstrukturell verankert, problembehaftet ist. Hinweise auf die Einschätzung der Effektivität und Bedeutung der Schülergremienarbeit lieferten uns zwei Fragen, denen im folgenden Abschnitt nachgegangen wird.

4.3 Die Effektivität und Bedeutung der Schülergremienarbeit

Ausgehend von der bereits erwähnten Studie von Schneider (1967) zur Untersuchung der Relevanz der Schülermitverwaltung und dem zunächst verblüffenden Ergebnis der Diskrepanz zwischen der Beurteilung, für wie sinnvoll Schüler dieses Gremium halten und welche tatsächliche Bedeutung die Schülermitverwaltung im konkreten Schulleben besitzt, haben wir diese Thematik erneut aufgegriffen und die Frage der Effektivität und Bedeutung der Schülergremienarbeit zum Thema gemacht. Hierzu haben wir die Schüler um ihre Einschätzungen zu zwei Fragen gebeten:
Frage 37a): „Wenn Schülervertreter gewählt werden, die Vorschläge zur Lösung von Schulproblemen machen, wird es an der Schule besser" und Frage 38 b): „Bei uns hat die Schülervertretung eine große Bedeutung"

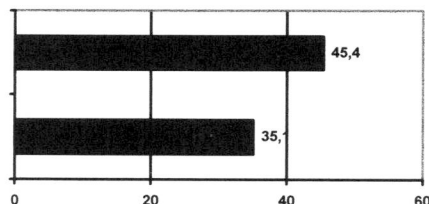

Schaubild 4: Effektivität und Bedeutung der Schülergremienarbeit – Anteil der Zustimmung in Prozent; hier: „trifft eher zu" + „trifft vollkommen zu"

Bei lediglich gut einem Drittel der befragten Schülerinnen und Schüler besitzt die Schülervertretung eine große Bedeutung. Würde man nur die höchste Zustimmung („trifft vollkommen zu") heranziehen, fällt die Zustimmung auf magere fünf Prozent ab. Der Wert aus der Studie von Schneider aus dem Jahre 1967 wies hier noch einen Anteil von 17 Prozent aus, so dass hier ein bedenklicher Rückgang festgestellt werden muss. Etwas optimistischer stimmt die hypothetisch formulierte Aussage der Umsetzungsmöglichkeit guter Vorschläge von Schülervertretern an der Schule, die von 45 Prozent der Lernenden Zustimmung erhält. Generell muss aber anhand der ermittelten Werte ein Bedeutungsverlust der Schülergremien festgehalten werden. Ein Grund für diese Diskrepanz könnte in der mangelnden Kenntnis dieser Gremien, die auch in den Schulleiterinterviews und Gruppendiskussionen mit den Schülern deutlich wird, liegen. Vor allem die Problematik einer verordneten Partizipation mit den entsprechenden Rollen- und Anerkennungsproblemen der Schülervertreter schlägt hier zu Buche (vgl. die ausführliche Analyse der qualitativen Daten in Kapitel 8).

Ausgehend von der erwähnten These, dass mit zunehmendem Alter das Bedürfnis von Schülern nach Mit- und Selbstbestimmung (vgl. Kötters/Krüger/Brake 1996; Kötters 2000a) zu mehr Sensibilität gegenüber nicht oder nur eingeschränkt zugestandenen Mitbestimmungsmöglichkeiten führt (vgl. Krüger/Grundmann/Kötters 2000), widmen wir uns nun wie beim vorangegangenen Thema der Verteilung des zusammengefassten Indikators nach Schulform und Klassenstufe:

Schulform/Klassenstufe	x	N	s
Sonderschule	1,73	41	0,45
Gesamtschule	1,51	90	0,50
Sekundarschule	1,47	493	0,50
Gymnasium	1,65	505	0,48
Berufsbildende Schulen	1,45	194	0,50
Klasse 8	1,59	481	0,49
Klasse 9	1,54	481	0,50
Klasse 11/1. Lehrjahr	1,50	361	0,50

Schaubild 5: Effektivität und Bedeutung der Schülergremienarbeit (Summenscore, Wertebereich [l] = schwache Ausprägung / [2] = starke Ausprägung - Differenzierungsmerkmale: Schulform, Klassenstufe)

Interessanterweise nimmt die Sonderschule, was die Zustimmungswerte angeht, eine Spitzenstellung ein. Da es sich um die einzige Sonderschule in der Untersuchung handelt, können sich die Aussagen nur auf diese Schule beziehen. Eine geringere Schülerzahl pro Klasse sowie die intensivere Betreuung einer besonderen Schülerklientel führen offenbar zu besseren Werten als dies bei den übrigen Schulen der Fall ist, bzw. das besondere Arbeitsfeld Sonderschule erfordert ein größeres Maß an gemeinschaftlichen Aushandlungsprozessen als dies an „normalen" Schulen der Fall ist. Die Einschätzung der Effektivität und Bedeutung der Schülergremienarbeit ist auch an den Gymnasien noch deutlich höher als etwa an der untersuchten Gesamtschule und an den Sekundarschulen. Das Schlusslicht bilden wieder die Berufsschulen. Die Gründe für diesen Befund liegen u.a. am bereits erwähnten dualen System, das die Zusammenkunft der Gremienvertreter nur punktuell erlaubt und die Umsetzung von Gremienarbeit offenbar erheblich erschwert.

Die Effektivität und Bedeutung der Schülergremienarbeit nimmt aus Sicht der Schüler mit zunehmendem Alter kontinuierlich ab. Hier könnten die bereits zur Erklärung herangezogenen Misserfolgserfahrungen für die kritische Einstellung verantwortlich sein, denn sicherlich hat die Unkenntnis solcher Gremien nach elf Schuljahren eine geringere Bedeutung als bei Acht- oder Neunklässlern. Bei diesem Befund sollte auch im Auge behalten werden, dass der im Schulgesetz von Sachsen-Anhalt festgelegte Stimmenanteil der Schülervertreter in Gesamtkonferenzen bei lediglich 25 Prozent liegt, und die Erfahrung von Abstimmungsniederlagen damit ein treuer Begleiter schulischer Partizipationsversuche auf Gremienebene sein dürfte.

4.4 Partizipation im Unterricht

In diesem Abschnitt erfolgt die Darstellung der Schülerpartizipation im Bereich des Unterrichts. Dazu gehören neben Möglichkeiten der unmittelbaren Einflussnahme auf das unterrichtlich-methodische Geschehen auch die Mitsprache bei der Notengebung. Laut Schulgesetz des Landes Sachsen-Anhalt (§ 49) besteht für die Schülerschaft ein Recht auf Anhörung bei Leistungsbewertungen. Dies betrifft jedoch nur grundsätzliche Entscheidungen, womit Einflussmöglichkeiten für Schüler auf die alltägliche Notengebung nicht direkt angesprochen werden. Bei den Fragen zu inhaltlichen und methodischen Gestaltungsweisen des Unterrichts wird den Lehrern im Schulgesetz eine Erörterungspflicht vorgeschrieben (vgl. Kultusministerium Sachsen-Anhalt 2000, § 49). Direkte Mitbestimmungsrechte für Schüler werden im Gesetz jedoch nicht explizit formuliert.

Wir haben die Partizipation im Unterricht in unserer Untersuchung durch drei Einzelitems erfasst. Wir haben die Schüler gebeten, sich zu folgenden Statements zu äußern:

Frage 37e): „In unserer Schule bleibt uns nichts anderes übrig, als den Unterricht so hinzunehmen wie er ist „

Frage 37f): „Schüler dürfen bei der Unterrichtsgestaltung mitentscheiden"

Frage 38a): „Wenn wir gute Vorschläge machen, dann können wir den Unterricht wirklich in unserem Sinne beeinflussen"

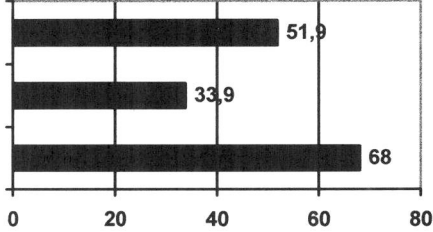

Unterricht durch gute Vorschläge beeinflussen	51,9
Mitentscheidung bei Unterrichtsgestaltung	33,9
Unterricht hinnehmen, wie er ist	68

Schaubild 6: Partizipation im Unterricht – Anteil der Zustimmung in Prozent hier: „trifft eher zu" + „trifft vollkommen zu"

68 Prozent der befragten Schüler sind der Auffassung, den Unterricht so hinnehmen zu müssen, wie er ist, d.h. dass gut 2/3 der Schülerschaft ihren Unterricht als unbeeinflussbar ansieht. Ein sehr ähnliches Bild zeigt sich bei der Frage, ob die Schüler bei der Unterrichtsgestaltung mitentscheiden dürfen. Nur ein gutes Drittel gibt an, dies tun zu dürfen. Bei der Frage, ob man durch gute Vorschläge den Unterricht beeinflussen kann, ist etwa die Hälfte der Schülerschaft der Meinung, dies tun zu können.

In der Studie von Krüger/Grundmann/Kötters (2000) lagen die Werte für die unterrichtliche Partizipation bei den Fünft- und Achtklässlern bei etwa 50 Prozent, so dass sich mit Ausnahme der Unterrichtsbeeinflussung durch gute Vorschläge eine tendenzielle Verschlechterung bei der Beurteilung von Partizipationsmöglichkeiten im Unterricht zeigt. Als Fazit können wir für die von uns befragten Schüler festhalten, dass sich die Mehrheit als nicht gleichberechtigte Partner in die Planung, Gestaltung und Auswertung des Unterrichts einbezogen fühlt. Bei der Befragung der Fünft- und Achtklässler durch Krüger/Grundmann/Kötters (2000) wurde festgestellt, dass die Schülereinschätzungen zum Bereich der Unterrichtsgestaltung erheblich von der Schulform abhängen. Um diese Spezifik an unserem Datenmaterial zu prüfen, folgt im Weiteren eine Aufstellung des Gesamtkonstrukts „Partizipation im Unterricht" nach Schulform und Klassenstufe.

Schulform/Klassenstufe	x	N	s
Sonderschule	1,59	41	0,50
Gesamtschule	1,68	92	0,47
Sekundarschule	1,52	492	0,50
Gymnasium	1,57	508	0,50
Berufsbildende Schulen	1,56	199	0,50
Klasse 8	1,54	481	0,50
Klasse 9	1,56	483	0,50
Klasse 11/1. Lehrjahr	1,58	368	0,49

Schaubild 7: Partizipation im Unterricht (Summenscore, Wertebereich [1] = schwache Ausprägung / [2] = starke Ausprägung - Differenzierungsmerkmale: Schulform, Klassenstufe)

Auffallend ist, dass die Gesamtschule bei der partizipativen Unterrichtsgestaltung eine Spitzenstellung im Vergleich zu den anderen Schulen einnimmt. Die übrigen Schulformen nehmen eine Mittelstellung ein, während die
Sekundarschulen im Vergleich schlechter abschneiden. Dieses Ergebnis deckt
sich nur teilweise mit den Befunden der Studie von Krüger/
Grundmann/Kötters (2000), in der gerade die Sekundarschulen eine deutlich
positivere Tendenz erkennen ließen als die übrigen Schulen und die Gesamtschule eine Mittelstellung einnahm. Unterschiedliche pädagogische Schwer-
punktsetzungen und unterrichtliche Orientierungen einzelner Schulformen
und auch Schulen spielen eine große Rolle bei der Frage unterrichtlicher Partizipation. Bezogen auf die unterschiedlichen Altersstufen lässt sich eine
leichte Zunahme der positiven Einschätzungen von Partizipationsmöglichkeiten im Unterricht feststellen. Dies deutet auf eine stärkere Emanzipation der
Schülerinnen und Schüler mit zunehmendem Alter hin, kann aber auch mit
einer stärkeren Einbeziehung der Lernenden in höheren Klassenstufen zusammenhängen.

Wir haben die Schüler auch zu dem zweiten Themenkomplex unterrichtlicher Partizipation befragt, der Partizipation bei der Notengebung. Dabei
fragten wir die Schüler zunächst nach ihrer generellen Einschätzung, ob sie
bei der Notengebung mitentscheiden dürfen. In einer zweiten Frage ging es
uns darum, zu erfahren, ob die Schüler es für sinnvoll halten, mit ihren Lehrern über die Verteilung von Noten zu sprechen.
Frage 40 i): „Bei uns hat es wenig Sinn, mit den Lehrern über Noten zu reden,
da man doch nichts erreicht"
Frage 38 g): „Schüler dürfen bei der Notengebung mitentscheiden"

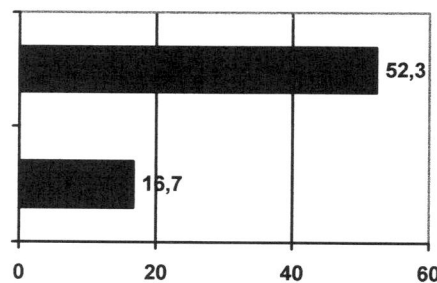

Schaubild 8: Mitsprache bei der Notengebung – Anteil der Zustimmung in Prozent;
   hier: „trifft eher zu" + „trifft vollkommen zu"

Nur 16,7 Prozent der Schüler geben an, bei der Notengebung mitentscheiden
zu dürfen. Dieser Befund deckt sich mit den Ergebnissen der Studie von Krü-
ger/Grundmann/Kötters (2000), bei der schulformunabhängig ebenfalls ca. 20
Prozent der Schüler angaben, in die Notenfindung einbezogen zu werden. In-

112

teressanterweise stimmen nur gut die Hälfte der Schülerinnen und Schüler der Aussage zu, dass es wenig Sinn habe, mit den Lehrern über Noten zu reden, da man damit nichts erreiche. Angesichts der generell geringen Mitbestimmungsmöglichkeit bei der Notenvergabe deutet dieser Wert zumindest darauf hin, dass Schüler auf Eigeninitiative hin punktuell die Erfahrung gemacht haben, dass es eben doch lohnend sein kann, mit den Lehrenden über Noten zu diskutieren. Zumindest verweist dieser Wert auf die Möglichkeit der Kommunizierbarkeit bei der Notenvergabe und bestätigt die in Abschnitt 4.2 beschriebene Wertschätzung von Gesprächen zwischen Lernenden und Lehrenden.

4.5 Fazit

Bei der Betrachtung der deskriptiven Befunde unserer Untersuchung lassen sich die Ergebnisse der Studie zur Schulentwicklung von Krüger/Grundmann/Kötters (2000) im wesentlichen weiterschreiben. Die einzelnen hier dargestellten Bereiche schulischer und unterrichtlicher Partizipation zeigen, dass ca. 2/3 der Schüler eine positive Beurteilung der außerunterrichtlichen Mitbeteiligungsmöglichkeiten vornehmen. In diesem Bereich, der sich im wesentlichen auf schulische Zusatzangebote im Rahmen unterrichtsfreier Zeit bezieht, werden den Schülern in Sachsen-Anhalt umfassende Beteiligungsrechte zugebilligt. Im Kernbereich von Schule, dem Unterricht, fällt die Einschätzung der Schüler deutlich negativer aus. Wenn die Mehrheit der Schüler der Meinung ist, den Unterricht nicht mitgestalten zu können, deutet dies darauf hin, dass der Unterricht weiterhin durch eine Vielzahl von Normierungen stark reglementiert ist und von den Schülern im Hinblick auf Notendruck, begrenzte Zeitbudgets, enge Lehrplanvorgaben und frontale Unterrichtsmethoden wahrgenommen wird (vgl. Krüger/Grundmann/Kötters 2000). Schüler fühlen sich dann nicht als Partner in der Schule anerkannt, wenn sie in Diskussionen um schulische Werte und Normen nicht einbezogen werden.

Die genannten Problembereiche sind vor allem vor dem Hintergrund demokratietheoretischer Überlegungen bedenkenswert, besonders wenn die Befunde wie im vorliegenden Fall darauf hinweisen, dass die Einschätzung der Effektivität und Bedeutung der schulischen Gremien mit zunehmendem Alter nachlässt. Hier scheint sich eine im Laufe des Schulbesuchs verfestigende Enttäuschung über die Reichweite von Gremienaktivitäten einzustellen. Diese These wird von den Diskussionen mit den Schülern untermauert, die ihrer Skepsis gegenüber der Gremienarbeit dadurch Ausdruck verliehen, dass sie diese als Scheinpartizipation ohne wirkliches Mitbestimmungsrecht kritisierten (vgl. hierzu die ausführlichen Analysen in Kapiteln 8 und 9). Den Schülerinnen und Schülern steht zwar die schulrechtlich verankerte Dimension der

Teilhabe an Schülergremien offen, die faktische Realisierung zeigt jedoch offensichtliche Schwächen in der Dimension der Einflussmöglichkeit.

Selbstverständlich sollte auch deutlich sein, dass es sich bei dieser Problematik keineswegs um ein spezifisches Problem an Schulen in Sachsen-Anhalt handelt, wie andere Untersuchungen und Schülerumfragen gezeigt haben (vgl. Mauthe/Pfeiffer 1996; Randoll 1997). Unter dem Gesichtspunkt der Förderung unterrichtlicher Partizipation und der Mitbestimmung von Schülern in der schulischen Gremienarbeit besteht also weiterhin Reformbedarf vor allem vor dem Hintergrund des Nachweises, dass eine partizipative Schulkultur das schulische Wohlbefinden und die Motivation der Schüler für die Schule und die Bereitschaft, sich für die Gestaltung des Schullebens mitverantwortlich zu fühlen, steigert (vgl. Krüger/Grundmann/Kötters 2000 u. Kötters/Schmidt/Ziegler 2001).

Catrin Kötters-König

5. Handlungsorientierung und Kontroversität im Sozialkundeunterricht

5.1 Einleitung

Das primäre Ziel des Sozialkundeunterrichts besteht darin, zur politischen Mündigkeit und demokratischen Handlungsfähigkeit der Heranwachsenden beizutragen. Seine Aufgabe, die Befähigung zum kritisch-reflexiven Umgang mit politischen Inhalten, Prozessen und Strukturen, schließt die Entwicklung und Prüfung von Wegen politischen Handelns, die Herausbildung einer demokratischen Streitkultur, kommunikativer Kompetenzen und der Fähigkeit zur politisch-moralischen Urteilsbildung sowie das Verstehen politischer Kommunikation ein. Politischer Unterricht soll so die Chance eröffnen, dass die Heranwachsenden „die Unverzichtbarkeit eigener Urteilsbildung, reflektierter Entscheidungen und eigenen Handelns erkennen" (Kultusministerium des Landes Sachsen-Anhalt 1999, S. 7). Er soll zum politischen Engagement befähigen und ermuntern (vgl. Schiele 1998, S. 3). Will der Sozialkundeunterricht diese Ziele erreichen, muss er so gestaltet werden, dass er von den Heranwachsenden als ein Ort „der Auseinandersetzungen und der sozialen Beziehungen" (Kultusministerium des Landes Sachsen-Anhalt 1999, S. 6) erfahrbar wird, der ihre Fragen und ihren Erfahrungsschatz ernsthaft berücksichtigt.

Die Aufmerksamkeit dieses Beitrages ist auf die Wirksamkeit der politischen Bildung in der Schule fokussiert. Wir greifen damit u.a. von Becker/Herkommer/Bergmann (1967) herausgearbeitete empirische Befunde auf, wonach zwar einerseits der politische Unterricht gemessen an den Intentionen der Lehrpläne nur einen geringen Erfolg aufweist, andererseits jedoch ein fundierter Sozialkundeunterricht nicht unerhebliche Einflussmöglichkeiten auf die politische Mündigkeit und demokratische Handlungsfähigkeit von Schülern hat. Unser besonderes Interesse ist auf die Frage gerichtet, welche Rolle dabei der methodischen Gestaltung des Sozialkundeunterrichts zukommt. Insbesondere ist die Hypothese Schieles (1998, S. 5) zu prüfen, wonach „ein rein darbietender Unterricht, der additiv Wissen anhäuft, nicht zu den beschriebenen Zielen führen kann". Politik sollte sich demnach den Heranwachsenden nicht ausschließlich als „intellektuelle Aneignung von Sach- und Fachwissen" (Breit 1998, S. 105) vermitteln.

Bei der Untersuchung und Diskussion dieses Gegenstandes lehnen wir uns erstens an Diskussionen zum *Konzept der Handlungsorientierung* an, die, so Breit/Schiele (1998, S. VII), derzeit „Hochkonjunktur" haben. Bei diesem Konzept handelt es sich um einen ganzheitlichen und offenen, schüleraktiven „Ansatz zur Förderung von demokratischer Handlungskompetenz" (Klippert 1996, S. 277). Im Vordergrund steht wie auch beim darbietenden, lehrerzentrierten Unterrichten der Wissenserwerb. Handlungsorientierung wird jedoch darüber hinaus das Potential zugesprochen, für aktives und selbstgesteuertes Handeln zu sensibilisieren und zum selbstständigen Erkennen und Handeln führen zu können (vgl. Schiele 1998, S. 1ff.). Sie soll die Schüler dazu befähigen können, „durch Nachdenken über politische Sachverhalte eine eigene politische Handlungsorientierung zu entwickeln" (Breit/Schiele 1998, S. IX). Zentral ist somit nicht das Handeln selbst, sondern das Reflektieren über das Handeln, d.h. das politische Denken (Analyse, Urteilsbildung, Handlungsorientierung) (vgl. Schiele 1998, S. VIII; Breit 1998, S. 119). Zentrale Merkmale handlungsorientierten Unterrichts sind Realitätserfahrung, Selbsttätigkeit und Sozialbezug (vgl. Klippert 1984, S. 28) sowie Ganzheitlichkeit, Wirklichkeitsnähe und praktizierte Demokratie (vgl. Reinhardt 1997a, S. 107).

Angemerkt werden muss, dass das Konzept der Handlungsorientierung in der fachdidaktischen Diskussion umstritten ist. Skeptische Stimmen verweisen auf die Gefahr eines sich dahinter verbergenden „blinden Aktionismus". Befürwortende Stimmen machen auf seine Wirksamkeit sowie sein immanentes Potential, Abwechslung in den Unterricht zu bringen und Lernmotivation zu erzeugen, aufmerksam. Insbesondere Ackermann (1998, S. 32f.) sieht in der Handlungsorientierung die geeignete Methode für die Umsetzung der Ziele des politischen Unterrichts, da durch sie das demokratische System aus der Handlungs- und Teilnehmerperspektive vermittelt wird und Handlungsdispositionen und politische Interventionsfähigkeit vorbereitet werden können. Er hält es jedoch bei ihrer Anwendung für sehr wichtig, den Schülern deutlich zu machen, dass „die Komplexität, Abstraktheit und Interdependenz *politischer Sachverhalte (d.V.)* sehr stark reduziert oder (...) transformiert wird" (ebd., S. 32). Die Wahl der Methode darf sich dabei nicht von dem jeweiligen Unterrichtsgegenstand ablösen, d.h. der Implikationszusammenhang von Ziel-, Inhalts- und Methodenentscheidungen sollte bewahrt bleiben. Kontraproduktiv wird das Prinzip erst dann, wenn dieser Zusammenhang nicht berücksichtigt, d.h. „Weg und Ziel (...) verwechselt werden" (Schiele 1998, S. 8), und Aktion an Aktion gereiht wird.

Einen zweiten theoretischen Anknüpfungspunkt unserer Analysen bietet das von Hans-Georg Wehling 1977 vorgeschlagene und als Teil des Beutelsbacher Konsenses bekannt gewordene *Kontroversprinzip* (vgl. u.a. Wehling 1992, S. 130; Cremer/Schiele 1992, S. 137; Reinhardt 1992, S. 143):

Grundsatz 1: Die prinzipielle Offenheit und Kontroversität des demokratischen Erkenntnis- und Lernprozesses verbietet die Indoktrination von Meinungen (Indoktrinations- und Überwältigungsverbot).

Grundsatz 2: Inhalte, die in Wissenschaft und Politik kontrovers sind, müssen auch in der politischen Bildung in ihrer Kontroversität vermittelt werden, d.h. kontrovers erscheinen.

Grundsatz 3: Im Lernprozess ist der Schüler von sich und anderen als politisches Subjekt anzuerkennen, das persönliche Erfahrungen, Interessen und Einsichten als tatsächlich gegebene, dabei aber kontroverse Realität versteht und aktiv in diese eingreift.

In die Rahmenrichtlinien für den Sozialkundeunterricht an Schulen in Sachsen-Anhalt ist dieses Kontroversprinzip als Prämisse für die Wirksamkeit des Faches folgendermaßen eingeflochten: „Die Anerkennung der gesellschaftlichen Tatsache des Konflikts (Pluralismus von Interessen, Werten, Erfahrungen) und die Achtung vor der selbstständigen Urteilsbildung der Lernenden verbieten Indoktrination und falsche Harmonisierung. Das Kontroversprinzip in der Politischen Bildung besagt, dass im Unterricht kontrovers erscheinen muss, was in Gesellschaft und Wissenschaft kontrovers ist (...). Konfliktfähigkeit in einem demokratischen Verständnis realisiert den wechselseitigen Bezug von Konsens und Konflikt. Ein tragfähiger Konsens in Fragen konfligierender Interessen kann nur über Auseinandersetzungen errungen werden" (Kultusministerium des Landes Sachsen-Anhalt 1999, S. 9).

Aus diesen Anknüpfungspunkten leiten sich die folgenden zentralen Fragestellungen ab, die wiederum die Gliederung dieses Beitrages vorgeben: Welchen Stellenwert haben Darbietung, Handlungsorientierung und Kontroversität im Sozialkundeunterricht (5.2)? Wie werden diese Methoden im Unterricht der Einzelklassen kombiniert? Gibt es Klassen, in denen sich der Unterricht durch Methodenvielfalt auszeichnet (5.3–5.5)? Welchen Einfluss hat die methodische Gestaltung des Sozialkundeunterrichts auf die Wirksamkeit seiner politischen Bildung (5.6)?

5.2 Der Stellenwert von Darbietung, Handlungsorientierung und Kontroversität im Sozialkundeunterricht

5.2.1 Darbietender, lehrerzentrierter Unterricht

Wie stark der Sozialkundeunterricht stofforientiert, eng geführt und wenig handlungsorientiert ist, die Schüler also „in der Rolle des passiven, rezeptiven Lernens" (Weinbrenner 1998, S. 203) bleiben, haben wir durch unsere Schülerbefragung im Sommer 2000 empirisch erfasst. Bereits in einer früheren Studie waren wir zu dem Ergebnis gekommen, dass der schulische Unterricht zumeist frontal vom Lehrer gesteuert und dominiert wird (vgl. Grundmann/Kötters/Krüger 2000, S. 255). Unsere auf den Sozialkundeunterricht fokussierten Ergebnisse gliedern sich in diesen Befund ein. Darauf lassen die erkennbaren Verfahren des Lehrervortrages und des Abfragens von Wissen schließen. Die Antworten der Schüler, insbesondere aber der Gymnasiasten, zeigen mehrheitlich, dass der Sozialkundeunterricht darbietend und lehrerzentriert gestaltet wird. Ungefähr die Hälfte von ihnen meint, das sei oft der Fall und ca. 30 weitere Prozent geben an, ihr Sozialkundeunterricht würde manchmal durch das Lehrerreferat oder das Abfragen von Wissen dominiert.

Items[1]	nie (1)	selten (2)	manchmal (3)	oft (4)
Die Schüler sitzen und hören zu, der Lehrer redet.	3,2	17,7	31,2	47,9
Der Lehrer redet und stellt Fragen, einzelne Schüler antworten.	0,7	9,4	35,4	54,5
Skala n (Schüler) =	SEK 495	GES 93	GYM 507	BBS 196
Darbietender Sozialkundeunterricht	3,26	3,26	3,41	3,35

Statistisch signifikant (p=.01) unterscheidet sich die Sekundarschule vom Gymnasium.

Schaubild 1: Dimensionen eines darbietenden Sozialkundeunterrichts in der Wahrnehmung von Schülern; Einzelfragen für Gesamt (Prozentangaben) und Skala (Mittelwert des Summenscores) für unterschiedliche Schulformen[2]

Diese Dominanz des darbietenden, lehrerzentrierten Unterrichtens ist insbesondere im Hinblick auf die im Diskurs zur Methodenvielfalt im Sozialkundeunterricht vorgeschlagene Handlungsorientierung kritisch zu reflektieren. Denn der Inhalt der Kommunikation in einem frontal arrangierten, lehrerzentrierten Sozialkundeunterricht wird fast ausschließlich vom Lehrer bestimmt. Er dominiert in fachlicher und methodischer Darstellung sowie inhaltlicher Akzentuierung und ist die zentrale Vermittlungsinstanz aller auf das Unterrichtsgeschehen bezogenen Schüleräußerungen.

Geht man mit Breit (1998, S. 105) davon aus, politisches Lernen im Sozialkundeunterricht sei mehr „als die intellektuelle Aneignung von Sach- und Fachwissen", werden die Grenzen dieses Unterrichts vor allem im Hinblick auf eine effektive politische Bildung offensichtlich. Denn hier fließen situative Möglichkeiten für die Schüler, „sich jeweils an (...) in ihrem Erfahrungsbereich liegenden oder in ihn einzuführenden Beispielen das Verständnis mehr oder minder verallgemeinerbarer Prinzipien, Einsichten und Gesetzmä-

---

1   vgl. Fragekomplex 44 des Fragebogens (siehe Anhang)
2   SEK – Sekundarschule; GES – Gesamtschule; GYM – Gymnasium; BBS – Berufsbildende Schulen

ßigkeiten, Zusammenhänge erarbeiten" (Klafki 1995, S. 34) zu können, nur ausgesprochen unzureichend ein. Doch wie ist ein Mehr an diesen Möglichkeiten methodisch umzusetzen? Welche Formen von Sozialkundeunterricht können dazu beitragen, dass Schüler „selbst aktiv werden und durch Handeln und während des Handelns lernen" (Breit 1998, S. 105)?

5.2.2 Handlungsorientierter und kontroverser Sozialkundeunterricht

Reinhardt (1997a, S. 105) und Breit (1998, S. 105) verweisen hier - zum Teil auch kritisch - auf die von Klippert (1991, S. 13) vorgeschlagenen drei Formen von Handeln, die im Sozialkundeunterricht initiiert und für politisches Lernen fruchtbar gemacht werden können: reales Handeln, simulatives Handeln und produktives Gestalten.

a) Reales Handeln
Die Effektivität realen Handelns, eine aktive Form des politischen Lernens, in der „das schulische Lernen aufgelöst und durch aktive Politik ersetzt" (Breit 1998, S. 106) wird, ist dabei wohl am umstrittensten. Die Kritik richtet sich zum Beispiel auf die Zeit und Energie, die es in Anspruch nimmt, aber auch auf die Begrenzung auf politische Vorgänge im unmittelbaren Nahraum der Schüler sowie das Nichterreichen der Tatsächlichkeitsebene politischen Geschehens (vgl. Breit 1998, S. 106f). Was jedoch recht positiv reflektiert und bilanziert wird, ist die Selbstständigkeit und der Eifer, mit dem die Schüler in solchen Situationen agieren. Unterrichtsformen, die reales Handeln ermöglichen, wir denken dabei an *partizipativen, abwechslungsreichen* und vor allem *die außerschulische Lebenswelt der Schüler aufgreifenden Sozialkundeunterricht*, kommen jedoch viel zu selten zustande, wie die Schaubilder 2 und 3 auf der nächsten Seite zeigen.

Aus etwas mehr als der Hälfte der Schülerantworten kann nämlich abgeleitet werden, dass die Lehrer den Sozialkundeunterricht abwechslungsreich gestalten. Und über 80 Prozent der Befragten heben hervor, dass die Sozialkundelehrer auf die im Unterricht gestellten Fragen der Schüler eingehen. Wirklich reales Handeln in Form von Schülerpartizipation wird im Sozialkundeunterricht jedoch nur unzureichend ermöglicht und praktiziert. Lediglich knapp ein Drittel der Schüler fühlt sich und eigene Vorstellungen bei Entscheidungen über die Gestaltung des Unterrichts berücksichtigt. Hinsichtlich des Zustandekommens dieser reales Handeln ermöglichenden Form von Sozialkundeunterricht fällt im Querschnitt der Schülerstichprobe eine im Vergleich zu diesem Gesamtbild positivere Wahrnehmung der Gymnasiasten von ihrem Sozialkundeunterricht auf.

Item[3]	nie (1)	selten (2)	manchmal (3)	oft (4)
Die Lehrer gestalten den SKU abwechslungsreich.	11,9	34,3	34,6	19,2
Die Lehrer gehen im SKU auf unsere Fragen ein.	3,6	14,7	33,2	48,5
Im SKU dürfen wir mitentscheiden, wie der Unterricht abläuft.	32,4	35,8	22,9	8,9
Skala n (Schüler) =	SEK 487	GES 93	GYM 499	BBS 193
Partizipativer, abwechslungsreicher Sozialkundeunterricht	2,56	2,52	2,81	2,53

Statistisch signifikant (p=.01) unterscheidet sich das Gymnasium von der Sekundar-, Gesamt- und Berufsschule.

Schaubild 2: Dimensionen eines partizipativen, abwechslungsreichen Sozialkundeunterrichts in der Wahrnehmung von Schülern; Einzelfragen für Gesamt (Prozentangaben) und Skala (Mittelwert des Summenscores) für unterschiedliche Schulformen

Item[4]	nie (1)	selten (2)	manchmal (3)	oft (4)
Projektunterricht	43,9	34,3	15,7	6,1
Während des Unterrichts außerhalb der Schule Orte zum Lernen aufsuchen	74,0	14,9	6,5	4,6
Exkursion durchführen	67,3	21,4	7,5	3,8
Teilnahme von Experten am Unterricht	65,9	22,2	8,3	3,6
Zukunftswerkstatt oder Szenario-Technik	91,4	6,0	1,6	1,0
Skala n (Schüler) =	SEK 485	GES 93	GYM 500	BBS 192
Lebensweltaufgreifender Sozialkundeunterricht	1,40	1,69	1,43	1,47

Statistisch signifikant (p=.01) unterscheidet sich die Gesamtschule von den anderen Schulformen.

Schaubild 3: Dimensionen eines lebensweltaufgreifenden Sozialkundeunterrichts in der Wahrnehmung von Schülern; Einzelfragen für Gesamt (Prozentangaben) und Skala (Mittelwert des Summenscores) für unterschiedliche Schulformen

Eine ähnliche Brisanz verbirgt sich hinter den kritischen Schülerstimmen, wenn es darum geht, die tatsächliche Ermöglichung von realem Handeln durch lebensweltbezogene Formen von Sozialkundeunterricht einzuschätzen.

---

3   vgl. Fragekomplex 43 des Fragebogens (siehe Anhang)
4   vgl. Fragekomplex 42 des Fragebogens (siehe Anhang)

Solche Formen fließen nur ausgesprochen selten in die Unterrichtsgestaltung ein. Politikbezogene Projekttage oder –wochen finden, so die Wahrnehmung von fast drei Viertel der befragten Schüler, nie oder lediglich einmal im Schuljahr statt. Und Exkursionen, Besuche von Lernorten außerhalb der Schule, Expertenvorträge und Zukunftswerkstätten bzw. die Szenariotechnik[5] werden noch seltener im Sozialkundeunterricht initiiert bzw. genutzt.

b) Simulatives Handeln
Neben diesen Formen realen Handelns sieht Klippert (1991, S. 13) im simulativen Handeln eine weitere Möglichkeit zur Förderung des politischen Lernens der Schüler. Darunter kann man sich zum Beispiel eine Unterrichtssituation vorstellen, in der Schüler das Handeln von Politikern nachahmen „mit dem Ziel, dadurch einen Einblick in Politik zu gewinnen und sich im politischen Handeln zu üben" (Breit 1998, S. 107). Kritisch anzumerken ist hier, so Breit, dass es bei der Simulation von Politik im Sozialkundeunterricht fast immer notwendig ist, die Ausgangslage zu vereinfachen, d.h. politische Komplexität zu reduzieren, was mitunter zur Verfälschung der Realität führen kann. Übereinstimmend positiv wird jedoch über einen solchen Unterricht eine immens hohe Arbeits- und Leistungsbereitschaft der Schüler berichtet. Hervorheben möchten wir jedoch das besonders dieser Methode immanente Potential, den Schülern das Prinzip der Kontroversität nahebringen und es im konkreten Politikunterricht praktizieren zu können. Ansätze für die Simulation von Realsituationen und das Praktizieren von Kontroversität bieten sich sowohl im *diskussionsorientierten*, im *Meinungsäußerungen fördernden* als auch im *Kooperation betonenden Sozialkundeunterricht*. Für das Lerngeschehen jeder dieser Unterrichtsformen ist zusätzlich soziales Lernen bestimmend, das z.B. die Bearbeitung und Lösung von Problemstellungen erst möglich macht.

Die Ergebnisse unserer Befragung zeigen, dass simulatives Handeln in Form von kontroversen Diskussionen im Unterrichtsalltag umfassender ermöglicht wird als Formen realen Handelns.

In der Rangliste der praktizierten Diskussionsarrangements liegen einerseits die Untersuchung von Fällen, Konflikten und Problemen sowie die Beurteilung der verschiedenen Sichtweisen und andererseits die gemeinsame Diskussion von Lehrern und Schülern ganz oben. Jeweils über 70 Prozent der Schüler berichten davon, diese Art von politischer Diskussion komme im Sozialkundeunterricht oft oder zumindest manchmal zustande. Weniger einheitlich ist die Meinung der Befragten bezogen auf andere Formen (kontroverser)

---

5 Bei der Zukunftswerkstatt bzw. der Szenario-Technik handelt es sich, so Klippert (1991, S. 13), um eine Unterrichtsform, durch die Realsituationen simuliert werden können (Bereich: simulatives Handeln). Die von uns befragten Schüler ordnen sie jedoch inhaltlich (Ergebnis der Faktorenanalyse) dem lebensweltaufgreifenden Sozialkundeunterricht zu (Bereich: reales Handeln).

Diskussion: Ungefähr die Hälfte der Schüler berichtet davon, dass in ihrem Sozialkundeunterricht manchmal bis oft Streitgespräche durchgeführt werden, und knapp 46 Prozent berichten von ebenso häufig stattfindenden Diskussionen, deren Moderation in der Hand eines Schülers liegt. Diese Einschätzungen fallen differenziert nach Schulform spezifisch aus: Der Sozialkundeunterricht an der in unsere Stichprobe einbezogenen Gesamtschule und insbesondere an Gymnasien zeichnet sich, so das Urteil der Schüler, durch eine insgesamt stärkere Diskussionsorientierung aus als an Sekundarschulen und Berufsbildenden Schulen.

Item[6]	nie (1)	selten (2)	manchmal (3)	oft (4)
Wir führen Diskussionen durch, die von einem Schüler geleitet werden.	24,2	30,0	27,7	18,1
Es wechseln Phasen, in denen wir etwas Neues lernen, mit Diskussionen.	11,9	29,0	37,9	21,2
Wir untersuchen Fälle, Konflikte, Probleme und beurteilen unterschiedliche Sichtweisen.	8,6	19,2	35,0	37,2
Der Lehrer und die Schüler diskutieren gemeinsam.	4,3	20,4	35,5	39,8
Wir führen Streitgespräche (Pro-Contra-Diskussionen, Debatten) durch.	20,0	29,9	31,9	18,2
Skala	SEK	GES	GYM	BBS
n (Schüler) =	485	94	501	191
Diskussionsorientierter Sozialkundeunterricht	2,58	2,78	2,94	2,59

Statistisch signifikant (p=.01) unterscheidet sich das Gymnasium von Berufsschule und Sekundarschule und zusätzlich die Gesamtschule von der Sekundarschule.

Schaubild 4: Dimensionen eines diskussionsorientierten Sozialkundeunterrichts in der Wahrnehmung von Schülern; Einzelfragen für Gesamt (Prozentangaben) und Skala (Mittelwert des Summenscores) für unterschiedliche Schulformen

Damit bei Diskussionen ein Lernklima entstehen kann, „in welchem unterschiedliche Auffassungen sich entfalten können, da sie auf eine tolerante Grundhaltung gegenüber anderem Denken und Empfinden treffen" (Richtlinien NRW 1987, S. 88, zit. bei Reinhardt 1992, S. 140), muss durch den Lehrer gewährleistet sein, „dass unterschiedliche Auffassungen keinen Einfluß auf persönliches Verhältnis und Benotung haben" (Cremer/Schiele 1992, S. 138). Die Gegebenheit dieser Möglichkeit, im Sozialkundeunterricht die wirkliche Meinung äußern zu können und dabei respektiert zu werden, auch wenn der eine oder andere Standpunkt von dem der Mitschüler oder des Leh-

---

6   vgl. Fragekomplexe 43, 44 des Fragebogens (siehe Anhang)

rers abweicht, schätzen die Schüler (vor allem am Gymnasium) recht positiv ein.

Item[7]	nie (1)	selten (2)	manchmal (3)	oft (4)
Lehrer achten unsere Meinung und ermutigen uns, diese auch im Unterricht zu äußern.	2,9	14,3	43,6	39,2
Schüler können selbst dann ihre Meinung sagen, wenn diese von der Meinung der Lehrer abweicht.	3,4	12,2	32,5	52,0
Schüler können selbst dann ihre Meinung sagen, wenn diese von der Meinung der meisten Mitschüler abweicht.	2,6	12,9	33,6	50,9
Skala n (Schüler) =	SEK 485	GES 94	GYM 506	BBS 197
Meinungsäußerung fördernder Sozialkundeunterricht	3,11	3,13	3,51	3,21

Statistisch signifikant (p=.01) unterscheidet sich das Gymnasium von der Sekundar-, Gesamt- und Berufsschule.

Schaubild 5: Dimensionen eines die Meinungsäußerung fördernden Sozialkundeunterrichts in der Wahrnehmung von Schülern; Einzelfragen für Gesamt (Prozentangaben) und Skala (Mittelwert des Summenscores) für unterschiedliche Schulformen.

Weniger positiv fallen die Befragungsergebnisse hinsichtlich der Ermöglichung simulativen Handelns durch eigene Untersuchungen der Schüler, Gruppenarbeit und Rollenspiele aus: Insbesondere die Häufigkeit des Zustandekommens von Gruppenarbeit im Sozialkundeunterricht haben wir in unserer Schülerbefragung erhoben. Auf die konkrete Frage, wie oft im Sozialkundeunterricht politische Sachverhalte in Gruppen erörtert werden, gibt lediglich knapp die Hälfte an, dies sei oft oder zumindest manchmal der Fall. Hinter dieser Zurückhaltung von Lehrern mag sich vielleicht das Bedenken verbergen, politische Inhalte könnten nicht effektiv vermittelt und Rahmenrichtlinien nicht ausreichend berücksichtigt werden. Unseres Erachtens kommt es hierbei jedoch auf ein ausgewogenes Maß an Lenkung je nach anzueignenden Inhalten an. Denkbar ist sicher auch, dass einzelne hochmotivierte Schüler andere weniger interessierte und abgelenkte Schüler während Gruppenarbeitsphasen in das Team zurückholen und zu Mitarbeit animieren bzw. auffordern.

---

7   vgl. Fragekomplex 50 des Fragebogens (siehe Anhang)

Item[8]	nie (1)	selten (2)	manchmal (3)	oft (4)
Die Schüler arbeiten in Gruppen.	16,9	34,7	33,7	14,7
Die Schüler führen eigene Untersuchungen durch.	40,2	36,7	19,1	4,0
Wir machen Rollenspiele.	60,5	25,0	11,4	3,1
Skala n (Schüler) =	SEK 491	GES 92	GYM 505	BBS 196
Kooperation betonender Sozialkundeunterricht	1,74	2,18	2,20	1,72

Statistisch signifikant (p=.01) unterscheidet sich das Gymnasium von der Sekundar- und der Berufsschule sowie die Gesamtschule von der Sekundarschule.

Schaubild 6: Dimensionen eines Kooperation betonenden Sozialkundeunterrichts in der Wahrnehmung von Schülern; Einzelfragen für Gesamt (Prozentangaben) und Skala (Mittelwert des Summenscores) für unterschiedliche Schulformen

Noch deutlich seltener werden in den Sozialkundeunterricht Untersuchungen, in denen sich Schüler selbstständig mit politischen Sachverhalten oder Problemen befassen, und Rollenspiele integriert: Nur etwas mehr als ein Fünftel der befragten Schüler meint, sie würden im politischen Unterricht oft bzw. manchmal die Gelegenheit für eigene Untersuchungen eingeräumt bekommen, und lediglich knapp 15 Prozent der Schüler geben an, ebenso häufig Rollenspiele durchzuführen. Auch diese Einschätzungen fallen schulformspezifisch aus: So werden vor allem in den Sozialkundeunterricht der Gymnasiasten und der Gesamtschüler Rollenspiele, eigene Untersuchungen und Gruppenarbeit integriert.

c) Produktives Gestalten
Als dritte Möglichkeit, das politische Lernen von Schülern zu fördern, führt Klippert (1991, S. 13) das produktive Gestalten auf. Dabei stellen die Lernenden, so Breit (1998, S. 108), „etwas her, das in einem Zusammenhang mit Politik steht. Mit dem Produkt sollen sie nicht so sehr ihre Gestaltungsfähigkeit beweisen, sondern ihr Politikverständnis". Auch hier verweist Breit unter Rückgriff auf die Darstellungen von Unterrichtsbeobachtern auf den Spaß, den Eifer, die Leistungsbereitschaft und die Konzentration, mit der die Schüler an solche Aufgaben, wie zum Beispiel das Erstellen von Tabellen, Schaubildern und Tafelbildern, Flugblättern, Plakaten und Wandzeitungen, Reportagen, Hörspielen und Videos oder auch das Erstellen oder Bearbeiten von Arbeitsblättern herangehen. Gleichzeitig relativiert er diese positive Ein-

---

8   vgl. Fragekomplex 44 des Fragebogens (siehe Anhang)

schätzung jedoch kritisch, indem er zu bedenken gibt, dass solche Produkte nicht die Komplexität von Politik wiedergeben können.

Wie häufig die Schüler in ihrem Sozialkundeunterricht aktuelle Zeitungsberichte benutzen, die zu praktischem Gestalten, wie zum Beispiel eigene Artikel zu politischen Sachverhalten oder Fragestellungen zu verfassen, aber auch zu kontroversen Diskussionen anregen können[9], haben wir in unserer Studie erfasst. Die Ergebnisse zeigen, dass Zeitungsberichte (vor allem in Gesamtschulen) häufig im Sozialkundeunterricht verwendet werden. Fast zwei Drittel der Befragten geben an, das wäre manchmal oder oft der Fall.

Item[10]	nie (1)	selten (2)	manchmal (3)	oft (4)
Zeitungsberichte verwenden	12,2	24,4	35,8	27,6
	SEK	GES	GYM	BBS
n (Schüler) =	494	94	508	196
Schulformmittelwerte	2,67	3,53	2,88	2,47

Statistisch signifikant (p=.01) unterscheidet sich die Gesamtschule von allen anderen Schulformen und zusätzlich die Berufsschule vom Gymnasium.

Schaubild 7: Einsatz aktueller Zeitungsberichte im Sozialkundeunterricht in der Wahrnehmung von Schülern; Prozentangaben für Gesamt und Mittelwerte für unterschiedliche Schulformen

5.3 Methodenspektrum im Sozialkundeunterricht der einzelnen Klassen

Uns stellte sich nun die Frage, wie diese einzelnen Unterrichtsformen in der Wirklichkeit kombiniert werden. Es liegt nahe, sich der Vermutung Schieles (1998, S. 5) anzuschließen, der politische Unterricht werde selten rein traditionell, d.h. darbietend, oder ausschließlich handlungsorientiert gestaltet. Jedoch scheint die Auffassung, dass sich der Alltag politischen Unterrichtens durch Methodenvielfalt auszeichnet, zu überspitzt. Schiele (ebd., S. 8) spricht

---

9 Beispielhaft dafür ist das Projekt „Zeitung in der Schule" (Zisch), das im letzten Jahr in Schulen verschiedener Regionen Sachsen-Anhalts jeweils vier Monate lang durchgeführt wurde. Die Schüler lasen täglich in ihrer Schule die Mitteldeutsche Zeitung, recherchierten parallel dazu selbst in Unternehmen der Region und schrieben Artikel für die Zeitung.

10 vgl. Frage 43a des Fragebogens (siehe Anhang)

von einer noch zu großen „Eintönigkeit des politischen Unterrichts". Demnach sind der Lehrer und das Lehrbuch die dominierenden Größen des Unterrichts. Welche Ergebnisse lassen sich diesbezüglich auf der Basis unserer Schülerbefragung für den Sozialkundeunterricht in Sachsen-Anhalt festhalten?

Die Schülerwahrnehmungen zeigen, dass sich die Vielfalt in der Kombination dieser Methoden im Sozialkundeunterricht der einzelnen Klassen zum Teil erheblich unterscheidet. Um konkrete Aussagen über Sozialkunde in den Einzelklassen treffen zu können, haben wir deshalb die Urteile der Schüler pro Klasse aggregiert. Die Anzahl an untersuchten Einzelklassen[11] erlaubt es uns, Korrelationen zwischen den einzelnen Dimensionen handlungsorientierten und kontroversen Unterrichtens zu berechnen. Auf der Basis dieser Korrelationen kann geklärt werden, ob sich die politische Bildung im Sozialkundeunterricht durch Methodenvielfalt auszeichnet, d.h., ob in der politischen Bildung dogmatisch frontal unterrichtet wird oder die Methoden einmal stärker handlungsorientiert, ein andermal stärker darbietend und lehrerzentriert sind. Die folgende Tabelle gibt auf der Schülerbefragung basierende Hinweise:

	Darbietung	Diskussion	Partizipation	Meinungs-äußerung	Lebenswelt-orientierung	Kooperation
Diskussion	.202 ns					
Partizipation	.260*	.714**				
Meinungsäußerung	.379**	.648**	.672**			
Lebensweltorientierung	-.060 ns	.180 ns	.268*	-.174 ns		
Kooperation	.235*	.569**	.567**	.359**	.493**	
Zeitungseinsatz	-.156 ns	.476**	.438**	.476*	.333**	.378**

** - sehr signifikant (p = .01); * - signifikant (p = .05); ns – nicht signifikant

Schaubild 8: Zusammenhänge zwischen methodischen Dimensionen des Sozialkundeunterrichts auf aggregierter Klassenebene (n=75). Korrelationskoeffizienten

Auffallend sind starke Zusammenhänge zwischen Partizipation, Diskussion und Meinungsäußerung. Dieses Ergebnis weist auf eine Struktur im Merk-

---

11 Anzahl an untersuchten Einzelklassen: 75; 4 Sonderschulklassen wurden aus den Berechnungen ausgeschlossen, da sie nicht zu allen Dimensionen befragt wurden.

malsraum des Sozialkundeunterrichts in den Einzelklassen hin, die sich mit dem Stichwort „Praktizieren von Demokratie" beschreiben lässt.

Eng verbunden mit dem Praktizieren von Kontroversität und Meinungsfreiheit ist die Förderung sozialen Lernens in der Klasse durch kooperative Lernformen. Soziales Lernen ist demnach in jenen Klassen für das Lerngeschehen zusätzlich bestimmend, wo Probleme kontrovers diskutiert werden. Die Bedeutung dieser Methodenkohäsion hat Schiele (1998, S. 11) treffend formuliert: „Würde im politischen Unterricht vorwiegend individuell gelernt, könnten Probleme nicht gelöst werden und soziales Lernen bliebe auf der Strecke".

Synergien bestehen darüber hinaus zwischen den verschiedenen Formen handlungsorientierten Unterrichtens und dem Einsatz von aktuellen Zeitungsberichten.

Dass ein darbietender, lehrerzentrierter Sozialkundeunterricht durchaus auch Schülerpartizipation fördern kann, wenn gemeinsam mit den Schülern nach interessanten Unterrichtsinhalten gesucht wird, und auch die Kundgabe von kontroversen Schülermeinungen unterstützt, ist ein weiterer interessanter Befund der Untersuchung.

5.4 Ein Vergleich von Extremen – Klassen mit Methodenvielfalt bzw. Methodenmonotonie im Sozialkundeunterricht

Insgesamt zeigen diese Befunde, dass die politische Bildung in den einzelnen Klassen nicht dogmatisch durch eine Methode dominiert wird. Vielmehr machen die Ergebnisse auf interessante Zusammenhänge zwischen den einzelnen methodischen Merkmalen des Sozialkundeunterrichts aufmerksam. Und gerade diese Verknüpfungen sind für die weiteren Analysen interessant, denn unter Fachdidaktikern ist es einerseits unbestritten, „dass ein rein darbietender Unterricht, der additiv Wissen anhäuft, nicht zu den beschriebenen Zielen" (Schiele 1998, S. 5) politischer Bildung im Unterricht (vgl. Abschnitt 1) führen kann. Und andererseits ist das Reihen von Aktion an Aktion mit Schiele (ebd., S. 6) für die politische Bildung als kontraproduktiv zu charakterisieren. Wir haben uns deshalb auf die Suche nach Klassen begeben, in denen der Sozialkundeunterricht *a) methodisch vielfältig*, d.h. einmal stärker handlungs- und schülerorientiert und ein andermal mehr darbietend, lehrerzentriert, oder aber vielmehr *b) methodisch monoton*, d.h. dominant darbietend, lehrerzentriert und somit weniger ganzheitlich offen und schüleraktiv gestaltet wird. Auf dieser Suche lehnten wir uns an das methodische Vorgehen von Helmut Fend (1998, S. 117ff.) an, der in seinen Schulklimastudien auf der Basis von Trichotomisierungen Typen guter und belasteter Schulen identifiziert hat.

Wie wurden nun Klassen mit Methodenvielfalt und Klassen mit Methodenmonotonie im Sozialkundeunterricht definiert? Als Ausgangspunkt des Verfahrens dienten die beschriebenen Kriterien der methodischen Gestaltung des Politikunterrichts:

(1) Darbietender, lehrerzentrierter Sozialkundeunterricht
(2) Partizipativer, abwechslungsreicher Sozialkundeunterricht
(3) Lebensweltaufgreifender Sozialkundeunterricht
(4) Meinungsäußerung fördernder Sozialkundeunterricht
(5) Diskussionsorientierter Sozialkundeunterricht
(6) Kooperation betonender Sozialkundeunterricht
(7) Zeitungseinsatz im Sozialkundeunterricht

Für jedes dieser sieben Kriterien wurden die Einzelklassen in eine Rangfolge zunehmender Ausprägung gebracht. Dabei handelte es sich um jene 75 Klassen, die zu jedem dieser Kriterien befragt worden waren, d.h. 6 Gesamtschulklassen, 32 Sekundarschulklassen, 24 Gymnasialklassen und 13 Klassen Berufsbildender Schulen. Die Trichotomisierung der Klassen wurde folgendermaßen durchgeführt: Lag eine Klasse bei Kriterium (1) in der Rangfolge der zunehmenden Ausprägung im unteren Drittel, dann wurde ihr ein Plus zugewiesen. Befand sich eine Klasse im oberen Drittel, wurde dies mit einem Minus vermerkt[12]. Bei den Kriterien (2) bis (7) erfolgte die Zuweisung von Plus und Minus nach umgekehrter Vorschrift (ein Plus stand somit für eine starke Ausprägung des entsprechenden Kriteriums). Das mittlere Drittel wurde nicht gesondert gekennzeichnet.

Da die Reihung der Einzelklassen auf den sieben Kriterien nicht konsistent ausfiel (nur einer Klasse wurde bei allen Kriterien ein Plus zugewiesen), entschieden wir uns für folgende Vorschrift zur Bezeichnung der Klassen: Eine Klasse wurde dann als *„Klasse mit Methodenvielfalt"* (im Sozialkundeunterricht) bezeichnet, wenn ihr entweder mindestens fünfmal ein Plus und maximal ein Minus oder viermal ein Plus und kein Minus zugewiesen worden war. Das Attribut *„Klasse mit Methodenmonotonie"* (im Sozialkundeunterricht) wurde vergeben, wenn der Klasse entweder mindestens fünfmal ein Minus und maximal ein Plus oder viermal ein Minus und kein Plus zugewiesen worden war. Diese Extremgruppenbildung führte zur Identifizierung von

---

12 Der darbietende Unterricht findet in allen Einzelklassen häufig statt. Der von den Klassen belegte Wertebereich der Skala hat ein Minimum von 2,50 und ein Maximum von 4,00. Somit war bei diesem Kriterium von vornherein nicht mit sehr starken Mittelwertunterschieden zwischen den zu definierenden Klassen zu rechnen. Wichtig für die Definition der Klassen ist jedoch das Verhältnis von darbietendem und handlungsorientiertem Unterricht.

15 Klassen mit Methodenvielfalt und 15 Klassen mit Methodenmonotonie, das sind jeweils 20 Prozent der Klassen[13].

Klassen mit Methodenvielfalt

8b Sekundarschule C	9a Gymnasium C	8/1 Gymnasium E
8b Sekundarschule E	9c Gymnasium C	8/3 Gymnasium E
8a Sekundarschule F	11a Gymnasium C	11/3 Gymnasium E
11a Gymnasium A	11a Gymnasium D	11/2 Gesamtschule A
11b Gymnasium A	11c Gymnasium D	FG 99a Berufsbld. Schule A

Klassen mit Methodenmonotonie

9a Sekundarschule A	9a Sekundarschule D	8a Sekundarschule H
9b Sekundarschule A	9c Sekundarschule D	8b Gymnasium D
8a Sekundarschule B	9R1 Sekundarschule E	SKB 99 Berufsbld. Schule A
8b Sekundarschule B	8a Sekundarschule G	FA 99 Berufsbld. Schule A
9a Sekundarschule B	9a Sekundarschule G	FB 99 Berufsbld. Schule A

Schaubild 9: Einzelklassen mit Methodenvielfalt bzw. –monotonie

In der Aufstellung sind die so definierten Klassen mit jeweils codiertem Schulnamen aufgelistet. Auffällig ist, dass Gymnasialklassen der höheren Jahrgangsstufen in der Gruppe der Klassen mit Methodenvielfalt und Sekundarschulklassen in der Gruppe der Klassen mit Methodenmonotonie überrepräsentiert sind. Diese zweidimensionale Spezifik lies sich varianzanalytisch (Faktoren: Schulform Gymnasium, Klassenstufe; VA: 56,8%) absichern. Wir möchten sie vorsichtig als Indiz für eine schülerorientierte Abstimmung der Methoden im Politikunterricht interpretieren. Basis dieser schülerorientierten Abstimmung könnte, so unsere Hypothese, zum einen die Analyse der kommunikativen Kompetenz (Diskursfähigkeit; moralisches Urteilsvermögen nach Kohlberg (1974)) und der kognitiven Entwicklung (logisches Denkvermögen) der Schüler sein. Denn politischer Unterricht, in dem reales oder simulatives Handeln sowie produktives Gestalten neben reiner Stoffdarbietung praktiziert wird, soll dazu führen, dass die Schüler „durch Nachdenken über politische Sachverhalte eine eigene politische Handlungsorientierung" (Schiele 1998, S. IX) gewinnen. Und diesem Ziel ist das Üben des politischen Urteils an Ernstfragen des öffentlichen (politischen) Lebens immanent, das bestimmte Kompetenzen der Urteilsbildung und Argumentationsführung verlangt und voraussetzt, deren Ausprägung in die didaktische Analyse mit einbezogen werden muss (vgl. Reinhardt 1980).

---

13 Das gleiche n der per Zuordnungsvorschrift identifizierten modernen und traditionellen Klassen ergab sich zufällig.

Ob die Entwicklung dieser Kompetenzen tatsächlich in direktem Zusammenhang zum reflektierten kritischen politischen Bewusstsein, d.h. sozialen und politischen Urteilsvermögen (vgl. Grammes 1997, S. 50), als Zieldimension des Politikunterrichts steht, wird in der Literatur wie folgt diskutiert: Die Suche nach einem zwanglosen Konsens stellt als metakommunikative Verständigungsform höchste Kompetenzanforderungen an die Schüler als Teilnehmer der kontroversen Diskussion. Zum einen verlangt sie die Fähigkeit zum flexiblen und zugleich prinzipiengeleiteten Rollenhandeln und zum anderen auch die Fähigkeit, in kompetenter Weise über Geltungsansprüche verhandeln zu können (vgl. Tillmann 1991, S. 217). Mit steigendem Alter der Schüler werden die Bedingungen für Kontroversität im Sozialkundeunterricht immer günstiger, denn es nimmt nicht nur ihre Diskursfähigkeit zu, sondern auch ihre Argumentationen werden komplexer, wie Tillmann (1991, S. 218) in Anlehnung an Kohlberg (1978) am Beispiel moralischer Probleme zeigt. Dass nun ein reflektiertes kritisches politisches Bewusstsein in keinem signifikanten Zusammenhang zur kognitiven Sozialisation, d.h. zur Entwicklung des logischen Denkvermögens, steht, konnte van Ijzendoorn (1979) in einer empirischen Studie nachweisen. Gleichzeitig fand er jedoch empirische Belege dafür, dass „das Niveau moralischen Urteilens tatsächlich linear positiv mit politischem Bewußtsein zusammenhängt in dem Sinne, daß höhere Moralitätsstufen mit einem kritischeren politischen Bewußtsein korrespondieren" (ebd. S. 547 ff., zit. in Grammes 1997, S. 51).

Die Spezifik der Überrepräsentanz von Gymnasialklassen der höheren Jahrgangsstufen in der Gruppe der Klassen mit Methodenvielfalt im Sozialkundeunterricht könnte also damit erklärt werden, dass die Sozialkundelehrer, wie Reinhardt (1997a, S. 52) es fordert, die Ausprägung dieser Kompetenzen in die Bedingungsanalyse für ihren Unterricht mit einbeziehen und auf der Basis dieser als auch inhaltlicher Kriterien zu Entscheidungen über die methodische Unterrichtsgestaltung gelangen. Für die Generierung der Spezifik sind zusätzlich aber auch schulformspezifische Schulklimabesonderheiten als Ursache plausibel. Denn essentielle Ausgangsbedingungen für kontroversen und handlungsorientierten Politikunterricht sind sowohl ein geringer Konformitätsdruck als auch ausreichende schülerseitige Selbstbestimmungs- und Entfaltungsspielräume. Diese Bedingungen sind, wie unsere Untersuchung ebenfalls belegt, an Gymnasien stärker ausgeprägt als zum Beispiel an Sekundarschulen (vgl. Schmidt, Kap. 4 in diesem Band).

5.5 Phänomenologische Beschreibung der Klassen mit Methodenvielfalt und Methodenmonotonie

Im Folgenden sollen die Kernelemente von Klassen mit Methodenvielfalt und Klassen mit Methodenmonotonie im Sozialkundeunterricht herausgearbeitet werden. Dazu begeben wir uns auf die Ebene der konkreten Aussagen der Schüler, d.h. also die Einzelitems. Wir verfeinern somit die Beschreibung, indem die Kriterien, die zu ihrer Definition führten, zur phänomenologischen Anreicherung des Bildes dieser Klassen herangezogen werden. Dazu betrachten wir die Ausprägung der jeweiligen Einzelitems einer Skala in den Gruppen. Die Ergebnisse sind in dem folgenden Schaubild 10 zusammengefasst.

Prozentwerte	KMV	KMM
Darbietung: manchmal bis oft		
- Lehrer redet und stellt Fragen, einzelne Schüler antworten	93	70
- Schüler sitzen und hören zu, der Lehrer redet	78	75
Partizipation: manchmal bis oft		
- Schüler dürfen mitentscheiden, wie der SKU abläuft	55	17
- Lehrer gestalten den SKU abwechslungsreich	72	32
- Lehrer gehen im SKU auf unsere Fragen ein	91	64
Lebensweltorientierung: einmal bis öfters im Schuljahr		
- Projektunterricht	80	27
- Exkursion durchführen	40	17
- außerhalb Schule Orte zum Lernen aufsuchen	35	15
- Teilnahme von Experten am Unterricht	42	27
- Zukunftswerkstatt oder Szenario-Technik	10	9
Förderung von Meinungsäußerung: manchmal bis oft		
- Lehrer achten Meinung und ermutigen, diese zu äußern	92	65
- Schüler können von Mitschülern abweichende Meinung sagen	93	75
- Schüler können von Lehrer abweichende Meinung sagen	89	75
Diskussion: manchmal bis oft		
- Streitgespräche (Pro-Contra-Diskussionen, Debatten)	77	27
- untersuchen Fälle, Konflikte, Probleme, beurteilen Sichtweisen	88	50
- Diskussionen, die von einem Schüler geleitet werden	78	30
- Phasen, in denen Neues gelernt, wechseln mit Diskussionen	76	37
- Lehrer und Schüler diskutieren gemeinsam	88	55
Kooperation: manchmal bis oft		
- Schüler arbeiten in Gruppen	79	10
- Schüler führen eigene Untersuchungen durch	40	13
- Rollenspiele	35	5
Zeitungseinsatz: manchmal bis oft	86	45

Schaubild 10: Unterrichtsmethoden in Klassen mit Methodenvielfalt (KMV) und Klassen mit Methodenmonotonie (KMM)

Zum darbietenden, lehrerzentrierten Sozialkundeunterricht:
Welchen Stellenwert haben Formen des darbietenden und lehrerzentrierten
Unterrichtens im Politikunterricht von Klassen mit Methodenvielfalt bzw.
Methodenmonotonie? Die Rangfolge in der Abbildung 9 verdeutlicht einen
nicht unerheblichen Unterschied zwischen den Gruppen von Klassen bei der
Abfrage von Wissen, während die reine Stoffvermittlung in Form von Leh-
rervorträgen in beiden Gruppen nahezu gleich häufig stattfindet. Überraschend erscheint der Befund, dass die Wissensabfrage in Klassen mit Methodenvielfalt im Sozialkundeunterricht einen überdurchschnittlich großen Platz
im Unterrichtsgeschehen einnimmt. Diese Spezifik möchten wir wie folgt erklären: Handlungsorientierung hat nicht puren Aktionismus zum Ziel, sondern u.a. die Anreicherung von politischen Kenntnissen in einem abwechslungsreichen, Lernmotivation erzeugenden Unterricht. Sie stellt eine alternative Form der Wissensvermittlung dar. Im handlungsorientierten Unterricht
ist dabei die Lehrerrolle eine andere. „Der Lehrer wird eher zum Lern-Berater,
der Hilfen zum selbstgesteuerten Lernen bereitstellt" (Schiele 1998, S. 6).
Greift der Lehrer sequenziell in diesen Prozess ein, um die Effektivität des
selbstgesteuerten Lernens durch die Überprüfung der gewonnenen Kenntnisse zu sichern, so ist die Wahrnehmung dieser Wissensabfrage für die Schüler
u.U. sehr viel intensiver als in einem methodisch monotonem Unterricht, in
dem die Aktivitäten des Lehrers generell dominieren.

Zum partizipativen, abwechslungsreichen Sozialkundeunterricht:
Welche Aussagen zu Partizipation und Abwechslungsreichtum im Sozialkundeunterricht unterscheiden am stärksten Klassen mit Methodenvielfalt
von Klassen mit Methodenmonotonie? Zunächst einmal ist festzuhalten, dass
die einzelnen Facetten dieser handlungsorientierten Unterrichtsform sehr un-
terschiedsträchtige Merkmale dieser Klassentypen darstellen. Dabei differenziert die Wahrnehmung regelmäßig eingeräumter Mitbestimmungsmöglichkeiten über die Unterrichtsgestaltung erwartungsgemäß am stärksten. Schüler
in Klassen mit methodisch vielfältigem Sozialkundeunterricht berichten jedoch nicht nur eine stärkere Ausprägung dieser Mitbestimmungsmöglichkeiten. Gleichzeitig überwiegt unter ihnen auch die Wahrnehmung von unter-
richtlichem Abwechslungsreichtum. Zusätzlich fühlen sie sich bei auftretenden Fragen vom Sozialkundelehrer stärker berücksichtigt als Schüler in Klassen der Kontrastgruppe.

Zum lebensweltaufgreifenden Sozialkundeunterricht:
Aktionen und Erkundungen, die aus dem normalen Unterricht im Klassenzimmer oder zum Teil sogar aus der Schule herausführen und den Schülern
die (politische) Lebenswirklichkeit ein Stück näherbringen, werden, darauf
haben wir bereits verwiesen, ausgesprochen unzureichend in den Schuljah-
resalltag integriert. Dieses Ergebnis gewinnt an zusätzlicher Brisanz, kontras-

tiert man die Ausprägung der einzelnen lebensweltbezogenen Unterrichtsformen in den unterschiedlichen Klassengruppen.

Die Inhaltsanalyse der am stärksten und am schwächsten trennenden Aussagen zu diesen Unterrichtsformen führt zu der Übereinstimmung, dass die Zukunftswerkstatt nicht durchgeführt und die Szenario-Technik im Sozialkundeunterricht beider Gruppen von Klassen nicht genutzt wird. Dieses Ergebnis ist um so kritischer zu reflektieren, führt man sich Berichte vor Augen, wonach Schüler in einem solchen Unterricht „oftmals eine erstaunliche Arbeits- und Leistungsbereitschaft" (Breit 1998, S. 108) zeigen, gerade also diese Unterrichtsmethode die motivationale Basis für schülerseitige Lernerfolge in Sozialkunde bietet.

Deutliche Unterschiede zwischen Klassen mit Methodenvielfalt und Klassen mit Methodenmonotonie im Sozialkundeunterricht zeigen sich bei der Teilnahme von Experten am Unterricht und der Durchführung von Exkursionen sowie anderer, den Unterricht aus der Schule heraus verlagernder Aktivitäten, deren Ausprägung in der ersten Gruppe jeweils positiver ausfällt. Der Hauptakzent der Unterschiede wird jedoch in der Häufigkeit der Durchführung politikbezogener Projekttage oder –wochen sichtbar: Während Projekte in Klassen mit methodisch vielfältigem Sozialkundeunterricht mindestens einmal im Schuljahr stattfinden, bleiben sie den anderen Klassen nahezu vorenthalten.

Zum Meinungsäußerung fördernden Sozialkundeunterricht:
Wie wir beschrieben haben, gingen auch die Einschätzungen der Schüler zur Möglichkeit der freien Meinungsäußerung definitorisch in die Identifizierung von Klassen mit Methodenvielfalt bzw. Methodenmonotonie im Sozialkundeunterricht ein. Die dabei am stärksten differenzierende Aussage bezieht sich darauf, dass der Sozialkundelehrer die Schüler zur Meinungsäußerung motiviert. Diese Aussage wird von Schülern in Klassen mit Methodenvielfalt einheitlicher zustimmend bewertet. Etwas weniger, aber ähnlich charakteristisch differenzieren die Schülermeinungen in beiden Gruppen von Klassen bezüglich der Möglichkeit, von den anderen Unterrichtsbeteiligten abweichende Meinungen äußern zu können.

Zum diskussionsorientierten Sozialkundeunterricht:
Besonders aufschlussreich für die Identifizierung charakteristischer Merkmale der Klassengruppen ist die Analyse der Schülerwahrnehmung über die Kontroversität im Sozialkundeunterricht. Den deutlichsten Gruppenunterschied erzeugen die Schülerwahrnehmungen zu Pro-Contra-Diskussionen und Debatten. Häufig initiierte politische Streitgespräche sind offensichtlich ein Merkmal von Klassen mit methodisch vielfältigem Sozialkundeunterricht. Gleich danach schließt sich mit gleich gelagerter Spezifik in der Rangfolge abnehmender Häufigkeit die Fall-, Konflikt- und Problemanalyse an. Auf einen Politikunterricht mit Methodenvielfalt weisen darüber hinaus

vergleichsweise häufiger initiierte, verschiedenartigste Diskussionsformen hin.

Zum Kooperation betonenden Sozialkundeunterricht:
Als trennscharfe Merkmale von Klassen mit Methodenvielfalt und Methodenmonotonie erweisen sich zusätzlich die verschiedenen praktizierbaren Formen von Schülerkooperation. Markant hebt sich dabei das Ergebnis hervor, dass politische Sachverhalte den Schüleräußerungen zu Folge fast ausschließlich in Klassen mit Methodenvielfalt in Schülerarbeitsgruppen erörtert werden. In den anderen Klassen überwiegt demgegenüber die Schülerwahrnehmung von nur selten oder nie stattfindenden Rollenspielen und einem Mangel an Gelegenheiten, eigene Untersuchungen durchzuführen.

Zum Zeitungseinsatz im Sozialkundeunterricht:
Indikativ für den Sozialkundeunterricht moderner Klassen ist zusätzlich auch die überdurchschnittlich häufige Verwendung von aktuellen Zeitungsberichten.

5.6 Strahlt die methodische Gestaltung des Sozialkundeunterrichts auf seine Wirksamkeit aus?

Wie wir einleitend bereits dargelegt haben, besteht das Ziel der politischen Bildung im Sozialkundeunterricht darin, zur Mündigkeit und demokratischen Handlungsfähigkeit der Heranwachsenden beizutragen. Indikatoren für Mündigkeit und Demokratiefähigkeit sind mit Ackermann (1998, S. 21): politisches Verständnis, politisches Interesse, soziales Vertrauen und Partizipationsbereitschaft. Becker/Herkommer/Bergmann (1967, S. 30) führen als ein weiteres wichtiges Kriterium der Wirksamkeit die Aufgeschlossenheit der Schüler gegenüber dem Sozialkundeunterricht an. In Abhängigkeit von dieser Aufgeschlossenheit „sind Hinweise zu erwarten, in welchem Maß und unter welchen Bedingungen er die Schüler überhaupt anzusprechen vermag" (ebd., S. 30). Andersherum sollte ein guter Sozialkundeunterricht die Schüler von der Wichtigkeit und Bedeutung des Faches und somit der politischen Bildung überzeugen können. Das primäre Kriterium der Wirksamkeit politischer Bildung bezieht sich jedoch auf ihr zentrales Ziel, die Förderung und Entwicklung schülerseitiger Einsichten und Einstellungen, die an den Prinzipien der Demokratie orientiert sind (vgl. Becker/Herkommer/Bergmann 1967, S. 84ff.), es lautet also: demokratische Einsichten und Einstellungen.

Wir sind in unseren weiteren Analysen der Frage nachgegangen, ob die methodische Gestaltung des Sozialkundeunterrichts auf diese Wirksamkeitsindikatoren ausstrahlt, ob sich also in Klassen mit methodisch vielfältigem

Sozialkundeunterricht die Informiertheit, das politische Interesse, das soziale Vertrauen, die Partizipationsbereitschaft, die Aufgeschlossenheit gegenüber dem Sozialkundeunterricht und die demokratischen Einstellungen anders ausformen als in Klassen mit Methodenmonotonie im Sozialkundeunterricht. Für die zielorientierte Beurteilung des Sozialkundeunterrichts sowie für die Einschätzung der Effektivität von praktizierter Handlungsorientierung und Kontroversität in den beiden Gruppen von Klassen ist diese Frage von entscheidender Bedeutung. Vor diesem Hintergrund werden im Folgenden die Ausprägungen der Wirksamkeitsindikatoren in den Gruppen kontrastiert. Basis dieser Kontrastierungen sind einfaktorielle Varianzanalysen über die jeweiligen Einzelitems der Indikatoren sowie die entsprechenden z-Wert-Profile[14].

a) Politisches Verständnis in Klassen mit Methodenvielfalt und Methodenmonotonie

Das politische Verständnis der Schüler meint deren Kenntnis der Institutionen, Gesetze und politischen Verfahren. Dieses Merkmal haben wir ausschnitthaft am Beispiel der folgenden drei Fragen[15] erfasst:

- In einer Demokratie ist die wichtigste Funktion von Wahlen?
(Antwortvorgaben: Das Interesse der Bürger/innen an der Regierung zu steigern; Einen gewaltfreien Wechsel der Regierung zu ermöglichen; Im Land bestehende Gesetze beizubehalten; Den Armen mehr Macht zu geben)

- Wer sollte in einer Demokratie das Land regieren?
(Antwortvorgaben: Moralische oder religiöse Führer; Eine kleine Gruppe gebildeter Personen; Von allen gewählte Abgeordnete; Experten für Regierungsaufgaben und politische Angelegenheiten)

- Wenn alle Parteien zusammen die Regierung bilden würden, was wäre dann der schlimmere Nachteil für die Demokratie?
(Antwortvorgaben: Dass im Parlament nicht mehr so viel Kritik an der Arbeit der Regierung geübt würde; Dass es innerhalb der Regierung ständig zu Streitereien und Zank zwischen den Angehörigen der einzelnen Parteien käme)

Als zusätzliches Kriterium der Wirksamkeit des Sozialkundeunterrichts als Wissensvermittler zogen wir die Einschätzung der Schüler heran, inwieweit dieser Unterricht die Wurzel ihrer politischen Kenntnisse sei.

---

14 Diese z-Werte repräsentieren standardisierte Mittelwerte mit dem Gesamtmittelwert von Null und einer definierten Abweichung. Die Prozentsumme aufgeklärter Unterschiede (%SSQ) gibt Auskunft über die jeweilige Bedeutsamkeit der Unterschiede. Hohe Werte stehen für eine starke Ausprägung des entsprechenden Merkmals.
15 vgl. Fragen 8, 12, 14 des Fragebogens (siehe Anhang)

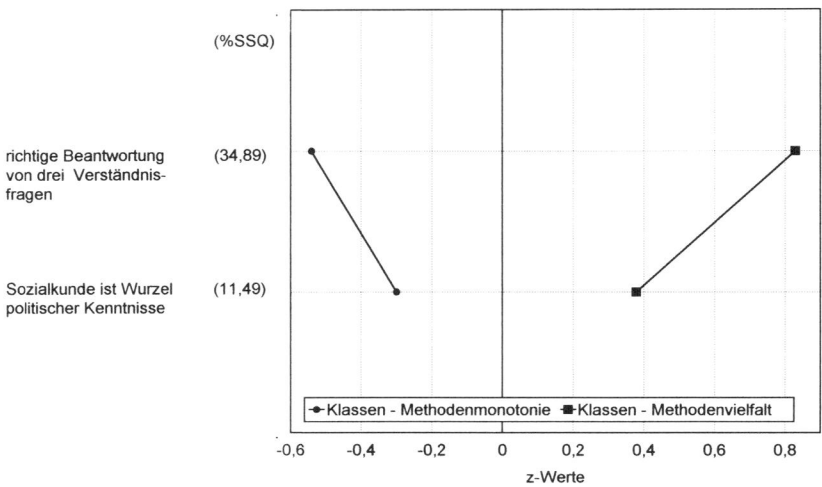

Schaubild 11: Politisches Verständnis der Schüler und Sozialkunde als Wurzel ihrer politischen Kenntnisse in den Klassengruppen; n=15/15, standardisierte Mittelwerte

In der Abbildung sind die standardisierten, mittleren Werte dieser Einschätzung sowie der Beantwortung der Verständnisfragen in den Klassengruppen kontrastiert. Das Ergebnis ist überraschend deutlich: Tatsächlich liegt die richtige Beantwortung der Verständnisfragen in Klassen mit methodisch vielfältigem Sozialkundeunterricht über der in Klassen mit Methodenmonotonie (35 Prozent Varianzaufklärung!), in denen zusätzlich ein geringerer Schüleranteil aussagt, der Sozialkundeunterricht sei die Wurzel ihrer politischen Kenntnisse. Entsprechende Tests belegen dabei, dass es sich bei diesen Unterschieden tatsächlich um Effekte der Methode und nicht der Jahrgangsstufe oder der besuchten Schulform der Schüler handelt.

b) Politisches Interesse in Klassen mit Methodenvielfalt
   und Methodenmonotonie
Das politische Interesse, Grundlage für die politische Informiertheit (vgl. Ackermann 1998, S. 21), drückt sich zum einen in dem geäußerten Interesse an Politik aus. Zum anderen kommt es jedoch auch in der Kommunikation und Reflexion über politische Sachverhalte und Vorgänge zum Ausdruck. Aus den Daten leitet sich zunächst das Ergebnis ab, dass ein methodisch vielfältig gestalteter Sozialkundeunterricht, der also einmal darbietend und ein andermal stärker handlungsorientiert und kontrovers orientiert ist, zwar nicht in entscheidendem aber dennoch bedeutendem Maß (8 Prozent Varianzaufklärung) zur Steigerung des politischen Interesses der Schüler beitragen kann.

Der Unterricht in diesen Klassen scheint darüber hinaus sogar das Potenzial zu haben, Schüler zu Kommunikation über Politik bis hinein in den Freizeitbereich zu animieren.

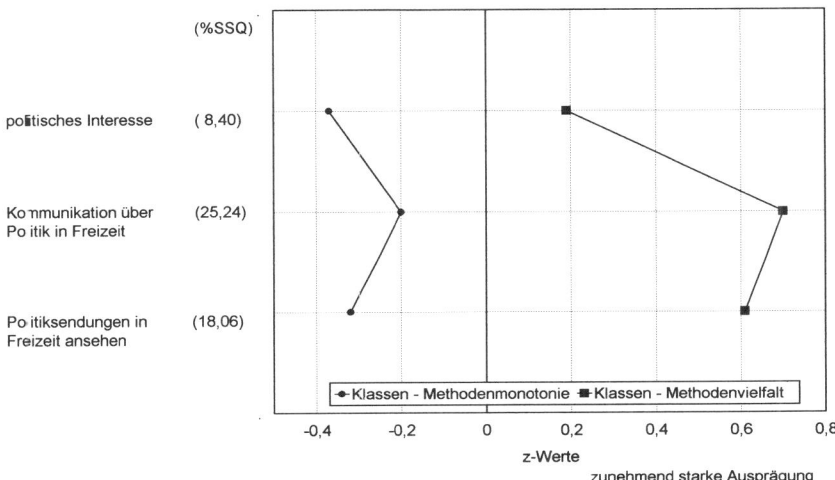

Schaubild 12: Politisches Interesse[16] der Schüler in den Klassengruppen; n=15/15, standardisierte Mittelwerte

Mehrfaktorielle Varianzanalysen zeigen jedoch, dass es sich bei den Ergebnissen um Schulformunterschiede und nicht um Wirkungen des Unterrichts handelt. Dieses Ergebnis halten wir für plausibel, denn in dieser Gruppe von Klassen mit methodisch vielfältigem Sozialkundeunterricht sind Gymnasialklassen überrepräsentiert. Und wie aus der einschlägigen Literatur bekannt ist (vgl. schon Becker/Herkommer/Bergmann 1967, S. 55), interessieren sich Heranwachsende mit höherer Schulbildung stärker für Politik. Ein tatsächlicher schulformunabhängiger Unterschied zwischen den beiden Gruppen von Klassen besteht jedoch in dem Interesse für Politiksendungen im Fernsehen. Dieser Indikator des politischen Interesses ist in Klassen mit Methodenvielfalt deutlich stärker ausgeprägt.

c) Soziales Vertrauen in Klassen mit Methodenvielfalt
und Methodenmonotonie
Mit sozialem Vertrauen, einem Indikator demokratischer Einstellungen, sind Offenheit und Toleranz gemeint. Diese wurden mit Merkmalen, wie Offenheit für fremde Menschen, Offenheit für fremde Ideen und individuelle Bedeutsamkeit von Kompromissbereitschaft, Gleichberechtigung und Gerechtigkeit operationalisiert. Varianzanalytische Tests zeigen, dass die methodi-

---

16 vgl. Fragen 1, 69r, v im Fragebogen (siehe Anhang)

sche Gestaltung des Sozialkundeunterrichts keinen erzieherischen Einfluss auf den schülerseitigen Grad an Offenheit und Toleranz hat. Die Mittelwerte der entsprechenden Variablen unterscheiden sich zwischen Klassen mit Methodenvielfalt und Klassen mit Methodenmonotonie nicht signifikant voneinander. Hier stößt der handlungsorientierte und kontroverse Unterricht offensichtlich an seine Grenzen. Er vermag es nicht, als Einzelfaktor direkt bis hinein in das soziale Vertrauen der Schüler zu wirken.

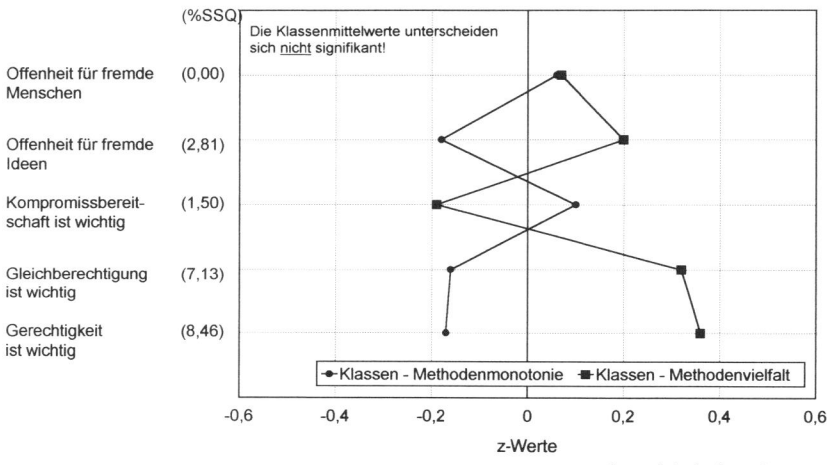

Schaubild 13:   Soziales Vertrauen[17] der Schüler in den Klassengruppen; n=15/15, standardisierte Mittelwerte

d) Politische Beteiligungsbereitschaft in Klassen mit Methodenvielfalt und Methodenmonotonie

Ob es im politischen Unterricht gelingt, den Schülern zu verdeutlichen, dass ihre eigene politische Beteiligung sinnvoll und erfolgversprechend ist, ist eine weitere Prämisse der Wirksamkeit politischer Bildung. Mit zunehmendem Glauben an den eigenen Einfluss geht eine steigende politische Beteiligungsbereitschaft einher (vgl. Ackermann 1998, S. 21). Diese Bereitschaft wurde in unserer Studie ohne Anspruch auf Vollständigkeit in den folgenden Bereichen erfasst (vgl. auch Kapitel 2):

(a) Teilnahme an unkonventionellen Aktionen (Wahl einer extremen Partei, Teilnahme an einer nicht genehmigten Demonstration, Hausbesetzung, Teilnahme an einem wilden Streik)

(b) sich an die Öffentlichkeit richten (Briefe an Politiker schreiben, aktive Teilnahme an öffentlichen Diskussionen, Briefe an Medien schreiben)

---

17   vgl. Fragekomplexe 18 und 20 im Fragebogen (siehe Anhang)

(c) Mitwirkung in politischen Gruppierungen oder Parteien (ein politisches Amt übernehmen, in eine Partei eintreten, in einer politischen Gruppierung mitmachen)

(d) Teilnahme an öffentlichen, legalen Aktionen (Beteiligung an einer Unterschriftenaktion, Teilnahme an einer genehmigten politischen Demonstration, Teilnahme an einem gewerkschaftlich beschlossenen Streik)

(e) Teilnahme an Wahlen

Welche Rolle spielt bei der Förderung der politischen Beteiligungsbereitschaft in diesen Bereichen die Art und Weise, wie der Unterricht gestaltet wird, d.h. unterscheiden sich diesbezüglich die Schülereinstellungen in Klassen mit methodisch vielfältigem von denen in Klassen mit methodisch monotonem Sozialkundeunterricht? Die Ergebnisse belegen sowohl Förderungschancen als auch offensichtliche Grenzen der Auswirkungen der methodischen Gestaltung des Sozialkundeunterrichts, der Art und Weise also, Darbietung, Handlungsorientierung und Kontroversität je nach fachlichen Inhalten zu kombinieren. Sowohl die Wahlbereitschaft als auch die in Betracht gezogene Möglichkeit, an unkonventionellen, zum Teil auch illegalen politischen Aktionen teilzunehmen, sind in den beiden Gruppen von Klassen nicht signifikant unterschiedlich ausgeprägt.

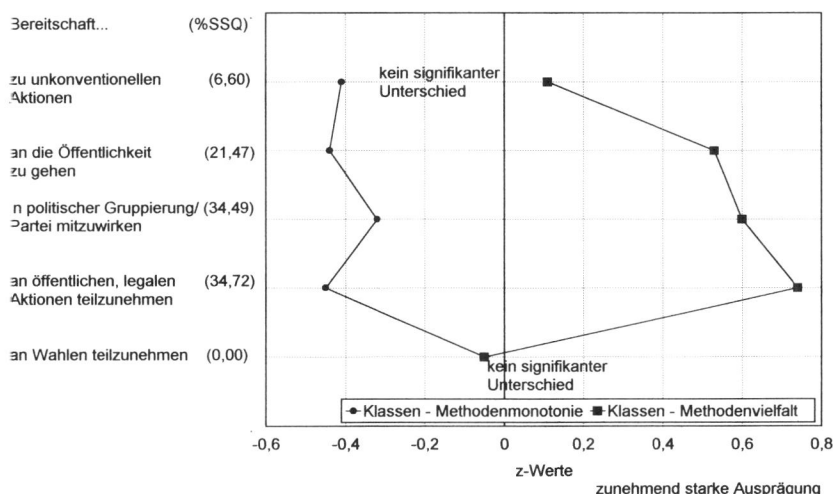

Schaubild 14: Politische Beteiligungsbereitschaft[18] der Schüler in den Klassengruppen; n=15/15, standardisierte Mittelwerte

18   vgl. Fragekomplex 2 im Fragebogen (siehe Anhang)

Äußerst sichtbare Unterschiede bestehen jedoch in den anderen Bereichen politischer Partizipation. So ist in den Klassen mit ganzheitlichem und offenem schüleraktiven Sozialkundeunterricht die Bereitschaft, sich politisch motiviert an die Öffentlichkeit zu richten und insbesondere sich politisch zu organisieren bzw. an öffentlichen, legalen Aktionen teilzunehmen, deutlich stärker ausgeprägt als in der Kontrastgruppe. In diesen Bereichen vermag es also ein Sozialkundeunterricht, der das Ziel verfolgt, Handlungsdispositionen und politische Interventionsfähigkeit vorzubereiten, die Schüler tatsächlich in gewissem Maße zum politischen Engagement zu ermuntern.

e) Aufgeschlossenheit gegenüber dem Sozialkundeunterricht in Klassen mit Methodenvielfalt und Methodenmonotonie

Eine essenzielle Bedingung für das Wirksamwerden der politischen Bildung im Sozialkundeunterricht ist die Aufgeschlossenheit der Schüler gegenüber dem Fach an sich. Mit Becker/Herkommer/Bergmann (1967, S. 30) „kann von dieser Einstellung nicht unmittelbar auf den Erfolg geschlossen werden, (...), aber es sind Hinweise zu erwarten, in welchem Maß und unter welchen Bedingungen er die Schüler überhaupt anzusprechen vermag". Im Folgenden soll es jedoch nicht um die Deskription dieser Aufgeschlossenheit, sondern vielmehr um die Frage gehen, ob sich die Einstellungen der Schüler gegenüber dem Sozialkundeunterricht in den zwei Gruppen von Klassen verschieden ausformen. Diese Einstellungen haben wir zweidimensional erfasst, zum einen über die Zufriedenheit mit dem Fach und zum anderen über die Einschätzung, ob Sozialkunde zu den persönlichen Lieblingsfächern gehört.

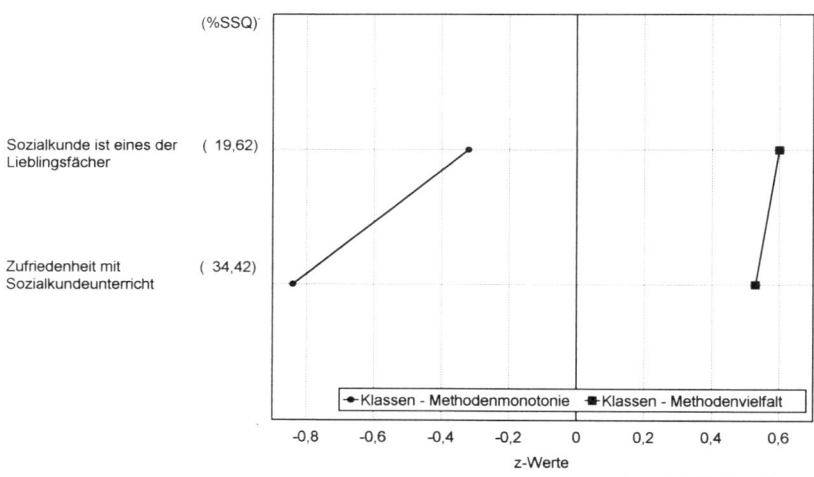

Schaubild 15: Aufgeschlossenheit der Schüler gegenüber dem Sozialkundeunterricht in den Klassengruppen; n=15/15, standardisierte Mittelwerte

Die signifikanten Mittelwertunterschiede in der Abbildung belegen, dass die methodische Ausrichtung des Unterrichts tatsächlich einen nicht unerheblichen Einfluss auf die Aufgeschlossenheit der Schüler gegenüber dem Fach Sozialkunde hat. Ein methodisch vielfältiger Sozialkundeunterricht spiegelt sich insbesondere in einer entsprechend starken Zufriedenheit mit dem Fach wieder und bietet somit gute Chancen für das Wirksamwerden der politischen Bildung. Zusätzlich befördert er die Beliebtheit dieses Faches.

f) Demokratische Einstellungen in Klassen mit Methodenvielfalt und Methodenmonotonie

Der wesentlichste Gradmesser der Bedeutung von Methodenvielfalt für eine erfolgreiche politische Bildung im Sozialkundeunterricht ist in den Wirkungen auf die demokratischen Einstellungen der Schüler zu sehen, denn die Beförderung dieser Einsichten wird als die zentrale Absicht des Sozialkundeunterrichts definiert. Abschließend soll deshalb geprüft werden, ob in Klassen mit methodisch vielfältigem und in Klassen mit demgegenüber monotonem Sozialkundeunterricht das Verständnis der demokratischen Ordnung in unterschiedlichem Maß angelegt und vorbereitet wird. In diese Prüfung gingen ohne Anspruch auf vollständige Erfassung aller Schülereinstellungen zur Demokratie folgende Dimensionen der Bewertungen grundlegender Normen politischen Handelns ein:

(a) Einstellungen zu staatlichen Repressionsmaßnahmen (Befürwortung der Einführung der Todesstrafe, Befürworten des harten Durchgreifens der Polizei)
(b) Positive Einstellungen zu grundlegenden Bürgerrechten (Demonstrationsrecht, Meinungsfreiheit, Recht auf organisierte Opposition)
(c) Konfliktbewusstsein (Einstellungen zur Legitimität von Interessenkonflikten)
(d) Befürwortung der gewaltfreien Regelung sozialer Konflikte

Eine zunächst einfaktoriell angelegte Varianzanalyse führt zu dem Indiz, positive Einstellungen zu grundlegenden Bürgerrechten könnten durch einen methodisch vielfältig gestalteten Sozialkundeunterricht befördert werden. Ein entsprechender Test mit der Kontrollvariable Schulform zeigt jedoch, dass es sich bei dieser stärkeren Befürwortung nicht um Wirkungen der Unterrichtsmethode, sondern vielmehr des mit der besuchten Schulform gemessenen formalen Bildungsniveaus der Schüler handelt. Dieser Befund gliedert sich in die weiteren Ergebnisse der Analyse ein, wonach auch die untersuchten Schülereinstellungen zu staatlichen Repressionsmaßnahmen, zur Befürwortung der gewaltfreien Regelung sozialer Konflikte und der Legitimität von Interessenkonflikten nicht direkt mit der methodischen Gestaltung des Unterrichts zusammenhängen.

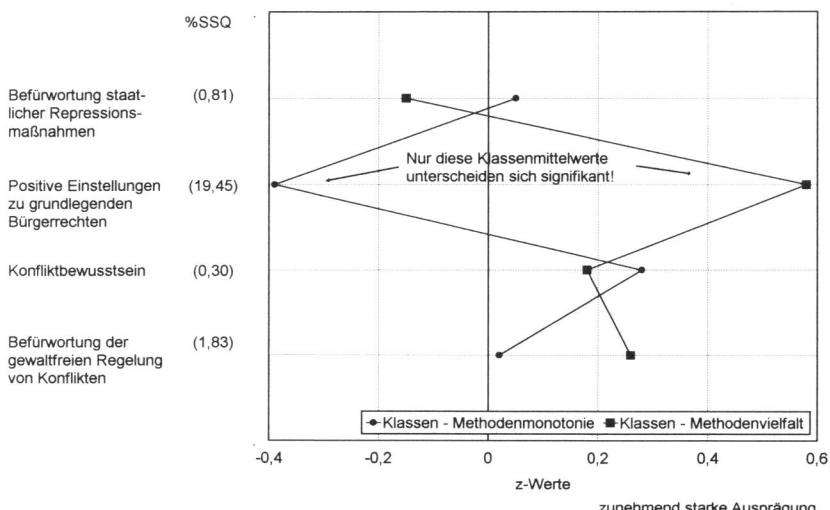

%SSQ

Befürwortung staat-   (0,81)
licher Repressions-
maßnahmen

Positive Einstellungen   (19,45)
zu grundlegenden
Bürgerrechten

Konfliktbewusstsein   (0,30)

Befürwortung der   (1,83)
gewaltfreien Regelung
von Konflikten

Nur diese Klassenmittelwerte
unterscheiden sich signifikant!

◆ Klassen - Methodenmonotonie   ■ Klassen - Methodenvielfalt

-0,4   -0,2   0   0,2   0,4   0,6

z-Werte

zunehmend starke Ausprägung

Schaubild 16: Demokratische Einstellungen[19] der Schüler in den Klassengruppen; n=15/15, standardisierte Mittelwerte

5.7 Zusammenfassung

Die Ergebnisse zum Stellenwert von Darbietung, Handlungsorientierung und Kontroversität sowie zur Wirksamkeit der politischen Bildung in Abhängigkeit von der Kombination dieser Methoden im Sozialkundeunterricht lassen sich folgendermaßen zusammenfassen:

Ähnlich wie wir schon in einer anderen Studie ohne Blick auf ein konkretes Unterrichtsfach in unserer Untersuchung zur Methodenvielfalt im Unterricht allgemein herausgefunden haben (vgl. Grundmann/Kötters/Krüger 2000), lässt sich auch konkret für den Sozialkundeunterricht eine Dominanz des darbietenden, lehrerzentrierten Unterrichtens konstatieren. Die Ergebnisse unserer Studie untermauern somit die Beobachtungen von Massing, wonach „im Alltag noch immer rezeptive Wissensvermittlung, Stoffhuberei, verbal-abstrakte Belehrung, Lehrerzentrierung und Lehrerlenkung" (Massing 1998, S. 145) dominieren. Sicher bietet diese Unterrichtsform die Möglichkeit, durch eine spezielle Art der Präsentation des Unterrichtsstoffes die Forderung nach Kontroversität einzulösen. Selbstständiges politisches Sehen und

---

19   vgl. Fragekomplex 13 im Fragebogen (siehe Anhang)

Beurteilen wird jedoch nicht selten auf ein Minimum eingeschränkt, die Förderung von Analysefähigkeit, Urteilsbildung und politischer Handlungsorientierung verläuft hier nicht optimal.

Angesichts der Dominanz von Darbietung die pessimistische Vermutung zu formulieren, Kontroversität und Handlungsorientierung zeichneten den Sozialkundeunterricht in nur geringem Maße aus, erweist sich zum Teil als voreilig, wie die Ergebnisse unserer Analysen gezeigt haben. Zwar sollten die Schüler zum Beispiel noch deutlich stärker an Entscheidungsprozessen über die Gestaltung des Sozialkundeunterrichts aktiv beteiligt werden, und könnten mehr Projekte, Exkursionen, Zukunftswerkstätten und Expertenvorträge dazu beitragen, dass der Lebensweltbezug stärker in die politische Bildung einfließt und reales politisches Handeln praktiziert wird. Häufig im Sozialkundeunterricht der untersuchten Schulen in verschiedenster Form durchgeführte Diskussionen eröffnen den Schülern jedoch im Rahmen simulierter politischer Realsituationen gute Möglichkeiten des kontroversen Debattierens und Argumentierens. Und diese Unterrichtsform fordern die Schüler auch dringlich ein, so der Grundtenor der von uns durchgeführten Schülergruppendiskussionen.

Ungünstig erweist sich jedoch auf der Seite der Rahmenbedingungen, dass in der Stundentafel an allgemeinbildenden Schulen in Sachsen-Anhalt pro Woche i. a. nur eine Unterrichtseinheit für das Fach Sozialkunde reserviert ist (und dies nur in den Klassen 8, 9 und 10), ein Umstand, der wahrscheinlich manche Lehrende den Aufwand scheuen lässt, stärker handlungs- und kontroversorientierte Verfahren einzusetzen. Denn Handlungsorientierung stellt an die unterrichtenden Lehrer hohe Anforderungen: Sie müssen sowohl fachlich-inhaltliche als auch methodische Kompetenz beweisen. Bei der Methodenwahl sind sie gehalten abzuwägen, inwieweit diese in Abhängigkeit der zu vermittelnden Inhalte dazu beitragen können, „die Lernenden an den Unterrichtsinhalt heranzuführen, und inwieweit sie helfen, die allgemeinen Ziele des Politikunterrichts sowie die spezifischen Ziele der jeweiligen Unterrichtseinheit zu erreichen" (Breit 1998, S. 120). Diese Prämisse muss neben der Bewahrung des Implikationszusammenhangs zwischen Ziel, Inhalt und Methode im Unterricht beachtet werden, nur dann kann die politische Bildung wirksam sein.

Dass die Wirksamkeit der Sozialkunde nicht nur mit den Unterrichtsinhalten steht und fällt (vgl. Teschner 1968), sondern auch die Art und Weise, wie diese vermittelt werden, die Kombination unterschiedlicher Methoden nämlich, wichtige Einflussmomente bereithält, ist ein weiteres zentrales Untersuchungsergebnis. Zwar sind die Grenzen der Wirksamkeit der Methodenwahl offensichtlich. So stehen das geäußerte politische Interesse, die Förderung des sozialen Vertrauens und die Förderung der Befürwortung grundlegender Bürgerrechte, der gewaltfreien Regelung von Konflikten, der Legitimität von Interessenkonflikten sowie der Ablehnung staatlicher Repressionsmaßnahmen in keiner nachweisbaren Relation zur methodischen Ausrichtung des Unterrichts, da die gefundenen Einflüsse durch den Faktor Schulform erklärt werden können. Andererseits bietet ein methodisch vielfältig und durchdacht gestalteter Sozialkundeunterricht jedoch auch eine Reihe von Chancen:

1. Er hilft „aus totem Unterricht eine lebendige, sinnvolle Veranstaltung zu machen" (Massing 1998, S. 145) und trägt dadurch dazu bei, Schüler für die Inhalte zu motivieren (Reinhardt 1997, S. 105). Sie sind mit ihrem Sozialkundeunterricht zufriedener und zählen ihn eher zu ihren Lieblingsfächern.

2. Er trägt parallel dazu zu einem stärkeren politischen Verständnis (gemessen über drei Verständnisfragen zur wichtigsten Funktion von Wahlen in einer Demokratie, zur Frage, wer in einer Demokratie das Land regieren sollte, zur Bedeutung der Opposition in einer Regierung) der Schüler bei.

3. Er befördert die Entwicklung einer politischen Handlungsorientierung bei den Schülern, wie anhand der stärkeren Bereitschaft, sich politisch motiviert an die Öffentlichkeit zu richten, in einer politischen Gruppierung oder Partei mitzuwirken und an öffentlichen, legalen Protestaktionen teilzunehmen; gezeigt werden konnte.

Aus diesen Ergebnissen leitet sich ab, dass generelle Dispositionen der Schüler nicht direkt und unmittelbar über unterrichtlich-methodische Maßnahmen erreicht werden, eher domänenspezifische Verständnisse und Bereitschaften jedoch befördert werden können. Die ausgewogene Kombination von Darbietung, Handlungsorientierung und Kontroversität je nach Ziel und Inhalt des Sozialkundeunterrichts stellt also einen Baustein eines sicher sehr komplexen Bedingungsgefüges für das Wirksamwerden der politischen Bildung dar. Der wohl wichtigste Baustein ist allerdings in der Förderung und Anerkennung der Selbstständigkeit und Mündigkeit der Schüler in der Schule insgesamt, d.h. in *allen* Unterrichtsfächern zu sehen. Im Sozialkundeunterricht sollten Schüler demnach lernen, politisch selbstständig zu analysieren und zu urteilen. Die Schule insgesamt muss auf Mündigkeit ausgerichtet sein und Demokratie leben. Dazu bedarf es Lehrerinnen und Lehrer, die ihren Schülern sowohl als Autoritätsperson als auch auf gleicher Augenhöhe begegnen, indem sie das allgemeine Ziel „Mündigkeit" bejahen und niemals aus dem Auge verlieren.

Nicolle Pfaff

6. Jugend-Freizeit – politische Bildung
am Nachmittag?

Jugendliche können sich nur begrenzt politisch engagieren. Da die Mitarbeit in Parteien und auch die politische Beteiligung per Wahlentscheidung Heranwachsenden bis mindestens zu ihrem 17. bzw. 19. Lebensjahr verwehrt bleiben, bestehen für Jugendliche außerhalb von Institutionen Chancen zur politischen Teilhabe nur über jugendkulturell vermittelte bzw. veranstaltete politische Protestaktionen sowie die Mitarbeit in formalen, von Erwachsenen organisierten Partizipationsforen in der Schule und in außerschulischen Organisationen. Hier können Heranwachsende über eigene Wahlentscheidungen und in gewählten, zugewiesenen oder selbstgewählten Funktionen soziale Verantwortung übernehmen und politisches Handeln und Entscheiden proben. Versteht man mit den Autoren der aktuellen international vergleichenden IEA-Studie Civic Education unter politischer Bildung den Erwerb von „Kompetenzen, die zu einem demokratischen Handeln befähigen" (Oesterreich 2001, S. 15), dann kann die weniger politisches Handeln als vielmehr soziale Verantwortung umfassende Mitarbeit in schulischen Mitbestimmungsgremien, Organisationen, Vereinen, Verbänden und sozialen bzw. ökologischen Bewegungen zumindest als eine Vorform, wenn nicht als für Jugendliche am ehesten zugängliche Form der politischen Beteiligung verstanden werden (vgl. ebd.). Soziales und politisches Ehrenamt in Form der Übernahme von Ämtern und Funktionsrollen setzt jedoch eine enge Bindung von Jugendlichen an Institutionen und damit ein stark organisiertes Freizeitleben voraus. Die Befunde zu Freizeitleben und sozialem Engagement unter Jugendlichen deuten jedoch darauf hin, dass nur ein geringer Teil der Heranwachsenden Zugang zu diesen Institutionen hat.

Der Beitrag analysiert das Freizeitverhalten von Jugendlichen in der Schule, in Organisationen und Vereinen und in Gleichaltrigengruppen mit einem besonderen Fokus auf dem sozialen und politischen Ehrenamt sowie auf Kommunikation über Politik. Dabei soll untersucht werden, welchen Stellenwert die organisierte Freizeit in der Schule, in Organisationen und Vereinen im außerunterrichtlichen und außerfamilialen Leben von jungen Menschen besitzt und ob die Institutionalisierung jugendlicher Freizeiträume eine Bedeutung für die politische Beteiligung von Jugendlichen hat. Darüber hinaus sollen auch Gleichaltrigengruppen in den Blick genommen werden, in denen Politik Thema wird. Abschließend wird gefragt, ob die Auseinandersetzung mit Politik in der freien Zeit und die politikbezogene Kommunikation in festen Gleichaltrigengruppen für Jugendliche in Sachsen-Anhalt eine Alternative oder Ergänzung zur politischen Bildung und Beteiligung in Institutionen darstellt.

6.1 Freizeit und Engagement – jugendsoziologisch beobachtet

Insbesondere die Institutionalisierung von regelmäßigen Jugendsurveys in der Tradition der Shell-Studien (vgl. Jugendwerk der Deutschen Shell 1997, 2000) und der Untersuchungen des Deutschen Jugendinstituts (vgl. Hoffmann-Lange 1995, Gille/Krüger 2000) sowie die Renaissance von quantitativen Studien zu den Lebensbedingungen Jugendlicher nach den gesellschaftlichen Umbrüchen in den osteuropäischen Ländern Ende der 1980er Jahre (vgl. z.B. Behnken u.a. 1991, Silbereisen/Vaskovic/Zinnecker 1996, Büchner/Fuhs/Krüger 1996), haben dazu beigetragen, dass sowohl über Freizeitaktivitäten von Jugendlichen als auch über ihre Bindung an Vereine, Organisationen und Verbände inzwischen viel bekannt ist. Freizeit ist dabei in der Perspektive der sozialwissenschaftlichen Jugendforschung die Zeit, die Jugendliche außerhalb des schulischen Unterrichts gestalten.

Der Schwerpunkt der Analyse lag dabei bislang auf der Untersuchung regionaler, sozioökonomischer und individueller Bedingungen jugendlicher Freizeitaktivitäten. Besonders aufmerksam betrachtet wurde im letzten Jahrzehnt das Freizeitverhalten von ost- und westdeutschen Jugendlichen im Vergleich. Die noch Anfang der 90er Jahre festgestellten gravierenden Differenzen in der Ausgestaltung der Freizeit in Ost und West, wonach, basierend auf unterschiedlichen materiellen Voraussetzungen, Jugendliche in den alten Bundesländern deutlich stärkere Konsumenten und Mediennutzer waren als Jugendliche in den neuen Ländern, letztere dagegen öfter natur- und bewegungsbezogenen Freizeitaktivitäten nachkamen (vgl. Günther/Karig/Lindner 1991) haben sich inzwischen weitgehend aufgelöst (vgl. Fuhs 1996, Silbereisen/Vaskovic/Zinnecker 1996). Die Shell-Studie 1997 weist auf große Ähnlichkeiten im Freizeitverhalten von ost- und westdeutschen Jugendlichen hin, nur noch geringe Unterschiede bestehen einzig „im musischen Bereich (Instrument spielen), in punkto Mußekultur (für sich alleine ausspannen), in ressourcenintensiven Freizeithandlungen wie ‚Ausgehen/Einkaufsbummel' und im Bereich konventioneller politischer Teilnahme und eigener Interessenvertretung" (Fritzsche 1997, S. 349). All diesen Freizeitaktivitäten kamen die Jugendlichen in den alten Bundesländern häufiger nach als ihre Altersgenossen im Osten Deutschlands. Darüber hinaus waren Jugendliche in den neuen Bundesländern weniger stark terminlich eingebunden als ihre westdeutschen

146

Altersgenossen und immer noch weniger häufig in Organisationen und Vereinen engagiert (vgl. Gaiser/de Rijke 2000). Der Zusammenbruch der staatlichen Jugendorganisationen der DDR nach 1990 scheint hier noch 10 Jahre später einerseits einen Mangel an Freizeitorganisationen und -verbänden und andererseits eine stärkere Ablehnung dieser Institutionen durch die Jugendlichen in den neuen Bundesländern hinterlassen zu haben. Die Zahl der Jugendlichen, die einem Verein oder einer Organisation angehören, ist insgesamt betrachtet in den neuen Bundesländern in den letzten Jahren in etwa konstant geblieben (vgl. Fritzsche 2000b, Krüger/Kötters 2000). Dagegen wird für den Westen Deutschlands und für andere Altersgruppen ein steter Rückgang der Zahl der Organisations- und Vereinsmitgliedschaften verzeichnet (vgl. ebd.). Die rückläufige Anzahl der Bindungen an Organisationen wird zumeist individualisierungstheoretisch als Verlust der Integrationskraft von traditionellen Institutionen gedeutet.

Über die Bedeutung von sozio-ökonomischen Bedingungen des Herkunftsmilieus für das Freizeitverhalten von Jugendlichen ist bekannt, dass in höheren sozialen Bildungs- und Berufsmilieus in Ost und West Jugendliche eine deutlich stärkere Bildungsorientierung aufweisen und häufiger in Vereinsaktivitäten eingebunden sind als Jugendliche aus niedrigen sozialen Bildungs- und Berufsmilieus, die öfter eine medienzentrierte Freizeit ohne institutionelle Einbindungen leben und stärker in Gleichaltrigengruppen aktiv sind. Dies weist darauf hin, dass neben dem Bildungssystem und dem Herkunftsmilieu auch die Freizeitaktivitäten Heranwachsender zur sozialen Selektion beitragen, bzw. dass das Freizeitleben selbst ein hoch selektiver sozialer Bereich ist (vgl. Fritzsche 1997, Krüger/Kötters 2000).

Freizeitaktivitäten von Jugendlichen weisen geschlechtsspezifische Muster auf. Mädchen sind weniger medien-, technik- und bewegungsinteressiert als Jungen und bevorzugen stattdessen Gesellig keit sowie kulturelle und bildende Aktivitäten. Jungen sind häufiger als Mädchen in Vereinen und Organisationen engagiert und haben durchschnittlich mehr wöchentliche Termine in ihrer Freizeit (ebd.), wohingegen Mädchen ab dem 18. Lebensjahr häufiger als Jungen in humanitären, ökologischen und sozialen Bewegungen mitarbeiten (vgl. Gaiser/de Rijke 2000). Gerade in der frühen Jugendphase scheinen geschlechtsspezifische Freizeitmuster für Jungen und Mädchen entwicklungsbedingt zu sein (vgl. Silbereisen/Vaskovic/Zinnecker 1996).

Mit zunehmendem Alter der befragten Jugendlichen ändern sich deren Freizeitpräferenzen. Im Übergang von der Jugend in das junge Erwachsenenalter gleichen sich die Freizeitaktivitäten von Jungen und Mädchen an (ebd.), die Zahl der Vereinsmitgliedschaften sinkt (vgl. Fischer 2000a) und die Mitarbeit in sozialen Bewegungen wächst an (vgl. Gaiser/de Rijke 2000). Überwiegend jüngere Jugendliche verbringen ihre Freizeit in schulischen Arbeitsgemeinschaften und Bildungsangeboten (vgl. Krüger/Kötters 2000). Die Ausbildung von festen Partnerschaften, selbstständige kulturell-politische und institutionalisierte berufliche Weiterbildung sind hingegen charakteristisch für ältere Jugendliche und junge Erwachsene (vgl. Silbereisen/ Vaskovic/Zinnecker 1996).

Das Freizeitleben von Jugendlichen lässt sich also insgesamt recht umfassend beschreiben. Die dabei betrachtete Landschaft der Freizeiträume umfasst mit der Freizeit in der Schule, in Organisationen, Vereinen und sozialen Bewegungen einerseits Freizeitaktivitäten in Institutionen und andererseits mit kreativ-kulturell-musischen, medienorientierten, sport- und bewegungsorientierten sowie konsum- und entspannungsbezogenen Aktivitäten einen außerinstitutionellen Freizeitbereich. Dieser Unterscheidung folgen wir im Weiteren. Thematisiert werden sollen darüber hinaus hier auch Freizeitaktivitäten in festen Gleichaltrigengruppen und die politische Kommunikation in diesen informellen Gruppen.

Als eine Form der Freizeitbeschäftigung näher untersucht sind inzwischen, neben der Mediennutzung und dem Konsumverhalten von Jugendlichen, gerade auch ehrenamtliche Aktivitäten Heranwachsender. Einen Überblick über den Forschungsstand sowie aktuelle Ergebnisse zur Situation des Ehrenamts unter Jugendlichen in der Bundesrepublik Deutschland liefert das in der Schriftenreihe des Bundesministeriums für Familie, Senioren, Frauen und Jugend erschienene Freiwilligensurvey 1999 (vgl. Bundesministerium für Familie, Senioren, Frauen und Jugend 2001, insbesondere Picot 2001a, 2001b). Der Bericht verdeutlicht, dass entgegen der vielfach formulierten Annahme, die Prozesse der Individualisierung führten zu einem Rückgang des bürgerschaftlichen Engagements gerade in den nachwachsenden Generationen, Jugendliche in Deutschland (untersucht wurden 14-24Jährige) zu den am stärksten engagierten Bevölkerungsgruppen gehören. Dabei machen Jugendliche vor allem in den Bereichen Sport sowie Unfall- und Rettungsdienste einen Großteil der Engagierten aus (vgl. Picot 2001a, S. 146ff.). Etwas mehr als jeder dritte Heranwachsende, so das Ergebnis des Freiwilligensurveys, ist in seiner Freizeit ehrenamtlich aktiv. Jugendliche Ehrenamtliche geben als Hauptmotiv für ihre Freiwilligenarbeit Faktoren wie Spaß und individuelle Weiterentwicklung an, ihnen geht es eher um den persönlichen Nutzen aus ihrer Tätigkeit als um altruistische Begründungen (vgl. ebd., S. 149ff.). Dominanter Beteiligungsraum ist dabei das persönliche Lebensumfeld von Jugendlichen, wie Schulen, ansässige Sportvereine und kulturelle Verbände oder die Kirchengemeinde, damit dominieren unter Jugendlichen traditionelle Formen des Ehrenamts, die durch Regelmäßigkeit der Aktivitäten und dauerhafte Mitgliedschaft gekennzeichnet sind (vgl. ebd., S. 147). Selten beteiligen sich Heranwachsende demgegenüber an im engeren Sinne sozialen und politischen Bereichen. Um diese verschiedenen Formen ehrenamtlichen Engagements soll es auch im Folgenden gehen.

Nicht nur in der thematischen Fokussierung, sondern auch hinsichtlich der gewählten Methoden ordnet sich dieser Beitrag in die vorgestellte Forschungstradition ein. Die Untersuchung jugendlichen Freizeitverhaltens und auch von Fragen ehrenamtlichen Engagements Jugendlicher ist bislang stark von der Umfrageforschung dominiert. In qualitativen Studien wird das Freizeitverhalten von Jugendlichen bislang ausschließlich thematisch stark fokussiert, wie etwa in Studien zu den Wechselbezügen zwischen unterschiedlichen Freizeitkarrieren und Bildungslaufbahnen (vgl. Büchner/Fuhs 1994, dies. 1998) bzw. in Untersuchungen zur jugendlichen Nutzung des Internets als Mittel der Identitätsbildung oder am Rande von ethnographischen Studien zu einzelnen jugendlichen Subkulturen (z.B. Eckert/Reis/Wetzstein 2000, Farin 2001) zum Thema gemacht. Diese einseitige methodische Orientierung markiert die Grenzen des Wissens über jugendliche Freizeitaktivitäten. So werden persönliche Motive zu bestimmten Freizeitpräferenzen mit quantitativen Forschungsdesigns ebenso wenig erfasst wie jugendliche Repräsentationen eigener Freizeitstile und biographische Verläufe von Freizeitkarrieren.

Mit Blick auf die hier behandelte Frage nach der Bedeutung von institutionalisierter und außerinstitutioneller Freizeit als Raum für die politische Bildung von Jugendlichen lassen die dargestellten Ergebnisse die Hypothese zu, dass für die in unserer Studie untersuchten ostdeutschen Jugendlichen im Alter zwischen 14 und 18 Jahren soziales und politisches Engagement in der Freizeit eher die Ausnahmebeschäftigung darstellt und dass die Schule damit den bedeutendsten Partizipationsraum für die Jugendlichen darstellt. Ein besonders geringes Vorkommen ist darüber hinaus für die Partizipation in sozialen Bewegungen zu vermuten. Bezogen auf das soziale und politische Engagement von Jugendlichen in solchen Organisationen, Vereinen und sozialen Bewegungen wird angenommen, dass das Erlernen demokratischer und im weitesten Sinne politischer Strukturen innerhalb von Institutionen einen positiven Effekt auf das Verständnis politischer Zusammenhänge und auf die individuelle Nähe zu politischen Prozessen hat. In den folgenden Abschnitten werden Freizeit und politisches Engagement von Jugendlichen in Sachsen-Anhalt in der Schule, in Vereinen, Organisationen und sozialen Bewegungen sowie in der nicht institutionalisierten Freizeit allein und in der Gleichaltrigengruppe deskriptiv beschrieben. Abschließend soll geprüft werden, ob die politische Beteiligung in Institutionen mit einer politikorientierten Freizeit außerhalb von Institutionen und politikbezogener Kommunikation im Freundeskreis einhergeht oder ob es sich dabei um unterschiedliche Formen des Politiklernens verschiedener Jugendgruppen handelt.

6.2 Freizeit und politisches Engagement in Institutionen

6.2.1 Schule als Lebens- und Gestaltungsraum

Dass die Schule in den vergangenen Jahren neben ihrer zentralen Bedeutung als Lernort für Kinder und Jugendliche immer mehr auch zu deren außerunterrichtlichem Lebensraum avanciert, zeigen neben den öffentlichen und bildungspolitischen Debatten um Schulsozialarbeit und Ganztagsschulmodelle auch empirische Forschungsergebnisse. So stellten bspw. Krüger und Kötters (2000) in ihrer Analyse der Wirkung schulischer Bildungslaufbahnen auf außerschulische Freizeitkarrieren und Lernverläufe fest, dass die Bereitschaft bzw. das Bedürfnis, schulische Freizeitangebote zu nutzen, in Abhängigkeit von den außerschulischen Freizeitangeboten der Jugendlichen variiert, gleichzeitig aber auch durch das Angebotsprofil sowie schulklimatische Bedingungen der Schule und letztlich auch durch die Schulfreude und das schulische Belastungserleben von Schülerinnen und Schülern beeinflusst wird. Es kann also davon ausgegangen werden, dass die Beteiligung an schulischen Freizeitangeboten Charakteristikum einer engen Bindung der Schülerinnen und Schüler an die Schule ist.

Wer engagiert sich also wie über den Unterricht hinaus in der Schule? Im Folgenden werden zwei Indikatoren zur Beschreibung außerunterrichtlicher schulischer Aktivitäten herangezogen: die Teilnahme an schulischen Freizeitangeboten und die Mitarbeit an schulischen Partizipationsgremien. Die Teilnahme an schulischen Freizeitaktivitäten haben wir in unserer Befragung im Jahr 2000 offen abgefragt. Die Schülerinnen und Schüler sollten selbst eintragen, an welchen außerunterrichtlichen Aktivitäten sie an ihrer Schule teilnehmen.

Zahl der besuchten AGs	0	1	2	3	> 3
%	81,7	13,6	2,9	1,4	0,4
n=1220	997	166	35	17	5

Schaubild 1: Zahl der AG-Besuche (Häufigkeiten)
(Frage 67: An welchen Arbeitsgruppen und Arbeitsgemeinschaften Ihrer Schule nehmen Sie teil?)

Nur knapp ein Fünftel der befragten Schülerinnen und Schüler nutzt die Schule als Freizeitort. Den geringsten Anteil an Nutzern schulischer AGs weisen die Berufsschüler auf, nur etwa 2 Prozent der Jugendlichen an Berufsschulen nehmen an schulischen AGs teil. Dass ein Sechstel der befragten Berufsschüler diese Frage gänzlich unbeantwortet lässt, deutet insgesamt auf eine außerordentlich geringe Bedeutung schulischer Freizeitaktivitäten an Berufsschulen hin. Doch auch unter den Nicht-Berufsschülern beträgt der Anteil der Nicht-Teilnehmer an außerunterrichtlichen Bildungsangeboten in der Schule noch 79 Prozent. Die stärkste Nutzergruppe stellen die Gymnasiasten mit ca. einem Viertel der Befragten, gefolgt von den Sekundarschülerinnen und –schülern, von denen knapp jede/r Fünfte schulische Freizeitangebote nutzt. Da Jugendliche, die das Gymnasium besuchen, auch im Bereich außerunterrichtlicher Bildungs- und Freizeitaktivitäten auf ein breites Angebot an außerunterrichtlichen AGs zurückgreifen können, liegt hier neben dem Privileg der höheren Bildung eine weitere Privilegierung im Freizeitbereich vor. Auf diesen Zusammenhang sowie auf die soziale Ungleichheit verstär-

150

kende Wirkung der engagierten gymnasialen (Bildungs-)Arbeit im außerunterrichtlichen Bereich haben bereits Krüger und Kötters (2000) hingewiesen. Höhere Beteiligungsquoten der Schülerinnen und Schüler an den außerunterrichtlichen Angeboten ihrer Schule bestehen insgesamt jedoch an Sekundarschulen (ebd.). Angesichts eines größeren Bedarfs und Interesses von Seiten der Jugendlichen erscheint die geringe Zahl der Angebote an Sekundarschulen doppelt brisant.

Hauptakteur und wesentliche Bedingung schulischer Freizeitangebote bleibt jedoch letztendlich die Einzelschule: der Anteil der Schüler, die schulische Freizeitangebote nutzen, variiert an den von uns untersuchten Schulen zwischen 56 Prozent an einer Sekundarschule und etwa 3 Prozent an zwei anderen Schulen der gleichen Schulform.

Im Bezug auf die soziodemographischen Bedingungen der Nutzung schulischer Freizeitangebote haben Krüger und Kötters (2000) gezeigt, dass die Teilnahme an außerunterrichtlichen AGs an Schulen mit steigendem Alter sinkt und dass dieser Trend bei den Mädchen stärker ist als bei den Jungen. Während sie für die Altersgruppe der 10- bis 12Jährigen keine Differenzen zwischen den Geschlechtern feststellen konnten, nutzten in der Altergruppe der 13- bis 15Jährigen fast doppelt so viele Jungen schulische Freizeitangebote als Mädchen. Dieser Trend wird durch unsere Ergebnisse bestätigt. Unter den von uns untersuchten 14- bis 18Jährigen Schülern sind Jungen etwas häufiger Teilnehmer schulischer Freizeitangebote als die gleichaltrigen Mädchen.

Wie die inhaltliche Ausrichtung schulischer AGs aussieht, zeigt die in Schaubild 2 dargestellte anteilige Verteilung der AG-Teilnehmer auf unterschiedliche Gruppen. Die meisten AG-Teilnehmer (fast 50 Prozent) vereinen die Sport-AGs auf sich, gefolgt von Musik- und Kunst-AGs mit je unter einem Zehntel der Nutzer. Andere Gruppen haben an den untersuchten Schulen einen eher marginalen Stellenwert. Damit ähnelt die Struktur außerunterrichtlicher Aktivitäten an Schulen sehr der in vergleichbaren Untersuchungen für Organisationen und Vereine vorgefundenen (vgl. z.B. Gaiser/de Rijke 2000). Wir kommen darauf zurück.

Angebot	Anteil in %	n
Sport-AGs	48	148
Musik-AGs	9	29
Kunst-AGS	8	25
Theatergruppen	6	20
Umwelt-/Tierschutz-AGs	6	19
Schülerzeitung	6	17
Computer-AGs	5	16
Sprachengruppen	4	11
Naturschutz- und Mathe-AGs	4	11
andere AGs	4	14

Schaubild 2: Anteile der AGs an AG-Teilnehmern (Häufigkeiten, sortiert nach Bedeutung) *(einbezogen wurden nur Nutzer schulischer Angebote)*

Ein Großteil der Schülerinnen und Schüler betrachtet die Schule nicht als Freizeitort, wie sieht es darüber hinaus mit dem außerunterrichtlichen Engagement der Jugendlichen in der Schule aus? Die Ergebnisse sind auf den ersten Blick überraschend positiv (siehe Schaubild 3). Über ein Drittel der Jugendlichen hat Erfahrungen in der Mitarbeit in der schulischen Interessenvertretung und war schon einmal Klassensprecher. Fast genauso viele haben sich bereits an Unterschriftensammlungen zu Schulfragen beteiligt. Diese große Aktivität in der öffentlichen Stellungnahme für die Schule wie auch der mit knapp einem Zehntel der Jugendlichen relativ hohe Anteil von Schülern, die Erfahrungen mit der Erstellung von Flugblättern und in der Teilnahme an bildungspolitisch motivierten Demonstrationen haben, ist vor dem Hintergrund intensiver Veränderungen der gesetzlichen und organisatorischen Rahmenbedingungen von Schule in Sachsen-Anhalt im letzten Jahrzehnt und im Kontext von öffentlichen Diskussionen über Wellen von Schulschließungen und –zusammenlegungen zu sehen.

Tätigkeiten	Anteil in %	n
sich als Klassensprecher zur Verfügung stellen	35	419
bei Unterschriftensammlung zu Schulfragen teilnehmen	33	394
bei Schülertreffen mitmachen, bei denen es um Dinge geht, mit denen wir an der Schule nicht einverstanden sind	26	306
an Schulveranstaltungen außerhalb der Unterrichtszeit über Fragen der Schule teilnehmen	24	280
in der Schülervertretung mitarbeiten	22	257
bei der Schülerzeitung mitarbeiten	17	206
bei der Herstellung oder Verteilung von Flugblättern zu Problemen der Schule mithelfen	8	98
an einer Demonstration gegen bildungs- oder schulpolitische Entwicklungen teilnehmen	8	93

Schaubild 3: Erfahrung mit schulischen Partizipationsformen (Häufigkeiten, sortiert nach Bedeutung)
(Frage 39: Wir haben hier eine Reihe von Tätigkeiten zusammengestellt, wie man sich an der Schule beteiligen kann. Frageteil B: Haben Sie diese Tätigkeiten bereits ausgeübt? ja/nein, hier: „ja")

Etwa ein Viertel der Schüler hat sich bereits in der Freizeit in Schülertreffen und auf Schulveranstaltungen für Belange der Schule engagiert und ca. ein Fünftel der Befragten hat Erfahrungen in der Schülervertretungsarbeit. Auch hier zeigt sich, dass die Erfahrungen von Schülerinnen und Schülern mit einer Form von Engagement mit den Ressourcenanforderungen der Tätigkeiten abnimmt. Dass ressourcenintensive Tätigkeiten seltener übernommen werden als ressourcenarme, ist in der Forschung zur politischen Beteiligung bereits bekannt (vgl. z.B. Gaiser/de Rijke 2000, Reinhardt/Tillmann 2001) und gilt also auch für die Schule. Dabei steigt die Erfahrung erwartungsgemäß mit dem Alter der Befragten: Schülerinnen und Schüler in der elften Klassenstufe am Gymnasium bzw. im ersten Lehrjahr an Berufsschulen haben im Durchschnitt in 3 von 10 abgefragten Bereichen Erfahrungen, Gymnasiasten in rund 2,6, Sekundarschüler hingegen nur in 2 Bereichen und damit deutlich weniger Erfahrung mit schulischer Partizipation als andere Schüler. Interessant ist, dass Mädchen trotz deutlich geringerem politischen Interesse und geringerer Affinität zu schulischen Freizeitangeboten auffällig mehr Erfahrungen mit schulpolitischen Aktivitäten in der Freizeit aufweisen als Jungen.

Zum Zusammenhang des schulischen Partizipationsverhaltens mit der Nutzung schulischer Freizeitangebote wird deutlich, dass insbesondere die Jugendlichen, die mehr als eine AG in der Schule besuchen, überdurchschnittlich viele Erfahrungen mit schulischer Partizipation gesammelt haben (vgl. Schaubild 4). Sie scheinen als aktive Nutzer der Schule über den verbindlichen Unterricht hinaus auch ein besonderes Interesse an innerschulischen Entscheidungsprozessen zu haben. Dieser Zusammenhang ist dabei bei Mädchen, die ohnehin stärker an den Mitbestimmungsforen in der Schule partizipieren, deutlich stärker ausgeprägt als bei Jungen. Mädchen, die an ihren Schulen in mehr als einer AG mitarbeiten, haben im Durchschnitt Erfahrung mit 4 der abgefragten 10 schulischen Partizipationsformen und stellen damit die engagierteste Schülergruppe.

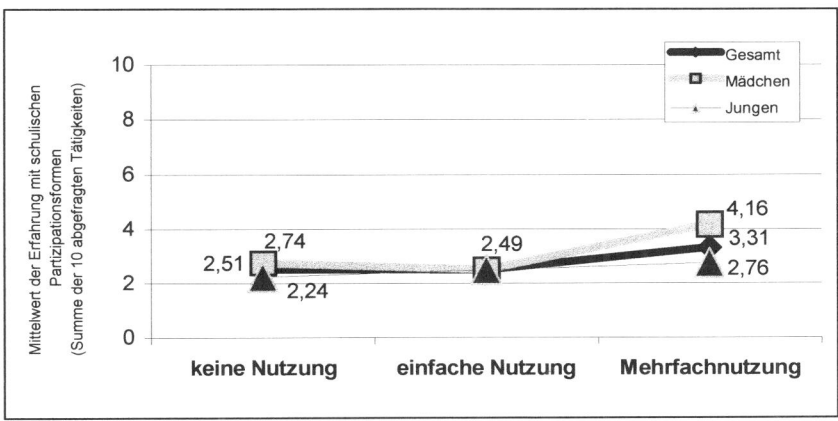

Schaubild 4: Erfahrung mit schulischen Partizipationsformen nach Nutzung schulischer Freizeitangebote insgesamt und nach Geschlecht

6.2.2 Organisationen, Vereine, Verbände und soziale Bewegungen

Gegenüber der als Lern- und Lebensort an Bedeutung gewinnenden Schule leiden Organisationen, Vereine und Verbände unter Mitgliederschwund. In den letzten zehn Jahren hat sich der Organisiertheitsgrad Jugendlicher in den neuen Bundesländern zwar leicht erhöht, liegt jedoch insgesamt noch deutlich unter dem westdeutscher Schülerinnen und Schüler (vgl. Gaiser/de Rijke 2000, Fischer 2000b). Insgesamt betrachtet ist die Häufigkeit der Mitgliedschaft in Organisationen und Verbänden rückläufig. Dieser Bedeutungsverlust traditioneller Institutionen in der Gesellschaft wird dabei häufig als Zeichen zunehmender Individualisierung interpretiert, vor deren Hintergrund dauerhafte soziale Bindungen kurzfristigen Formen des Engagements weichen. Dennoch wird die Mitgliedschaft in Vereinen und Verbänden unabhängig von der tatsächlichen Übernahme von Ämtern und Funktionen in den Organisationen noch immer als Bereitschaft zum gesellschaftlichen Engagement oder als Ausdruck eines politischen Beteiligungswunsches verstanden (vgl. Gaiser/de Rijke 2000, Fritzsche 1997, Picot 2001b). Die Resultate des Freiwilligensurveys 1999 zeigen, dass es gerade traditionelle Formen des Engagements sind, die Jugendliche zur Beteiligung anregen (vgl. Picot 2001b, 134f.).

Organisationen und Vereine bleiben, wie neuere empirische Untersuchungen zeigen, Mechanismen der sozialen Selektion, da die Rekrutierung von Mitgliedern sozialen Kriterien folgt (vgl. Krüger/Kötters 2000, Fischer 2000a). Insgesamt sind Kinder aus gehobenen Bildungs- und Berufsmilieus auch in Ostdeutschland häufiger in Vereinen und Organisationen engagiert als ihre Mitschüler (vgl. Krüger/Kötters 2000). Oder mit dem Freiwilligensurvey 1999 anders gesagt: bei den ehrenamtlich engagierten Jugendlichen handelt es sich um solche Mädchen und Jungen, die auch in den übrigen sozialen Lebensbereichen, wie der Schule, der Familie und im Freundeskreis positiv integriert sind (vgl. Picot 2001a, S. 149).

Die Mitgliedschaft Heranwachsender in den etablierten Freizeitinstitutionen der Vereine und Organisationen haben wir in unserer Befragung im Sommer 2000 in einer standardisierten Fragebatterie abgefragt. Dabei erfassen wir mit dem Instrument nicht nur die Zugehörigkeit oder Nichtzugehörigkeit der Jugendlichen zu bestimmten Vereins- und Organisationsgruppen, sondern erfahren auch, wie stark die Befragten in der Übernahme von Ämtern innerhalb der Institutionen engagiert sind sowie in welchem Verhältnis die Nichtmitglieder zu den einzelnen Vereins- und Organisationsformen stehen.

Schaubild 5 zeigt die Mitgliedschaft in Vereinen, Verbänden und Organisationen geordnet nach der Häufigkeit der positiven Nennungen. Auf Platz 1 der Hitliste jugendlicher Vereinsmitgliedschaften rangieren nach wie vor die Sportvereine, dies ist durch vorangegangene Untersuchungen hier in

Sachsen-Anhalt und auch durch die bundesweite Ehrenamtsforschung hinlänglich belegt und bestätigt sich hier erneut (vgl. Fuhs 1996, Krüger/Kötters 2000). Ca. 40 Prozent der Befragten sind Mitglied in einem Sportverein, davon engagieren sich 13 Prozent (ein Drittel der Mitglieder) stark, indem sie innerhalb der Vereine Ämter bzw. Funktionen übernehmen. Damit sind die Sportvereine die Freizeitorganisation mit der intensivsten Bindungskraft unter den genannten Institutionen. Nur ein Viertel der Befragten kann sich nicht vorstellen, in einen Sportverein einzutreten, diese Vereinsgruppe ist also zugleich die anerkannteste Freizeitinstitution unter den Jugendlichen in Sachsen-Anhalt.

Rang	Organisation	Bin Mitglied und übe ein Amt aus	Bin Mitglied und übe kein Amt aus	Bin kein Mitglied, könnte mir vorstellen da mitzumachen	Bin kein Mitglied und könnte mir nicht vorstellen, da mitzumachen
1	Sportvereine	13,0	26,4	35,6	25,0
2	Hobby-Vereinigungen	6,4	13,0	47,3	33,3
3	Jugendclub/Jugendzentrum	5,3	13,9	49,1	31,7
4	Andere Verbände und Vereine	6,6	11,0	12,4	70,0
5	Freiwillige Hilfsorganisationen	4,2	5,5	30,7	59,6
6	Gesangsverein	1,6	4,1	13,4	80,9
7	Kulturverein	1,3	4,0	14,0	80,7
8	Jugendorganisation/-verband	1,0	3,2	24,0	71,8
9	Umwelt/Menschenrechtsorganisationen	0,8	3,6	41,4	54,2
10	Kirchliche Gruppen	0,8	5,4	6,9	86,9
11	Bürgerinitiative	0,8	2,3	24,5	72,4
12	Gewerkschaftsjugend	0,2	2,7	14,0	83,1
13	Wohlfahrtsverbände	0,8	1,8	9,7	87,7
14	Politische Partei	0,4	2,0	13,7	83,8

Schaubild 5: Mitgliedschaft in Vereinen und Organisationen (Häufigkeiten geordnet nach Anteil der Mitglieder in Prozent) (Frage 68: Sind Sie Mitglied einer Organisation oder eines Vereins und üben Sie dort ein Amt aus?)

Auf Platz 2 stehen die Hobby-Vereinigungen in ihrer für uns inhaltlich nicht beschreibbaren Vielfalt. Sie binden knapp 20 Prozent der Schülerinnen und Schüler mit speziellen Freizeitinteressen an sich, wovon sich mehr als ein Viertel durch die Übernahme von Ämtern in den Vereinen engagiert. Während sich fast 50 Prozent der Befragten (ein Großteil der Nichtmitglieder) vorstellen können, ihren persönlichen Hobbies in derartigen Vereinsstrukturen nachzugehen, ist die Mitgliedschaft dort für ein Drittel der Befragten nicht vorstellbar. Auf Platz 3 der beliebtesten Freizeitorganisationen steht bei den Jugendlichen im Bundesland Sachsen-Anhalt der Jugendclub oder das Jugendzentrum als inhaltlich weitgehend ungebundener Aktionsraum in der Freizeit. Fast 20 Prozent der Befragten begreifen sich als Mitglieder der jugendspezifischen von öffentlichen oder privaten Trägern organisierten Freizeiteinrichtungen, 5 Prozent arbeiten durch die Übernahme von Ämtern konstruktiv an der Gestaltung der Einrichtungen mit. Weitere 50 Prozent der Jugendlichen könnten sich vorstellen, regelmäßig in einem Jugendclub mitzumachen, nur 30 Prozent der Befragten stehen diesen Räumen ablehnend gegenüber. Dies muss vor allem angesichts der massenhaften Schließungen von Jugendclubs und –zentren in Sachsen-Anhalt während der 1990er Jahre als Ruf nach einer verstärkten öffentlichen inhaltlich ungebundenen und jugendspezifischen Freizeitarbeit verstanden werden. Zu nennen sind im Zusammenhang mit den stark frequentierten Freizeitorganisationen noch die hier unspezifiziert betrachteten anderen Verbände, die nochmals fast 20 Prozent der Jugendlichen an sich binden, und die freiwilligen Hilfsorganisationen, wie die Feuerwehr, in denen etwa ein Zehntel der Befragten mitarbeitet.

Von etwa 5 Prozent der befragten Jugendlichen unterstützt werden Gesangs- und Kulturvereine, die damit noch vor den politisch, bürgerrechtlich bzw. religiös motivierten Organisationen rangieren, jedoch bereits eine ähnlich hohe Ablehnung unter den Jugendlichen auf sich ziehen. Ca. 80 Prozent der Befragten können sich nicht vorstellen, Mitglied in diesen Vereinsgruppen zu werden. Auffällig ist, dass die in der Frage aufgeführten Organisationsformen mit politischen, religiösen und ideologischen Motiven nur eine verschwindend kleine Zahl von Jugendlichen zur Mitgliedschaft bewegen können und insgesamt hohe Ablehnungen auf sich vereinen. In den im engeren Sinne politischen Organisationen Bürgerinitiativen, Umweltschutz- und Menschenrechtsorganisationen, Gewerkschaften und politischen Parteien engagieren sich unter unseren Befragten insgesamt 7 Prozent als Mitglieder.

Dies stellt auch Oesterreich (2001) fest, der in einem Vergleich mit Jugendlichen aus anderen Ländern für die 14jährigen deutschen Schüler eine deutlich geringere Beteiligung an politisch oder sozial agierenden Gruppierungen, jedoch eine häufigere Beteiligung an Sportgruppen aller Art konstatiert. Er bemerkt, dass Jugendliche aus den ärmeren Ländern Südeuropas und Südamerikas deutlich stärker in sozialen und politischen Gruppierungen organisiert sind als Schülerinnen und Schüler in den reichen Industrienationen und widerlegt damit die These, wonach eine sozioökonomisch gesicherte Existenz die Bereitschaft zur sozialen und politischen Beteiligung erhöht (vgl. Oesterreich 2001, S. 20ff.).

Immerhin können sich unter den Jugendlichen in Sachsen-Anhalt noch zwischen einem Viertel und 40 Prozent eine Mitgliedschaft bzw. Mitarbeit in

Umwelt- und Menschenrechtsorganisationen, Jugendorganisationen bzw. -verbänden und Bürgerinitiativen vorstellen. Ablehnend sind die Urteile der Befragten hingegen für die Gewerkschaftsjugend, für Wohlfahrtsverbände, kirchliche Gruppen und Parteien, bei denen durchweg für über 80 Prozent der Jugendlichen eine Mitgliedschaft schlicht unvorstellbar ist. Zusammenfassend kann formuliert werden: organisierte Freizeit ist für Jugendliche die Ausführung persönlicher Hobbys in institutionalisierten Kontexten. Politische, religiöse und soziale Arbeit bleibt außen vor.

Zahl der Vereinsmitglied-schaften	0	1	2	3	> 3
%	43,0	26,2	16,1	7,7	7,0
n=1349	508	353	217	104	95

Schaubild 6: Zahl der Vereinsmitgliedschaften (Häufigkeiten)

Zählt man, wie in Schaubild 6 dargestellt, einmal die Mitgliedschaften der Schüler zusammen, so ergibt sich das dargestellte Bild, nach dem die Mehrheit der Jugendlichen in Sachsen-Anhalt im Jahr 2000 mindestens einem Verein bzw. einer Freizeitorganisation angehört. Über ein Viertel der Befragten in diesem Bundesland sind Mitglied in mindestens zwei Vereinen bzw. Organisationen, immerhin 7 Prozent leben mit Vereinsmitgliedschaften in über 3 Freizeitverbänden vermutlich eine streng durchorganisierte Freizeit. Anteilig betrachtet machen die von konkreten Freizeitaktivitäten ausgehenden bzw. wie bei Jugendzentren an bestimmte Räume gebundenen Vereine und Organisationen fast drei Viertel der Vereins- bzw. Organisationsmitgliedschaften aus. Auf politische, religiöse und sozial- bzw. umweltpolitisch aktive Organisationen entfallen nur rund ein Fünftel aller Mitgliedschaften. Bezogen auf die Ämterübernahme, d.h. im Bereich der persönlichen sozialen und politischen Beteiligung an der Gestaltung und Arbeit von Organisationen und Vereinen verschärft sich dieses Bild.

Ein Drittel der Funktionäre besetzt Ämter in Sportvereinen, weitere 16 Prozent der Amtsträger engagieren sich in Hobby-Vereinigungen, je etwa 10 Prozent entfallen auf freiwillige Hilfsorganisationen und Jugendzentren sowie auf die unter „anderes" genannten nicht näher spezifizierten Vereine. In politischen und sozial- bzw. umweltpolitisch aktiven Organisationen engagieren sich insgesamt nur etwa 6 Prozent der jugendlichen Befragten mit Ämtern, davon entfallen je 2 Prozent auf humanitäre und Umweltorganisationen und etwa je ein Prozent auf Parteien und Gewerkschaften. Bei den Funktionären in diesen Institutionen handelt es sich dabei fast ausschließlich um Jugendliche, die mehrere Organisations- oder Vereinsmitgliedschaften pflegen und die auch in mehreren Institutionen Ämter bzw. Funktionen übernehmen. Insgesamt engagiert sich ca. jede/r fünfte Jugendliche in Amt oder Funktion in einer Freizeitorganisation, dies sind knapp 40 Prozent der Vereinsmitglieder (vgl. Schaubild 7).

Jungen sind, das zeigt Schaubild 7, etwas häufiger in Vereine und Organisationen eingebunden als Mädchen. Keine nennenswerten Differenzen zwischen den Geschlechtern gibt es demgegenüber in der anteiligen Übernahme von Ämtern innerhalb der Institutionen. Von zehn männlichen und weiblichen Vereinsmitgliedern übernehmen je vier eine Funktion oder ein Amt innerhalb der Institution.

Die Zahl der Nichtmitglieder nimmt tendenziell mit steigendem Alter der Befragten zu, das am stärksten organisierte Freizeitleben führen unter Berücksichtigung der Zahl der Mitgliedschaften die 14 bis 15jährigen Jugendlichen. Deutlicher ist das Altersgefälle bei der Übernahme von Ämtern. Nur knapp jedes dritte Vereinsmitglied engagiert sich nach Abschluss der zehnten Klasse in einer Funktionsrolle. Jugendliche, so scheint es, werden im Laufe ihrer Mitgliedschaft in Vereinen und Organisationen immer passiver.

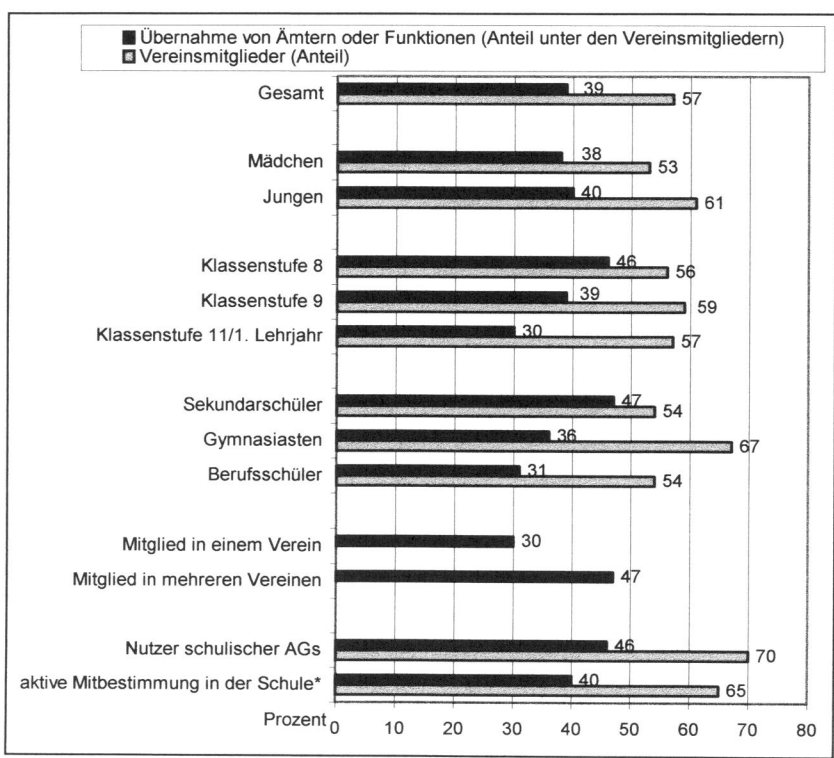

Schaubild 7: Zahl der Vereinsmitgliedschaften und Funktionsübernahme nach verschiedenen Differenzierungsfaktoren
(* Erfahrung in mindestens drei von zehn Partizipationsbereichen)

158

Auch zwischen den Schülerschaften der verschiedenen Schulformen gibt es Unterschiede in der Mitgliedschaft in Vereinen und Organisationen. So gehören über zwei Drittel aller Gymnasiasten mindestens einem Verein an, an der Sekundarschule und an Berufsschulen sind es demgegenüber nur etwas über 50 Prozent. Gymnasiasten sind also in punkto organisierter Freizeit doppelt privilegiert: Ihnen stehen einerseits mehr schulische Freizeitangebote zur Verfügung, andererseits haben sie auch leichteren Zugang zu Organisationen, Vereinen und Verbänden. Anders verhält es sich in der Übernahme von Ämtern. Von zehn Vereinsmitgliedern engagiert sich fast jeder zweite Sekundarschüler, jedoch nur etwa jeder dritte Gymnasiast darüber hinaus in Amt oder Funktion. Diese Differenz gilt unabhängig vom Alter der Jugendlichen. Es ist zu vermuten, dass die in Freizeitinstitutionen organisierten Sekundarschüler diesem Lebensbereich gegenüber der Schule eine besondere Bedeutung beimessen. Dass die Partizipationschancen von den Jugendlichen an Sekundarschulen geringer eingeschätzt werden als von Heranwachsenden an Gymnasien (vgl. Schmidt 2001, Kapitel 4 in diesem Band), lässt darauf schließen, dass politisch und sozial engagierte Sekundarschüler in der Durchsetzung ihrer Interessen auf den Freizeitbereich ausweichen.

Ein letzter interessanter Zusammenhang ist der zwischen der Nutzung schulischer Freizeitangebote und der Mitgliedschaft in Organisationen, Vereinen und Verbänden. Wie in Schaubild 7 dargestellt, beträgt der Anteil der Mitglieder von Organisationen, Vereinen, Verbänden und sozialen Bewegungen unter den Nutzern schulischer Freizeitangebote 70 Prozent und unter den in der schulischen Partizipationsarbeit sehr erfahrenen Schülern 67 Prozent und ist damit in beiden Gruppen deutlich höher als unter allen Befragten. Wer sich in seiner Freizeit in schulischen AGs bzw. in schulischen Partizipationsgremien betätigt, ist auch öfter in außerschulischen Freizeitinstitutionen aktiv. Dies deutet darauf hin, dass es so etwas wie eine Präferenz zur Teilnahme an institutionalisierten Freizeitbeschäftigungen gibt. Dies gilt jedoch nicht für die aktive Partizipation an Entscheidungen bzw. die Übernahme von Ämtern und Funktionen. Der Anteil der Funktionäre und Amtsinhaber in Organisationen und Vereinen ist unter den in den schulischen Partizipationsgremien sehr aktiven Schülerinnen und Schülern genau so hoch wie unter allen Vereinsmitgliedern insgesamt. Dies lässt die Hypothese zu, dass Partizipation und Ehrenamt in der Schule und in außerschulischen Freizeitinstitutionen um Zeit konkurrieren.

Folgt man abschließend zu diesem Themenkomplex einmal den Antworten der Befragten zu ihrer Mitgliedschaft in außerschulischen Institutionen und unterscheidet verschiedene Gruppen von Organisationen, dann ergibt sich eine Dreiteilung der abgefragten Vereine, Verbände und Bewegungen. Unterschieden werden können dann *Formen des sozialen und politischen Engagements* in politischen Parteien, Gewerkschaften, Bürgerinitiativen und Heimat- und Bürgervereinen, *kulturelles und religiöses Engagement* in Kulturvereinen, Gesangsvereinen und kirchlichen Gruppen und die *Ausführung*

persönlicher Hobbies in Sportvereinen, Hobbyvereinigungen und Jugendzentren.

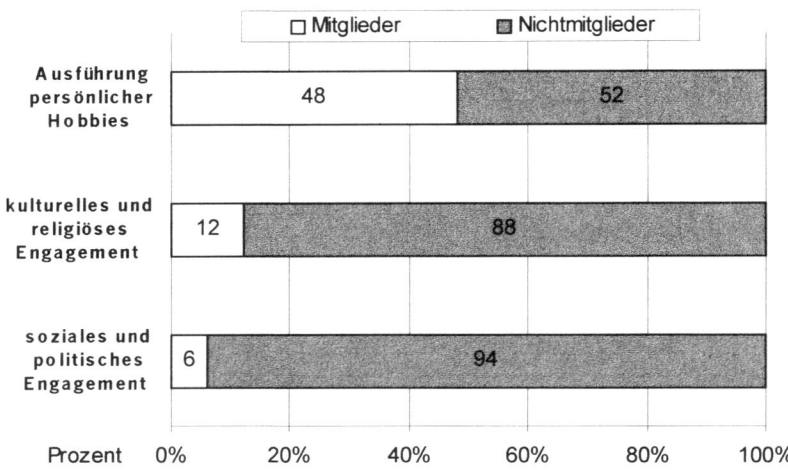

Schaubild 8: Anteil der Vereinsmitglieder nach Organisationsgruppen (mind. eine
    Mitgliedschaft)

Hier wird nochmals sehr deutlich, was sich in der Einzelauswertung zu den
abgefragten Organisationen bereits angedeutet hatte: Während die Ausführung von persönlichen Hobbies in Vereinen und Organisationen unter den
Jugendlichen im Bundesland Sachsen-Anhalt weit verbreitet ist – fast jeder
zweite Jugendliche ist in diesem Sinne in Freizeitinstitutionen integriert –,
sind Formen des gesellschaftlichen Engagements im kulturellen und konfes-
sionellen Bereich und soziales und politisches Engagement unter Jugendlichen in Sachsen-Anhalt vergleichsweise selten. Während sich immerhin noch
etwa jeder zehnte Schüler in der Kirche oder einem Kulturverein engagiert,
arbeitet nur noch jeder Zwanzigste in humanitären oder politischen Organisationen mit.

Sowohl der eingangs referierte Forschungsstand als auch die bislang vorgestellten Ergebnisse zeigen, dass organisierte Freizeitbeschäftigungen auch
für ostdeutsche Schülerinnen und Schüler inzwischen eine beachtliche Relevanz innehaben. Ein Fünftel der Jugendlichen nimmt an schulischen Freizeitangeboten teil und über die Hälfte der Schüler ist in mindestens einer Organisation bzw. einem Verein Mitglied. Dabei hat sich gezeigt, dass die inhaltliche Struktur institutionalisierter Freizeitbeschäftigungen von Jugendlichen in
der Schule und in Organisationen, Vereinen und sozialen Bewegungen starke
Ähnlichkeiten aufweist. Allen voran werden organisierte Sportgruppen von
den Jugendlichen frequentiert, gefolgt von der Ausführung persönlicher
Hobbies in organisierten Gruppen. Formen des gesellschaftlichen Ehrenamts

160

haben demgegenüber Seltenheitscharakter. Bestätigt hat sich insgesamt auch die Annahme, dass Formen der sozialen und politischen Verantwortungsübernahme in den Institutionen eng mit dem persönlichen Organisiertheitsgrad bzw. der individuellen Bindung an Organisationen zusammenhängen.

6.3 Aktivitäten, Engagement und Auseinandersetzung mit Politik außerhalb von Institutionen

6.3.1 Freie Aktivitäten – Spielt Politik eine Rolle?

Freizeitaktivitäten, die Jugendliche außerhalb pädagogischer, politischer und sozialer Organisationen unter Gleichaltrigen ausüben, stehen oft im Zentrum der Untersuchung jugendlichen Freizeitverhaltens. Wegen der Unberührtheit durch intergenerative Beziehungen werden sie als Expressionsraum jugendlicher Alltagskultur verstanden, in dem in erster Linie den eigenen Bedürfnissen und Vorlieben nachgegangen wird (vgl. Lüdtke 1991, Georg 1992, Silbereisen/Vascovic/Zinnecker 1996). In neueren Studien werden dabei oft folgende Freizeitmuster (vgl. Silbereisen/Vascovic/Zinnecker 1996, Fritzsche 1997) oder -profile (vgl. Fuhs 1996, Krüger/Kötters 2000) unterschieden: sozial ausgerichtete, gesellige Freizeitbeschäftigungen, die Nutzung klassischer und neuer Medien, kreative und bewegungsorientierte Aktivitäten, ressourcenintensive oder konsumierende Tätigkeiten, sowie Kulturkonsum und Informationsaneignung (vgl. z.B. Georg 1992, Silbereisen/Vascovic/Zinnecker 1996, Krüger/Kötters 2000). In unserer Befragung haben wir den Schülerinnen und Schülern 24 konkrete Freizeitbeschäftigungen zur Bewertung vorgelegt. Verdichtet man diese Einzelbeschäftigungen zu Konstrukten, die von den Jugendlichen ähnliche bewertete Aktivitäten zusammenfassend beschreiben, dann ergeben sich 8 Muster oder Profile von Freizeitbeschäftigungen von Jugendlichen, die dieses Spektrum in etwa bestätigen[1]. Was tun nun die 14- bis 18Jährigen in Sachsen-Anhalt in ihrer freien Zeit und wer macht was besonders gern? Spielen Politik und soziales Engagement dabei eine Rolle?

---

1 Es gehen alle in der Fragebatterie aufgeführten Items bei Kommunalitäten zwischen ,431 und ,771 in die Faktoren ein, die Varianzaufklärung der Skala beträgt 54,5%, die Klärungskraft der einzelnen Faktoren beträgt zwischen 5,2% und 8,7%. Die Faktoren wurden als Summenscores berechnet und auf die Zahlenwerte der Ursprungsskala von 1 (schwache Ausprägung) bis 4 (starke Ausprägung) zurückgeführt.

A. Neue Medien

Bei der Faktorenbildung entstehen zwei Profile, die Aktivitäten von Jugendlichen bündeln, die im Zusammenhang mit der Mediennutzung der Befragten stehen. Der erste dieser beiden Faktoren fasst mit *Computer spielen, programmieren* und *surfen im Internet* erstens die Beschäftigung mit dem Medium Computer sowie mit dem Internet und zweitens mit der Beschäftigung *Videos anschauen* das Medium Film (vgl. Schaubild 9). Einen inhaltlich ganz ähnlich gelagerten Faktor haben Krüger/Kötters (2000) beschrieben. Sie fanden u.a. heraus, dass vor allem jüngere (10-12Jährige) Schülerinnen und Schüler und Jungen in ihrer Freizeit der Beschäftigung mit dem PC und Videos nachgehen. Das Altersgefälle bestätigt sich hier auch für die 14- bis 18Jährigen. Das Profil beschreibt in erster Linie Aktivitäten, die zuhause allein ausgeführt werden. Dies wird bestätigt durch die Tatsache, dass das Item mit der höchsten Faktorladung und zugleich die am häufigsten praktizierte Freizeitbeschäftigung im Profil *Computerspielen* ist. Über 60 Prozent der Befragten gehen dem mindestens einmal pro Woche nach. An der Häufigkeitsauszählung fällt insgesamt auf, dass in der Bewertung aller Aktivitäten am PC die Extremkategorien stärker besetzt sind als die Mittelkategorien, d.h., wir können unterscheiden zwischen computererfahrenen Jugendlichen, die viel Zeit am Rechner verbringen und Jugendlichen, die den PC in ihrer Freizeit deutlich weniger bzw. gar nicht nutzen. Generell gilt dabei: Je höher die Wissens- und Ressourcenanforderungen, desto kleiner wird die Gruppe der Nutzer und desto größer die der Nichtnutzer. Interessant ist in diesem Zusammenhang der Befund, dass fast 60 Prozent der befragten Jugendlichen in Sachsen-Anhalt in ihrer Freizeit kaum das Internet nutzen. Erwartungsgemäß sind es vor allem Gymnasiasten, die sich bevorzugt mit den neuen Medien auseinandersetzen –sicherlich nicht zuletzt auch, weil sie in der Schule eher als Sekundarschüler den Umgang mit dem Computer und dem Internet erlernen können. In der Shell-Studie 2000 wurde deutlich, dass in erster Linie Jugendliche, deren Eltern einem gehobenen Bildungsmilieu angehören, die zur Ausübung dieser Freizeitaktivitäten notwendigen Ressourcen zu ihrer Verfügung haben (vgl. Fritzsche 2000b).

Aktivität	Faktorla-dung	seltener oder nie	alle paar Wochen	einmal pro Woche	mehrmals pro Woche
mit Computerspielen beschäftigen	,809	26,1	16,1	15,6	42,2
programmieren oder Arbeiten am PC	,767	37,0	18,5	15,3	29,2
surfen im Internet/ chatten	,681	57,2	13,2	10,0	19,7
Videos anschauen	,548	14,0	28,6	21,2	36,1

Schaubild 9: Neue Medien (Items, Faktorladung und Häufigkeit in Prozent) (Frage 69 l, m, q, k)

B. Klassische Medien

Das zweite mit Mediennutzung verbundene Freizeitprofil umfasst die Medien *Fernsehen* und *Radio bzw. Tonträger*. Negativ in den Faktor geht der *Besuch von Rock- und Popkonzerten* ein, was darauf hindeutet, dass Jugendliche zwischen dem medienvermittelten und dem direkten Musikkonsum unterscheiden. Die Häufigkeiten sind dabei ähnlich gelagert wie die Faktorladung der Variablen auf dem Faktor. Fast 90 Prozent der Befragten gaben an, mehrmals pro Woche fernzusehen und Musik zu hören. Rock- und Popkonzerte besuchen demgegenüber nur rund 5 Prozent der Jugendlichen regelmäßig. Damit gehen Jugendliche, die viel Freizeit vor dem Fernseher und ihrer Anlage verbringen, selten auf Konzerte und umgekehrt. Bezogen auf den Musikkonsum der Jugendlichen könnte man damit auf eine große Gruppe von Jugendlichen schließen, die an den musikbezogenen Fankulturen eher lose vermittelt über die Massenmedien partizipieren, und einer kleineren Gruppe von Jugendlichen, die an den konkreten musikalischen Ereignissen der musikbezogenen Jugendkulturen teilnehmen. Darauf deuten Beschreibungen aus neueren Studien der Jugendkulturforschung hin, die einen starken Event-Bezug für Kerngruppen dieser Szenen beschreiben (vgl. z.B. Hitzler/Bucher/ Niederbacher 2001).

Aktivität	Faktor-ladung	seltener oder nie	alle paar Wochen	einmal pro Woche	mehrmals pro Woche
fernsehen	,645	4,1	2,1	6,9	86,9
Musik hören	,558	3,7	2,5	4,4	89,4
Rock-/Popkonzerte besuchen	-,550	79,3	15,5	1,6	3,6

Schaubild 10: Klassische Medien (Items, Faktorladung und Häufigkeit in Prozent) (Frage 69j, e, f)

C Kulturkonsum und Informationsaneignung

Dieses Freizeitmuster Jugendlicher, das weitgehend mit einem 1996 von Silbereisen/Vaskovic/Zinnecker extrahierten Muster übereinstimmt, beinhaltet die Beschäftigungen *Bücher lesen, schreiben, Musik machen, Theater, Museen, Ausstellungen und klassische Konzerte besuchen* und *lernen bzw. sich beruflich weiterbilden* (vgl. Schaubild 11). Damit sind die klassischen bildenden Freizeitaktivitäten bezeichnet (vgl. Krüger/Kötters 2000). Wohl aufgrund besserer kultureller Infrastruktur werden diese Aktivitäten insgesamt in Städten eher ausgeführt als in ländlichen Regionen. Dabei weist das Lernen für die Schule bzw. die berufliche Weiterbildung bei Berufsschülerinnen und –schülern die geringste Faktorladung, jedoch die meisten positiven Nennungen auf. *Lernen* gehört für einen Großteil der Jugendlichen auch in die Freizeit. Für das Konstrukt ist das *Lernen* hingegen nicht so wesentlich. Die höchste Kommunalität im Faktor weist *Lesen* auf, auch hier gilt wieder: je größer die materiellen und individuellen Anforderungen, die aus dem Hobby hervorgehen, desto seltener wird es praktiziert. So lesen oder schreiben noch ca. ein Drittel der Befragten, während nur noch knapp 15 Prozent selbst musizieren. Gerade die nach ihrer Faktorladung zwei stärksten Aktivitäten im Profil sind Beschäftigungen, die man allein ausführt. Dies könnte auf eine geringe Zahl von Gleichaltrigenkontakten in der Freizeit hindeuten. Generell gilt für diese Beschäftigungen, dass sie von Gymnasiasten häufiger ausgeführt werden als von Sekundar- und Berufsschülern (vgl. auch Silbereisen/Vascovic/Zinnecker 1996). Dies verschärft die bereits konstatierten Vorteile der Gymnasiasten gegenüber ihren weniger bildungsorientierten Altersgenossen.

Aktivität	Faktor-ladung	seltener oder nie	alle paar Wochen	einmal pro Woche	mehrmals pro Woche
Bücher lesen	,570	41,9	23,2	14,7	20,2
Briefe/ Tagbuch/Gedichte schreiben	,542	49,5	17,2	11,6	21,7
ein Instrument spielen/ Musik machen	,534	77,6	6,3	6,6	9,5
Theater/Museen/ Ausstellungen/ klassische Konzerte	,468	76,7	19,2	3,0	1,2
lernen für die Schule/ beruflich weiterbilden	,457	14,2	12,1	27,0	46,7

Schaubild 11: Kulturkonsum und Informationsaneignung (Items, Faktorladung und Häufigkeit in Prozent) (Frage 69n, o, d, s, p)

D. Sozialkontakte und Vergnügen

Geselligkeit und Spaß sind die zentralen Inhalte dieses Freizeitmusters. Das Profil ähnelt inhaltlich einem von Silbereisen/Vaskovic/Zinnecker (1996) beschriebenen Muster. Dazu gehört zunächst das *Zusammensein mit dem Partner oder der Partnerin* mit der höchsten Faktorladung im Profil und einer ausgesprochen hohen Beliebtheit unter den Jugendlichen. Ca. drei Viertel der Befragten, darunter deutlich mehr Mädchen, geben an, mindestens einmal pro Woche ihre Freizeit mit ihrem Freund bzw. ihrer Freundin zu verbringen. Mit *Freunden telefonieren* ist noch beliebter und auch die Bedeutung der Aktivität im Faktor ist ähnlich hoch. Des weiteren umfasst das Konstrukt das *"herumhängen auf der Straße"* und den Besuch von *Diskos und Parties.* Beiden Beschäftigungen gehen die Befragten deutlich seltener nach als den beiden erstgenannten und auch ihre Bedeutung für den Faktor ist geringer, doch deuten beide Aktivitäten in Richtung auf eine Freizeit mit einer Vielzahl von Gleichaltrigenkontakten, d.h. auf einen festen und stark frequentierten Freundeskreis hin. Gymnasiasten, die sich in ihrer Freizeit öfter als andere Jugendliche mit Neuen Medien und mit ihrer persönlichen Bildungslaufbahn befassen, sind weniger an Geselligkeit und Vergnügen interessiert.

Aktivität	Faktor-ladung	seltener oder nie	alle paar Wochen	einmal pro Woche	mehrmals pro Woche
mit meiner/m festen Freundin zusammensein	,650	18,2	5,9	10,6	65,3
mit Freunden telefonieren	,636	10,0	8,0	13,8	68,2
auf der Straße rumhängen	,590	43,7	12,5	12,9	30,9
zur Disko/auf Parties gehen	,563	27,8	38,0	25,6	8,6

Schaubild 12: Sozialkontakte und Vergnügen (Items, Faktorladung und Häufigkeit in Prozent) (Frage 69 h, g, a, u)

E. Auseinandersetzung mit Politik

Zu einer politikorientierten Freizeit, so die These bei der Entwicklung der Bezeichnungen dieser das Thema unserer Untersuchung aufgreifenden Freizeitbeschäftigungen, gehört einerseits der Konsum von Medienbeiträgen über politische Themen und andererseits die Diskussion über politische Entscheidungen und Standpunkte. Dass beides zusammengehört, zeigt dieser durch beide Items hoch repräsentierte und trotz der geringen inhaltlichen Besetzung durch nur zwei Aktivitäten auch im Modell sehr starke Faktor. Ausgeübt werden beide Aktivitäten insgesamt eher selten, wobei die Aufnahme von Informationen über politische Entwicklungen seltener ausgeführt wird als die Auseinandersetzung über politische Fragen. Dieser Zusammenhang legt die Vermutung nahe, dass eine intensive Auseinandersetzung mit politischen Themen in der Freizeit mit einem hohen politischen Engagement im Kontext von Schule, Organisationen und protest- bzw. politikorientierten jugendkulturellen Szenen einhergeht. Bei älteren Jugendlichen nimmt die Auseinandersetzung mit Politik mehr Zeit in Anspruch als bei jüngeren Altersgruppen. Darüber hinaus ist die Auseinandersetzung mit Politik an Gymnasien verbreiteter als an Sekundarschulen. Zwischen Jungen und Mädchen gibt es interessanterweise keine Differenzen in der Häufigkeit der Auseinandersetzung mit politischen Themen und Ereignissen. Vor dem Hintergrund eines höheren politischen Engagements von Mädchen in der Schule und ähnlicher Aktivitätsgrade männlicher und weiblicher Organisations- und Vereinsmitglieder muss dann gefragt werden, ob das wesentlich niedrigere politische Interesse, das Mädchen immer wieder artikulieren, nicht weniger als Indiz für eine geringere faktische politische Beteiligung von Mädchen als vielmehr als unterschiedliche Form der Selbstbeschreibung gedeutet werden muss (für eine konkurrierende Interpretation vgl. Reinhardt/Tillmann, Kap.2 in diesem Band).

Aktivität	Faktor-ladung	seltener oder nie	alle paar Wochen	einmal pro Woche	mehrmals pro Woche
Politiksendungen ansehen/anhören	,852	70,4	15,6	9,3	4,9
über Politik diskutieren	,850	16,7	44,8	27	11,5

Schaubild 13: Auseinandersetzung mit Politik (Items, Faktorladung und Häufigkeit in Prozent) (Frage 69r, v)

F. Konsum und Entspannung

Das am stärksten ladende Item in diesem Faktor steht für den *Einkaufs- oder Schaufensterbummel*. Damit ist klar die inhaltliche Richtung des Faktors auf Konsum bzw. die gezielte Wahrnehmung und Selektion von Konsumgütern bestimmt. Auch die zweite zum Profil gehörende Aktivität, der *Kinobesuch*, ist durch die massenmediale Vermittlung von Kinofilmen und die finanziellen Voraussetzungen, die auf der Seite des Einzelnen daran gebunden sind, als konsumorientiert zu bezeichnen. Auf der anderen Seite zählen Kinobesuche in unserer Gesellschaft zum Bereich der Entspannung und Erholung von Arbeit bzw. Schule. In diese Richtung weist auch die dritte in den Faktor eingehende Beschäftigung: *allein ausspannen*. Deshalb ist der Faktor zweidimensional benannt. Kinobesuche und Ausspannen allein werden, wiederum nach dem beschriebenen Gesetz von der Ressourcenintensität, von den Jugendlichen häufiger ausgeführt als Einkaufs- und Schaufensterbummel. Die Bedeutung der Beschäftigungen nimmt mit steigendem Alter deutlich zu. Jugendliche, die wie Berufsschüler bereits über eigene Einnahmequellen verfügen, sind hier aktiver als jüngere Jugendliche. Insgesamt sind Konsum und Entspannung, wohl in erster Linie wegen dem Mangel an Kinos und Einkaufsgelegenheiten, in Städten stärker verbreitet als auf dem Land. Übrigens unterscheiden sich Mädchen und Jungen in der Ausübung dieser Freizeitaktivitäten nicht wesentlich voneinander.

Aktivität	Faktor-ladung	seltener oder nie	alle paar Wochen	einmal pro Woche	mehrmals pro Woche
Einkaufs-/Schaufensterbummel machen	,713	70,1	18,7	7,8	3,4
ins Kino gehen	,593	12,3	48,7	13,9	5,1
ganz für sich allein sein und ausspannen	,590	17,9	25,3	34,3	22,5

Schaubild 14: Konsum und Entspannung (Items, Faktorladung und Häufigkeit in Prozent) (Frage 69w, t, x)

G. Zeit in Institutionen

Unter der Bezeichnung institutionenorientierte Freizeit fassen wir die beiden auf den ersten Blick sehr gegensätzlich anmutenden Freizeitbeschäftigungen einen *Gottesdienst besuchen* und *Beiträge für altersgruppenspezifische Zeitungen schreiben*. Beide Aktivitäten sind unter den von uns befragten Jugendlichen nicht besonders beliebt. Ca. 90 Prozent der Schülerinnen und Schüler geben an, beides seltener als alle paar Wochen bzw. nie zu tun. Gemeinsam ist beiden Aktivitäten die Voraussetzung der relativ engen Bindung an Organisationen, zum einen die Kirche, zum anderen im Regelfall die Schule. Es ist also davon auszugehen, dass die Jugendlichen, die diese Aktivitäten oft ausüben, insgesamt ein stark organisiertes Freizeitleben führen. Darauf deutet auch hin, dass Jugendliche auf dem Land mehr Zeit mit diesen Tätigkeiten verbringen.

Aktivität	Faktor-ladung	seltener oder nie	alle paar Wochen	einmal pro Woche	mehrmals pro Woche
zum Gottesdienst/zur Messe gehen	,799	88,5	6,2	4,2	1,1
Beiträge für eine Schüler-/Jugendzeitung schreiben	,652	92,0	4,3	2,4	1,3

Schaubild 15: Zeit in Institutionen (Items, Faktorladung und Häufigkeit in Prozent) (Frage 69y, z)

H. Bewegung und Sport

Abschließend ergibt sich noch ein ebenfalls aus nur zwei Aktivitäten beste-hendes Freizeitprofil, dass auf Mobilität und physische Bewegung abzielt. Dazu zählen zum Ersten *sportliche bzw. fitnessbezogene Freizeitbeschäfti-gungen*, die von einem Großteil der Befragten regelmäßig praktiziert werden und von höherer Bedeutung für den Faktor sind. Zum Zweiten gehören dazu die ressourcenintensiveren Aktivitäten des *Auto, Fahrrad oder Moped Fah-rens*. Gerade letztere Beschäftigungen sind nach wie vor stark männlich be-setzte Domänen des Freizeiterlebens. Diese Aktivitäten gewinnen mit zu-nehmendem Alter der Jugendlichen an Bedeutung. Außerdem sind sie in ländlichen Regionen verbreiteter als im städtischen Raum.

Aktivität	Faktor-ladung	seltener oder nie	alle paar Wochen	einmal pro Woche	mehrmals pro Woche
Sport treiben/Fitness/Sauna	,704	33,5	16,0	17,8	32,7
Auto/Moped/Fahrrad repa-rieren und damit in der Ge-gend herumfahren	,625	51,4	10,3	9,2	29,1

Schaubild 16: Sport und Bewegung (Items, Faktorladung und Häufigkeit in Prozent) (Frage 69b, i)

Die hier beschriebenen 8 Profile jugendlichen Freizeitlebens deuten bereits auf eine große Vielfalt von ausgeführten Beschäftigungen in der Zeit nach der Schule hin. Unter den Freizeitprofilen finden sich dabei mit den musisch-kulturell-bildenden sowohl den traditionellen Beschäftigungen als auch z.B. mit den medienzentrierten Aktivitäten des ersten Musters solche, die aus Entwicklungen in den letzten Jahren resultieren. Damit können wir davon ausgehen, die Komplexität jugendlichen Freizeitverhaltens relativ realitäts-nah abgebildet zu haben.

Die Freizeitprofile im Zusammenhang betrachtet, lassen sich wiederum Muster feststellen. Die größte Ähnlichkeit in der Bewertung durch die Ju-gendlichen besteht zwischen den eher selten ausgeführten Aktivitäten hinter den Faktoren politikorientiertes und kulturell-musisch-bildendes Freizeitpro-fil (r=0.294). Jugendliche, die eher kulturkonsumierenden und bildenden Ak-tivitäten in ihrer Freizeit nachgehen, setzten sich auch nach der Schule mit Politik auseinander und umgekehrt. Des weiteren besteht eine hohe Korrela-tion zwischen den am häufigsten frequentierten Profilen, der Nutzung traditi-oneller Medien und dem Zusammensein mit Gleichaltrigen in der Freizeit

(r=0.210). Überschneidungen gibt es letztlich auch zwischen den drei Beschäftigungen mit Neuen und Traditionellen Medien sowie konsum- und ent-
spannungsorientierten Aktivitäten.

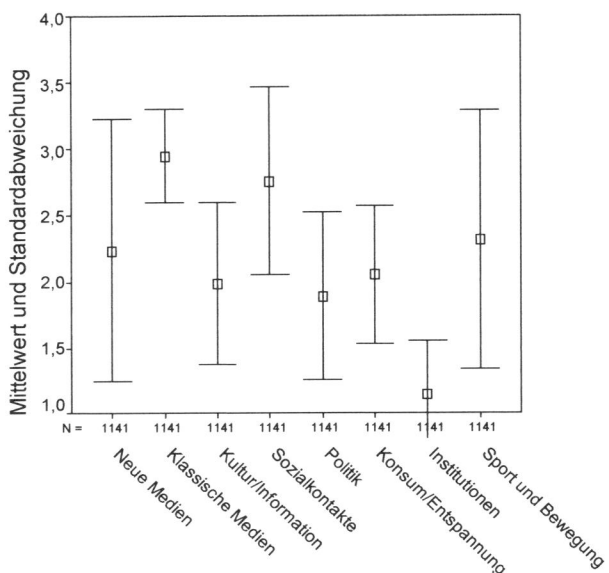

Schaubild 17: Mittelwerte und Standardabweichung der Freizeitprofile im Überblick
(1=geringe Häufigkeit, 4=große Häufigkeit)

Die Gegenüberstellung der aufgefundenen Freizeitprofile in Schaubild 17
zeigt, dass die Nutzung der traditionellen Massenmedien Radio und Fernsehen unter den Jugendlichen die höchste Präferenz genießt bzw. am häufigsten
praktiziert wird. Die geringe Standardabweichung (repräsentiert durch den
Balken) des Summenscores deutet darauf hin, dass sich die Jugendlichen in
ihrem Urteil über diese Form der Aktivitäten recht einig sind. Am zweithäu-
figsten werden von den befragten Schülerinnen und Schülern die Freizeitaktivitäten ausgeführt, die hier unter dem Stichwort Soziale Kontakte und Vergnügen zusammengefasst sind. Dieses Ergebnis bestätigt die in der jüngeren
Jugendforschung beschriebene Tendenz von der steigenden Bedeutung der
Gleichaltrigengruppe (Fritzsche 1997, 2000b). Auch unsere Daten zu den
Freizeitpartnern von Jugendlichen deuten auf einen hohen Stellenwert der
Gleichaltrigengruppe hin. Dem gehen wir im nächsten Abschnitt nach. Bedeutsam sind, zumindest für einen Teil der Befragten, weiterhin die sportlichen bzw. bewegungsbezogenen Aktivitäten, sowie auch die Auseinandersetzung mit den neuen Medien, d.h. mit PC und Internet als Arbeits- und Spiel-
mittel. Erstaunlich ist zunächst die geringe Bedeutung der konsum- und ent-

168

spannungsorientierten Freizeitbeschäftigungen, sie wird jedoch erklärbar zum einen über die sozioökonomischen Bedingungen von Jugend in Sachsen-Anhalt und zum anderen über das Alter der Befragten, die zu einem Großteil noch nicht über eigene Einnahmequellen verfügen. Insgesamt nur wenig Zeit verbringen die Jugendlichen in der Auseinandersetzung mit bzw. über Kunst, Musik und Kultur. Politik ist, das ist weithin bekannt, kein beliebtes Thema unter Jugendlichen. Nur eine Minderheit der befragten Schülerinnen und Schüler befasst sich in der Freizeit mit politischen Themen und Entscheidungen. Weit abgeschlagen, also fast gar nicht frequentiert werden der Besuch religiöser Veranstaltungen und die Mitwirkung an Schüler- und Jugendzeitungen.

6.3.2 Freizeit und politische Kommunikation in der Gleichaltrigengruppe

Sozialkontakte mit Gleichaltrigen sind ein wesentlicher, wenn nicht der wichtigste, Freizeitbereich für Jugendliche. Das hat auch unsere Auswertung zu den freien Aktivitäten von Jugendlichen in Sachsen-Anhalt gezeigt. In der Jugendforschung gilt die Peer-Sozialisation neben den klassischen Sozialisationsfeldern Familie und Schule als Ort des selbstständigen „Statuserwerbs" und des „Lebensstilarrangements" (vgl. z.B. Schröder 1995; du Bois-Reymond 2000). „Peers eröffnen ohne formelle Organisationsformen und Verwaltungsstrukturen (Antragsformulare, Monatsbeiträge, Mitgliedsbücher etc.) , (...) vielen Jugendlichen in sozialkultureller Hinsicht kompetente Teilnahme- und Selbstverwirklichungschancen." (Ferchhoff 1999, S. 217). Insofern sind Gleichaltrigengruppen durchaus immer auch partizipative Räume informeller Natur, die nicht nur „Partypartizipation", sondern auch das Austragen von Interessenkonflikten beinhalten (ebd., S. 247). Neuere Theorien über die zunehmende Bedeutung des Lernens in Peer-Kontexten weisen darauf hin, dass die Gleichaltrigengruppe in den letzten Jahrzehnten für die Entwicklung im Jugendalter gegenüber traditionellen Lernformen und Lernarrangements enorm an Bedeutung gewonnen hat (vgl. du Bois-Reymond 2000). So wird bspw. der Gleichaltrigengruppe eine besondere Bedeutung bei der Entwicklung von gewaltaffinen Orientierungen und Verhaltensweisen beigemessen (vgl. z.B. Grundmann/Pfaff 2000). Und auch im Bereich der Ausbildung jugend- und jugendsubkultureller Orientierungen sind Gleichaltrigengruppen in der persönlichen Umgebung von Jugendlichen ein wesentlicher Sozialisationsfaktor (vgl. z.B. Baake/Ferchhoff 1993; Ferchhoff 1999). Damit gewinnt die Gleichaltrigengruppe insbesondere auch für die politische Sozialisation von Jugendlichen an Bedeutung. Gerade vor dem Hintergrund von 6 Prozent Jugendlicher, die sich hier in Sachsen-Anhalt selbst der rechten Jugendkultur der Skinheads zurechnen (vgl. Abschnitt 3 in diesem Band) – genauso viele engagieren sich, wie gezeigt wurde, in politischen und sozialen

Organisationen – muss der Gleichaltrigengruppe als Raum der politischen Kommunikation verstärkte Aufmerksamkeit gewidmet werden.

Fragt man danach, wer für die Schülerinnen und Schüler in Sachsen-Anhalt die häufigsten Freizeitpartner sind, so ergibt sich folgendes Bild (vgl. Schaubild 18): Der größte Teil der befragten Jugendlichen (ca. 75%) verbringt den überwiegenden Teil seiner Freizeit mit dem/der besten Freund/in. Fast genauso viele treffen sich nach der Schule zumeist mit irgendeinem/r Freund/in (ca. 68%). Weitaus weniger SchülerInnen verbringen mehrmals in der Woche ihre Zeit außerhalb der Schule in Cliquen, wobei zumindest in diesem Bereich das Zusammensein mit Jugendlichen, die nicht in die eigene Klasse gehen (ca. 50%), gegenüber der Freizeit mit MitschülerInnen (ca. 28%) bevorzugt wird. 25 Prozent der befragten Schülerinnen und Schüler insgesamt geben an, ihre Freizeit seltener als einmal pro Woche oder nie in einer Clique zu verbringen. Ablehnend äußert sich der größte Teil der Befragten zum Zusammensein mit den Eltern. Ca. die Hälfte der Jugendlichen ist jedoch mindestens einmal in der Woche nachmittags mit den Eltern zusammen. Entsprechend wenige Heranwachsende verbringen ihre Freizeit allein, nur ein Drittel der Befragten tut dies einmal pro Woche oder öfter.

Freizeitpartner	täglich	mehrmals pro Woche	einmal pro Woche	seltener oder nie
Ich treffe mich mit meiner besten Freundin/meinem besten Freund.	34	42	14	10
Ich treffe mich mit dem/der einen oder anderen Freund oder Freundin.	20	48	20	12
Ich treffe mich mit meiner Clique, die aus Mädchen und Jungen besteht, die vorwiegend nicht in meiner Schulklasse sind.	21	30	15	34
Ich treffe mich mit meiner Clique, die aus Mädchen und Jungen meiner Schulklasse besteht.	10	17	14	59
Ich verbringe meine Freizeit allein.	3	16	13	68
Ich verbringe meine Freizeit mit meinen Eltern.	4	18	27	51

Schaubild 18: Freizeitpartner in Prozent (sortiert nach Bedeutung der Freizeitpartner) (Frage 65: „Bitte geben Sie an, mit wem Sie Ihre Freizeit verbringen.")

Zwischen den beiden beliebtesten Gruppen bevorzugter Freizeitpartner bestehen große Überschneidungen (r=0.45), d.h., wer in seiner Freizeit oft mit dem/der besten Freund/in zusammen ist, gibt gleichfalls überdurchschnittlich oft an, seine Nachmittage bzw. die Wochenenden häufig mit irgendeinem/r Freund/in zu verbringen. Es liegt der Schuss nahe, dass hier eine Gruppe von SchülerInnen beschrieben werden kann, die das Zusammensein mit einzelnen Freunden und Freundinnen gegenüber der Mitgliedschaft in Cliquen bevorzugt. Es zeigt sich jedoch, dass es auch zwischen dem Zusammensein mit einzelnen Freunden und dem Treffen mit einer Clique signifikante Überschneidungen gibt (0.12<r<0.25). Dabei sind die Korrelationen im Bereich der schulklassenexternen Cliquen deutlich höher (0.23<r<0.25). Demgegenüber geben die SchülerInnen, die in ihrer Freizeit oft allein sind, überdurchschnittlich oft an, am Nachmittag mit ihren Eltern zusammen zu sein (r=0.21). Diese Jugendlichen verbringen ihre Freizeit kaum mit einzelnen Freunden oder gar mit Cliquen. Die Zusammenhangsanalyse legt damit die Hypothese nahe, dass zwischen stark und wenig peerorientierten Jugendlichen unterschieden werden kann.

Teilt man die befragten Jugendlichen nach der Häufigkeit ihres Zusammenseins mit Gleichaltrigen in Gruppen ein, so zeigt sich der bekannte Befund, nachdem Mädchen weniger peerorientiert sind als Jungen. Darüber hinaus können wir feststellen, dass die Häufigkeit des Zusammenseins mit Gleichaltrigen mit steigendem Urbanisierungsgrad abnimmt. Als Erklärung dafür bieten sich das größere Angebot an kommerziellen und institutionalisierten Freizeitangeboten und der höhere Individualisierungsgrad auch unter Jugendlichen in Städten an. In ländlichen Regionen scheinen traditionelle soziale Bindungen noch stärker zu greifen als im städtischen Raum. Interessant sind in diesem Zusammenhang Schulformdifferenzen. So sind Sekundarschüler in ihrer Freizeit häufiger mit Gleichaltrigen zusammen als Berufsschüler und auch als Gymnasiasten. Letzteres gilt unabhängig vom Alter der Befragten und kann vor allem mit der, wie wir gezeigt haben, deutlich höheren institutionellen Einbindung der Gymnasiasten erklärt werden. Häufig regelmäßige Peerkontakte haben vor allem die jüngeren Befragten, mit steigendem Alter verliert die Peergroup als Freizeitpartner an Bedeutung.

Die stärkste Peerorientierung weisen Jugendliche auf, die sich als Angehörige rechter jugendlicher Subkulturen verstehen. Jugendliche, die sich hingegen einer der Neuen Sozialen Bewegungen Friedens-, Frauen- oder Umweltschutzgruppen zuordnen und Heranwachsende, die sich keiner der gegenwärtig verbreiteten Jugendkulturen und jugendlichen Subkulturen zugehörig fühlen, verbringen ihre Freizeit häufiger als ihre Altersgenossen allein. Dieses Ergebnis lässt Schlussfolgerungen für die Relevanz der Gleichaltrigengruppe als Kommunikations- und Sozialisationsraum in der Auseinandersetzung mit Politik zu. Es kann vermutet werden, dass für Angehörige rechter Subkulturen die Peergroup eine große Bedeutung für die Behandlung politischer Themen und die politische Meinungsbildung hat, wohingegen Jugendliche, die gesellschaftskritische politische Ziele verfolgen, ihre Orientierungen und politischen Kenntnisse aus anderen Quellen als der Gleichaltrigengruppe zu speisen scheinen. Dem wollen wir im weiteren nachgehen und dabei folgende Fragen beantworten: Ist Politik Thema der Kommunikation in Gleichaltrigengruppen und welche Bedeutung messen Jugendliche ihren Freunden beim Erwerb ihrer politischen Kenntnisse bei?

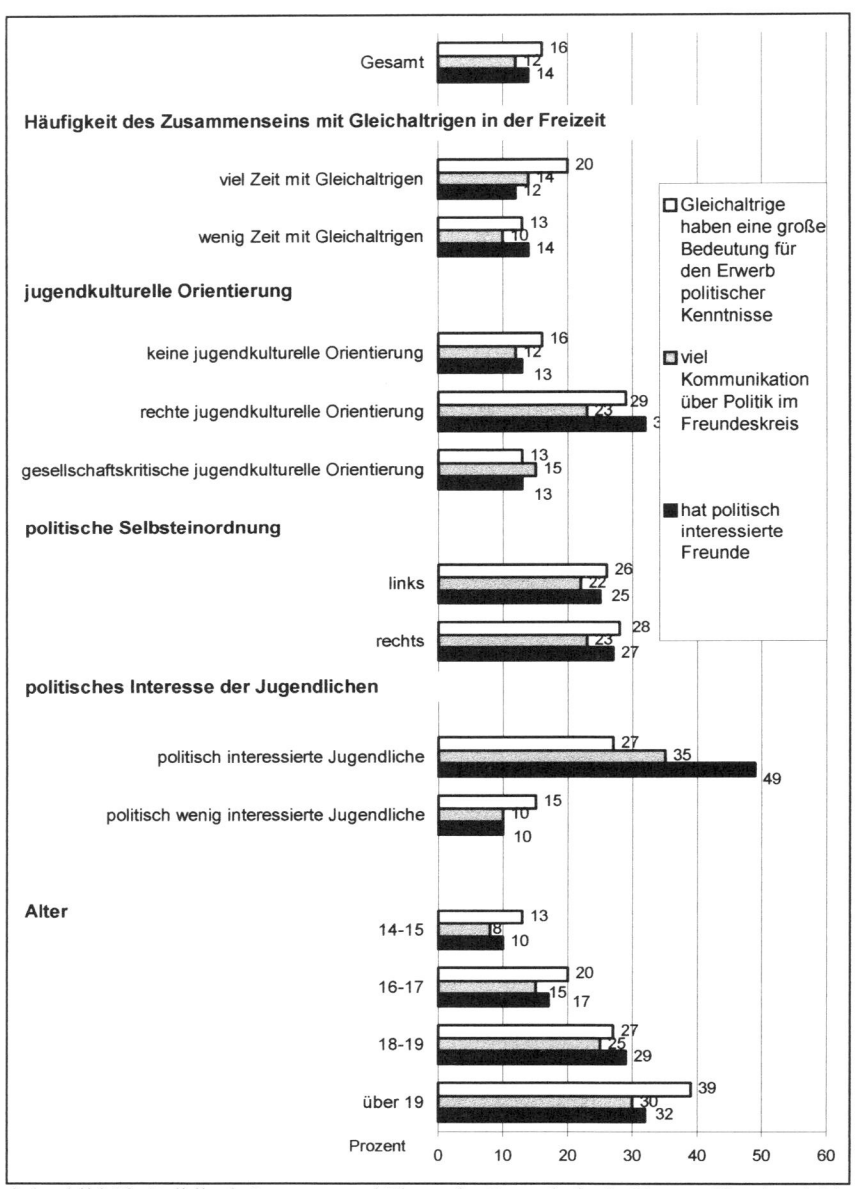

Schaubild 19: Politik als Interesse und Thema im Freundeskreis (Fragen 62c, d und 64 a-d) und Bedeutung der Peergroup als Quelle politischer Kenntnisse von Jugendlichen (Frage 3j, k, l) nach einigen Differenzierungsfaktoren

Die Peergroup und der eigene Freundeskreis sind als Kommunikationsraum für politische Themen und für den Erwerb politischer Kenntnisse nicht für alle Jugendlichen gleich bedeutsam (vgl. Schaubild 19). Insgesamt misst etwa jeder sechste Jugendliche der Gleichaltrigengruppe eine große Relevanz für den Erwerb politischer Kenntnisse bei, etwas weniger Schüler haben politisch (sehr oder ziemlich) interessierte Jugendliche in ihrem Freundeskreis und noch weniger diskutieren mit ihren Freunden oft über politische Themen. Die Häufigkeit von Gesprächen über politische Themen steigt mit der Zahl der politisch interessierten Freunde an und je politisch interessierter der Freundeskreis ist und je häufiger dort über Politik diskutiert wird, als desto bedeutsamer schätzen die Jugendlichen auch die Peergroup als Faktor der politischen Wissensbildung ein.

Die Häufigkeit des Zusammenseins mit Gleichaltrigen spielt dagegen kaum eine Rolle für deren Bedeutung als Kommunikationspartner über Politik oder für die Relevanz der Peergroup als Ort des Erwerbs politischen Wissens. Jugendliche, die wenig Zeit mit Gleichaltrigen verbringen, geben sogar signifikant häufiger als ihre stark peerorientierten Altersgenossen an, ihre politischen Kenntnisse in Gesprächen mit Gleichaltrigen zu erwerben. Viel wesentlicher als die Tatsache, wie viel Zeit Jugendliche mit ihren Freunden verbringen, scheint die jugendkulturelle Orientierung der Heranwachsenden zu sein. Schaubild 19 zeigt, dass insbesondere für Jugendliche mit rechten subkulturellen Orientierungen die Peergroup im Sinne des eigenen Freundeskreises wesentlicher Kommunikationsraum und Lernort für die Auseinandersetzung mit Politik ist. Fast jeder dritte Angehörige von Skins, Faschos oder Neonazis hat politisch interessierte Freunde und gibt an, sein politisches Wissen aus Gesprächen im Freundeskreis zu beziehen. Diese Schüler diskutieren auch signifikant häufiger als ihre Altersgenossen im Freundeskreis über Politik. Dies bedeutet, dass rechte subkulturelle Orientierungen zumindest zum Teil ihren Ursprung im Peerkontext haben. Wenn jeder dritte Angehörige einer rechten Jugendkultur im Bundesland Sachsen-Anhalt meint, seine politischen Kenntnisse aus Gesprächen im Freundeskreis zu beziehen, dann markiert dies u.E. großen Handlungsbedarf für Maßnahmen und Institutionen der politischen Bildung. Für die politische Sozialisation und Beschäftigung mit politischen Inhalten von Jugendlichen, die sich selbst keiner Jugendkultur zurechnen, und, wie vermutet, auch für die Angehörigen gesellschaftskritischer Jugendkulturen hat die Gleichaltrigengruppe demgegenüber nur durchschnittliche Bedeutung. Wenngleich letztere etwas häufiger als der Durchschnitt der Befragten im Freundeskreis über Politik diskutieren, messen sie Gesprächen mit Gleichaltrigen nur wenig Bedeutung für den Erwerb ihrer politischen Kenntnisse bei. Daraus kann geschlossen werden, dass diese Jugendlichen ihre politischen Orientierungen und Wissensbestände in anderen Kontexten erwerben, wie zum Beispiel aus den Medien, in der Schule und in Institutionen der Gesellschaftskritik.

Besondere Bedeutung hat die Gleichaltrigengruppe wiederum für die Jugendlichen, die sich selbst den politischen Extremen bzw. Polen rechter und linker politischer Orientierung zuordnen. Wie schon für die Angehörigen rechter Subkulturen gezeigt, scheinen gefestigte politische Einstellungen im Jugendalter zu einem nicht unwesentlichen Teil eng mit einem entsprechenden Gleichaltrigenkontext verbunden zu sein. Für Jugendliche, die sich keinem der beiden Pole zuordnen oder nur in eine Richtung tendieren, hat die Gleichaltrigengruppe viel weniger die Funktion des Kommunikationsraums und Lernorts über Politik. Jugendliche mit festen politischen Einstellungen bewegen sich demgegenüber scheinbar gerade auch in Gleichaltrigengruppen, die diese politischen Orientierungen teilen.

Der wichtigste Differenzierungsfaktor für das Vorkommen politischer Kommunikation im Freundeskreis ist jedoch das individuelle politische Interesse der befragten Jugendlichen. Von den politisch interessierten Jugendlichen hat jeder Zweite auch politisch interessierte Freunde und jeder Dritte diskutiert oft im Freundeskreis über politische Themen. Damit gilt auch für die Heranwachsenden mit einem großen Interesse für Politik, was für „rechte" und „linke" Jugendliche bezogen auf ihre Einstellungen zutrifft: die Interessen im Freundeskreis stimmen weitgehend überein. Gleichaltrigengruppen können damit bezogen auf das Interesse für Politik bzw. auf konkrete politische Orientierungen als selektiv bezeichnet werden. Politisch interessierte Jugendliche messen trotz der hohen Bedeutung der Peergroup als Ort der Kommunikation über politische Themen dem Freundeskreis insgesamt nicht mehr Bedeutung für den Erwerb ihrer politischen Kenntnisse bei als bspw. die Angehörigen rechter Subkulturen. Die Gründe hierfür liegen auf der Hand. Wer sich insgesamt für Politik interessiert, nutzt wahrscheinlich eine Vielzahl von Informationsquellen für den Wissenserwerb in seinem Interessengebiet.

Ein letzter bedeutsamer Effekt, den wir hier behandeln wollen, ist das Alter der Befragten. Mit steigendem Alter der Jugendlichen wächst trotz, wie festgestellt, sinkender Bedeutung Gleichaltriger als Freizeitpartner, die Bedeutung der Peergroup als Ort der Kommunikation über Politik und auch als Raum des Erwerbs politischer Kenntnisse. Gleichzeitig steigt sowohl das individuelle politische Interesse der Jugendlichen, wie auch die Zahl politisch interessierter Freunde mit zunehmendem Alter kontinuierlich an. Unabhängig von diesem Alterseffekt gibt es, dies ist interessant und unerwartet, keine Differenzen zwischen Schülern an verschiedenen Schulformen oder in unterschiedlichen Bildungsgängen. Während das individuelle politische Interesse ganz deutliche Bildungsniveauspezifika aufweist, ist das politische Interesse der gleichaltrigen Freunde nicht abhängig von der besuchten Schulform der Jugendlichen. Ebenso zeigen sich in der Häufigkeit der Kommunikation über Politik im Freundeskreis keine Unterschiede zwischen den Bildungsgängen. Dies weist darauf hin, dass Jugendliche zwischen 14 und 18 Jahren ihren Freundeskreis noch über Bildungsunterschiede hinweg und damit wenig sozial selektiv auswählen und dass die Frage, ob Politik zwischen Gleichaltrigen zum Thema wird oder nicht, eher vom Interesse der Beteiligten abhängt als vom Bildungsniveau der Befragten. Über Inhalte der politikbezogenen Kommunikation zwischen Jugendlichen können wir hier keine Aussage treffen. Dies müssen letztlich qualitative Untersuchungen klären, die bislang noch ausstehen. Wir schließen die Betrachtungen zum politischen Lernen und zur Kommunikation über Politik in der Gleichaltrigengruppe an dieser Stelle ab und wollen abschließend fragen, ob die Behandlung politischer Inhalte allein oder im Freundeskreis für Jugendliche in Sachsen-Anhalt eine Alternative oder Ergänzung zur politischen Bildung und Beteiligung in Institutionen darstellt.

6.4 Zum Verhältnis von institutionalisierter Freizeit und Freier Zeit – ein Fazit

In aktuellen Studien zum Freizeitverhalten von Kindern und Jugendlichen wird der Bedeutung der Freizeitgestaltung als Faktor sozialer Selektions- und Separationsprozesse besondere Aufmerksamkeit geschenkt (vgl. z.B. Fuhs 1996, Silbereisen/Vascovic/Zinnecker 1996, Fritzsche 1997, Krüger/Kötters 2000). Empirische Untersuchungen haben immer wieder frappierende Unterschiede im Freizeitverhalten von Kindern und Jugendlichen aus verschiedenen sozialen und Bildungsmilieus zutage gefördert. So sind Jugendliche aus gehobenen Bildungs- und Berufsschichten stärker in Vereine und Organisationen eingebunden, nutzen ihre Freizeit gezielter zur selbständigen Gestaltung ihrer Bildungslaufbahn und für ihre persönliche Entwicklung (vgl. Fuhs 1996). Versteht man die individuelle Bildungsaspiration der Jugendlichen als Indikator der Zugehörigkeit zu Bildungsmilieus, dann haben sich die Befunde in unseren Ergebnissen bislang bestätigt. Es hat sich gezeigt, dass Gymnasiasten stärker in Freizeitgruppen in der Schule und in Vereine, Organisationen und soziale und ökologische Bewegungen eingebunden sind als Sekundarschüler, dabei partizipieren sie in beiden Institutionen stärker an Entscheidungen, engagieren sich stärker innerhalb organisatorischer Strukturen und übernehmen eher selbst Verantwortung. In der Betrachtung der freien Aktivitäten deutet sich darüber hinaus an, dass Schülerinnen und Schüler mit höherem Bildungsniveau auch öfter an kulturellen Ereignissen teilnehmen, sich in ihrer Freizeit bilden und häufiger ressourcenintensiven Freizeitbeschäftigungen nachkommen, wie z.B. sich mit Computer und Internet befassen, als ihre Altersgenossen. Dies spiegelt sich auch im Zusammensein mit Gleichaltrigen in der Freizeit der Jugendlichen wieder. Sekundarschüler sind stärker an der Peergroup orientiert und verbringen mehr Zeit mit Gleichaltrigen als Gymnasiasten.

Fragt man nun nach dem Verhältnis der Integration und Mitarbeit in Institutionen und freien Aktivitäten der Jugendlichen außerhalb von Schule, Vereinen und Organisationen im direkten Vergleich von stark und wenig institutionell engagierten Jugendlichen, dann verschärfen sich die Indizien für ein Verständnis von Jugendfreizeit als hochgradig selektivem Lebensbereich. Schaubild 20 zeigt die Häufigkeit der beschriebenen Betätigungsfelder im Bereich freier Aktivitäten für Jugendliche ohne Vereinsmitgliedschaften und Jugendliche, die innerhalb von Vereinen oder Organisationen Ämter innehaben sowie für Jugendliche mit geringen und großen Partizipationserfahrungen in der Schule an. Dabei fällt zunächst auf, dass die einzelnen Freizeitbeschäftigungen von allen Befragtengruppen tendenziell ähnlich bewertet werden.

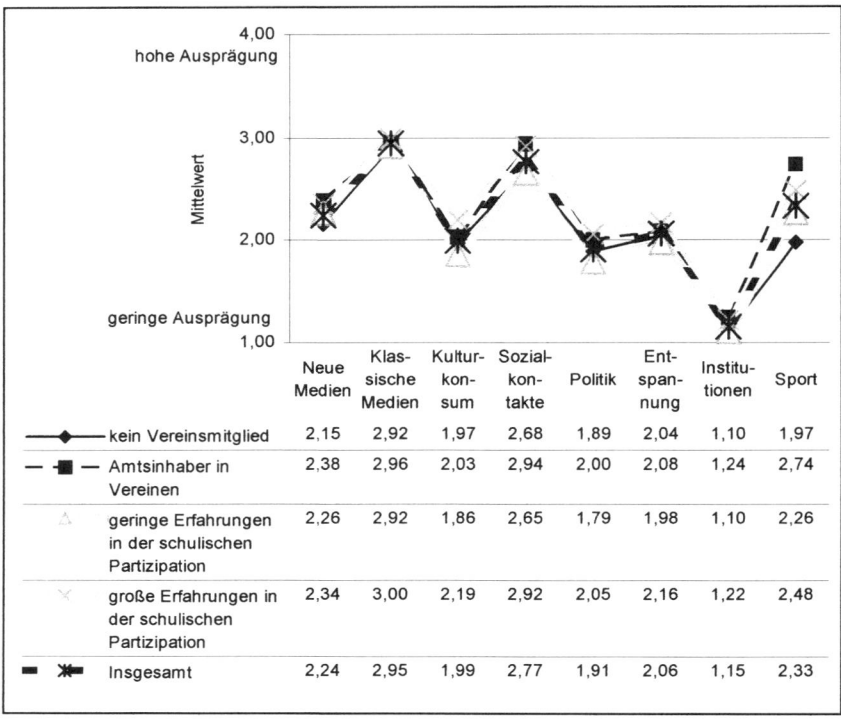

	Neue Medien	Klassische Medien	Kulturkonsum	Sozialkontakte	Politik	Entspannung	Institutionen	Sport
kein Vereinsmitglied	2,15	2,92	1,97	2,68	1,89	2,04	1,10	1,97
Amtsinhaber in Vereinen	2,38	2,96	2,03	2,94	2,00	2,08	1,24	2,74
geringe Erfahrungen in der schulischen Partizipation	2,26	2,92	1,86	2,65	1,79	1,98	1,10	2,26
große Erfahrungen in der schulischen Partizipation	2,34	3,00	2,19	2,92	2,05	2,16	1,22	2,48
Insgesamt	2,24	2,95	1,99	2,77	1,91	2,06	1,15	2,33

Schaubild 20: Freie Freizeitaktivitäten nach Engagement in Institutionen (der Lesbarkeit halber sind die Bezeichnungen der Freizeitbeschäftigungen hier abgekürzt dargestellt)

So ist die Rangfolge der Betätigungsbereiche in allen Gruppen etwa die gleiche: Am bedeutsamsten ist die Nutzung von Fernsehen und Radio, gefolgt von Sozialkontakten und Vergnügungsaktivitäten. Wichtig sind auch Sport und Bewegung, wohingegen die Auseinandersetzung mit den Neuen Medien sowie Informationsaneignung, Konsum und Entspannung und Politik im Leben der Jugendlichen weit weniger bedeutsam sind. Kaum Relevanz hat in diesem Zusammenhang das Leben in Institutionen, wie der Besuch des Gottesdienstes und die Mitarbeit an Schüler- oder Jugendzeitungen.

Dennoch unterscheiden sich stark und wenig in institutionellen Kontexten engagierte Jugendliche auch in ihren freien Freizeitaktivitäten deutlich voneinander. Am stärksten differieren die Gruppen in der Bewertung von sportlichen Aktivitäten. Vor dem Hintergrund, dass Sportvereine die meisten jugendlichen Mitglieder auf sich vereinen, werden diese Differenzen plausibel. Keine bedeutenden Differenzen zwischen den Gruppen gibt es demgegenüber im Umgang mit den klassischen Medien, Fernsehen und Radio sind im Leben aller Jugendlichen die bedeutendsten Informations- und Unterhaltungsquellen. Bei allen anderen Freizeitaktivitäten gilt jedoch, dass sie von in Vereinen und Organisationen sowie in den schulischen Partizipationsräumen engagierten Schülerinnen und Schülern deutlich häufiger ausgeführt werden als von Heranwachsenden, die wenig oder gar nicht in ihrer Freizeit in Institutionen engagiert sind. In besonderem Maße gilt dies für den Umgang mit Neuen Medien, für Informationsaneignung und Kulturkonsum und für Kontakte mit Gleichaltrigen. Jugendliche, die nicht an organisierten Freizeitangeboten teilnehmen und sich nicht in Institutionen sozial oder politisch engagieren, sind in ihrer Freizeit insgesamt weniger aktiv und gehen seltener als andere Schüler individuellen, selbstbezogenen und an eigenen Bedürfnissen orientierten Tätigkeiten nach. Dagegen ließe sich vermuten, dass diese Schüler häufiger als ihre Altersgenossen familialen und häuslichen Pflichten nachkommen müssen oder dass sie öfter als diese Nebenjobs ausüben.

Abschließend soll das Verhältnis von Partizipation und Engagement in Institutionen und die Beschäftigung von Jugendlichen mit Politik im Freundeskreis und allein näher bestimmt werden. Denn es liegt nahe, anzunehmen, dass organisierte Teilhabe an demokratischen Prozessen in der Schule, Vereinen oder Organisationen und die selbstständige Auseinandersetzung von Jugendlichen mit politischen Themen in der Freizeit allein oder im Freundeskreis nicht verschiedene Modi des Politiklernens in der Freizeit unterschiedlicher Gruppen Heranwachsender sind, sondern dass sich statt dessen eine Minderheit von Jugendlichen umfassend mit politischen Strukturen und Zusammenhängen vertraut machen kann, während die Mehrheit von ihnen in der Freizeit kaum mit Politik in Berührung kommt.

Die in Schaubild 21 dargestellten Zusammenhänge bestätigen diese Hypothese zunächst. Jugendliche, die Ämter in einem Verein oder einer Organisation innehaben, befassen sich in ihrer Freizeit und auch im Freundeskreis häufiger mit Politik als solche, die keine Funktionsträger in außerschulischen Institutionen sind. Und auch Erfahrungen in den Partizipationsgremien der Schule und mit schulischen Interessenkonflikten scheinen der Auseinandersetzung mit politischen Inhalten in der Freizeit und der Peergroup dienlich zu sein. Die Differenzen verschärfen sich, wenn man einmal beide institutionellen politischen Beteiligungsformen zusammenfasst und nur die Jugendlichen betrachtet, die sowohl über Amtserfahrung in Vereinen und Organisationen verfügen als auch in der schulischen Interessenvertretung mitgearbeitet haben. Von diesen Jugendlichen beschäftigen sich 17 Prozent in ihrer freien Zeit außerhalb von Institutionen mit Politik und über vierzig Prozent führen im Freundeskreis oft Gespräche über politische Themen. Diese Extremgruppe von Jugendlichen, die über reichhaltige Erfahrungen mit politischen Strukturen in Institutionen verfügen, umfasst in unserer Stichprobe 52 Jugendliche und damit ca. 4 Prozent der Befragten.

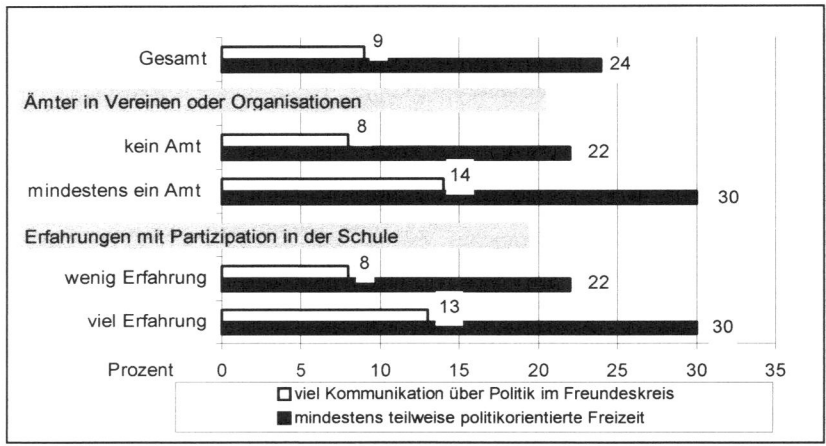

Schaubild 21: Auseinandersetzung mit Politik in der Freizeit nach Engagement in Institutionen

Die Antwort auf die im Titel aufgemachte Frage nach Prozessen der politischen Bildung im Freizeitleben von Jugendlichen muss also lauten: nur eine kleine Minderheit der Jugendlichen hat außerhalb des Unterrichts, der Teilnahme an Wahlen zur Schülervertretung in der Schule und der familialen Kommunikation (zu letzterem vgl. Kapitel 7 in diesem Band) kaum Kontakt mit politischen Themen, Inhalten und Prozessen. Eine große Gruppe von Heranwachsenden, die weder in der Schule noch in Vereinen oder Organisationen an politischen Entscheidungen und Interessenkonflikten teilhat, bleibt dagegen von der politischen Kommunikation in der Freizeit zu weiten Teilen ausgeschlossen. Wege in die Auseinandersetzung mit politischen Themen führen, wie gezeigt, über Partizipation und Engagement in Institutionen genauso wie über die Zugehörigkeit zu politisch orientierten Jugendkulturen und Gleichaltrigengruppen. Diese Wege gilt es weiter zu untersuchen und an diesen Pfaden muss politische Bildung ansetzen, will sie die soziale Ungleichheit bei der Entwicklung von politischen Kenntnissen und Kompetenzen von Jugendlichen abschwächen.

Catrin Kötters-König

7. Zur Bedeutung familialer Erfahrungen für die politische Aktivitätsbereitschaft von Jugendlichen

7.1 Einleitung

Politische Handlungsfähigkeit, Kennzeichen des politisch Mündigen, führt noch nicht notwendigerweise zu realen politischen Handlungen, d.h. politischer Aktivität. Erst das Vorhandensein einer politischen Aktivitätsbereitschaft kann neben anderen relevanten verhaltensbestimmenden Faktoren, wie zum Beispiel politischen Handlungsanlässen, gegebenenfalls in politische Aktivitäten münden, also verhaltensrelevant werden. Für die Entwicklung dieser Bereitschaft im Rahmen der politischen Sozialisation sind manifeste Prozesse der politischen Aktivierung in den jugendspezifischen Erfahrungsbereichen der Alltagswirklichkeit, zu denen insbesondere die politische Kommunikation in der Familie und das politische Interesse der Eltern zählen, maßgeblich.

Bereits in den 1970er Jahren hat sich Gerhard Schulze (1977) mit dieser Beziehung zwischen politischer Aktivitätsbereitschaft und Alltagswirklichkeit befasst. Seine Studie basierte auf einer Befragung von etwa 1.100 Gymnasiasten und Lehrlingen. *Alltagswirklichkeit* ist für ihn „alles, was ein Mensch in seiner Lebenswelt erfährt – in Familie und altershomogener Gruppe, in der Schule, am Arbeitsplatz, in den freiwilligen Organisationen und im Umgang mit den Massenmedien" (ebd., S. 9). Das Besondere an seiner Untersuchung ist die Herangehensweise an das Feld möglicher Faktoren der Alltagswirklichkeit für die politische Sozialisation Heranwachsender. Er beschränkt dieses Feld eben nicht auf die politisch gefärbten Wahrnehmungen, die er als „manifeste" Bedingungen bezeichnet, sondern weitet es aus auf „verschiedene Inhalte des Erlebens, die auf den ersten Blick gar nichts mit Politik zu tun haben und als Einflußfaktoren im politischen Lernprozess gewissermaßen unsichtbar bleiben" – die „latenten Bedingungen" der politischen Sozialisation, die die Entwicklung politischer Handlungsbereitschaft einschließt. Auf eine *politische Aktivitätsbereitschaft* lassen mit Schulze die folgenden stark korrelierenden Angaben schließen: das politische Interesse an sich, die Bereitschaft zu politischer Partizipation, die Bereitschaft zur Aufnahme politischer Informationen, die Reflexion über politische Sachverhalte und die Bereitschaft zur politischen Kommunikation mit der unmittelbaren sozialen Umgebung. Fokussiert auf die Bedeutung der Familie liefert die Untersuchung, die auch die politische Aktivierung im Jugendalter durch altershomogene Beziehungen, das Bildungssystem und die Eigenaktivität in freiwilligen Organisationen und Massenkommunikation als auch das Zusammenspiel der Instanzen in diesem Prozess beleuchtet, folgende empirische Hinweise: Die intellektuelle Einstufung der Jugendlichen im Elternhaus, die Problemoffenheit der Eltern, die Ermunterung zur Kontroverse und die Erfolge bei der Ablösung von der Herkunftsfamilie, allesamt unpolitische Erfahrungen, die in der Familie gesammelt werden, beeinflussen latent die politische Aktivierung der Jugendlichen. Und auch der manifeste politische Aktivierungsimpuls der Familie, u.a. erzeugt durch die politische Kommunikation und das sichtbar werdende politische Interesse der Eltern, birgt für die Entwicklung von politischer Aktivitätsbereitschaft ein nicht unerhebliches Anregungspotenzial. Dieser Zusammenhang ist, und das ist ein wichtiges Ergebnis der Untersuchung von Schulze, eben von der Eltern-Kind-Beziehung, d.h. von dem Klima der Vermittlung des Impulses, abhängig.

Diese Frage des Wirkens von den Eltern ausgehender direkter manifester und indirekter latenter Stimuli besetzt in der politischen Sozialisationsforschung einen zentralen Platz (Autoritarismusforschung, Attachmentforschung u.a.). Ihr Zusammenspiel, d.h. die Abhängigkeit des Sozialisationseffektes von den affektiven Beziehungen und Kommunikationsformen innerhalb der Familie, wird dabei zwar in einigen Studien analysiert, wie Hopf/Hopf (1997) nach Durchsicht der einschlägigen Forschungslandschaft resümieren. So belegen ebenso, wie bereits Schulze (1977) für die politische Aktivitätsbereitschaft empirisch bestätigte, u.a.[1] Studien von Fend (1991) und Geißler (1996) am Beispiel der Herausbildung ausländerfeindlicher Einstellungen, dass neben den politischen auch unpolitische Stimuli, wie Repressions- und Sanktionserfahrungen oder aber die erlebte Selbstverständlichkeit des offenen Umgangs mit Konflikten und der Einbeziehung in innerfamiliale Entscheidungsprozesse latent die politische Sozialisation beeinflussen, indem sie die Wirkung manifester Stimuli blockieren bzw. vermitteln. Wirklich umfassende Erkenntnisse über die Beschaffenheit dieses komplexen Gefüges sich gegenseitig bedingender, manifest und latent wirksamer Anregungsmomente liegen bislang jedoch nicht vor, es besteht ein Mangel an diesbezüglich explizit ausgerichteten Studien.

Unsere Untersuchung vermag diese Forschungslücke nicht zu schließen. Wir wollen aber in diesem Kapitel an dem beschriebenen Desiderat ansetzen und versuchen, am Beispiel der Entwicklung von politischer Aktivitätsbereitschaft das Verhältnis manifester und latenter Kontextbedingungen ausschnitthaft zu analysieren. Haben wir in Kapitel 2 den Einfluss schulischer und individualbiographischer Einflussfaktoren auf die politische Betei-

---

1   Für einen profunden Gesamtüberblick zu Untersuchungen, die sich in den vergangenen Jahrzehnten dezidiert mit dem Einfluss der Familie auf die politische Sozialisation, die weit mehr als die Entwicklung einer politischen Aktivitätsbereitschaft umfasst, beschäftigt haben, möchten wir auf Hopf/Hopf (1997) verweisen.

ligungsbereitschaft untersucht, werden wir somit in diesem Kapitel empirisch prüfen, welche der in der Familie gesammelten Erfahrungen bei der Herausbildung der politischen Aktivitätsbereitschaft von Jugendlichen manifest und latent wirksam sind und ob es Interdependenzen zwischen diesen Einflussfaktoren gibt. Da das Forschungsinteresse unserer Gesamtuntersuchung mehrere Schwerpunkte hatte, d.h. also nicht ausschließlich auf die politischen Sozialisationsprozesse in der Familie fokussiert war, konnten wir nur einige dieser möglichen Erfahrungen erheben. Wenige andere, von uns operationalisierte und in entsprechende Frageninventare übersetzte Erfahrungen wurden aufgrund der uns erst im Verlauf der Datenauswertung stärker bewusst gewordenen, anderenorts (vgl. u.a. Hopf/Hopf 1997) bereits beschriebenen Problematik kausalanalytischer Interpretationen aus der Analyse ausgespart. Dazu zählt insbesondere der Vergleich der politischen Ansichten der Jugendlichen und ihrer Eltern (erfasst über die Wahrnehmung der Jugendlichen), bei dem sich nicht befriedigend erklären lässt, ob die Ansichten der Jugendlichen von den Eltern vermittelt wurden oder aber primär vielmehr auf außerfamiliale Erfahrungen zurückgehen.

Zunächst setzen wir uns detailliert mit den das Zusammenleben von Jugendlichen und ihren Eltern kennzeichnenden Interaktionsstrukturen auseinander und diskutieren sie aus dem Blickwinkel sozio-struktureller Spezifika *(Abschn. 2)*. Es schließt sich die Beschreibung des Verhältnisses der Eltern zu Politik an *(Abschn. 3)*, bevor der latente Aktivierungsgehalt des elterlichen Erziehungsverhaltens und der familialen Aushandlungsstrategien sowie die manifeste Wirkung des politischen Interesses der Eltern und der familialen politischen Kommunikationsstrukturen auf die politische Aktivitätsbereitschaft Jugendlicher diskutiert und ihr Zusammenspiel beleuchtet wird *(Abschn. 4)*.

7.2 Die Interaktionsstrukturen zwischen den Jugendlichen und ihren Eltern

Die Erfassung der innerfamilialen Interaktionsstrukturen haben wir auf das Miteinander zwischen den Jugendlichen und ihren Eltern eingegrenzt. Der Schwerpunkt unseres Augenmerkes liegt dabei auf dem erzieherischen Verhalten der Eltern, nimmt aber auch die Perspektive der Jugendlichen in den Blick. Diese Betrachtungsweise resultiert aus unserem Verständnis der Interaktionstrukturen als ein Erziehungsverhältnis, in das nicht nur die Eltern- sondern auch die Kindperspektive eingeht. Aufgrund der Anlage und vor allem Ausstattung unseres Forschungsprojektes war es uns nicht möglich, dieses Verhältnis durch die direkte Befragung der Eltern als interagierende Akteure zu erheben. Vielmehr müssen wir unsere Auswertung und Überlegungen auf Datenmaterial der Schülerbefragung beschränken, d.h. also auf Angaben, die auf der Ebene der einseitigen affektiven und kognitiven Repräsentation von Beziehungserfahrungen angesiedelt sind. Dass es sich bei den im Folgenden beschriebenen Interaktionsstrukturen um Wahrnehmungen der befragten Jugendlichen handelt, die eventuell durch Bagatellisierung verzerrt wiedergegeben wurden, ist ein Faktum, das uns bzw. die Leser dazu veranlassen muss, die Deutungs- und Bewertungsangaben der befragten Jugendlichen immer nur als im günstigen Fall Annäherungen an die Realsituation zu interpretieren bzw. zu verstehen.

Das Erziehungsverhältnis zwischen den Eltern und ihrem Kind stellt ein komplexes und vielschichtiges Gefüge von Merkmalen und Bedingungen dar, deren je unterschiedliche Ausformungen sich in verschiedenen Interaktionsmustern äußert. Du Bois-Reymond (1994) spricht von Erziehungshaushalten (traditioneller Befehlshaushalt, modernisierter Befehlshaushalt, regelgeleiteter Verhandlungshaushalt, offener Verhandlungshaushalt, ambivalenter Erziehungshaushalt) und charakterisiert die in den vergangenen Jahrzehnten im Zuge gesellschaftlicher Modernisierungsprozesse einsetzende Umorientierung im intergenerativen Miteinander als einen Trend vom Befehls- zum Verhandlungshaushalt. Wir selbst haben in Anlehnung an diesen Ansatz in unseren Studien „Kindheit im Umbruch" (vgl. Büchner/Fuhs 1996; Kötters 2000a) und „Schulentwicklung in Sachsen-Anhalt" (Kötters 2000b) das familiale Erziehungsverhältnis aus der Sicht von Heranwachsenden untersucht und konnten den Trend der zunehmenden Liberalisierung der Erziehungsbeziehungen bestätigen.

Faktor 1: *Unterstützung und Transparenz*
Dieser Faktor kennzeichnet einen familialen Raum gegenseitiger Rücksichtnahme, in dem eine relativ ausgewogene Machtbalance Verhandlungsprozesse ermöglicht.

Faktor 2: *Repressivität*
Dieser Faktor beschreibt einen strengen und von Streit sowie Konflikten geprägten, einsamkeitsverursachenden Umgang der Eltern mit ihrem Kind.

Faktor 3: *Klassisches Strafen durch die Eltern*
Dieser Faktor misst das elterliche sanktionierende Verhalten bei Grenzüberschreitungen in Form von körperlichen Sanktionen (Ohrfeige) und klassischen Strafen (Hausarrest, Fernsehverbot, Taschengeldentzug, Arrest im eigenen Zimmer).

Faktor 4: *Kommunikationsentzug*
Dieser Faktor beschreibt eine weitere Facette von elterlichem Strafverhalten, das sich hingegen auf einer eher emotionalen und psychischen Ebene bewegt, indem die Eltern dem Jugendlichen die Möglichkeit der Kommunikation entziehen.

Faktor 5: *Elternzentriertheit*
Dieser Faktor bildet ein elternorientiertes familiales Beziehungsmuster ab, das sich in einer relativen Distanz der Eltern gegenüber dem Kind, in unvorhersehbarem und instabilen Elternverhalten äußert

---

Schaubild 1: Faktorengefüge zur Erfassung des familialen Erziehungsverhältnisses

In unserer hier vorliegenden Studie greifen wir nun den dort gewählten mehrdimensionalen Untersuchungsansatz wieder auf und stützen uns dabei auf Frageninventare, die sich bereits bewährt und auf der Ebene der erhobenen Daten zu ähnlichen bis teilweise identischen Merkmalsstrukturen in Form eines Faktorengefüges geführt haben. Durch die Extraktion dieses in Schaubild 1 skizzierten Faktorengefüges sind wir in der Lage, die Beschreibung der Erziehungsverhältnisse nicht auf die Ergebnisse der Analyse zahlreicher isolierter Einzelaspekte stützen zu müssen. Denn jeder der extrahierten Faktoren stellt die Verdichtung ähnliche Inhalte abbildender Einzelitems zu einer übergeordneten Dimension dar. Zur genaueren Charakterisierung der Faktoren werden wir im Anschluss jeweils auf die Ebene der Deskription der zugrundeliegenden Einzelitems zurückgehen.

Unterstützung und Transparenz
Die Basis für eine unterstützende erzieherische Grundhaltung, die gleichzeitig Transparenz von Erziehungshandlungen beinhaltet, ist die Bereitschaft von Eltern, ihr Kind als gleichberechtigte, ernst zunehmende Persönlichkeit zu achten. Diese Bereitschaft äußert sich zum Beispiel in Konfliktsituationen in einer diskursiven Suche nach einer für beide Seiten vertretbaren Entscheidung oder auch in dem Entgegenkommen der Eltern, ihre Meinung bzw. ihr Verhalten zu korrigieren, wenn ihr Kind den einleuchtenderen Standpunkt vertritt. Sie schließt aber auch die Forderung der Eltern ein, dass ihr Kind die elterliche Rücksichtnahme in eigenes, den Eltern zugewandtes einfühlsames und respektvolles Verhalten wendet. Unterstützung und Transparenz zeichnen Eltern-Kind-Beziehungen, so der einschlägige Diskurs (vgl. u.a. Wilk/Beham 1994; du Bois-Reymond 1994; Büchner/Fuhs 1996; Kötters 2000b), zunehmend aus und tragen zu einer wachsenden Etablierung einer familialen Rede- und Verhandlungskultur bei. Dieses Ergebnis wird auch durch unsere Studie bestätigt: Rund zwei Drittel der befragten Jugendlichen berichten von der Bereitschaft ihrer Eltern, bestimmte Erziehungsmaßnahmen zugunsten ihres Kindes zu korrigieren oder andernfalls ihre Entscheidung zu erklären. Über 70 Prozent fühlen sich von ihren Eltern ernst genommen und können sicher mit deren Verlässlichkeit sowie Bereitschaft, Probleme diskursiv zu behandeln, rechnen. Der Anteil der Jugendlichen, die von den Eltern Unterstützung und Rücksichtnahme erfahren und sich somit in ihrer Familie wohl fühlen können, liegt mit über vier Fünfteln noch deutlich darüber.

Zugrundeliegende Variablen[2]	Faktor-ladung	n	Zustimmung (%)
Zustimmung = Summe der Kategorien 3 + 4 (1 – trifft gar nicht zu, 2 – trifft eher nicht zu, 3 – trifft eher zu, 4 – trifft vollkommen zu)			
Meine Eltern unterstützen mich, wenn ich mir etwas nicht zutraue.	0.77	1321	83,9
Meine Eltern nehmen immer ernst, was ich sage.	0.74	1274	70,6
Meine Eltern geben meist nach, wenn sie einsehen, dass ich recht habe.	0.61	1276	66,8
Meine Eltern nehmen Rücksicht auf mich und erwarten das gleiche von mir.	0.72	1276	86,5
Meine Eltern reden mit mir und wir finden eine gemeinsame Lösung.	0.74	1329	74,3
Meine Eltern erklären mir ihre Entscheidung.	0.56	1328	68,1
Ich fühle mich meistens in meiner Familie wohl.	0.70	1331	86,3
In meiner Familie kann ich mich auf die anderen immer verlassen.	0.66	1286	76,4

Schaubild 2: Unterstützung und Transparenz (Jugendlichensicht)

Repressivität

Eine weitere, in unserer Studie erfasste Facette des familialen Erziehungsverhältnisses stellt die Repressivität dar. Dahinter verbirgt sich ein strenger und wenig unterstützungs- und zuwendungsbereiter Umgang der Eltern mit ihrem Kind. Das von Hektik und Konflikten geprägte Familienklima führt zur Beeinträchtigung des Wohlbefindens in der Familie. Diese Beeinträchtigung reicht von einem häufigen Bedrücktheitserleben bis hin zu einem ausgeprägten Einsamkeitsgefühl. Von der überwiegenden Mehrheit, d.h. ungefähr drei Viertel der im Rahmen unserer Untersuchung befragten Jugendlichen, wird ein derart strenges und geringschätzendes Elternverhalten laut eigener Angaben nicht erlebt. Gerade aber das umgekehrt akzentuierte Ergebnis, nämlich dass der Familienalltag von immerhin über einem Viertel der Befragten von Streit und Hektik geprägt ist, stimmt aufgrund des daraus erwachsenden Bedrücktheits- und Einsamkeitserlebens beunruhigend.

---

2   vgl. Fragekomplexe 56 bis 59 des Fragebogens (siehe Anhang)

Zugrundeliegende Variablen[3]	Faktor-ladung	n	Zustimmung (%)
Zustimmung = Summe der Kategorien 3 + 4 (1 – trifft gar nicht zu, 2 – trifft eher nicht zu, 3 – trifft eher zu, 4 – trifft vollkommen zu)			
Meine Eltern haben meist etwas anderes zu tun, wenn ich mal mit ihnen zusammensein möchte.	0.63	1322	27,0
Zu Hause fühle ich mich öfter allein.	0.68	1330	26,4
Ich fühle mich öfter bedrückt oder traurig.	0.69	1330	30,3
Bei mir zu Hause gibt es oft Ärger und Streit.	0.78	1330	25,2
Bei uns in der Familie geht es hektisch zu.	0.62	1330	37,1
Ich habe oft Streit mit meinen Eltern.	0.74	1328	21,7
In meiner Familie sind die anderen nur selten für mich da, wenn ich sie brauche.	0.67	1323	16,0

Schaubild 3: Repressivität (Jugendlichensicht)

Klassisches Strafen

Das Ablehnen bzw. Praktizieren verschiedener Möglichkeiten des Sanktionierens stellt eine weitere Dimension des Umgangs der Eltern mit ihrem Kind dar, die wir in unserer Studie aus der Sicht der Jugendlichen erfasst haben. Mit mehr oder weniger regelmäßig angewandten Strafen wie Hausarrest, Fernsehverbot, Entzug von Taschengeld und der Ohrfeige als körperliches Sanktionsmittel handelt es sich nicht um situationsbedingte Ermahnungen, sondern um Reaktionen auf das Übertreten von klar gesetzten Handlungsgrenzen. Die familiale Machtbalance wird über die elterliche Sanktionsmacht definiert. Ebenso wie auch Wilk/Beham (1994) konnten wir in den bereits erwähnten eigenen Studien eine untergeordnete Bedeutung von Strafpraktiken in der Beziehung zwischen Eltern und ihren Kindern konstatieren. Der Befund unserer vorliegenden Untersuchung gliedert sich in diese Ergebnisse ein. Räumlicher und ökonomischer Sanktionen mittels Hausarrest und Taschengeldentzug bedienen sich ungefähr ebenso wenig Eltern wie des Fernsehverbots und körperlicher Strafen. Mit Reuband (1997) lassen die Angaben zum Erteilen einer Ohrfeige nicht auf körperliche Sanktionen als durchgängiges elterliches Erziehungsmittel schließen. Die Ohrfeige stelle vielmehr einen situationsdynamischen Reflex auf aktuelle Konfliktlagen und weniger ein durchgängiges Erziehungsprinzip dar. Hervorzuheben ist jedoch unser Befund, dass in einigen Familien die Machtbalance zwischen den Generationen über die elterliche Sanktionsmacht definiert wird. Etwa jeder zehnte Jugendliche berichtet vom klassischen Fernsehverbot und Hausarrest als gängige Strafpraxis der Eltern. Und für jeden Elften ist die gelegentliche Ohrfeige erlebte leidvolle Erfahrung.

---

3   vgl. Fragekomplexe 56, 58, 59 des Fragebogens (siehe Anhang)

Zugrundeliegende Variablen[4] *Wenn Sie Ihre Pflichten nicht erledigen oder etwas tun, was Ihre Eltern nicht wollen, machen Ihre Eltern dann folgendes?*	Faktor-ladung	n	Zustimmung (%)
Zustimmung = Summe der Kategorien 3 + 4 (1 – trifft gar nicht zu, 2 – trifft eher nicht zu, 3 – trifft eher zu, 4 – trifft vollkommen zu)			
Sie geben mir Hausarrest.	0.73	1329	13,0
Sie erteilen mir Fernsehverbot.	0.79	1329	12,6
Sie entziehen mir das Taschengeld.	0.82	1327	9,9
Ich bekomme eine Ohrfeige.	0.73	1332	9,3
Sie schicken mich auf mein Zimmer.	0.71	1326	22,5

Schaubild 4: Klassisches Strafen durch die Eltern (Jugendlichensicht)

Kommunikationsentzug

Werden klassische Strafen von der überwiegenden Mehrheit der Eltern der hier befragten Jugendlichen als unangemessenes Mittel zur Bearbeitung von Konfliktsituationen angesehen und aus der familialen Umgangspraxis ausgespart, stellt der Entzug der Kommunikationsmöglichkeit eine demgegenüber weitaus häufiger praktizierte Strafpraxis dar. Ungefähr ein Fünftel der befragten Mädchen und Jungen muss laut eigener Angaben bei Regelübertretungen mit einer ausbleibenden sachlichen Bearbeitung des daraus erwachsenden Konfliktes durch die Eltern oder einem Ausschluss aus der familialen Kommunikation rechnen.

Zugrundeliegende Variablen[5] *Wenn Sie Ihre Pflichten nicht erledigen oder etwas tun, was Ihre Eltern nicht wollen, machen Ihre Eltern dann folgendes?*	Faktor-ladung	n	Zustimmung (%)
Zustimmung = Summe der Kategorien 3 + 4 (1 – trifft gar nicht zu, 2 – trifft eher nicht zu, 3 – trifft eher zu, 4 – trifft vollkommen zu)			
Meine Eltern werden wütend und fangen an zu toben.	0.69	1329	21,4
Meine Eltern lassen mich oft eine Zeitlang links liegen, wenn ich etwas angestellt habe.	0.85	1328	26,5
Meine Eltern reden nicht mehr mit mir.	0.87	1327	16,7

Schaubild 5: Kommunikationsentzug (Jugendlichensicht)

---

4   vgl. Fragekomplex 57 des Fragebogens (siehe Anhang)
5   vgl. Fragekomplex 56 des Fragebogens (siehe Anhang)

Elternzentriertheit

Schließlich beschreibt unser Datenmaterial ein sehr elternorientiertes familiales Beziehungsmuster, das sich in einer relativen Distanz der Eltern gegenüber ihrem Kind sowie in unvorhersehbarem und instabilem Elternverhalten äußert. In Familien mit Elternzentriertheit bestimmen die Eltern den Alltagsrhythmus und geben in den meisten Handlungsbereichen den Ton an. Die Jugendlichen bewerten das Verhalten ihrer Eltern als inkonsistent und willkürlich. Häufig verstehen sie nicht, warum die Eltern ihnen ein Verbot aussprechen. Sie beschreiben das elterliche Handeln als wenig transparent und fühlen sich nicht ausreichend wertgeschätzt. Die Eltern zeigen ein strenges Erziehungsverhalten und nutzen insbesondere die unkonstruktive Moralpredigt als Mittel, ihrem Unmut über das Verhalten ihres Kindes verbal Ausdruck zu verleihen.

Der Alltag in den Familien der großen Mehrheit der von uns Befragten ist nicht durch ein solches Erziehungsverhalten gekennzeichnet. Strenge, Willkür und Inkonsistenz sind entsprechend der Angaben von ca. drei Vierteln der Jugendlichen keine Praktiken, auf die ihre Eltern im familialen Alltag zurückgreifen. Mit knapp der Hälfte ein überraschend großer Anteil der Mädchen und Jungen verspürt jedoch eine von den Eltern durch mangelnde Wertschätzung und häufige Ermahnungen aufgebaute emotionale Distanz.

Zugrundeliegende Variablen	Faktorladung	n	Zustimmung (%)
Zustimmung = Summe der Kategorien 3 + 4 (1 – trifft gar nicht zu, 2 – trifft eher nicht zu, 3 – trifft eher zu, 4 – trifft vollkommen zu)			
Meine Eltern sagen häufig zu mir, dass ich etwas noch nicht verstehe, wenn ich anderer Meinung bin.	0.53	1278	42,9
Meine Eltern sind häufig böse mit mir, wenn ich etwas gemacht habe, was ihnen nicht recht ist.	0.73	1278	49,6
Ich weiß überhaupt nicht, warum mir etwas erlaubt wird oder nicht.	0.72	1278	29,8
Wenn meine Eltern mir etwas verbieten, wissen sie oft selbst nicht warum.	0.71	1280	27,5
Meine Eltern sind streng zu mir.	0.67	1275	19,1
Meine Eltern halten mir oft eine Moralpredigt.	0.68	1321	42,8

Schaubild 6: Elternzentriertheit (Jugendlichensicht)

Gesamtschau der Erziehungsverhältnisse

Um nun komplexere Aussagen zu den durch diese einzelnen Merkmale konstituierten Erziehungsverhältnissen, die einen je spezifischen Grad an Liberalität repräsentieren, treffen zu können, haben wir die Ebene von Einzelitems verlassen, entsprechend der Faktorenstruktur Summenscores gebildet und deren Zusammenspiel clusteranalytisch untersucht. Bereits in unserem Kindheitsprojekt (vgl. Kötters 2000a) und auch in der Studie zur Schulentwicklung in Sachsen-Anhalt (vgl. Kötters 2000b) konnten wir mittels dieses Vorgehens Konstellationen der familialen Generationsbeziehungen herausarbeiten. Im Unterschied dazu ging es uns in der vorliegenden Studie nicht darum, die wechselseitige Interaktion zwischen den Eltern und ihrem Kind in ihrer ganzen Komplexität zu untersuchen, sondern mit Bezug auf die Frage politischer Aktivierung den Blick auf den Grad an Liberalität, der im Umgang der Eltern mit ihrem Kind sichtbar wird und im Wohlfühlen der Jugendlichen in ihrer Familie zum Ausdruck kommt, zu focussieren.

Hinter den individuellen Werten der von uns befragten Jugendlichen auf den fünf durch Summation gebildeten Dimensionen verbergen sich drei verschiedene Varianten von Erziehungsverhältnissen mit einem schwachen, mittleren und stark ausgeprägten Liberalitätsgrad des Elternverhaltens, die clusteranalytisch extrahiert werden konnten. Dabei erwiesen sich alle fünf Dimensionen als trennscharf. Die Merkmalsstruktur der Cluster ist in dem folgenden Schaubild 7 visualisiert und soll im Folgenden jeweils zu einem Gesamtbild gefasst werden.

Etwas mehr als 14 Prozent der Befragten beschreiben das Verhalten ihrer Eltern als autoritär und *wenig liberal (Cluster 1)*. Der Alltag in ihren Familien ist sehr stark verregelt. Überschreiten sie die von den Eltern bestimmten Grenzen, werden sie mit Kommunikationsentzug oder in einzelnen Fällen mit klassischen Strafen sanktioniert, die nicht begründet werden. Darüber hinaus signalisieren die Eltern eher nicht die Bereitschaft, bei Meinungsverschiedenheiten und Regelüberschreitungen des Jugendlichen gemeinsam nach einer für beide Seiten vertretbaren Lösung zu suchen, eine diskurse Entscheidungsfindung befürworten sie also nicht. Bei der Verregelung des Familienalltags setzen die Eltern ihre eigene Sichtweise als Gradmesser an. Im starken Kontrast zu dieser Verregelung koexistiert in zwei Fünfteln der über die befragten Jugendlichen erfaßten Familien eine sehr *stark liberalisierte* Variante des elterlichen Erziehungsverhaltens *(Cluster 3)*. In diesen Familien bewahren die Eltern eine ausgewogene Machtbalance, die durch einen durch ständige Verhandlungsprozesse immer wieder diskutierten und abgesteckten Toleranzrahmen aufrechterhalten wird. Dabei scheinen die Toleranzgrenzen so weit gesteckt zu sein, dass die Eltern kompromissbereit auch eigene Ansichten und Interessen zugunsten ihres Kindes zurückstellen können. Unterstützung und Transparenz des Erziehungsverhaltens werden in diesen Familien groß geschrieben. Körperliche Strafen und auch Kommunikationsentzug stellen, so erwecken die Angaben der Jugendlichen den Eindruck, ein familiales Tabu dar. Schließlich gibt es eine fast ebenso große Gruppe von Jugendlichen, die in einem Familienhaushalt leben, in dem der Liberalitätsgrad des elterlichen Erziehungsverhaltens etwas weniger stark, d.h. *mittel* ausgeprägt ist *(Cluster 2)*.

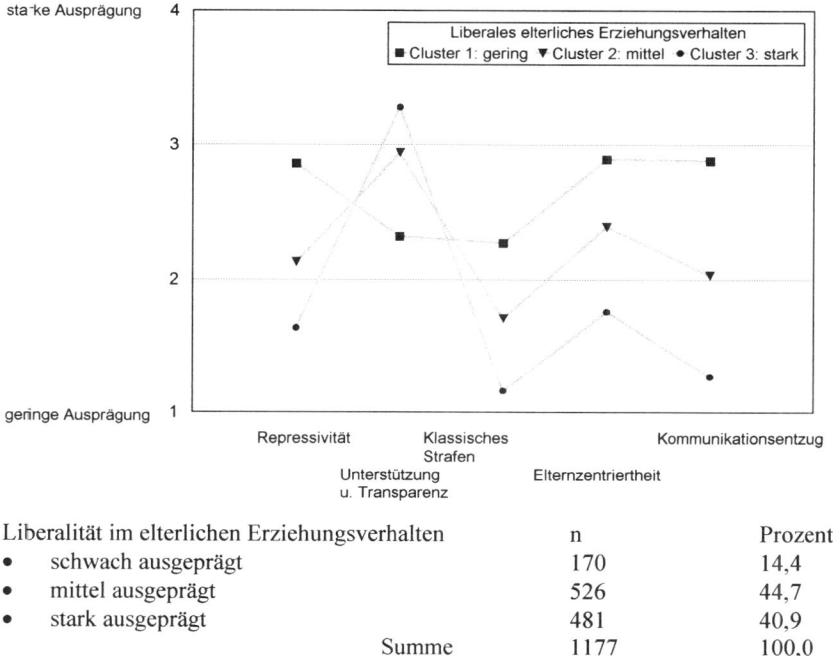

starke Ausprägung 4

Liberales elterliches Erziehungsverhalten
■ Cluster 1: gering ▼ Cluster 2: mittel ● Cluster 3: stark

3

2

geringe Ausprägung 1

Repressivität   Klassisches   Kommunikationsentzug
                  Strafen
          Unterstützung   Elternzentriertheit
          u. Transparenz

Liberalität im elterlichen Erziehungsverhalten	n	Prozent
● schwach ausgeprägt	170	14,4
● mittel ausgeprägt	526	44,7
● stark ausgeprägt	481	40,9
Summe	1177	100,0

Schaubild 7: Liberalitätsgrad des Erziehungsverhaltens (Profile; Jugendlichensicht)

Unsere Untersuchung liefert Belege dafür, dass diese sich im Verhalten der Eltern widerspiegelnden liberalen Erziehungsvorstellungen in Abhängigkeit von einigen sozial- und familial-strukturellen Merkmalen variieren (vgl. Schaubild 8). So ist erstens eine *Altersspezifik* konstatierbar. Und zwar wird das Erziehungsverhalten der Eltern von 14- bis 16Jährigen als weniger liberal beschrieben als von 17- bis 18Jährigen und vor allem den Jugendlichen, die älter als 18 Jahre sind. Dieses Ergebnis ist ein Indiz dafür, dass die älteren Jugendlichen in der Familie einen Statuswechsel vom unmündigen, zu erziehenden Kind hin zu einer mündigen und selbständigen Persönlichkeit erfahren haben. Darüber hinaus besteht auf allen untersuchten Altersstufen eine *Geschlechtsspezifik*, die sich jedoch auf Erziehungshaushalte mit geringem und mittlerem Liberalitätsgrad beschränkt. Zwar zeichnen ca. zwei Fünftel sowohl der Jungen als auch der Mädchen ein Bild von einem sehr liberalen Miteinander in ihrer Familie. Die Gruppe von Jugendlichen, die in ihrem Elternhaushalt mit Repressionen sowie wenig Wertschätzung und Unterstützung umgehen müssen, ist jedoch durch Mädchen überrepräsentiert. Andererseits sind es mehr Jungen als Mädchen, die in einem Erziehungshaushalt mit mittlerem Liberalitätsgrad leben. Zusätzlich variiert der Liberalitätsgrad in Abhängigkeit von der über die Geschwisterzahl erfassten *Familiengröße*. So

189

scheint laut Angabe der befragten Jugendlichen in Ein-Kind-Familien die Konzentration der emotionalen, fürsorgenden Hinwendung der Eltern auf das eine Kind besonders die Ausprägung eines liberalen Erziehungsstils zu begünstigen, während die Situation in kinderreichen Familien demgegenüber angespannter ist. Diese Kinder berichten in unserer Befragung über einen eher autoritären, d.h. wenig liberalen, Grundtenor in ihrer Familie. Schließlich kennzeichnet ein hoher Liberalitätsgrad vor allem das Erziehungsverhalten von Eltern, die mit ihrem Kind in städtischen Regionen leben.

Differenzierungs-merkmal	n	Liberalitätsgrad des elterlichen Erziehungsverhaltens/%		
		gering	mittel	stark
13 bis 14 Jahre	297	17,5	47,1	35,4
15 bis 16 Jahre	513	16,2	48,3	35,5
17 bis 18 Jahre	278	10,1	42,4	47,5
älter als 18 Jahre	77	7,8	24,7	67,5
Jungen	540	11,3	49,4	39,3
Mädchen	633	17,4	41,2	41,4
Stadt	628	12,4	42,2	45,4
Land	549	16,9	48,3	34,8
O Geschwister	258	12,8	41,1	46,1
1	615	15,6	47,3	37,1
2	179	13,4	43,6	43,0
3 Geschwister	63	19,0	42,9	38,1

Schaubild 8: Liberalität der Erziehungsverhältnisse (sozio-strukturelle Differenzen) aus Sicht der Jugendlichen

7.3 Das Verhältnis der Eltern zu Politik

Das Verhältnis der Eltern der Jugendlichen zu Politik haben wir über das elterliche politische Interesse sowie über die Häufigkeit der in der Familie stattfindenden Kommunikation über politische Sachverhalte erfasst. Dass wir diese Merkmale über die Jugendlichen erheben mussten, ist ein Umstand, der kritisch zu beleuchten ist. Denn insbesondere die Einschätzung des politischen Interesses der Eltern verlangt von den Jugendlichen eine enorme Abstraktionsleistung (vgl. Schulze 1977): Zum einen ist es für sie unter Umständen eine neue Situation, diese Thematik mit den Eltern in Verbindung zu bringen. Zum anderen müssen sie viele Einzelbeobachtungen in der Interaktion der Familienmitglieder quasi aggregieren. Anzunehmen ist, dass sich manche Eltern dabei aufgrund von eigenem Verhalten, das von den Jugendlichen nicht wahrgenommen werden kann, und verhaltensunabhängigen Empfindungen anders einstufen würden als es die Jugendlichen tun. Die politische Kommunikationshäufigkeit abzufragen ist demgegenüber unproblematischer solange es um Kommunikationen geht, an denen die Jugendlichen selbst beteiligt sind. Da jedoch, wie wir zeigen werden, die Angaben der Jugendlichen zum politischen Interesse der Eltern und der Häufigkeit politischer Kommunikation in der Familie stark zusammenhängen, ist mit Becker/ Herkommer/Bergmann (1967, S. 66) davon auszugehen, dass sie zumindest als grober Hinweis auf das tatsächliche Verhältnis der Eltern zu Politik aufgefasst werden können.

Zum politischen Interesse der Eltern
Wir haben das von den Jugendlichen wahrgenommene politische Interesse der Eltern über gezielte Einzelfragen[6] differenziert erhoben, so dass Aussagen sowohl zu Vätern und Müttern als auch zu den Eltern insgesamt möglich sind. Dabei hatten die Jugendlichen die Möglichkeit, sich zwischen den Antwortmöglichkeiten *gar nicht interessiert, recht wenig interessiert, etwas interessiert, ziemlich interessiert* und *sehr interessiert* zu entscheiden. Die überdurchschnittlich starke Besetzung der „etwas interessiert" Antwortmöglichkeit (40 Prozent bzw. 46 Prozent bei Bewertung des Interesses des Vaters bzw. der Mutter) (vgl. Schaubild 9) könnte sowohl bedeuten, dass die Jugendlichen tatsächlich nur ein „etwas" ausgeprägtes Interesse der Eltern für Politik wahrnehmen. Sie könnte aber auch ein Hinweis auf das Ausweichen einer großen Gruppe der Befragten auf die mittlere Antwortmöglichkeit aus Zaghaftigkeit und Unentschiedenheit sein. Da für die Frage der politischen Aktivierung der Jugendlichen durch ihre Eltern jedoch ein ausgeprägtes politisches Interesse der Eltern bedeutsam ist, haben wir dort, wo im Auswertungsprozess Zusammenfassungen von Labelgruppen notwendig waren, die Kategorien *sehr interessiert* und *ziemlich interessiert* zusammengeführt und der Gruppe der auf die anderen Bewertungsvorgaben zugreifenden Probanden gegenübergestellt. In Schaubild 9 ist die von den Jugendlichen eingeschätzte Stärke des politischen Interesses der Eltern aufgeschlüsselt. Zunächst sei festgehalten, dass die Jugendlichen dieses Interesse sehr kritisch bewerten. Die überwiegende Mehrheit von ihnen neigt zu der Einschätzung, ihr Vater bzw. ihre Mutter sei gar nicht oder recht wenig, allenfalls aber nur etwas an Politik interessiert. Die Aussagen der Jugendlichen verdeutlichen dabei den aus einschlägigen Untersuchungen hinreichend bekannten Befund, dass Männer, hier Väter, politisch interessierter sind als Frauen, hier Mütter (vgl. Hoffmann-Lange 1995). So bewerten rund 27 Prozent der Befragten ih-

---

6   vgl. Fragen 62a, b des Fragebogens (siehe Anhang)

ren Vater als ziemlich politisch interessiert und weitere 11 Prozent gehen über diese Beurteilung hinaus und bescheinigen ihrem Vater, diesbezüglich sehr interessiert zu sein. Bezogen auf die Mutter geben jeweils nur 21 und lediglich 5 Prozent diese Einschätzungen. Bringt man nun diese Bewertungen in Einklang, indem man die Angaben der Befragten zu beiden Elternteilen kombiniert, sind die Ergebnisse noch ernüchternder: Denn der Anteil an Familienhaushalten, in denen beide Elternteile ein ziemlich bis sehr ausgeprägtes Interesse an Politik haben, ist mit rund einem Fünftel sehr gering. Die Mehrheit der Elternpaare, nämlich fast 60 Prozent, zeigen diesbezüglich aus der Sicht der Jugendlichen kein oder allenfalls etwas Interesse. Zu erwähnen ist an dieser Stelle der nicht sonderlich überraschende Befund, dass laut Auskunft der Jugendlichen bei der Mehrheit der Elternpaare, nämlich fast 80 Prozent, eine Homogenität in der Ausformung des politischen Interesses besteht. Gründe für diese Spezifik liegen auf der Hand und wurden schon von Schulze (1977) aufgezählt: Gegenseitige Sozialisation der Ehepartner, homogenisierende Tendenzen bei der Partnerwahl und vereinheitlichende Wahrnehmung der Eltern durch den Jugendlichen.

Elternteil	Politisches Interesse	n	%
Vater	- sehr interessiert	132	10,7
	- ziemlich interessiert	336	27,1
	- etwas interessiert	497	40,1
	- recht wenig interessiert	197	15,9
	- gar nicht interessiert	76	6,2
Mutter	- sehr interessiert	63	5,0
	- ziemlich interessiert	268	21,1
	- etwas interessiert	582	45,9
	- recht wenig interessiert	276	21,8
	- gar nicht interessiert	79	6,2
Vater und Mutter	- beide ziemlich bis sehr interessiert	260	21,3
	- Mutter ziemlich/sehr – Vater etwas/recht wenig/gar nicht	59	4,8
	- Vater ziemlich/sehr – Mutter etwas/recht wenig/gar nicht	200	16,4
	- beide etwas/recht wenig/gar nicht interessiert	702	57,5

Schaubild 9: Politisches Interesse von Vätern und Müttern (Jugendlichensicht)

Veranschaulichen möchten wir auch den Befund des engen Zusammenhanges zwischen dem beruflichen Hintergrund der Eltern und dem von ihrem Kind eingeschätzten politischen Interesse (vgl. Schaubild 10). Mit zunehmendem Berufsausbildungsniveau steigt nahezu linear das politische Interesse der Eltern. Während zum Beispiel den Vätern, die ihre berufliche Ausbildung mit der Lehre abgeschlossen haben, nur knapp 28 Prozent der Jugendlichen attestieren, ziemlich oder sogar sehr politisch interessiert zu sein, sind es bei den

Vätern mit Meistertitel 43 Prozent, bei Vätern mit Fachhochschulstudium immerhin 53 Prozent und bei jenen mit universitärem Bildungsabschluss fast 66 Prozent. Und auch bei den Müttern zeigt sich diese Spezifik. Auffällig an diesem Zusammenhang zwischen politischem Interesse und Berufsabschlussniveau ist übrigens der Befund, dass der Anteil an sehr bis ziemlich interessierten Frauen in allen Berufsabschlussniveaugruppen sehr deutlich unter dem der Männer bleibt. Die Geschlechtsspezifik besteht also unabhängig von der Differenzierung in Abhängigkeit von dem beruflichen Hintergrund, ein Befund, auf den wir am Rande hinweisen möchten, auch wenn es sich hier um eine Jugendstudie handelt.

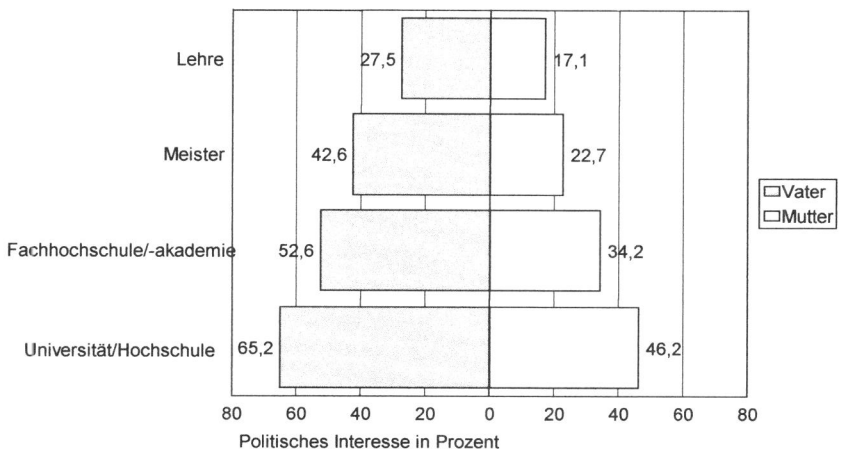

Schaubild 10: Politisches Interesse (zusammengefasst dargestellt sind die Kategorien: sehr interessiert/ziemlich interessiert) von Vätern und Müttern nach Berufsabschlussniveaugruppen (Jugendlichensicht)

Zur politischen Kommunikation in der Familie
Zur Erfassung der Häufigkeit politischer Gespräche in der Familie ließen wir die Jugendlichen einschätzen, wie oft sie sich mit ihrer Mutter bzw. ihrem Vater über Politik unterhalten[7]. Auch die Häufigkeit des Auftretens dieser Thematik in der Kommunikation zwischen den Eltern haben wir abgefragt, sparen diese Daten jedoch aus der Analyse aus, da es uns unwahrscheinlich erscheint, dass sie ein angenähertes Abbild der objektiven Gegebenheiten darstellen können, da den Jugendlichen der größte Anteil an Kommunikation zwischen den Eltern sicher nicht gegenwärtig ist. Folgende Ergebnisse, die auch in Schaubild 11 zusammengetragen sind, lassen sich festhalten: Sehr ernüchternd ist der Befund, wonach der Anteil an Jugendlichen, die in Gesprächen mit ihrem Vater bzw. ihrer Mutter auch politische Fragen diskutieren,

---

7   vgl. Fragen 63 a, b des Fragebogens (siehe Anhang)

deutlich unter einem Drittel liegt. Vertieft man die Analyse weiter, indem man die Angaben der befragten männlichen und weiblichen Jugendlichen vergleicht, zeigen sich noch prekärere Befunde: Zwar liegen die Jungen etwas über diesem Durchschnitt. So bestätigt je rund ein Drittel von ihnen, sich manchmal oder auch öfters mit dem Vater bzw. mit der Mutter über Politik zu unterhalten. In der Gruppe der Mädchen macht der jeweilige Anteil demgegenüber nur zwischen rund 22 und 27 Prozent aus, d.h. also ca. 10 Prozentpunkte weniger als bei den Jungen.

Kommunikationspartner	n	Häufigkeit/%	
		nie bis selten	manchmal bis oft
Jugendlicher und Mutter	1318	73,4	26,6
Jungen und Mutter	617	67,6	32,4
Mädchen und Mutter	697	78,3	21,7
Jugendlicher und Vater	1296	69,4	30,6
Jungen und Vater	608	64,6	35,4
Mädchen und Vater	685	73,4	26,6

Schaubild 11: Häufigkeit der politischen Kommunikation zwischen Jugendlichen und Müttern bzw. Vätern (Jugendlichensicht)

Neben diesem direkten Hinweis darauf, dass politische Gespräche mit der Mutter bzw. dem Vater für die Mehrheit befragten Jugendlichen eher unüblich sind, verdeutlichen die Zahlen somit darüber hinaus folgendes: Jungen kommen mit ihren Elternteilen laut dieser Angaben im Durchschnitt häufiger über politische Sachverhalte ins Gespräch als Mädchen. Diese Geschlechtsspezifik beschränkt sich jedoch auf die Jugendlichen und betrifft nicht die Eltern als Kommunikationspartner. Gespräche zwischen Jungen bzw. Mädchen und Müttern kommen fast ebenso häufig zustande wie mit den Vätern.

Einen Hinweis für die Interpretation dieser Besonderheit findet man bei Schulze (1977, S. 69). Er kam in seiner Untersuchung zum politischen Lernen in der Alltagserfahrung zu dem zentralen Ergebnis, dass das „politische Sozialisationsklima", dessen Merkmal auch die Häufigkeit politischer Kommunikation ist, in der Familie von beiden Elternteilen getragen wird. Ob diese Interpretation auf unsere Daten übertragbar ist, soll im Folgenden untersucht werden. Es gilt somit die interessante Frage zu klären, ob diese Ergebnisse, die sich jeweils nur auf die Gesprächshäufigkeit zwischen den Jugendlichen und einem Elternteil beziehen, auf die Familienhaushalte insgesamt (Gespräche zwischen Jugendlichem und Mutter und zwischen Jugendlichem und Vater) übertragen lassen. Dazu ist es notwendig, die Ergebnisse durch Kombination der Daten zu diesen beiden Gesprächspartnerkonstellationen zusammenzuführen (vgl. dazu Schaubild 12). Hinweise zur Übertragbarkeit des Befundes von Schulze auf unsere Untersuchungspopulation gibt in dem Schaubild jeweils der weiße Balken. Hier haben wir in der Analyse nur jene Jugendlichen berücksichtigt, die sowohl mit ihrem Vater als auch mit ihrer Mutter in einem gemeinsamen Familienhaushalt leben. In der Mehrheit dieser Familien, d.h. fast vier Fünfteln, wird das politische Sozialisationsklima, das u.a. durch die politische Kommunikationshäufigkeit konstituiert wird, durch Vater und Mutter gleichermaßen getragen, zeichne es sich nun durch regelmäßig mit beiden zustande kommende (19 Prozent) oder vielmehr ausbleibende Gespräche (61 Prozent) aus. Dieser geringe Stellenwert von Politik in den Familien wird auch im Familien-Survey des Deutschen Jugendinstituts konstatiert. Er betrifft übrigens, so zeigt diese Studie weiter, nicht nur die Ebene der Kommunikation sondern auch der tatsächlichen politischen Aktivitäten (vgl. Bien 1994). Ob die von beiden Kommunikationspartnern ausgehenden, gemessen an der Gesprächshäufigkeit gleichstarken Impulse im Hinblick auf die politische Sozialisation der Jugendlichen dabei auch eine ähnlich manifeste Wirkung haben, soll erst im nächsten Abschnitt am Beispiel der Entwicklung einer politischen Aktivitätsbereitschaft geprüft werden.

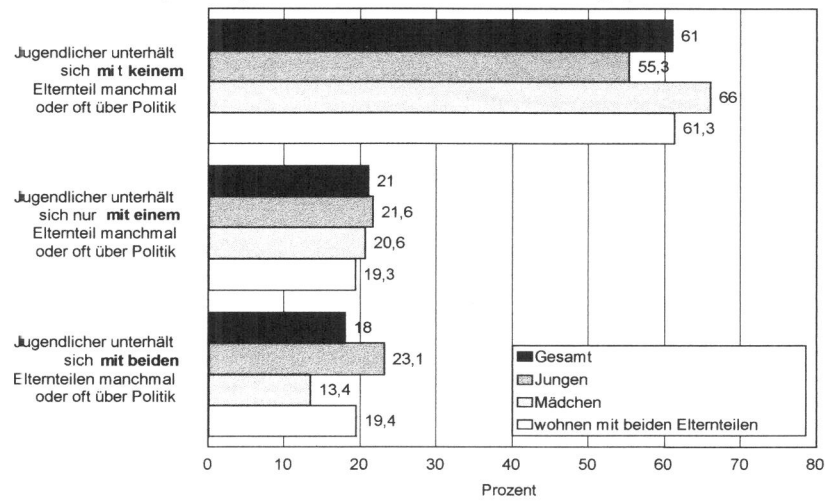

Schaubild 12: Häufigkeit der politischen Kommunikation zwischen den Jugendlichen und ihren Eltern (Jugendlichensicht)

Weitet man die Analyse auf die Gesamtpopulation der befragten Jugendlichen aus, zeigt sich folgendes: In etwas mehr als 60 Prozent der Fälle wird Politik fast nie zum Thema der Kommunikation zwischen dem Jugendlichen und seinen Eltern. Bei den befragten Mädchen beträgt dieser Anteil sogar zwei Drittel gegenüber knapp 55 Prozent der Jungen. Ein Fünftel der Jugendlichen – der Mädchen gleichermaßen wie der Jungen - kommt dagegen zumindest mit einem Elternteil manchmal bis oft ins Gespräch. Und nur knapp 18 Prozent der Befragten – differenziert nach dem Geschlecht mit 23 Prozent deutlich mehr Jungen als Mädchen (13 Prozent) - führen sowohl mit dem Vater als auch mit der Mutter regelmäßig politische Unterhaltungen. Dieser Grad an politischer Kommunikation zwischen den Jugendlichen und ihren Eltern variiert ebenso, wie wir es bereits für das politische Interesse der Eltern gezeigt haben, in Abhängigkeit vom Berufsabschlussniveau. Es sind vor allem Eltern mit universitärem Bildungsabschluß, die mit ihren Kindern politische Themen besprechen.

Mit Blick auf die im folgenden Abschnitt dokumentierte Untersuchung der manifesten politischen Aktivierung der Jugendlichen durch das politische Interesse der Eltern und die politische Kommunikation in der Familie wäre sicher über die Häufigkeit der Gespräche hinaus auch der Kommunikationsstil zwischen den Jugendlichen und Eltern aufschlussreich gewesen. Denn wie Hopf/Hopf (1997) mit Verweis auf die von Kohlberg (1974) herausgearbeiteten entwicklungsfördernden Aspekte stärker egalitärer Kommunikationsstile hervorheben, vermitteln neben der Eltern-Kind-Beziehung auch diese Stile den Erfolg der politischen Anregung der Jugendlichen durch ihre Eltern: „Es gibt den durchweg belehrenden und weitschweifig erläuternden Vater, dessen Redeschwall von Jugendlichen nur durch Abschotten zu ertragen ist, selbst wenn die Inhalte der Rede für sie durchaus akzeptabel sein könnten. Und umgekehrt kann der Kommunikationsstil in Familien sehr stark durch die Fähigkeit und Bereitschaft, sich auf die Argumente des oder der jeweils anderen einzulassen und sich für diese zu interessieren, geprägt sein, so daß die Jugendlichen, die aus solchen Familien kommen, allein schon dadurch massive Entwicklungsvorteile haben. Diese können auch Folgen im politischen Bereich haben, selbst wenn Politik nur in geringem Maße Thema der innerfamilialen Kommunikation ist" (ebd., S. 146). Aufgrund der Begrenztheit des Fragebogenumfangs war es leider nicht möglich, diese Kommunikationsstile zu erheben. Wir müssen uns deshalb mit der Vermutung begnügen, dass das von uns aus der Sicht der Jugendlichen abgefragte elterliche Erziehungsverhalten spezifische Rückschlüsse auf die Art und Weise, mit welchem Stil und in welcher Form politische Inhalte zwischen Jugendlichen und Eltern besprochen werden könnten, zulässt. In Familien mit einem demokratischen und partnerschaftlichen Umgang wird sich der Kommunikationsstil sicher weniger durch Elternzentrierung und den Druck der Perspektivübernahme auf die Jugendlichen auszeichnen als in Familien mit nicht verhandlungsbereiten Eltern.

7.4 Die Bedeutung des elterlichen Erziehungsverhaltens und des Verhältnisses der Eltern zu Politik für die politische Aktivitätsbereitschaft Jugendlicher

Abschließend wenden wir uns dem latent bzw. manifest aktivierenden Einfluss der beschriebenen familialen Bedingungsfaktoren auf die politische Aktivitätsbereitschaft der Jugendlichen zu. Welche der familialen politischen Erfahrungen sind nun für die Herausbildung dieser Bereitschaft mit verantwortlich? Und welche der familialen Beziehungserfahrungen sind dabei zusätzlich wirkungsrelevant?

Wichtig ist in diesem Zusammenhang möglicherweise zusätzlich ein Aspekt, auf den wir bis hier noch nicht eingegangen sind, und zwar die individuelle Bedeutung der Meinungen und Anregungen der Eltern für die Jugendlichen im Bereich politischer Fragen und darüber hinaus auch der Stellenwert der Eltern als Vermittlungsinstanz politischer Kenntnisse, kurzum die Bedeutung der Eltern als Bezugsgruppe im politischen Lernprozess von Jugendlichen. Wir wollen bei der Bearbeitung der beschriebenen Fragestellungen zusätzlich prüfen, ob und wie diese Elternorientierung die zu prüfenden Zusammenhänge zwischen familialen Erfahrungen und politischer Aktivitätsbereitschaft moderiert. Dazu sei zunächst die Elternorientierung der Jugendlichen im Bereich Politik betrachtet.

Zur Bedeutung der Eltern als Bezugsgruppe im Bereich Politik
Wir haben die Bedeutung der Eltern als Bezugsgruppe der Jugendlichen im Bereich politischer Fragen zum einen über die Frage erfasst, wessen Meinungen und Anregungen für sie in politischen Fragen am wichtigsten seien[8]. Da wir den Jugendlichen als Antwortmöglichkeiten den Vater und die Mutter neben Freunden/Freundinnen, Lehrern/Ausbildern sowie anderen Personen und auch die Ablehnung von Ratschlägen und Anregungen durch Andere vorgaben, können die Bewertungen pro Proband nicht in eine Rangfolge gebracht werden. Wir erfahren aus den Antworten aber, ob der Vater bzw. die Mutter als wichtigster Ansprechpartner für den jeweiligen Befragten im Bereich politischer Fragen fungiert – ein Ertrag, der für unsere konkrete Fragestellung ausreichend ist, weil er unseres Erachtens ein Indiz für die von den Jugendlichen wahrgenommene diesbezügliche Glaubwürdigkeit der Eltern ist.

Aus einer eigenen Studie zur Rolle von Bezugsgruppen in der Jugendphase (vgl. Kötters/Krüger/Brake 1996, Kötters 2000a) ist bekannt, dass die Bedeutung der Anregungen der Eltern für den Prozess der politischen Meinungsbildung und Wissensanreicherung Heranwachsender beim Übergang

---

8   vgl. Frage 70i des Fragebogens (siehe Anhang)

von der Kindheit in die Jugendphase noch relativ groß ist, mit zunehmendem Alter jedoch immer weiter zurückgeht. Unsere Daten gliedern sich in diesen Befund ein – der Anteil an befragten Jugendlichen, denen im Bereich politischer Fragen die Meinung der Eltern am wichtigsten ist, liegt bei nur rund einem Fünftel (vgl. Schaubild 13). Die Mehrheit, nämlich fast zwei Drittel, bildet sich hingegen unabhängig von den Anregungen der Eltern oder Dritter eine eigene Meinung. Haben wir im vorangegangenen Abschnitt aufgezeigt, dass die Jugendlichen sich mit ihrer Mutter nahezu ebenso häufig über Politik kommunikativ austauschen wie mit ihrem Vater, so zeigt sich bei der Bereitschaft, sich in diesem Bereich politischer Fragen von der Meinung der Eltern tatsächlich auch anregen zu lassen, eine Trennung nach Vater und Mutter. Für knapp 7 Prozent der Befragten ist die Meinung der Mutter am wichtigsten, mit 12 Prozent für nur etwas weniger als doppelt so viele Jugendliche ist es hingegen die Meinung des Vaters, die für sie am meisten zählt. Anmerken möchten wir, dass der Anteil an Jugendlichen, die bei politischen Fragen angeben, selbständig, d.h. unabhängig von anderen, ihre Meinung zu bilden, bei den Jungen deutlich größer ist als bei den Mädchen.

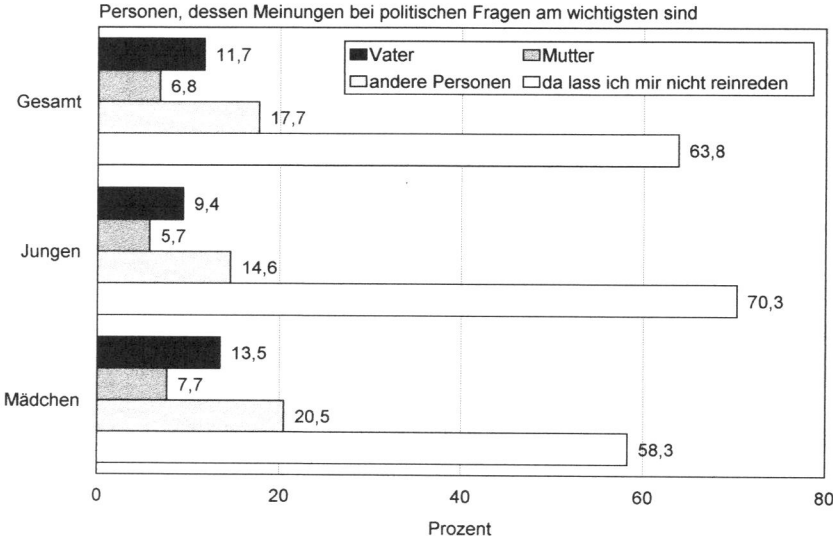

Schaubild 13: Eltern als wichtigste Ansprechpartner im Bereich politischer Fragen

Ähnliche Ergebnisse zeigen sich auch bei der Frage, ob die Jugendlichen ihre politischen Kenntnisse in Gesprächen mit dem Vater bzw. mit der Mutter erwerben, der wir ebenfalls nachgegangen sind, um die Bedeutung der Eltern als Bezugsgruppe im Bereich politischer Fragen herauszuarbeiten. Geißler (1996) hat empirisch untermauert, dass die Eltern (insbesondere der Vater) für Jugendliche die wichtigsten Bezugspersonen für politische Informationen darstellen. Unser Datenmaterial zeigt (vgl. Schaubild 14), dass sich die Jugendlichen ihre politischen Kenntnisse hingegen laut eigener Angaben primär über die Medien aneignen – vor allem durch Nachrichtensendungen und politische Magazine im Fernsehen bzw. Radio aber auch durch Zeitungsinhalte. Eine ähnlich starke Bedeutung hat das Fach Sozialkunde in der Schule und erst dann folgen der Vater und die Mutter in der Rangfolge wichtiger Instanzen der Vermittlung politischen Wissens. Immerhin liegen die Mütter gleich auf mit den Vätern auf dem 4. Platz von 14 zu bewertenden Kenntnisquellen[9]. Jeweils etwa die Hälfte der von uns befragten Jugendlichen gibt als eine der Wurzeln ihrer politischen Kenntnisse die Mutter bzw. den Vater an. Bedeutende Unterschiede zwischen den Angaben der weiblichen und männlichen Jugendlichen konnten wir dabei nicht konstatieren. Es zeigt sich lediglich, dass für die Jungen tendenziell der Vater als Vermittler politischer Kenntnisse (54 Prozent) wichtiger ist als die Mutter (48 Prozent).

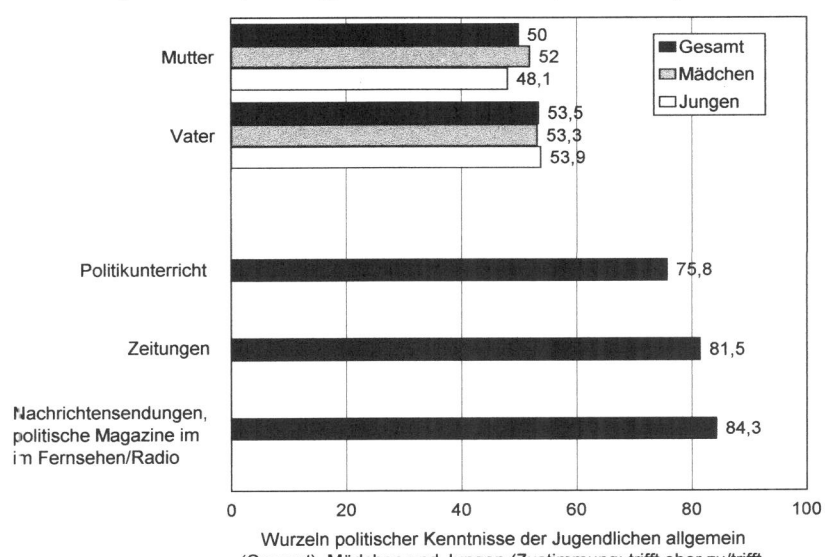

Schaubild 14: Eltern als Vermittlungsinstanz politischer Kenntnisse

Zur Messung der politischen Aktivitätsbereitschaft der Jugendlichen
Wie wir bereits einleitend kurz definiert haben, lehnen wir uns bei der Erfassung der Aktivitätsbereitschaft Jugendlicher an Schulze (1977) an, der darun-

---

9   vgl. Fragenkomplex 3 des Fragebogens (siehe Anhang)

ter das politische Interesse, die Bereitschaft zu politischer Partizipation, die Bereitschaft zur politischen Kommunikation mit der unmittelbaren sozialen Umgebung und die Reflexion über politische Sachverhalte versteht. Wir müssen uns dabei jedoch auf die folgende Auswahl an Dimensionen beschränken, da wir einige der Merkmale nicht mit unserem Erhebungsinstrument erfassen konnten.

-   *Politisches Interesse* der Jugendlichen;
    Das politische Interesse haben wir über das Item „Sind Sie politisch interessiert?" (Antwortkategorien: sehr interessiert/ziemlich interessiert/etwas interessiert/recht wenig interessiert/gar nicht interessiert) (Frage 1) erhoben.

-   *Politische Beteiligungsbereitschaft*;
    Politische Beteiligungsbereitschaften wurden in den folgenden Bereichen abgefragt[10]:
    Angenommen Sie möchten in einer Sache, die Ihnen wichtig ist, Einfluss nehmen bzw. Ihren Standpunkt zur Geltung bringen. Welche der Möglichkeiten kommen für Sie in Frage und welche nicht? (Habe ich bereits gemacht./Kommt für mich in Frage./Kommt für mich nicht in Frage)
    -   Briefe an Politiker schreiben
    -   Sich in öffentlichen Versammlungen an Diskussionen beteiligen
    -   Briefe zu politischen oder gesellschaftlichen Themen an eine Zeitung/den Rundfunk/das Fernsehen schreiben.
    -   In eine Partei eintreten und aktiv mitarbeiten
    -   In einer anderen politischen Gruppierung mitmachen
    -   Ein politisches Amt übernehmen
    -   Eine Partei/Bürgerinitiative/politische Gruppierung mit Geld spenden unterstützen.
    -   In einem Mitbestimmungsgremium beteiligen
    -   Mitarbeit in einer Bürgerinitiative
    -   Sich an Wahlen beteiligen
    -   Absichtlich nicht zur Wahl gehen
    -   Eine extreme Partei wählen
    -   Sich an einer Unterschriftenaktion beteiligen
    -   Teilnahme an einer genehmigten Demonstration
    -   Teilnahme an einem beschlossenen gewerkschaftlichen Streik
    -   Teilnahme an einer nicht genehmigten Demonstration
    -   Beteiligung an einem wilden Streik.

-   *Bereitschaft zur Aufnahme politischer Informationen*
    Hinter diesem Merkmal verbirgt sich folgendes Einzelitem[11]: „Wie oft machen Sie das folgende in Ihrer Freizeit? Politik-Sendungen ansehen

---

10   vgl. Fragenkomplex 2 des Fragebogens (siehe Anhang)
11   vgl. Frage 2 des Fragebogens (siehe Anhang)

oder anhören." (Antwortkategorien: mehrmals pro Woche/einmal pro Woche/alle paar Wochen/seltener oder nie).

Auf die Deskription dieser Variablen kann an dieser Stelle verzichtet werden, da sie in den Kapiteln von Sibylle Reinhardt/Frank Tillmann und Nicolle Pfaff ausführlich dokumentiert ist. Wir haben die Vielzahl an Indikatoren, die auf eine bestehende Bereitschaft Jugendlicher, sich politisch interessiert zu zeigen, sich in politischen Feldern zu engagieren und politische Informationen aufzunehmen – kurzum politisch aktiv zu sein – hinweisen, zu einem additiven Index zusammengefasst. Dazu wurden die einzelnen Variablen so umcodiert, dass sie jeweils mit dem gleichen Gewicht in die Konstruktion eingegangen sind. Der berechnete Index hat in unserer Stichprobe einen Wertebereich von 0 (keine politische Aktivitätsbereitschaft) bis 19 (starke politische Aktivitätsbereitschaft). Welche Einflussmomente familiale Erfahrungen auf diese Bereitschaft Jugendlicher haben, soll im folgenden erörtert werden.

Zum Zusammenhang zwischen familialen Erfahrungen und der politischen Aktivitätsbereitschaft Jugendlicher

Bei der Überprüfung von in der Familie zu verortenden Bedingungen für die Entwicklung von politischer Aktivitätsbereitschaft gingen wir von der Annahme aus, dass sowohl das politische Interesse der Eltern und die kommunikativen, auf politische Fragen bezogenen Elemente der Beziehungen als auch das Erziehungsverhältnis zwischen den Jugendlichen und ihren Eltern Sozialisationsbedingungen sind, unter denen sich die Bereitschaft der Jugendlichen, sich politisch zu engagieren und zu informieren, spezifisch ausformen kann. Untersuchungsleitend war darüber hinaus auch die Hypothese, dass die Rolle der Eltern als Bezugsgruppe in diesem Bereich, die Rückschlüsse auf ihre Glaubwürdigkeit zulässt, ebenfalls eine wichtige Einflussgröße ist. Bereits vor der Analyse waren wir uns der Problematik bewusst, mit dem erhobenen Datenmaterial, das die Struktur der innerfamilialen Beziehungen nur punktuell abbilden konnte, die für den politischen Sozialisationsprozess relevanten familialen Merkmale eventuell nicht erfasst zu haben. Zwar haben wir Instrumente eingesetzt, anhand derer die Sicht der Jugendlichen auf den Grad an Unterstützung, Repressivität, Straforientierung und Elternzentrierung eingefangen werden kann. Es war uns jedoch aus den verschiedensten Gründen, zu denen nicht zuletzt auch die Verschiedenartigkeit der an das Forschungsvorhaben geknüpften Erkenntnisinteressen zählt, nicht möglich, die Kommunikationsstile (z.B. Relevanz von Zwang und Autorität) überhaupt und die Glaubwürdigkeit der Eltern sowie die Vertrauenskontakte zwischen den Jugendlichen und ihren Eltern wirklich umfassend abbilden zu können.

Die Prüfung der Hypothesen haben wir methodisch mit Hilfe einer multiplen Regressionsanalyse eingelöst. Die Ergebnisse dieser Strukturprüfung (vgl. Schaubild 15) bestätigen einige unserer Annahmen und lassen Rückschlüsse auf den Stellenwert einzelner Faktoren im Gesamtgefüge der familialen Einflussmomente zu:

Modellgüte			
R = 0,337	Standardfehler = 3,27		
R^2 = 0,107	F = 30,96	p = 0,000	
Prädiktor	Beta	T	Signifikanz
Vater als wichtigster Ansprechpartner in politischen Fragen (Glaubwürdigkeit)	0,130	3,68	0,000
Kommunikation über Politik mit der Mutter	0,118	2,96	0,000
Politisches Interesse des Vaters	0,118	2,79	0,000
Kommunikation über Politik mit dem Vater	0,102	2,49	0,000
Männlicher Jugendlicher	0,065	2,22	0,000
Politisches Interesse der Mutter	0,054	1,32	0,000
Mutter als wichtigster Ansprechpartner in politischen Fragen (Glaubwürdigkeit)	0,037	1,05	0,000
Aus dem Modell ausgeschlossene Merkmale:			
- Dimensionen des familialen Erziehungsverhältnisses - Vater bzw. Mutter als Instanz der Vermittlung politischer Kenntnisse			

Schaubild 15: Ergebnisse der Regressionsanalyse für die abhängige Variable „politische Aktivitätsbereitschaft Jugendlicher"

Es liegt ein Modell vor, das die politische Aktivitätsbereitschaft Jugendlicher durch lineare Verknüpfung von insgesamt sechs familialen Aktivierungsmomenten abschätzt. Als zusätzlicher Prädiktor erwies sich darüber hinaus das Geschlecht der Jugendlichen. Bereits bei der Analyse der Kommunikationshäufigkeit hatten wir es als differenzierendes Kriterium herausgearbeitet. Der Anteil an durch Kombination dieser Prädiktoren erklärter Varianz liegt bei immerhin knapp 11 Prozent. Dieses Ergebnis spricht ebenso wie die Untersuchung von Schulze gegen das gängige Urteil der politischen Sozialisationsforschung, wonach „dem manifesten politischen Aktivierungsimpuls der Familie nur (...) *ein sehr geringer (d.V.)* Stellenwert für die Bestimmung der politischen Aktivitätsbereitschaft von Jugendlichen einzuräumen" sei (Schulze 1977, S. 59). Im Querschnitt der von uns erfassten Prädiktoren übt die Funktion des Vaters als wichtigster Ansprechpartner, d.h. seine Glaubwürdigkeit in politischen Fragen, den größten positiven Einfluss aus. Aus der Größe der standardisierten Regressionskoeffizienten (Beta) kann weiter geschlossen werden, dass häufig mit der Mutter zustande kommende Gespräche über politische Angelegenheiten den zweitgrößten Erklärungsbeitrag für eine hohe politische Aktivitätsbereitschaft hat. Die gleiche Erklärungskraft besitzt ein ziemlich bis stark ausgeprägtes politisches Interesse des Vaters. Häufige politische Gespräche mit dem Vater wirken zusätzlich ähnlich stark aktivierend.

Schließlich erweisen sich auch ein ausgeprägtes politisches Interesse und die Glaubwürdigkeit der Mutter in politischen Fragen als zwar weniger starke aber das Modell sinnvoll ergänzende Aktivierungsmerkmale. Das von den Jugendlichen wahrgenommene Verhältnis der Eltern zu Politik und die Funktion der Eltern als wichtigste Bezugsgruppe in politischen Fragen können somit statistisch gesichert als wichtige, manifest wirksame Aktivierungsmomente betrachtet werden.

Die angenommene latente Wirkung des elterlichen Erziehungsverhaltens konnte von uns demgegenüber nicht empirisch nachgewiesen werden. Wir werten dieses Ergebnis jedoch nicht als Widerlegung des latenten Aktivierungsgehaltes der Familie. Mit Blick auf die in einschlägigen Projekten herausgearbeiteten Zusammenhänge zwischen den intergenerativen Gefühlsbindungen und Machtbeziehungen und der Bereitschaft von Jugendlichen, sich politisch zu engagieren (vgl. Schulze 1977, Schmitt 1980, Hopf/Hopf 1997), weisen die Ergebnisse vielmehr auf die Notwendigkeit hin, für das Vorhaben der Prüfung des latenten Aktivierungsgehaltes der Familie, in zukünftigen Studien die wechselseitigen Anerkennungsverhältnisse zwischen den Jugendlichen und ihren Eltern, die Vielfalt, Intensität und Kontroversität der Problemverarbeitung in der Familie ebenso wie die konkrete politische Anregung durch familiale Außenkontakte unter Verwendung entsprechender Frageninventare zu erfassen und ihre Wirksamkeit zu prüfen.

Zur besseren Veranschaulichung der Bedeutung der Ergebnisse sollen abschließend bezogen auf die politische Aktivitätsbereitschaft anregungsreiche von anregungsarmen Familien abgegrenzt werden. Dazu haben wir mit Hilfe der auf Chi-Quadrat-Tests basierenden CHAID-Analyse die über die befragten Jugendlichen erfassten Familien in acht Gruppen geteilt, die sich über die manifesten Anregungsmerkmale der Familie definieren und sich in der politischen Aktivitätsbereitschaft der Jugendlichen unterscheiden.

In dem Schaubild sind diese acht Teilpopulationen in eine Rangfolge abnehmender politischer Aktivitätsbereitschaft der Jugendlichen gebracht. Das politische Interesse und die Glaubwürdigkeit der Mutter in politischen Fragen sowie das Geschlecht der Jugendlichen wurden nicht mit aufgenommen, da sie sich nicht in ausreichendem Maße als trennscharf erwiesen. Sehr charakteristische Definitionsmerkmale der Teilpopulationen von anregungsreichen und anregungsarmen Familien sind die Häufigkeit der politischen Gespräche zwischen den Jugendlichen und ihrem Vater, die die Gruppen am stärksten unterscheidet, die Kommunikationshäufigkeit mit der Mutter, das politische Interesse des Vaters sowie die Glaubwürdigkeit des Vaters als Ansprechpartner (wichtigster Ratgeber) in politischen Fragen.

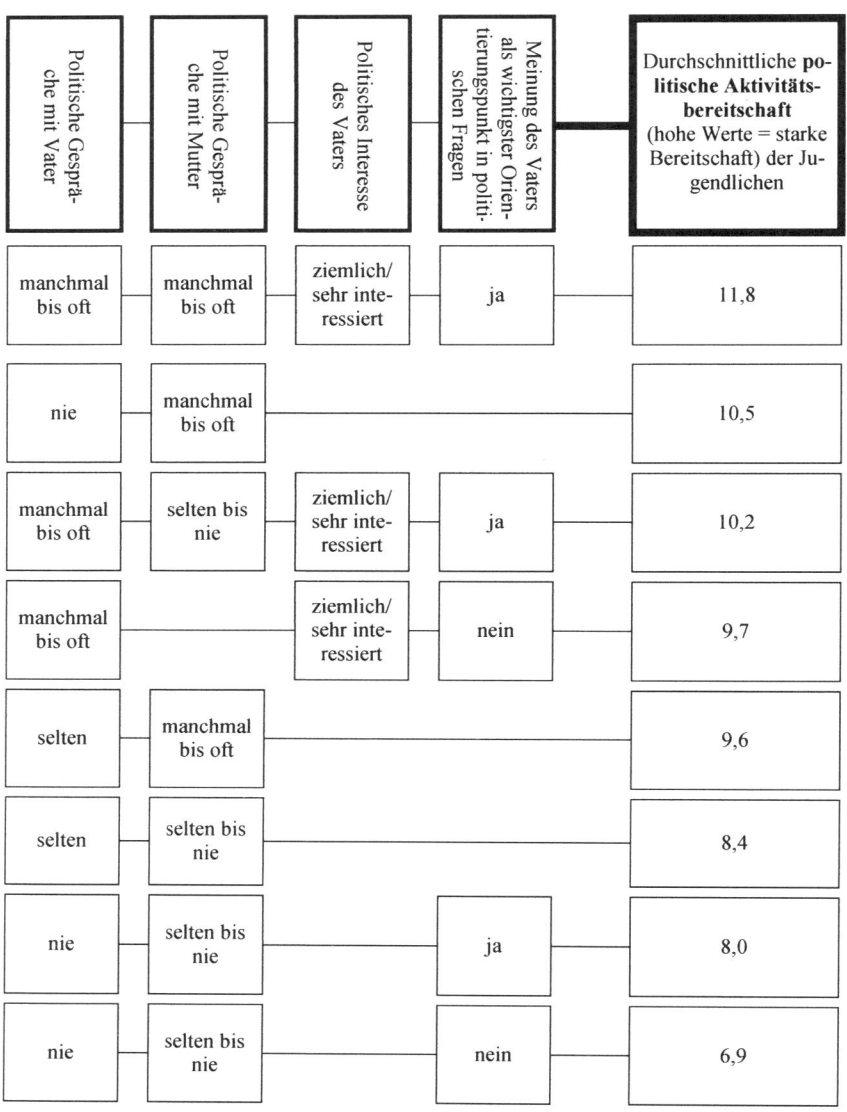

Politische Gesprä-che mit Vater	Politische Gesprä-che mit Mutter	Politisches Interesse des Vaters	Meinung des Vaters als wichtigster Orien-tierungspunkt in politi-schen Fragen	Durchschnittliche **po-litische Aktivitäts-bereitschaft** (hohe Werte = starke Bereitschaft) der Ju-gendlichen
manchmal bis oft	manchmal bis oft	ziemlich/ sehr inte-ressiert	ja	11,8
nie	manchmal bis oft			10,5
manchmal bis oft	selten bis nie	ziemlich/ sehr inte-ressiert	ja	10,2
manchmal bis oft		ziemlich/ sehr inte-ressiert	nein	9,7
selten	manchmal bis oft			9,6
selten	selten bis nie			8,4
nie	selten bis nie		ja	8,0
nie	selten bis nie		nein	6,9

Schaubild 16: Politisch anregungsarme und anregungsreiche Familienhaushalte (Er-gebnis einer Chaid-Analyse)

Im Hinblick auf die Entwicklung der politischen Aktivitätsbereitschaft erwei-sen sich jene Familien als am anregungsreichsten, in denen sich jeweils beide Elternteile oft oder zumindest manchmal mit ihrem Kind über politische Angelegenheiten unterhalten, der Vater seinem starken politischen Interesse wahrnehmbaren Ausdruck verleiht und die politische Meinung des Vaters wichtigster Orientierungspunkt für die Jugendlichen ist. Jugendliche aus solchen Familien bekunden gemessen an ihrem politischen Interesse sowie ihrer Bereitschaft, sich politisch zu engagieren und politische Informationen aufzunehmen, die größte Aktivitätsbereitschaft. Von 19 möglichen Aktivitätsfeldern kommen für sie im Durchschnitt rund 12 Bereiche in Betracht. Gemessen an den von uns erhobenen Kriterien zeigen sich jene Mädchen und Jungen fast ebenso stark an politischer Aktivität interessiert, wo zwar nicht mit dem Vater, dessen politisches Interesse und auch Glaubwürdigkeit als Ratgeber in politischen Fragen keine erhebliche Rolle spielt, dafür aber mit der Mutter häufig über Politik geredet wird. Etwas weniger aber auch überdurchschnittlich stark aktivierend wirken Familien, die sich von der ersten Gruppe nur darin unterscheiden, dass sich die politischen Gespräche auf die Konstellation Jugendliche – Vater beschränken. Ist für die Jugendlichen demgegenüber jedoch nicht der Vater der wichtigste Ansprechpartner, geht dies unabhängig von der Häufigkeit der mit der Mutter stattfindenden politischen Gespräche trotz eines wahrnehmbaren positiven Verhältnisses des Vaters zu Politik mit einer etwas geringeren politischen Aktivitätsbereitschaft der Jugendlichen einher. Gleichauf liegen in der Rangfolge jene Jugendlichen, die sich mit dem Vater selten, mit der Mutter jedoch manchmal bis oft über Politik unterhalten. Als demgegenüber eher anregungsarm erweisen sich jene Familien, in denen sich beide Elternteile nie oder allenfalls selten mit ihrem Sohn bzw. ihrer Tochter über politische Angelegenheiten verständigen.

7.5 Zusammenfassung

Fasst man die Resultate unserer Untersuchung zur Bedeutung familialer Erfahrungen für die politische Aktivitätsbereitschaft Jugendlicher, die mit Schulze (1977, S. 12) die Verbindung „zwischen Umwelteinflüssen in ‚früheren' Lebensabschnitten und sozialem Handeln in ‚späteren' Lebensabschnitten", d.h. tatsächlichen Aktivitäten darstellt (vgl. Schulze 1977), zusammen, lässt sich folgendes festhalten: Die detaillierte Untersuchung der innerfamilialen Interaktionsstrukturen schreibt die Ergebnisse unserer früheren Studien fort (vgl. Kötters 2000a, Krüger/Grundmann/Kötters 2001), wonach zunehmend eine ausgewogene Machtbalance das intergenerative Miteinander auszeichnet. Einem großen Teil der Jugendlichen bieten sich in ihrer Familie bei Unstimmigkeiten Verhandlungsmöglichkeiten. Unterstützung und Transparenz von Entscheidungen werden von ihren Eltern ebenso groß geschrieben wie Verzicht auf Strafen und Toleranz. Im Hinblick auf das Verhältnis der

Eltern zu Politik verdeutlichen unsere Untersuchungsergebnisse, die auf den Wahrnehmungen der befragten Jugendlichen beruhen, eine offensichtliche Distanz eines großen Teils der Eltern gegenüber Politik. Nicht nur die Gruppe von Eltern, die mit ihrem Kind politische Angelegenheiten erörtern und diskutieren, ist verhältnismäßig klein. Auch der Anteil an Vätern und Müttern, denen zugeschrieben wird, ziemlich bis stark politisch interessiert zu sein, bleibt deutlich unter der Hälfte aller über die Jugendlichen erfassten Familienhaushalte. Um so erstaunlicher ist der Befund, dass ungefähr die Hälfte der Jugendlichen als eine der Wurzeln ihrer politischen Kenntnisse Gespräche mit dem Vater bzw. der Mutter angibt. Bezogen auf die individuelle Bedeutung der Meinungen und Anregungen der Eltern für die Jugendlichen im Bereich politischer Fragen konnten wir für die von uns untersuchte Altersgruppe einen nur geringen Stellenwert des Vaters und noch deutlicher der Mutter herausarbeiten. Unsere zentrale Frage nach der Bedeutung politischer und unpolitischer familialer Erfahrungen für die Entwicklung politischer Aktivitätsbereitschaft Jugendlicher führte zu folgenden Ergebnissen: Anhand der uns zur Verfügung stehenden Instrumente zur Messung der familialen Interaktionsstrukturen gelang es uns nicht, die angenommene latente Wirkung des elterlichen Erziehungsverhaltens nachzuweisen. Die Untersuchung hat aber bezogen auf den manifesten Aktivierungsgehalt familialer Erfahrungen insgesamt belegen können, dass die Familie als Instanz der Sozialisation politischer Aktivitätsbereitschaft durchaus bedeutsam ist. Ein für die Jugendlichen wahrnehmbares politisches Interesse der Eltern und zusätzlich die Öffnung des familialen Raumes als Kommunikationsarena für politische Themen sowie eine starke Überzeugungskraft der elterlichen Ansichten in politischen Fragen können das politische Interesse von Jugendlichen sowie ihre Bereitschaft, sich politisch zu beteiligen und politische Informationen interessiert aufzunehmen, befördern. Um die Bedeutung der familialen Erfahrungen, und zwar sowohl der manifest als auch der latent wirkenden Faktoren im Prozess der Entwicklung politischer Aktivitätsbereitschaft detaillierter herausarbeiten zu können, bedarf es Längsschnittuntersuchungen, die diese Entwicklung nachzeichnen. In diesen Untersuchungen sollte dabei das Augenmerk vor allem auf die Rolle der familialen Kommunikationsstile sowie der Vertrauenskontakte zwischen den Jugendlichen und ihren Eltern gelegt werden.

III. Politische Bildung an Einzelschulen

Ralf Schmidt

8. Elemente politischer Bildung aus der Perspektive von Lernenden und Lehrenden an zwei Schulen

Nach den quantitativen Analysen in den vorangegangenen Kapiteln stehen im nun folgenden dritten Abschnitt die Ergebnisse der qualitativen Teilstudie im Mittelpunkt der Darstellung. Die Analysen schließen an die Tradition qualitativer Fallstudien zu Einzelschulen (vgl. z.B. Untersuchungen von Diederich/ Wulf 1979; Böttcher/Plath/Weishaupt 1999 sowie Krüger/Grundmann/ Kötters 2000) an. Es werden die beiden in die Untersuchung einbezogenen Schulen, die Sekundarschule F und das Gymnasium D, anhand eines Statistikbogens und eines Interviews mit dem Schulleiter in Form von kurzen Schulportraits vorgestellt. Daran schließt sich eine kontrastive Auswertung von Gruppendiskussionen mit Lehrern und Schülern der beiden Schulen an. Die Darstellung stützt sich auf die vorangegangenen Auswertungsphasen der formulierenden und reflektierenden Interpretation und ist am Verfahren der dokumentarischen Analyse von Gruppendiskussionen nach Loos/Schäffer (2001) orientiert. Punktuell werden zur Verdeutlichung besonders markanter Themen Textausschnitte herangezogen. Die Analyse bezieht sich auf zentrale Inhalte wie Politische Bildung an der Schule, Fragen der Partizipation und den Umgang mit Ausländern sowie Rechtsradikalismus. Im Mittelpunkt der Darstellung steht die Frage, wie die drei Themen in der jeweiligen Schule bearbeitet werden, um so Rückschlüsse auf besonderen Bedingungen für gelingende und weniger gut gelingende politische Sozialisationsprozesse ziehen zu können. Über die Analyse der Einzelschulen hinaus erfolgt in Kapitel 9 eine Gegenüberstellung beider Schulen mit dem Ziel, die Besonderheiten der jeweiligen Einzelschule über eine Kontrastierung mit der jeweils anderen herauszustellen, Stärken und Defizite zu beschreiben und Ansätze zur Lösung identifizierter Probleme vorzuschlagen.

8.1 Die Sekundarschule F

8.1.1 Die Schule im Spiegel von Schulleiterinterview und Feldbeobachtung durch die Forscher

Die Gemeinde, in der die Sekundarschule F angesiedelt ist, hat ca. 2400 Einwohner und gehört einer Verwaltungsgemeinschaft an; es gibt eine Sekundarschule und eine Grundschule im Dorf, ein großes und neu saniertes Bürgerhaus, einige kleinere Geschäfte und Handwerksbetriebe und einen großen Landwirtschaftsbetrieb. Durch das Gewerbegebiet am Dorfrand wurden viele Arbeitsplätze geschaffen, man identifiziert sich damit. Die beiden Schulen bewohnen einen mittelgroßen teilsanierten Altbau auf der anderen Seite der Gemeinde zwischen Bürgerhaus und Sportplatz. Die Region, in der die Gemeinde liegt, mutet auf den ersten Blick eher widersprüchlich an. In den letzten 5 Jahren entstanden hier um die vor den Toren der Stadt gelegenen Dörfer großflächige Gewerbegebiete, in denen vorwiegend Handels- und Dienstleistungsanbieter angesiedelt sind. Die von einer vierspurigen Schnellstraße durchquerte Landschaft macht den Eindruck eines nicht enden wollenden Einkaufsparks. Dagegen wirken die verstreut liegenden Dörfer mit ihren mittelalterlichen Dorfkernen fast verschlafen, wie aus einer anderen Zeit. Die Sanierungswelle scheint bis hierher noch nicht vorgedrungen zu sein. Nur die Wohnparks an den Dorfrändern deuten auf „Aufbruch" hin. Die Gemeinden liegen im sogenannten „Speckgürtel" einer ostdeutschen Großstadt. Politisch eint sie die Gefahr der Eingemeindung durch die Großstadt A, die von den Unternehmens- und Einkommenssteuergewinnen der aufsteigenden Landkreise profitieren könnte. Die Dörfer, so berichtet der Schulleiter der Sekundarschule F im Schulleiterinterview, schließen sich aus Rationalisierungszwecken zu Verwaltungsgemeinschaften zusammen, um ihre Gewinne in die Dorfsanierung und damit in die Attraktivität der Umgebung als Wirtschaftsstandort und Lebensraum investieren zu können. Seitdem vor einigen Jahren der Zuwanderungsstrom auf die Umgebung der Großstadt A, der Trend zum Häuschen im Grünen einsetzte, wuchs die Schülerschaft der Schulen im Ort entgegen den düsteren Prognosen vom Schülerrückgang beständig an, weshalb man auf ein weiteres Gebäude in der Nachbarschaft der Schule und zwei geräumige Wohncontainer ausweichen musste. Erschreckende Presseberichte über den „Unterricht unterm Wellblechdach" konnten revidiert werden, *„der Unterricht ist wie Unterricht überall"*, sagt der Schulleiter.

Der Schulleiter der Schule steht kurz vor der Pensionierung und arbeitet jetzt schon fast 30 Jahre als Schulleiter. Nach der Mitte der 1990er Jahre erfolgten Zusammenlegung seiner ehemaligen Schule im Nachbarort mit der nun von uns untersuchten Schule übernahm er hier die Schulleiterstelle, der ehemalige Direktor der zweiten Schule ist nun der Stellvertreter. Er weist auf den langen Kampf um den Erhalt seiner alten Schule hin und betont gleichzeitig, dass er und sein Stellvertreter ein sehr gutes Team seien, *„sowohl privat als auch bildungspolitisch auf einer Linie"*. Die Hauptfunktion der Schulleitung sieht der Schulleiter in der Vermittlung zwischen Schulbehörden und Eltern, die sich gegen die Auflösung des Standortes zur Wehr setzten. Weiterhin ging es nach der Zusammenlegung darum, die Ausstattung der Schule den Erfordernissen anzupassen. *„Es gab viele Aussprachen mit den Kollegen, mit der vorgesetzten Behörde, wer im Schuldienst bleiben kann, es gab neue Bewerbungen für die Schulleiterfunktion und letztendlich haben Eltern, Lehrer, Schüler abgestimmt, wer Schulleiter werden soll. Das war sicher ein einmaliger Vorgang."* Der Schulleiter hält einen Grundkanon an zu vermittelndem Wissen für notwendig. *„Was wir durchsetzen müssen ist, dass Schüler lernen. Dass sie selbstständig weiterkommen, dass sie sich selbst bilden, wir geben ihnen das Handwerkszeug dazu."* Im Bereich der Werteerziehung muss die Schule an das Elternhaus anknüpfen können, der Schulleiter bedauert, dass dies in vielen Fällen nicht möglich ist. *„Wir wollen nichts abwälzen auf die Eltern, aber alles kann die Schule nicht."* Er betont, dass Schüler befähigt werden müssen, Meinungen zu artikulieren und zu vertreten. Es besteht aus Sicht des Schulleiters ein enger Kontakt der Schule zu einigen Eltern, die die Schule bis in den Unterricht hinein massiv unterstützen. Insgesamt setzt man hier stark auf persönliche Gespräche mit den Eltern, sowohl im Fall von Problemen der Schüler als auch bei Problemen der Schule und der Gestaltung des Schullebens. Der Schulleiter konstatiert ein großes Interesse der Eltern an der Schule, Elternversammlungen und der alljährliche Tag der offenen Tür sind an der Schule gut besucht.

Der Umgang zwischen den Schülern wird vom Schulleiter als *„ruppig"* bezeichnet. *„Schüler haben Probleme mit einfachen Höflichkeitsformen und überhaupt im Benehmen."* Die Erziehungsziele der Schule steckt der Schulleiter im Bereich *„Ordnung, Sauberkeit und höfliche Umgangsformen ab"*. Mit Gewalttätigkeiten hat die Schule keine ernsthaften Probleme; wenn gehäuft Rangeleien auftreten, versucht man hier Ursachen anzugehen, wie im Fall des permanent überfüllten Schulbusses. Auch rechts- und linksextremen Tendenzen wirken Schulleitung und Lehrer durch Schüler- und Elterngespräche entgegen; die Aufmerksamkeit der Pädagogen scheint recht hoch zu sein: *„Es kommt ja schon durch den Haarschnitt oder die Bekleidung zum Ausdruck"*.

Zwischen Schülern und Lehrern sieht der Schulleiter im Allgemeinen ein großes Vertrauensverhältnis. Er belegt dies mit der Wahl des Vertrauenslehrers, bei der einige Lehrer recht viele Stimmen bekamen. Die kleine Schule zeichnet sich seiner Meinung nach durch ein ausgezeichnetes Klima im Lehrerkollegium aus, das aus 13 Lehrerinnen und 5 Lehrern besteht. Außerdem sei die besonders enge Kooperation mit den umliegenden Gemeinden ein besonderes Merkmal der Schule. Insofern ist es nicht weiter verwunderlich, dass der Schulleiter den zugesandten Statistikbogen mit seinem Kollegium besprochen hat. Die Lehrerschaft der Schule ist durch eine hohe personale Kontinuität gekennzeichnet; 13 der hier arbeitenden Lehrenden waren schon vor 1989 an der Schule tätig, die anderen fünf entstammen dem Personal der fusionierten Schule aus dem Nachbarort. An der Schule arbeitete noch nie ein(e) Referendar(in). Die Schule besitzt kein Schulprofil und ist nach Aussagen des Schulleiters mit diversen Fachkabinetten wie z. B. einem Computerkabinett und technischen Geräten zur Mediennutzung ausgestattet. Man verfügt auch über eine Turnhalle und einen Sportplatz sowie einen Speisesaal. Als Mängel werden die fehlende Aula, zu kleine und fehlende Klassenzimmer und das zu kleine Lehrerzimmer benannt. Im Freizeitbereich beteiligt sich die Schule u. a. an Sport- und Zeichenwettbewerben, Mathematik- und Englischolympiaden, dem Planspiel Börse sowie DRK-Wettbewerben.

Zwischen den Lehrern und Lehrerinnen besteht ein über berufliche Kontakte hinausgehendes Verhältnis, das durch gemeinsame Unternehmungen und Feiern auch auf private Kontakte ausgeweitet wird. Die Zusammenarbeit der Lehrer im Bezug auf fachliche Probleme und Probleme mit einzelnen Schülern bezeichnet der Schulleiter als erfolgreich. Im Lehrerzimmer wird nach seinen Angaben auch mal gestritten, jedoch zumeist über politische oder pädagogische Themen, auch hier sieht der Schulleiter seine Lehrer als Vorbilder für die Schüler. Ebenso herzlich scheint das Verhältnis zwischen Schulleitung und Lehrerkollegium zu sein: *„ab und an krieg ich auch mal einen Blumenstrauß, was sie nicht machen müssten."*

Ziel politischer Bildung an der Schule ist für den Schulleiter politische Handlungsfähigkeit seiner Schüler zunächst im kommunalpolitischen Bereich. Aktuelle politische Tagesfragen sind für ihn wesentlicher Unterrichtsbezug nicht nur im Sozialkundeunterricht. Das Fach Sozialkunde wird durch zwei Lehrerinnen vertreten, die das Fach über eine selbstständige Fortbildung ohne institutionelle Einbindung erlernt haben. Als kommunalpolitisch und kulturell engagiertes Gemeindevertretungsmitglied tragen er und sein Stellvertreter einen sehr weiten Politikbegriff in die Schule hinein. Politische Bildung leistet die Schule seiner Meinung nach über einen lebensweltnahen Unterricht in einschlägigen Fächern wie Geschichte, Sozialkunde und Geographie und zusätzlich über die Einbindung der Schüler in die Kooperation mit Vereinen, Verbänden, der Gemeinde und örtlichen Wirtschaftsbetrieben. Neben der Zusammenarbeit mit Institutionen auf Kreisebene, wie dem Jugendamt und dem Berufsinformationszentrum, aber auch mit sozialpädagogischen bzw. – psychologischen Einrichtungen spielen vor allem Einrichtungen und Organisationen im Gemeindeumfeld eine große Rolle im Schulleben. So hat man sich bspw. rasch um enge Kontakte zu den Betrieben im angrenzenden Gewerbegebiet bemüht, wo die Schüler in Berufspraktika Erfahrungen sammeln können. Der Schulleiter thematisiert die Gefahr jugendlicher Politikferne und gibt zu bedenken, dass in erster Linie die Kommunalpolitik in den Gemeinden im Einzugsgebiet der Schule mit Überalterungserscheinungen zu kämpfen hat. Durch die enge Einbindung der Schule in Aktivitäten der Gemeinde hofft er, auf Seiten der Heranwachsenden Sensibilität für regionales politisches und kulturelles Engagement wecken zu können.

Mitbestimmung ist für den Schulleiter wichtigste Voraussetzung für Demokratiefähigkeit. *„Übung macht den Meister. [...] Leute, die in der Schülervertretung mitgearbeitet haben, sind oft die, die wir später in der Gemeindevertretung wiederfinden.“* Die Schülervertretung wird vom Schulleiter selbst betreut, sie ist bis in den Kreis hinein aktiv, das wirkt sich nach Meinung des Schulleiters auch auf das Interesse der anderen Schüler an den Gremien aus. *„Wenn besondere Dinge sind, lade ich die Schülervertreter schon einmal ein, beziehe sie ein, vertraue ihnen Aufgaben an, manchmal eher als das die Lehrer wissen, so dass sie merken, sie haben eine Aufgabe, die ernst genommen wird.“* Mitbestimmung reicht seiner Ansicht nach weit in den Unterricht hinein, Schüler müssen seiner Ansicht nach eigene Fragen und Interessen in den Unterricht hineintragen.

8.1.2 Ergebnisse der Schüler- und Lehrerdiskussionen

Kontaktaufnahme und Gesprächssituationen

Die Vorgespräche zur Durchführung der Gruppendiskussion mit den Lehrenden fanden zwischen einem Interviewer und dem Schulleiter statt. Unserer Bitte, Funktionsträger der Schule für die Diskussion mit den Lehrern zu beteiligen, wurde entsprochen. Neben dem Schulleiter, der es sich nicht nehmen lassen wollte selbst teilzunehmen, waren der stellvertretende Schulleiter, eine Vertreterin des Personalrats sowie zwei Lehrer aus dem gesellschaftswissenschaftlichen Bereich (Deutsch, Sozialkunde) anwesend. Die Diskussion fand im Lehrerzimmer der Schule statt, wo die beiden Interviewer mit Kaffee und Kuchen an einer reich gedeckten Tafel empfangen wurden. Im Vorfeld der Diskussion gab es noch eine kleine Aussprache über die Notwendigkeit der technischen Aufzeichnung des Gesprächs, die von der Personalratsvertreterin in Frage gestellt wurde. Nach Aufklärung über die Notwendigkeit und der Zusicherung von Anonymität konnte die Diskussion beginnen. Im Gespräch wurde an wenigen Stellen in ironisierender Weise Bezug auf die Aufzeichnung genommen, ansonsten stellte das Aufnahmegerät aus Sicht der Interviewer keine Hürde dar.

Die Diskussionsatmosphäre war zu Beginn geprägt durch eine zunehmende Offenheit der Lehrerinnen und Lehrer. Ausgehend von der offenen Einstiegsfrage zu Themen der politischen Bildung an der Schule entwickelte sich im Verlauf eine rege Diskussion zwischen den Teilnehmenden. Dabei kam dem Schulleiter die Funktion der Gesprächszusammenfassung und -strukturierung zu. Die Gruppe generierte eigene Schwerpunkte und fand zu einer über weite Strecken selbstläufigen Diskussion, die zwischenzeitlich durch ausschweifende Exemplifizierungen einzelner Personen unterbrochen wurde. Den Moderatoren genügten drei bis vier Nachfragen und themengene-rierende Impulse. Die gesamte Diskussion nahm etwa zwei Zeitstunden in Anspruch.

Die Absprache bezüglich der Zusammensetzung der ursprünglich ange-strebten drei Schülergruppen mit dem Schulleiter erfolgte im Anschluss an die Gruppendiskussion mit den Lehrern. Dabei zeigte sich, dass die Lehrer darauf bestanden, die Gruppen nach ihren Vorstellungen zusammenzusetzen. Unserem Wunsch, politisch desinteressierte oder auch auffällige Schüler mit einzubeziehen, wurde mit dem Hinweis begegnet, dass es diese Schüler ers-tens nicht gebe und zweitens vermieden werden sollte, das Thema virulent zu machen. Dieses Verhalten interpretieren wir nicht zuletzt vor dem Hinter-grund der Konfrontation der Lehrer mit den Ergebnissen zur manifesten und latenten Ausländerfeindlichkeit der Schüler als Problemverdrängungsstrate-gie. Eine dritte Schülergruppe kam nicht zustande, da angeblich keine Thea-ter-, Sport- oder sonstige Gruppen, die unserem Wunsch nach einer natürli-chen Gruppe entsprochen hätte, an der Schule existierte. Insofern war die Zu-sammensetzung der beiden Schülergruppen an dieser Schule für uns nur schwer nachvollziehbar.

Die Gruppe der Gremienvertreter betreffend war zunächst abgesprochen worden, dass uns als Interviewpartner nur Angehörige der Schülervertretung zur Verfügung stehen würden. Uns wurde dann allerdings durch eine mit der Zusammenstellung der Gruppe betraute Lehrerin signalisiert, dass nicht genü-gend Schülervertreter verfügbar seien. Deshalb habe man - nach für uns nicht nachvollziehbaren Kriterien - zwei weitere "interessierte Schüler" rekrutiert, von denen wir annehmen, dass es sich dabei um "Günstlinge" der Lehrerin handelt. Die sechs anwesenden Schüler waren also z.T. Klassensprecher und Vertreter der Schüler in der Gesamtkonferenz. Die Diskussion fand in einem schlichten Besprechungsraum statt. Dennoch hatten wir den Eindruck, dass dieses Interview von der Schulleitung als Repräsentationsgelegenheit der Schule nach außen aufgefasst wurde. Selbst von der Lehrerin wurde die de-monstrative Anordnung dreier Sportpokale und eines Schokoladenweih-nachtsmannes auf der Tischfläche als unangemessen belächelt. Auch bei der Zusammenstellung der Gruppe muss von dieser Motivation ausgegangen werden. Zwei der sieben Teilnehmer kamen erst einige Minuten später hinzu. Am Ende wurde von Einzelnen geäußert, dass während des Interviews eine Geschichtsarbeit versäumt wurde. Die Diskussion entwickelte sich ausgehend von der offenen Einstiegsfrage zu Situationen politischer Bildung an der Schule sehr schleppend. Die Gesprächsführung lag trotz bewusst großer Pau-sen weitgehend in der Verantwortung der Interviewer. Die Schüler gaben knappe Antworten, Selbstläufigkeit und Themengenerierung fand nur in we-nigen Phasen statt. Die Diskussion dauerte etwa eine Zeitstunde.

Die Schülergruppendiskussion mit den sogenannten „unspezifischen Schülern" fand im Zimmer des Schulleiters in der dekorativ mit Sportpokalen und Weihnachtsschmuck gestalteten Sitzecke statt. Nach einer sehr freundlichen Begrüßung teilte uns der Schulleiter auf unsere Anfrage hin mit, dass die zu erwartende Schülergruppe von ihm selbst zusammengestellt worden sei – die Schüler wurden von ihm zur Gruppendiskussion eingeladen. Kurz bevor der Schulleiter in seinen Unterricht ging, kamen die sechs ausgewählten Schüler nach und nach in das Schulleiterzimmer und suchten sich einen Platz in der gemütlichen Sitzecke. Die Gruppendiskussion wurde durch die Interviewer initiiert, nachdem der Schulleiter mit der freundlichen Aufforderung „Viel Spaß und blamiert unsere Schule nicht!" den Raum verlassen hatte.

In der Runde waren neben den zwei Interviewern zwei Schülerinnen und vier Schüler der Klassenstufe 8 und 9 versammelt. Eine Diskussion kam während der Gesamtzeit von ca. 90 Minuten nur punktuell und äußerst schleppend zustande. Den Schülerinnen und Schülern war die Situation augenscheinlich neu und ungewohnt, sie wirkten sehr verunsichert, was sich vor allem darin äußerte, dass sie bei Impulsen oder Nachfragen durch die Interviewer kicherten und den Kopf nach unten senkten. Während sich ein Schüler während des gesamten Diskussionsverlaufs mit keiner Silbe beteiligte, wurden die anderen Schülerinnen und Schüler bei einigen thematischen Schwerpunkten aktiv. Auch diese Diskussion dauerte ca. eine Zeitstunde.

Politische Bildung in der Schule

Das Thema „Politische Bildung" wurde in allen Gruppen durch die offene Einstiegsfrage: *„Erzählen Sie doch mal, in welchen Situationen Ihnen politische Bildung in der Schule begegnet"* eingeleitet. Ausgehend von dieser Frage, generierten alle drei Gruppen die für sie mit diesem Thema verbundenen Themen.

Politische Bildung wird von den Lehrern primär im Modus der Klage bearbeitet. Elternhäuser und der schlechte Einfluss der Medien werden als Hauptverantwortliche für die Behinderung der Vermittlung politischer Bildung benannt, deren Ort primär das Fach Sozialkunde ist. Die Schule als Institution und damit die Lehrenden, stehen in Fragen der politischen Bildung von Schülern im Schnittfeld zwischen Medien, Peers und den Elternhäusern. Den Lehrenden steht aus ihrer Sicht die begrenzte Möglichkeit offen, gegen vorgeprägte Meinungen der Schüler zu „agitieren" und dem Desinteresse und der Uninformiertheit der Schüler durch Vermittlung von Grundlagen, wie sie in den Rahmenrichtlinien vorgegeben sind, entgegenzuwirken. Dabei liegt die eindeutige Gewichtung unterrichtlicher Inhalte auf Aspekten der Institutionenkunde. Deutlich wird aber auch, dass es den Lehrern an dieser Schule nicht einerlei ist, welche Meinungen bei ihren Schülern kursieren. Jedoch werden die Möglichkeiten der „Meinungsmanipulation" aus Sicht der Lehrenden, nicht zuletzt durch strukturelle Bedingungen, stark beschränkt. Die Verwendung der Begriffe „Agitieren und Manipulieren" im Dialog mit den Schülern verweist auf indoktrinative Strategien der Auseinandersetzung.

Die Lehrerinnen und Lehrer reflektieren auch die Notwendigkeit, von vorgegebenen Inhalten abzuweichen, falls aktuelle Ereignisse dies fordern, und führen auch Beispiele aus ihrer Unterrichtspraxis an, allerdings immer mit dem Hinweis auf ein begrenztes Zeitbudget. Ein wichtiger Bestandteil der politischen Bildung wird in der engen Verzahnung der Schule mit den örtlichen Institutionen aus Wirtschaft und Politik gesehen. Auch persönliche Beziehungen der Lehrenden zu Schülern, Eltern und Lokalpolitikern stellen eine Grundvoraussetzung für gelingende politische Bildung dar. Diese wird über das mehrmals angeführte Nahraumkonzept sowohl innerschulisch als auch außerschulisch bewerkstelligt.

Ob der postulierte Freiraum für Schülermeinungen tatsächlich so gegeben und auch genutzt wird und welche Form der Auseinandersetzung zwischen Lehrern und Schülern im Kontext politischer Bildung stattfindet, darüber geben die Schüler in den Diskussionen Auskunft.

Beide Schülergruppen verweisen zuallererst auf den Sozialkundeunterricht, wenn es um die Frage politischer Bildung in der Schule geht. *„[...] Politik bringen wir ehm, eigentlich im Sozialkundeunterricht, also so jetzt ich sag mal, im anderen Unterricht eigentlich kaum ja?"* Insofern treffen sich die Aussagen der Schüler mit denen der Lehrer. Auch die Konzentration auf die sogenannte „Institutionenkunde", also formal-inhaltliche Elemente, wird von den Schülern bestätigt.

Im Gegensatz zu den Lehrern, die sich bei der Bewertung des Unterrichts zurückhalten, schildern beide Schülergruppen sehr ausführlich ihre Einschätzung. Dem Sozialkundeunterricht als Medium der Vermittlung politischer Inhalte wird von beiden Gruppen ein schlechtes Zeugnis ausgestellt. Die starke Konzentration auf Institutionenkunde führt nicht dazu, dass sich die Schüler kompetent fühlen, in politischen Entscheidungsprozessen eine Wahl treffen zu können. *I1: „Es wurde ja diskutiert, das ab 16, also jetzt bei Kommunalwahlen, runterzusetzen. Das heißt, das würde sie dann bald oder auch jetzt schon betreffen. S1:"Na, da müssten sie aber auch im Unterricht mal drauf eingehen." S4: Na auf Wahlen, wie das läuft und alles. Dass wir wissen, was wir auch wählen." S1:"Na, da müssten wir uns praktisch jetzt in Schulen drüber vorbereiten, wenn das denn dann kommen sollte".*

Die Möglichkeit, aktuelle Themen einbringen zu können, wird immer wieder negativ beurteilt, obwohl die Lehrer explizit auf die Vorteile der Einbeziehung von Schülerthemen verwiesen haben. Schüler finden sich in diesem Unterricht nach ihren Beschreibungen nicht wieder. *S2:"Na, gerade Sozialkunde, das ist ein Fach, wo man über Themen spricht, die einen angehen, ob das nun mit Gewalt zu tun hat oder sonst was. Die ziehen ihr Fach durch, und das war's dann, was wir denken oder wollen, interessiert keinen."* Bemängelt wird auch die oberflächliche Behandlung von Themen. Im Kontext des Themengebietes Rechtsradikalismus berichten die Schüler sogar von konkreten Vermeidungsstrategien der Lehrer. *S1:"Aber wenn man sie mal anspricht, dann sagen sie: das gehört nicht zum Thema." S2, S3: „Ja". S1:"*

Und dann wird das Thema, das wir behandeln, gleich weiter gemacht."
S5:"Ja, das ist oft so." S1:" Wir Schüler wollen das doch dann gern mal
wissen, was die Lehrer drüber denken, das sind ja erwachsene Menschen.
Bloß die sagen, dass das nicht zum Thema gehört, was wir gerade behandeln
wird dann weiter gemacht." Die Verzahnung von im Unterricht Gelerntem
und politischen Ereignissen gelingt nicht. Irritationen aus der Außenwelt werden oft thematisiert, aber nicht mit dem Gelernten in Einklang gebracht. Die
immer wieder betonte Konzentration auf Basiswissen als Voraussetzung für
politische Bildung bzw. Diskussionen kommt nicht bei den Schülern an, weil
es nicht in ein Verständnis für aktuelle Vorgänge überführt wird. Die Unsicherheit führt zu einer defensiven Haltung der Schüler und zu Wünschen nach
mehr Hilfe bei der Orientierung in der Welt der Politik. Eine treffende Orien-
tierungsmetapher für die skizzierten Probleme der Schüler ist die der Politik
als „Welt der Erwachsenen". *S4: „Wenn wir mal unsere Meinung sagen, un-*
terbreiten sie gleich ihre Meinung und sagen uns, dass unsere Meinung
falsch ist, aber das können wir ja noch nicht wissen, wir wissen ja noch nicht
so viel über Politik und so." Politik wird von den Schülern als altersabhängi-
ges Thema geschildert, wobei deutlich wird, dass Politik als Bereich der Er-
wachsenensphäre begriffen wird. Daraus resultieren Abhängigkeits- und De-
fiziteinstellungen der Schüler, die sich in Form der Hilfesuche und mangelnder Eigenaktivität zeigen. *I2: „Wie ist dass denn generell mit dem Interesse*
an politischer Bildung? S2: „Ich denke mal, vorhanden ist es schon". S3:
„Aber nicht so dolle, weil wir uns nicht so genau auskennen". S2: „Na wenn
man selbst wählen müsste, aber so." „Ich denk' mir mal so, dass man da ab
18 dann anfangen könnte, sich Gedanken darüber zu machen. Ja, denn mit
15 wählt man ja nicht, und da wissen wir aber nicht, wen wir später mal
wählen sollen"
Dieser Befund korrespondiert mit der Auffassung der Lehrer, sie müssten
den Schülern zuallererst Grundlagen vermitteln, bevor sie sich auf Diskussionen einlassen könnten. Schüler partizipieren lediglich durch die formale und
nicht zuletzt durch Erwachsene vermittelte Kenntnis der politischen Welt.
Hinzu kommt, als Thema des nächsten Abschnitts, auch die Verwehrung von
Partizipationsmöglichkeiten. Auffallend ist auch, dass die Schüler Themen ins
Spiel bringen, die der medial vermittelten Infotainmentebene angehören (z. B.
„Koks im Bundestag, die Präsidentschaftswahl in den USA im Jahr 2000").
Beiden Schülergruppen ist ein enger Bezug zum dörflichen Nahraum ei-
gen, der eine bedeutende Rolle in der Wahrnehmung politischer Ereignisse
spielt. Politik wird da bedeutsam, wo es das Private berührt. Politik wird e-
benso dominant mit Wahlereignissen in Verbindung gebracht. Eine starke
Fokussierung liegt im Bereich der Problemlösungskompetenzen von Politikern. Die Unzufriedenheit mit Lösungsansätzen in der Politik und der
Wunsch nach klaren und überschaubaren Verhältnissen lässt auf Defizite im
Bereich von Konfliktfähigkeit der Schüler und damit auf einen nur gering
konfliktorientierten Sozialkundeunterricht schließen. Bemerkenswert ist auch

die Thematisierung kommunalpolitischer Themen im Duktus der Traditions-orientierung, womit die Auffassung der Schüler mit der Nahraumorientierung der Schule in Einklang steht. Auf der Beziehungsebene sind sich Schüler und Lehrer vor allem in der Frage der Schuldzuweisung einig. Aus der Sicht der Betroffenen ist der jeweils andere für die missliche Lage verantwortlich. Me-takommunikation wäre eine Möglichkeit, den Teufelskreis gegenseitiger Missverständnisse zu durchbrechen.

Partizipation in Schule und Unterricht

Es ist bezeichnend, dass die Passagen zu dieser Thematik gegenüber den bei-den anderen Themengebieten eher dürftig ausfallen. In der Lehrerdiskussion wird das Thema Partizipation nur im Bereich der Gremienarbeit randständig thematisiert. Hinweise auf Schülerpartizipation im Unterricht sind lediglich bei der Einbringung aktueller Themen durch die Lernenden zu finden. Der Modus der Klage ist auch bei diesem Thema vorfindbar. Die Schülervertreter werden in ihrer Funktion als defizitär beschrieben. Dabei zeigt sich die Leh-rergruppe über Strategien der Förderung und Unterstützung der Schülerver-tretung uneins. Der für diesen Bereich eminent einflussreiche Schulleiter ten-diert zu einer starken Führung und Lenkung mit konkreten Handlungsempfeh-lungen: *„[...] und ich fasse sie dann zusammen und wir wählen den Schüler-rat und für die Gesamtkonferenzen die Vertreter. [...] es liegt auch an uns mit, wie wir sie fordern, wie wir sie mit einbeziehen, welche Aufgaben sie von uns mitbekommen [...]"*, während die Sozialkundelehrerin die Selbsttätigkeit der Schüler betont, die mit einem erprobenden Umgang der Schüler mit Fra-gen schulischer Gremienpartizipation verbunden ist: *„aber ich denke mal ge-rade in den oberen Klassen sollten sie, möchten sie ja auch mal selbst Initia-tive ergreifen, weil die möchten ja nicht mehr, dass man ihnen was vorsetzt und und die möchten ja doch lieber alleine entscheiden, bei vielen Dingen, hab ich jetzt den Eindruck"*

Das Spannungsfeld dieser Diskussion kann also pointiert zwischen den Polen einer „verordneten Partizipation" und „Erprobungsfreiheit" aufge-spannt werden. Wie das Spannungsfeld in der Realität bearbeitet wird, bleibt in der Lehrerdiskussion im Dunkeln. Welche Funktion die Vertretungen ha-ben und wie sie agieren, ist für die Lehrer kein Thema.

Etwas mehr Licht ins Dunkel bringt die Gremienschülergruppe. Die Aus-sagen sind eindeutig: Der Schülervertretung wird keine Bedeutung zugemes-sen. Als offenkundige Problem- und Frustrationsbereiche werden die Ein-flusslosigkeit bei schulischen Entscheidungsprozessen und die Erfahrung von Abstimmungsniederlagen genannt. *„wenn ne Lehrerstimme gegen die Stimme vom Schülersprecher, denn haben die Schüler nichts mehr zu sagen"*. Dies stellt jedoch noch keine Besonderheit dieser Schule dar, denn diese Befunde lassen sich auch bei anderen Schulen finden. Interessant ist die Betrachtung der SV-Tätigkeit im Fokus der Anerkennungs- und Rollenproblematik. Die

SV-Mitglieder unterliegen einer Rollenantinomie. Einerseits erfahren sie durch die Lehrer eine Aufwertung, indem sie in den Status einer herausgehobenen Persönlichkeit mit Vorbildansprüchen versetzt werden, andererseits geraten diese Gremienvertreter genau durch diesen Status in Konflikt mit den Mitschülern, von denen sie als verlängerter Arm der Schuladministration wahrgenommen werden: *„wenn man hier Schülersprecher ist, dann sagen die (gemeint sind Lehrer) ja och, man muss Vorbild sein." „aber warum soll ich Vorbild sein, wenn ich das auch dumm finde, was der Lehrer da vorne macht?"*

Eine mögliche Entschärfung dieser Rollenproblematik könnte in der Selbstdefinition der SV-Vertreter als „quasi Vermittler zwischen den Welten" liegen. Aus den Schüleraussagen beider Diskussionen wird deutlich, dass eine solche Vorstellung nicht vorfindbar ist. Den Schülern ist nicht einmal die Funktion der Schülervertretung klar, was auf ein deutliches Defizit in der Art der Behandlung des Themas „Schülervertretung" im Unterricht hinweist. Die starke Konzentration auf die formale Behandlung von Inhalten im Sozialkundeunterricht wird in diesem Zusammenhang deutlich, wenn die Schüler sinngemäß formulieren, dass sie zwar über das Wahlprozedere Bescheid wissen, aber nicht darüber, welchen Sinn die SV an ihrer Schule hat: *„Das war bei uns auch so ein Thema: Wir sollen Schülervertreter wählen, aber wir wissen selbst nicht, wozu die denn nutzbar sind." S3: „Was die für Aufgaben haben". I1: „Also ihr kennt die zum Teil gar nicht?" S2: „Doch kennen schon, wir wissen wie man nen Schülersprecher wählt oder nen Klassensprecher, aber zu was die genau da sind" S1: „Das haben wir noch nicht behandelt".*

Verschärft wird die beschriebene Antinomie dadurch, dass die Schüler durch die Lehrer aufgewertet werden und gleichzeitig aber über ihre Tätigkeit als „Handlanger", „Boten" und Hilfssheriffs wieder entwertet werden: *„von den Lehrern geschickt, mal was auszurichten".* Die betroffenen Schüler „lösen" die Antinomie dahingehend auf, dass sie die Kollaboration mit den Lehrern aufkündigen und ihr Engagement auf ein Minimum reduzieren: *„Wenn ich die selbe Meinung hab' wie die anderen in meiner Klasse, da sehe ich überhaupt nicht ein, dass ich da noch irgendetwas machen muss dafür, warum netter zu den Lehrern sein als andere, ja?"* Gleichwohl erkennen sie die beschriebenen (Autoritäts-) Strukturen an und unternehmen nichts, um diesen Zustand zu ändern.

Die unspezifische Schülergruppe bestätigt die Aussagen der Gremiengruppe, weitet die Anerkennungsproblematik aber zusätzlich noch auf den Unterrichtsbereich aus. Die Schüler fühlen sich nicht nur auf der Gremienebene, sondern auch auf der Ebene des Unterrichts und des Schullebens nicht anerkannt: *„Die Lehrer fragen uns zwar nach unserer Meinung, aber wir glauben, dass die unsere Meinung nicht so richtig interessiert."* Die Schüler haben lediglich zustimmende Rechte. Partizipation kann als Freiraum innerhalb eines von den Lehrenden eng gesteckten Rahmens bezeichnet werden oder, wie schon im Themengebiet der politischen Bildung, als verordnete Partizipation.

Bei der Schilderung von Konfliktlösungsprozessen fällt auf, dass in der Schule eine starke Konzentration auf Reglementierungen vorfindbar ist, man könnte sagen, dass es sich um eine regelorientierte Schulkultur handelt. Dabei werden die Schüler von den Lehrern funktionalisiert, d. h. sie haben die Aufgabe, die Schule im Sinne der Lehrer zu führen. Die Nahraumorientierung wirkt dabei konflikthemmend, Interessenkonflikte werden zugeschüttet.

Ausländerfeindlichkeit, Rechtsextremismus und Umgang mit Fremdheit

Das folgende Kapitel beinhaltet Aussagen von Lehrern und Schülern zum Umgang mit Problemen an der Schule, zur Thematik Rechtsradikalismus und zur Konfrontation der drei Gruppen mit den Ergebnissen der Schülerbefragung im Themenfeld Ausländerfeindlichkeit.

Aus den Aussagen der Lehrer wird deutlich, dass es Problemschüler an der Schule gibt, die jedoch über die soziale Kontrollmöglichkeit des schulischen und dörflichen Nahraums kontrolliert werden. Auch die Schüler der unspezifischen Gruppe berichten über wenige Vorfälle und zeichnen das Bild einer „friedlichen Schule". Da auch die Gremiengruppe keine Aussagen zum Thema Problemschüler macht, kann angenommen werden, dass die Schule auf der manifesten Ebene keine Probleme mit Gewalt hat. Auffallend ist die ausführliche und an mehreren Stellen zu findende Erläuterung der Sanktionsstruktur an der Schule. Die im vorherigen Kapitel aufgeworfene Hypothese der regelorientierten Schulkultur wird im Folgenden vor allem durch die Lehrer genauer beleuchtet und belegt. Die Sanktionierung von abweichendem Verhalten ist ein zentrales Element der pädagogischen Bemühungen der Lehrerschaft. Der schon mehrmals skizzierte Nahraum hat hier die Funktion der Konfliktminimierung und der reibungslosen Einsozialisierung der Schüler. Die persönlichen Verbindungen der Lehrer im Nahraum zu Eltern und außerschulischen Institutionen helfen bei der Durchsetzung von Regeln an der Schule: *„Das ist auf dem Dorf eben relativ leicht zu verhindern, weil man eben die Eltern kennt. Und da macht man Druck von allen Seiten und äh die Eltern, die wissen natürlich auch, dass wir nicht gegen ihre Sprösslinge da angehen, sondern dass wir für sie was machen wollen und das wissen die und ziehen deshalb zum größten Teil mit."* Dabei sind gerade die Elternhäuser sowohl Segen als auch Fluch, da sie die Erziehungsbemühungen der Schule sowohl unterstützen als auch erschweren. Die Art der von den Lehrenden geforderten weiteren Sanktionen in Form von Kopfnoten verweist auf eine allokative Funktion der Schule im Rahmen der Gemeinde: *„ein jeder solle wissen, wen er vor sich hat"*. Allerdings bleiben die Schüler bei Aushandlungsprozessen von Regeln außen vor. Mit Ausnahme der einmaligen Beteiligung von Schülern an Ordnungsaufgaben berichten die Schüler über undiskutierte Regelverschärfungen der Schulleitung, ohne dass die Schüler dabei beteiligt wurden (z. B. Raucherecke bzw. -verbot). Dieser Fakt ist ein Hinweis auf fehlende Transparenz in innerschulischen Entscheidungsprozessen, die wichtig für die Entwicklung eines Demokratiebewusstseins sind.

Die Themen „Rechtsradikalismus" und „Ausländerfeindlichkeit" waren in allen drei Diskussionen ein Thema. Auffallend war hierbei eine Argumentationsfigur, die das Fremde als latente Bedrohung des Nahraums definierte. Die positiven Zustände in der Schule und Gemeinde wurden über das faktische Fehlen von Ausländern bestimmt. *„Das ist sicher auf dem Dorf etwas anders noch als in ner großen Stadt, äh. Schon solche Dinge. Bei uns im Ort oder in den Orten in der Schule ist kein ausländischer Schüler dabei. Ja? Da treten schon bestimmte Probleme von vornherein gar nicht auf, ja"*

Fremdes, in mannigfacher Ausprägung, wie z.B. Ausländer, neu hinzuzogene Familien oder Jugendliche aus anderen Städten und Gemeinden, werden als latente Bedrohung problematisiert. Diese Formen der Fremdheit bedrohen die Gemeinschaft der Schule und Gemeinde. Der Status Quo von Überschaubarkeit, Ruhe und Ordnung wird über das Abwehren oder Integrieren von fremden Einflüssen stabilisiert. Die Harmonisierung und Anpassung von Fremdheit (hier z.B. in Gestalt neu hinzugezogener Familien) an das dörfliche Klischee wird über intensive Integrationsanstrengungen bewerkstelligt. Wo dies nicht möglich ist, z.B. bei chronischen Problemschülern, wird das Problem aus der Gemeinschaft ausgeschlossen. Die Argumentationsfigur des begrenzten Integrierens findet sich auch bei den Schülern der Gremiengruppe im Umgang mit Kontroversität. Solange das Fremde den selbstgesetzten Spielregeln entspricht, ist ein Austausch möglich, anderenfalls erfolgt die Abwehr.

Die Wahrnehmung von Ausländern ist bei den Schülern klischeehaft. Sie stützt sich z.T. auf eigene Erfahrungen außerhalb des bekannten sozialen Nahraumes (Klassenfahrt), und z.T. auf Schlagworte, wie sie an Stammtischen kursieren: *„die jetzt hier her kommen und sich en Gewerbe aufbauen oder wenn ich die Leute hier sehe, die da rumrennen mit den dicksten fetten Markenklamotten und nicht arbeiten gehen und nen Haufen Kohle zugesteckt kriegen und auch alles vom Sozialamt oder so zugeschoben (kriegen), nur weil sie eben aus nem anderen Land oder ner anderen Kultur kommen.";* *„Und uns Deutschen steckt auch keiner eine Mark zu oder so."*

Insofern trifft die Beschreibung der Lehrer, Schüler würden nur Schlagworte nachplappern, tendenziell zu. Ausländer werden im Modus des Defizitären thematisiert, wenn sie z.B. mit Deutschen verglichen werden, die sich im Ausland daneben benehmen. Die Schüler nehmen eine eindimensionale Ursachenzuschreibung der Ausländerfeindlichkeit vor, wenn sie darauf verweisen, dass Ausländer selber schuld daran seien, wenn sie angegriffen werden. Hier liegt also ein eklatanter Mangel an Perspektivenübernahme seitens der Schüler vor. Die Nahraumfolie findet auch Anwendung auf Problematiken sozialer Räume. Ausländer werden dann zum Problem, wenn sie an den falschen Orten auftauchen. Die Schule hat keine Probleme, dank fehlender

Ausländer – so die Argumentation der Schüler: *„Das ist eigentlich so ne friedliche Schule. "; „Na und das Glück, na ja Glück eigentlich nicht, ist, dass so andere Hautfarben, so andere Typen haben wir bei uns nicht. Ich meine, wenn das so wäre, da wär' es vielleicht och anders."*

Aus den Aussagen der Lehrer wird deutlich, dass es rechte Schüler an der Schule gibt, die allerdings eher unauffällig agieren: *L6:"Nee, nee es geht nicht ums tun, aber das sind solche Sachen, das kann dann einen positiven Effekt bei manchen hervorrufen und dadurch könnte sowas natürlich mal eskalieren. Das ist jetzt seit zwei Jahren überhaupt nicht mehr der Fall und ich bin froh und wir wecken hier natürlich auch keine schlafenden Hunde, nicht?"* Die Fokussierungsmetapher der „schlafenden Hunde" verweist auf ein schlummerndes Potential rechter Gewalt an der Schule und das Bestreben, dieses Potential durch Nichtstun Brach liegen zu lassen.

Obwohl es in der Gruppe der Lehrer über das Ausmaß rechter Einflüsse in der Schule keinen Konsens gibt und die Problematik auf Faktoren außerhalb des schulischen und dörflichen Nahraums verschoben oder schlichtweg umdefiniert wird, z. B. als jugendkulturelle Erscheinung oder Lebensphasenproblem von Heranwachsenden, werden doch Ansätze deutlich, mit denen einige Lehrer das Problem in Angriff nehmen. Hierbei leistet die gute persönliche Beziehung zwischen Lehrern und Schülern hilfreiche Dienste. Einige Lehrer betonen den Mikroblick auf den Schulalltag und sprechen Schüler aufgrund von äußerlichen Erkennungsmerkmalen (Schnürsenkel, T-Shirts) direkt an und verwickeln sie in Gespräche. Diese Strategie ist angesichts der Zustandsbeschreibung der Gremienschüler, wonach die Masse der Schülerschaft neutral bis rechtsorientiert ist (*„ die meisten Schüler und Jugendlichen sind doch gegen Ausländer"*), nötig und wird zudem im unterrichtlichen Bereich auch von einigen Schülern eingefordert. Die Schüler benennen sogar die Gefährlichkeit eines Unterrichts, der brisante Themen verdrängt, Wissen mangelhaft vermittelt und nicht zur Aufklärung über gesellschaftliche Themen beiträgt: *Sm4:"Wenn wir über das Thema jetzt diskutieren würden, dann würde das dann meistens gleich abgeschoben und erstickt und dann iss gut. Weil reden, manche wissen's vielleicht auch nicht besser, von den Schülern, vielleicht die sich da jetzt anschließen, vielleicht wissen's die auch nicht besser, weil's eben in der Schule überhaupt nicht oder kaum besprochen wird."*

Die Schüler wünschen sich Lehrer, die sich zu bestimmten Fragen positionieren. Dass diese Positionierung ein ernstzunehmendes Problem für die Lehrer darstellt, wird in der Diskussion an den Stellen sichtbar, wo sie ihr Unbehagen über die Komplexität politischer Geschehnisse, mithin der Welt, zum Ausdruck bringen: *L4: „Das haben wir ja nicht nur bei der NPD, fangen wir doch bei der CDU an mit ihrer Kultur- äh L5: Leitkultur" L4: ... ja da äh man da nun von allen Seiten mit sowas konfrontiert wird, denn wie soll man dann bei den Schülern (Persönlichkeiten machen)? L1: Also (die) Kollegen ( ) machen es uns manchmal nicht leicht."*

Die Lehrer scheinen die Vermittlungsaufgabe zwischen Welt und ihrem sozialen (Schul-)nahraum schwer erfüllen zu können und sind von der Komplexität überfordert. Daher ist vielleicht der Rückzug auf klare formale Inhalte, gerade in kontroversen und komplexen Themengebieten des Sozialkundeunterrichts, verständlich. Aber gerade diese Form des Unterrichts, der sich um die Vermittlung von Welt und Selbst und Kontroversität herumwindet, findet bei Schülern auf der Suche nach Orientierung und Hilfe, die auch zunehmend nicht mehr von den Elternhäusern geboten wird, keinen Anklang. Jugendliche werden auf Selbstbildungsprozesse über Medienkonsum und Peergrouperfahrungen verwiesen: *I1:"Also wenn ihr eine Frage habt? S2:"Ja, da gehen wir zu den Eltern. Und die sagen, frag das den Lehrer, das habt ihr im Unterricht." S1:"Meine Eltern sagen schon was zu Politik, aber die wissen da auch nicht so Bescheid und sagen, du kannst in der Schule fragen. Und dann frage ich die Lehrer, doch die geben einem gleich gar keine Antwort." I1:"Seht ihr eine Chance das ändern zu können?" S1:"Nicht, denke ich mal."*

8.1.3 Die Schule in der Gesamtschau

Im Hinblick auf den Vergleich mit anderen Schulen liegt der Fokus der Gesamtschau auf der Frage, was uns die Verkehrs- und Umgangsformen an den Schulen für die politische Bildung sagen bzw. welche Bedingungen für die politische Bildung aus dem Umgang der Schule mit sich selbst und der Welt resultieren. Es handelt sich somit um ein Reflektionsangebot für Schulen im Sinne einer Selbstevaluation, als auch um einen Hinweis für andere Forscher, welche Fallstrukturen an unterschiedlichen Schulen vorfindbar sind und wo Ansätze und Fragestellungen für weitere Forschungen liegen.

Das wesentlichste Kennzeichen der Sekundarschule F ist ihre Nahraumorientierung. Sie ist für die Schule funktional und stabilisiert den Status Quo einer tradierten und gewachsenen pädagogischen Kultur. Diese pädagogische Kultur ist auf der Beziehungsebene geprägt von individueller Bezugnahme der Lehrenden auf die Lernenden. Die Verkehrs- und Umgangsformen dieser Schule lassen sich mit der Figur der Innen- und Außenwelt beschreiben. Die Innenwelt der Schule wird über die Abgrenzung zur Außenwelt definiert und stabilisiert. Dabei stehen Innen- und Außenwelt in Konflikt zueinander. Dies zeigt sich exemplarisch im Bereich der politischen Bildung, da gerade dort eine Vermittlungsleistung zwischen Welt und Schüler durch die Lehrer erfolgen müsste. Aus den Gruppendiskussionen geht hervor, dass gerade in diesem Bereich Defizite vorzufinden sind. Das Nahraumkonzept hat für die politische Bildung an der Schule zur Folge, dass sich Lehrende stark auf formale, institutionenkundliche Inhalte zurückziehen und so die Komplexität und Kontroversität von Welt umgehen. Dies geschieht auf Kosten von Diskursivität und führt für die Schüler zu einem theoretischen Unterricht, den sie mit der medial vermittelten politischen Welt nur schwer in Einklang bringen können.

Die Bearbeitungsstrategien der Akteure richten sich in der Sekundarschule F auf die Stabilisierung des pädagogischen Konzepts der individuellen Nahraumorientierung und manifestieren sich in matriar- und patriarchalischen Strukturen. Es herrscht eine pädagogische Logik der Zuwendung zum Schutz vor der äußeren Welt. Von außen herangetragene Konflikte und Probleme werden in der Schule über eine Strategie der Konfliktminderung und –vermeidung „gelöst". Auch hier kann wieder ein Beispiel aus dem Bereich der politischen Bildung herangezogen werden. Brisante Themen werden im Unterricht nicht behandelt und thematisiert. Versuche der Schüler, Aktualität und eigene Interessen in den Unterricht einfließen zu lassen, werden abgewehrt. Es ist sicher kein Zufall, dass die in den Diskussionen mit den Schülern zu Tage tretende Politikvorstellung als defizitär bewertet werden muss. Die Vorstellung von Politik als Welt der Erwachsenen, an der Jugendliche nur über Vermittlung der Erwachsenen partizipieren können ohne eigene experimentelle Schritte gehen zu dürfen, entspringt einer sicherlich wohlgemeinten aber letztlich erdrückenden Zuwendung seitens der Lehrenden. Die bedenklichen und zum großen Teil unreflektierten Vorstellungen über Ausländer werden durch einen rein belehrenden, die Lebenswelt der Schüler nicht berücksichtigenden (Sozialkunde-)Unterricht nicht irritiert.

Die schulkulturelle Binnenstruktur wird über eine Regelorientierung stabilisiert, die dominant von den Lehrern und der Schulleitung bestimmt wird und Kontrollverlustängste beinhaltet. Dies zeigt sich exemplarisch im Bereich der schulischen Partizipation. Schülern werden lediglich zustimmende Rechte im Rahmen einer verordneten Partizipation zugestanden. Besonders auf der Ebene der Schülervertretung treten massive Anerkennungsprobleme für die Schüler zu Tage, die von nicht in Gremien involvierten Schülern auch auf die Unterrichtsebene bezogen werden. Die Schülervertretung sollte daher nicht von den Lehrern dominiert werden, sondern Schülern sollte in diesem Bereich mehr Verantwortung übertragen werden. Das Bild des „Im Dorf Bleibens" veranschaulicht, wie die Stabilisierung des Binnenklimas auf Kosten von Fremdheitserfahrungen erfolgt. Die Nahraumorientierung geht sogar so weit, dass sie von einzelnen Schülern internalisiert wird und in biographische Zukunftsentwürfe integriert ist. Eine Öffnung der Schule nach außen erfolgt lediglich im dörflichen Nahraum, der für sich genommen nur einen zweiten Burggraben gegenüber der bedrohlichen Welt darstellt, die sich noch weiter draußen befindet.

Eigentlich bietet das an der Sekundarschule F vorfindbare Nahraumkonzept einen guten Ausgangspunkt für die Öffnung einer Schule nach außen. Die Integration des Fremden wird an der Sekundarschule F jedoch stark vernachlässigt, die Chance der Überschaubarkeit nicht für die Öffnung für Fremdes genutzt. Die Schule schafft den Schritt von der Gemeinschaft zur Gesellschaft nicht. Es handelt sich trotz wohlmeinender Zuwendung der Lehrenden um einen unproduktiven Schonraum, der es den Schülern nicht ermöglicht, die Grenzen ihres Vorstellungshorizontes zu erweitern.

8.2 Das Gymnasium D

8.2.1 Die Schule im Spiegel von Schulleiterinterview und Feldbeobachtung durch die Forscher

Das Einzugsgebiet des Gymnasiums D im Landkreis B kündigt sich Gästen der Schule auf Plakaten und Schildern schon früh als Kultur- und Wirtschaftsstandort an. Die 20000-Einwohner-Stadt, in der das Gymnasium liegt, bemüht sich deutlich sichtbar, ihr negatives Image als DDR-Hinterlassenschaft aufzupolieren. Das Gymnasium D selbst leistet dazu einen nicht unwesentlichen Beitrag. Der renovierte und erweiterte Gebäudekomplex, der die Schule beherbergt, liegt in einer parkartig gestalteten Anlage inmitten einer Eigenheimsiedlung am Innenstadtrand. Die Schule ist mit Hörsälen, einem Medienkabinett, Aula und Bibliothek versehen, sie birgt hervorragend ausgestattete Fachräume und ausreichend Raum für beliebige Aktivitäten. *„Bildung ist ein sehr wichtiges Gut für die Region"* erklärte der Schulleiter des Gymnasiums auf Grund unserer Bewunderung für das Schulgelände.

Das Gymnasium ging aus einer ehemaligen EOS hervor. Der Schulleiter wurde 1990 eingesetzt, nachdem er aus politischen Gründen 1979 aus dem Schuldienst entlassen worden war. Als Problem beschreibt er die Neuzusammensetzung und Integration des Lehrerkollegiums, das die Schule über die rasche Bildung von Fachschaften zu beheben versucht. Eine weitere wesentliche Veränderung sieht der Schulleiter auch in der Gründung der Gesamtkonferenz, die damals unter Leitung des katholischen Pfarrers der Stadt stand, der eine sachliche Diskussion über Veränderungen anleitete. Vier Lehrer verließen damals die Schule. Das Gymnasium fing bereits 1991 an, Schulpartnerschaften zu gründen, die es bislang auf 11 Schulen in 10 Ländern erweitert hat. Inzwischen hat das Gymnasium D ein offizielles Profil als Europaschule. Eine einschneidende Veränderung war letztlich der Bau der neuen Schulgebäude.

Der Schulleiter sieht die Erziehung von Schülerinnen und Schülern als eine wesentliche Aufgabe der Schule an. *„Natürlich gibt es Werte, die die Schüler lernen sollen und müssen: Die Würde des Menschen, der Wert so eines Schulhauses. [...] Aber das funktioniert hier ganz gut."* Der Erziehungsauftrag wurde nach seiner Ansicht nach der Wende schnell von den Lehrerinnen und Lehrern auf unvorbereitete Eltern delegiert. Die Schule führt auch Elternfortbildungen durch, um die Familien bei ihrer Erziehungsarbeit zu unterstützen. Als sehr großes Gymnasium hat die Schule ein sehr breites Bildungsangebot mit 5 Sprachen, Philosophiekursen und Leistungskursen in einer ganzen Reihe von Fächern. Der Schulleiter wünscht eine breite Allgemeinbildung für seine Schülerschaft.

Die Herkunftsfamilien der Schüler sind zumeist Arbeiter- oder, auf dem Land, Bauernfamilien. Viele Eltern seien arbeits- und auch orientierungslos. In der Erziehung benötigen sie die Hilfe der Schule. Der Schulleiter kritisiert mehrfach das mangelnde Interesse von Eltern für ihre Kinder und die fehlende Bereitschaft, sich in der Schule zu engagieren. Dennoch ist er mit der Beteiligung der Eltern im Allgemeinen zufrieden. *„Die Elternversammlungen werden eigentlich recht gut besucht hier bei uns, auch Sprechtage. Es hat sich, und das finde ich gut, auch eingebürgert, dass nicht nur der Klassenlehrer mit den Eltern spricht, sondern auch die Fachlehrer. Das funktioniert gut."* Nur die Elternversammlungen in den Kursstufen seien schlecht besucht. Der Gesamtelternrat der Elternschaft ist an der Schule sehr aktiv und vertritt auch die Interessen der Schüler. Das Gymnasium hat einen sehr großen Förderverein, in dem die Eltern die Schule unterstützen.

Auch dieser Schulleiter beschwert sich über die Umgangsformen der Schülerinnen und Schüler, insbesondere in der 8. und 9. Jahrgangsstufe. Schule muss aus seiner Sicht aktiv werden für den Erhalt eines höflichen und angemessenen Sprachgebrauchs, das betrifft insbesondere die Lehrerschaft, die die Schüler für die Einhaltung von Umgangsregeln sensibilisieren soll. Das Verhältnis zwischen Schüler- und Lehrerschaft hat sich nach Aussage des Schulleiters liberalisiert. *„Diese straffen Trennungen zwischen Jugendlichen und Erwachsenen sind im wesentlichen überwunden und die Lehrer, die das nicht können, haben auch ständig Probleme. Dieses Anerkennen der Schülerpersönlichkeit. Und der Lehrer ist auch nicht mehr so sehr die Autorität wie er das noch zu DDR-Zeiten war. Er wird auch kritischer gesehen, ohne dass man ihm dabei zu nahe tritt. Das halte ich für eine gute Sache."* Die Schule hat keine Probleme mit Gewalt oder Links- bzw. Rechtsradikalismus. Im Bereich der Werteerziehung steht das konfliktfreie Zusammenleben mit anderen Ethnien und Völkern im Vordergrund. Der Schulleiter beschreibt die Schülerinnen und Schüler seiner Schule als zu inaktiv im Bereich der Ausgestaltung der Schule und des Schullebens.

Das große Lehrerkollegium des Gymnasiums (6-zügige Schule, 1000 Schüler, 44 Lehrerinnen und 18 Lehrer) zeigt nach Angaben des Schulleiters Tendenzen zur Vereinzelung und zum Einzelkämpfertum. Dem hat die Schule versucht, über die rasche Bildung und Organisation von Fachschaften entgegenzuwirken – mit Erfolg, wie der Schulleiter selbst meint. Die Fachschaften haben an dem Gymnasium recht umfangreiche Entscheidungskompetenzen. *„Das ist uns ganz gut gelungen, dass die Fachschaften sich ihrer Bedeutung sehr bewusst sind, auch ihrer Möglichkeiten bewusst sind. Ich denke, eine gewisse Kollegialität ist da noch da.[...] Man merkt auch, dass die Fachschaften eine Kontrollfunktion haben."* Der Schulleiter begreift das Gymnasium als die Schulform, die die künftige Führungsriege des Landes hervorbringt. Er erwartet von seinen Lehrern ein entsprechendes Selbstverständnis und weit über den konkreten Unterricht hinausreichendes Engagement.

Politische Bildung hat im Zusammenhang mit dem Profil der Schule eine große Bedeutung. Die Schule steht im engen Austausch und auch in gemeinsamen Projekten mit Schulen aus 10 Ländern. Die persönliche Begegnung mit dem Anderen ist für den Schulleiter ein zentraler Gesichtspunkt von Schulpartnerschaften. Als politische Ziele der Schule formuliert er entsprechend Weltoffenheit und Toleranz gegenüber Anderen. Es wird fächerübergreifend und in Kooperationsprojekten an politischen Themen gearbeitet. Sozialkunde wird an der Schule von 2 Lehrerinnen und 2 Lehrern unterrichtet, von denen zwei eine universitäre Ausbildung für das Fach haben und zwei erfahrene Geschichtslehrer sind. Es gibt hier Leistungskurse in Geschichte und Geographie. Der Schulleiter, der selbst politisch aktiv ist, engagiert sich für einen intensiven Austausch zwischen Schule und Politik. Er lädt Politiker in die Schule ein und veranstaltet Gesprächsrunden. *„Wenn es um Demokratie geht, hat der Schüler noch so seine Probleme. Schüler sind wie die meisten Menschen. Sie sehen nicht, dass Demokratie nicht nur Rechte heißt, sondern auch Pflichten mit sich bringt. [...] Die Schule muss sich den Politikern öffnen, der Praxis. Als Schule muss man da aufpassen, dass man sich nicht parteipolitisch einseitig verhält.“*

Schülerpartizipation ist für den Schulleiter ein Prinzip, das den Schulalltag betrifft. Für ihn meint Mitbestimmung immer auch Verantwortung übernehmen und Engagement zeigen. *„Die (der Schülerrat, d.V.) haben ganz ordentliche Arbeitsbedingungen hier an unserer Schule in einem netten Büro. Aber da wünschte ich mir viel mehr Ideen, viel mehr Vorschläge. [...] Den Schülerrat wünschte ich mir viel kritischer.“* Der Schulleiter bedauert die Initiativlosigkeit des Schülerrates, der immer noch oft auf den Elternrat zurückgreift, um Probleme zur Sprache zu bringen. *„Alles was an dieser Schule geschieht, muss von den Gremien entschieden und getragen werden. Das geht über Schulleben, Inhalte, Studienreisen, Projekte. Alles was im außerunterrichtlichen Bereich geschieht, muss mit den Gremien entschieden werden, Schulbuchbestellungen, Schulpartnerschaften, all das muss von den Konferenzen beschlossen werden. Wir machen Gesamtkonferenzen dreimal im Jahr. Ohne die Mitbestimmungsgremien geht gar nichts. [...] Aber das ist auch eine Frage des Engagements.“*

8.2.2 Ergebnisse der Schüler und Lehrerdiskussion

Kontaktaufnahme und Gesprächssituationen

Die Vorabsprachen mit dem Schulleiter liefen einige Wochen vor dem Termin auf telefonischem Weg. Die anwesenden Lehrerinnen und Lehrer wurden im Vorfeld zufällig ausgewählt und ungenügend vom Schulleiter über Thematik, Zeit und Ablauf der geplanten Diskussion informiert. Es wurde von ihnen eine Auswertung der Befragungen erwartet, jedoch nicht mit einer Gruppendiskussion gerechnet. Nachdem die Teilnehmer gefragt wurden, ob noch Unstimmigkeiten über den Diskussionsverlauf vorlägen, wurde die Eingangsfrage von den Interviewern gestellt. Nach längerem Schweigen entbrannte eine Diskussion über das Aufzeichnungsgerät, die die allgemeine Missstimmung über die Diskussion verdeutlichte. Des Weiteren nahmen die Lehrerinnen und Lehrer Anstoß an der Eingangsfrage, was sich im späteren Verlauf der Diskussion zeigt. An der Lehrergruppendiskussion nahmen vier Lehrerinnen und Lehrer des insgesamt 60 Personen umfassenden Kollegiums des Gymnasiums teil. Der Diskussionsverlauf macht deutlich, dass sich die teilnehmenden Lehrer zwar aus dem Schulalltag kennen, jedoch sehr unterschiedliche Beziehungen zueinander haben. So gesehen handelt es sich bei der Gruppe nicht um eine Realgruppe im Sinne einer sich regelmäßig zur Diskussion bestimmter Themen treffenden Gruppe.

Ein Lehrer ist Sozialkundelehrer an der Schule, in der Diskussion übernimmt er die Rolle des Klagenden oder des Nörglers, der an mehreren Stellen den Modus der Klage anstimmt und verteidigt. Sein Zugang zu den thematisierten Problemen ist ein strikt inhaltlich-unterrichtlicher, sein Unterrichtsverständnis selbst dabei sehr konservativ. Er wird vor allem nach längeren Schweigepausen aktiv, auf die von ihm in die Diskussion geworfenen Inhalte wird von den anderen selten, in einem Fall sogar ironisch Bezug genommen. Ein Mathematiklehrer, der stellvertretende Schulleiter, hat in der Diskussion eine ambivalente Position inne. Er ist zum einen als Mitglied der Schulleitung Repräsentant der Schule und übernimmt damit eine Vorsprecherrolle in der Gruppe, indem er die Geschichte der Schule sowie grundsätzliche Prinzipien der pädagogischen Arbeit an dem Gymnasium darstellt und gleich zu Beginn der Diskussion die Gesprächssituation kritisiert, andererseits stehen seine inhaltlichen Aussagen zumeist für sich, d.h., sie werden von den anderen Teilnehmern nicht aufgegriffen. Inhaltlich bedient er sich sowohl des Klagemodus als auch der Beschreibung konstruktiver Elemente des Schulalltags. Ein weiteres Mitglied der Gruppe ist Geographielehrerin und Oberstufenkoordinatorin an der Schule. Über sie baut sich wesentlich die Interaktion der an der Diskussion beteiligten Lehrer auf. Sie nimmt auf ihre Vorredner Bezug, klagt mit dem Sozialkundelehrer und weist Verantwortung zurück, erarbeitet aber auch mit einer Kollegin konstruktive Vorschläge für die Behandlung von Problemen. Sie übernimmt den Part einer Springerin zwischen den Positionen. Als die Aktivistin unter den Teilnehmenden erweist sich eine Sport- und Deutschlehrerin, die unter deutlicher Kritik des Diskussionsverlaufs erst sehr spät in das Gespräch einsteigt, dann jedoch die Diskussion inhaltlich stark steuert. Sie stellt in ihrem Schul- und Unterrichtsverständnis die Gegenposition zum Sozialkundelehrer dar, indem sie erstens sehr problembewusst und konstruktiv argumentiert, zweitens wesentlich lebensweltliche Elemente von Schule und Unterricht betont und drittens einen empathischen Zugang zu ihren Schülern pflegt. Sie verlässt die Runde vorzeitig vor dem Ende der Diskussion.

Die erste Kontaktaufnahme für die Zusammenstellung der Schülergruppen erfolgte telefonisch mit dem Schulleiter. In diesem Gespräch wurden die Wünsche des Forscherteams vorgetragen und mögliche Zeiträume festgelegt. Der Rückruf der Schule erfolgte eine Woche später. Der Schulleiter hatte die Verantwortung für die Detailabsprache und Auswahl der Schülergruppen seiner Oberstufenkoordinatorin übertragen. Es folgte eine Terminvereinbarung. Vor Ort in der Schule wurden dann zwei Schülergruppen ausgewählt. Es handelte sich um eine Gruppe von Gremienvertretern und um eine Theatergruppe der Schule. Eine dritte Gruppe kam leider nicht zustande, da die hierfür verantwortliche Schülerin im Nachhinein Zweifel an der Zusammensetzung der Gruppe äußerte und erkennbar nicht mehr bereit war, diese zusammenzustellen.

Die Schülergruppendiskussion mit den Gremienvertretern am Gymnasium D war einige Wochen zuvor zwischen Interviewerin und Schülersprecherin der Schule verabredet worden. Zum Interviewtermin erschienen die fünf Angehörigen der Schülervertretung. Sie kannten sich offensichtlich aus alltäglichen Zusammenkünften in der Schule und auch die Interviewer waren mit fast allen Teilnehmenden bereits aus Treffen zuvor bekannt. Niemand wirkte sonderlich angespannt. Die Interviewerin erläuterte nochmals das Vorgehen und die Aufnahmetechnik, die Schülerinnen und Schüler begegneten dem Ganzen sehr offen und fast neugierig und stellten einige interessierte Fragen zum Thema. Die eigentliche Diskussion verlief sehr entspannt. Nach einem verhältnismäßig unkomplizierten Einstieg in das Gespräch entwickelten sich interessante Diskussionen zwischen den Jugendlichen zu Themen, die von der Interviewerin und Gruppe initiiert wurden. Es gab keine längeren Schweigepausen oder thematische Lücken in dieser Diskussion. Die Schülersprecherin, ihr Stellvertreter und eine Klassensprecherin dominierten das Gespräch, wobei die reflektierte und wortgewandte Schülersprecherin schnell die Wortführung und teilweise auch die Diskussionsleitung übernahm. Gemäß der Absprachen fand die Diskussion mit der Theatergruppe im Gymnasium D statt. Nach anfänglichen Problemen, einen Raum zu finden und ca. zehnminütiger Suche, konnte schließlich ein Klassenraum gefunden werden. Die Technik wurde aufgebaut und das Anliegen der Forschergruppe dargestellt. Es waren sechs Schüler (3 Mädchen, 3 Jungen) der Theatergruppe aus den Klassenstufen 8, 9 und 11 versammelt. Die Interviewer und Schüler hatten die Tischordnung so verändert, dass eine Kreisformation möglich wurde. Die Schüler hatten im Anschluss an die Ausführungen der Interviewer keine weiteren Fragen. Das Interview begann mit einer offenen Frage zu Situationen, in denen politische Bildung in Schule und Unterricht eine Rolle spielen. Die Diskussion entwickelte sich nach anfänglichen kurzen Schweigepausen immer besser, so dass sich die Interviewer zunehmend zurückhalten konnten. Alle Schüler waren an der Diskussion beteiligt. Zwei Schüler sagten relativ wenig, ein Schüler bestritt ca. 30% der Diskussion und fiel vor allem durch reflektierte und kritische Analysen von Unterrichtssituationen auf. Die Diskussion dauerte knapp zwei Zeitstunden, wovon die letzten 20 Minuten nur noch auf drei Schüler entfielen, da die übrigen drei ihren Bus erreichen mussten.

Politische Bildung in der Schule

Das Thema der politischen Bildung an der Schule wird von allen drei Gruppen unter jeweils unterschiedlicher Perspektive behandelt. Politische Bildung findet nach Aussagen von Lehrern und Schülern beider Gruppen primär im Sozialkundeunterricht statt, wobei die Gremiengruppe zusätzlich eine starke Gewichtung der schulischen Gremienarbeit vornimmt. Die pädagogischen Vorstellungen der Lehrer sind von einem Bildungsauftrag der Schule getragen, die den Unterricht als zentrale Einheit des Schulalltags in den Vordergrund rückt. Auffallend in der Lehrerdiskussion ist der Entwurf von Unterrichtskonzeptionen, die sich einerseits als theoretisch und richtlinienorientiert und andererseits als lebensweltbezogen und an aktuellen Geschehnissen und Themen orientiert kennzeichnen lässt. Auffallend ist auch die stark von defizitären Bedingungen her geführte Diskussion des Sozialkundeunterrichts. Dieses Spannungsfeld greifen die Schüler in ihren Diskussionen auf, indem sie den Unterricht einer kritischen Sicht unterziehen. Vor allem die Schüler der Theatergruppe kritisieren ihren Unterricht aufgrund mangelnder Aktualität, geringer Diskursivität und des Rückzugs auf formale Inhalte der Rahmenrichtlinien bei gleichzeitiger Vermeidung „brisanter" Themen („*[...] weil äh, bei uns war das so, äh, als denn so Ausländerproblematik oder so, haben wir auch angefangen, und das ist ja zumindest bei uns in der neunten oder zehnten gewesen, da hat sie das so zwei Stunden so huschi-huschi und denn abgetan, und denn schnell wieder ein anderes Thema [...]*") und entwerfen „didaktische" Alternativen. Hier liegt der Bereich, an dem Schule weiterarbeiten muss, um mit den Worten der Schüler „*liberaler*" zu werden. Die Schüler sind in der Lage, schulstrukturelle Bedingungen für die tatsächliche Unterrichtsrealität zu benennen. Sie skizzieren einen Teufelskreis aus Schülerlethargie und mangelnder Stimulanz durch die Lehrer, der aktuelle und gesellschaftlich relevante Themen nicht (voll) zur Entfaltung kommen lässt. Bemerkenswert ist die Suche nach didaktischen Alternativen zum vorherrschenden Unterrichtsmodell der Faktenorientierung, wie sie hauptsächlich von einem Schüler vorgenommen wird. Die „Didaktik" der präventiven und aufklärenden direkten Anschauung und kollektiven Kommunikation findet an der Schule statt, kann aber ausgebaut werden.

Die Gremienschüler betonen stärker die Gremienarbeit, betonen aber die Abhängigkeit des Unterrichts von der Lehrperson. Der stark durch Themen der Rahmenrichtlinien geprägte Sozialkundeunterricht trifft sich nicht mit den stärker lebensweltbezogenen Wünschen der Schüler nach Aktualität und Diskussion brisanter Themen. Die Forderung der Schüler nach stärker lebensweltlich bezogenem Unterricht wird von den Lehrern mit dem Hinweis auf das defizitäre Politikverständnis der Schüler zurückgewiesen. Die Schülerinnen und Schüler der Gremiengruppe zeigen in der Diskussion sehr reflektierte Ansichten über Prozesse der politischen Bildung an ihrer Schule sowie über ihre eigene Rolle als Repräsentanten der Schülerschaft. Es werden zwei kollektive Orientierungen deutlich: einerseits verstehen die Jugendlichen die Instanzen der Schülervertretung als politische Gremien und sich selbst in ihren Rollen als Schülervertreter oder -sprecher als politisch Handelnde oder Aktive *„[...] also, wenn ich was ich als politisches Ereignis sehen würde, dann wäre das so etwas wie Schülerratswahlen, Gesamtkonferenzen, Klassenkonferenzen, also wo die Schüler direkt mitbestimmen können."* Andererseits erleben und verstehen sie das Desinteresse eines Großteils der Schüler und die Ignoranz dieses Problems durch einige Lehrer. Dadurch sehen sie ihre Arbeit in Frage gestellt.

Partizipation in Schule und Unterricht

Das Thema der Schülerpartizipation wird von den Lehrern auf drei Ebenen diskutiert, die das Spektrum der Relevanz demokratischer Prozesse in der Schule abbilden. Während Mitbestimmung im Unterricht für die an der Diskussion teilnehmenden Lehrer kein Thema ist und bei der Teilnahme der Schüler an der Gestaltung des Schullebens gegensätzliche Vorstellungen und Standpunkte in der Gruppe deutlich werden, herrscht Konsens über die Bedeutung von Gremien der Schülerpartizipation an der Schule. Dabei treffen sich die Einschätzungen der Lehrer mit denen der Schüler, die den Schwerpunkt von Schülerpartizipation ebenfalls nicht unmittelbar auf den Unterricht legen.

Die Lehrer vertreten einen konfliktorientierten Ansatz, der die selbstständige Interessenvertretung der Schüler und das Ernstnehmen von artikulierten Interessen im Sinne einer repräsentativen Demokratie im Schulalltag betont. *„[...]Es gibt Momente, da wird weithin geflucht, was sich denn die Schüler schon wieder Furchtbares ausdenken, und es gibt Momente, da sagt man, Mensch, die haben Ideen, da hätten sie eher noch drauf kommen können. Sie arbeiten recht rege, seit einigen Jahren wie gesagt. [...] Sie scheuen sich nicht, in Konferenzen sich zu Wort zu melden, sie haben den geraden Weg zum Schulleiter und ich denke auch im Kleinen, Normalen, was die Klassen angeht, da funktioniert das vielleicht sogar manchmal noch besser. Und sie haben eine gute Verbindung zu den Eltern, da ist eine gute Zusammenarbeit. Also ich- ich denke auf dieser Strecke, die etwas tun wollen, die erleben auch, dass sie ernst genommen werden. Erleben sicherlich- sehen sie manche Dinge auch sicherlich anders als wir, wenn zumindest sie mit Initiativen scheitern, würden sie sicher auch anders bewerten als wir, da wird sicherlich auch das Gefühl manchmal kommen, man hat uns auflaufen lassen [...].*

Möglichkeiten für Schüler, auf bestimmte Vorhaben der Schule Einfluss zu nehmen, werden von der anwesenden Gremienschülergruppe noch geringer eingeschätzt als die Einflussmöglichkeiten der Schülervertretung selbst. Schüler nehmen einerseits Mitwirkungsmöglichkeiten in Form von AGs aus Gründen wie Desinteresse und Arbeitsbelastung nicht wahr, andererseits werden Mitbestimmungsmöglichkeiten, die den Schülern u.a. durch die Schülervertreter zur Verfügung stehen, nicht genutzt.

Die Theatergruppe schildert die Gremienarbeit trotz hohen Niveaus sachlich nüchtern und kritisch. Wenn auch nicht explizit formuliert, sehen die Schüler die strukturellen Probleme der Gremienarbeit als das „Sitzen zwischen zwei Stühlen": einerseits die Kritik der sympathieorientierten Wählerschaft aus den Reihen der Mitschüler beim Misslingen von Veränderungsversuchen, andererseits die begrenzte Einflussmöglichkeit im Rahmen der Gesamtkonferenz. Sie verfügen über die Kompetenz, verschiedene Rollenerwartungen zu vereinen und sind in der Lage, disfunktionale Ansprüche zurückzuweisen. *„Das wird gleich falsch ausgelegt, von wegen, na ja, du tust ja mit den Lehrern sympathisieren. Aber davon lasse ich persönlich mich nicht ablenken. Ich sehe ja nicht ein, warum ich mich mit den Lehrern so zerstreiten soll, nur um bei den Schülern einen guten Eindruck zu machen. [...] man kann es einfach nicht allen recht machen."* „Es geht da nur um ich ich ich und meinen Willen. Das darf nicht sein, es muss ein Miteinander und nicht ein Gegeneinander (sein)."

Trotz der beschriebenen Problembereiche loben die Gremienschüler die Möglichkeit, vorhandene Strukturen der Gremientätigkeit nutzen zu können und deuten diese Einflussnahme als praktizierte Politik im Schulleben.

Ausländerfeindlichkeit, Rechtsextremismus und Umgang mit Fremdheit

Die Diskussion über rechte Orientierungen von Schülern wird in der Lehrergruppe von zwei Lehrerinnen dominiert, die dieses Problem sehr ernst nehmen und im Schulalltag sowohl offen thematisieren als auch aktiv dagegen vorgehen. Die bestätigenden Äußerungen der beiden anderen Diskutanten deuten darauf hin, dass hierüber Konsens in der Gruppe besteht. *„Lw [...] und das denke ich das ist bei uns an der Schule, dass man eben jede Möglichkeit nutzt, jede Kleinigkeit nutzt auch und wenn das nur wie bei meinem Schüler mit der Federmappe ist, ist doch schon ein Erfolg oder oder einfach nur so im normalen Gespräch ohne eben, L3: Umgangsgespräche L4: im normalen Umgangsgespräch ohne hier mit diesem erhobenen pädagogischen Zeigefinger, denke ich, kann man viel mehr erreichen als wenn man nun sagt, Du bist rechtsextrem, nun begründe mal, warum bist Du das."*

In der Diskussion um die das Gymnasium besuchenden ausländischen Schüler - es handelt sich dabei um Migrantenkinder und Austauschschüler - wird eine starke Unsicherheit der Lehrer deutlich. Trotz ihrer Offenheit und ihrem aktiven Bemühen um Integration sind Ausländer im eigenen Nahraum der Schule für die an der Diskussion teilnehmenden Lehrer keine Normalität. Ihr pädagogisches Handeln gegenüber ausländischen Schülern ist im Gegensatz zu ihrem Verhalten im Umgang mit rechten Schülern deutlich weniger reflektiert. Die Lehrerinnen und Lehrer reihen lediglich Erfahrungsbeschreibungen aneinander. *„Komischerweise habe ich festgestellt, in Klassen gerade wo nun Ausländer drin sind, dass da das Problem gar nicht so akut ist.";* *„Na, die drei Schotten oder Engländer wa- waren ja eigentlich auch sehr.., die waren von der Mentalität her gleich zu hier."*

Bei Problemen zwischen Schülern und Lehrern werden größtenteils Kompromisse durch die Einsicht beider Seiten erzielt, wobei auch schwarze Schafe in der Lehrerschaft (sture Lehrer) und Schülerschaft (uneinsichtige, desinteressierte Schüler) benannt werden. Die Erkenntnis der Gremienschüler, dass eine Zusammenarbeit mit Lehrern notwendig ist und die Fähigkeit, sich auch in die Lage der Lehrkräfte hineinzuversetzen, ist im Vergleich zur Gremienschülergruppe der Vergleichsschule vorbildhaft. Die im Gespräch zuletzt gefasste Aussage *„Es muss ein Miteinander und nicht ein Gegeneinander (sein)."* ist die Fokussierungsmetapher, die die grundlegende Haltung der Schülervertreter auf den Punkt bringt: Interessenvertretung ist auch konfliktreiche Kooperation. Nach Aussagen der Schüler der Theatergruppe werden Fragen der Problembewältigung schulintern gelöst. Rechtsradikalismus und Fremdenfeindlichkeit sind keine akuten Probleme an der Schule. Sie werden im Kontext der Ursachenforschung thematisiert. Probleme mit rechten Schülern klingen zwar an, werden jedoch nicht als Thema exemplifiziert. *„Ja, unser Sozilehrer, der hat uns mal angesprochen, ähm, der ist gleichzeitig unser Klassenlehrer und wir haben uns die Problematik ähm Rechtsradikalismus bei uns in der Klasse und da hat er mal gesagt, wollen wir das mal das nächste mal ansprechen und 10 Minuten haben wir gemacht und danach hat er wieder voll Unterrichtsstoff durchgezogen, gelernt hat man dabei eigentlich och nicht."*

Auch die auffallende Nichtthematisierung der ausländischen Mitschüler deutet auf einen wirklich „normalen" Umgang hin, im Gegensatz zur Lehrerschaft, die diese Schülerinnen und Schüler noch als fremd etikettiert und somit als nicht-alltäglich wahrnimmt. Einschränkend muss hier allerdings bemerkt werden, dass die auffällige Nichtthematisierung von Problemen mit rechten Schülern, die es zweifellos an der Schule gibt, mit der „erfrischenden" Normalität im Umgang mit ausländischen Schülern korrespondiert. Negativ formuliert bedeutet dies, dass die Wahrnehmung ausländischer Schüler genauso normal ist wie die rechter Schüler, d.h. rechte Schüler sind ein natürlicher Bestandteil jugendkultureller Szenen und werden im Gegensatz zu den Lehrern nicht als problembehaftet wahrgenommen.

8.2.3   Die Schule in der Gesamtschau

Das Gymnasium D ist eine große Schule mit gut 1000 Schülern und 60 Lehrkräften und zeichnet sich durch ein buntes und vielgestaltiges Schulleben aus. Die Schule betreibt eine starke Öffnung nach außen über Schulkontakte, Exkursionen und Schüleraustauschprogramme. Politische Bildung stellt kein ausdrückliches eigenständiges Profil oder Element der Schule dar, wird jedoch sehr stark auf den Unterricht, die Gremienarbeit, die Arbeit in Arbeitsgemeinschaften bezogen und dient somit der Bereicherung des Schullebens. Im Mittelpunkt steht der Bildungsauftrag, Schülern politische Bildung zu vermitteln. Die von den Lehrern skizzierten Unterrichtsmodelle variieren dabei zwischen faktenorientierter Institutionenkunde und lebensweltbezogenen Inhalten, so dass festgestellt werden muss, dass die Schule im Mikrobereich auf der Unterrichtsebene keine einheitliche Linie verfolgt. Die Schüler betonen eine stärkere Konzentration des Unterrichts auf formale Inhalte und finden ihre Wünsche nach Aktualität selten im Unterricht wieder. Nicht zuletzt aufgrund eigener Erfahrungen mit Exkursionen und Austauschprogrammen sind die Schüler in der Lage, über die Kritik am Unterricht hinaus, alternative „didaktische" Modelle zu entwerfen. Dies betrifft beide Schülergruppen. Bei der Gremiengruppe kommt noch hinzu, dass sie über vielfältige Gremienerfahrungen verfügen und somit ihren Begriff von politischer Bildung auf den Prozess der Aushandlung unterschiedlicher Interessen im Schulleben ausweiten können. Die Bedingungen für diese Fähigkeit gründen sich u.a. auf die Anerkennungskultur zwischen Lehrern und Schülern. Beide Seiten geben in den Diskussionen zu erkennen, dass gegenseitiges Vertrauen und Perspektivenübernahmefähigkeit reichlich vorhanden ist. Ausgerüstet mit diesen Grundqualifikationen erhalten die aktiven Schüler die Möglichkeit, selbstständig z.T. langwierige und auch steinige Wege der Interessenvertretung zu beschreiten und auch konflikthafte Aushandlungsprozesse zu erfahren. Dies darf natürlich nicht darüber hinwegtäuschen, dass die Schülervertretung nur von einer kleinen Zahl von Schülern getragen wird und die große Masse der Mitschüler passiv bleibt. Hier wirkt sich die Größe der Schule negativ aus, da es weder Lehrern noch Schülern gelingt, eine größere Zahl von Schülern zu mobilisieren. Die Schüler der Gremienvertretungen sind sich ihrer Funktion und vor allem der an sie herangetragenen Rollenerwartungen voll bewusst und in der Lage, diese unterschiedlichen Ansprüche miteinander in Einklang zu bringen.

Die überaus positiven Befunde im Bereich des Schullebens und der Gremienarbeit dürfen jedoch nicht darüber hinwegtäuschen, dass ein großes Defizit gerade im Kernbereich von Schule, im Unterricht, anzutreffen ist. Neben der bereits erwähnten Unterrichtskritik der Schüler spielen Fragen der Partizipation von Schülern im Unterricht kaum eine Rolle am Gymnasium D. Der positive Erfahrungsraum im außerunterrichtlichen Bereich wird nicht auf den Unterricht übertragen. Bei der Bewertung des Unterrichts ist der Modus der

Klage sowohl bei Lehrern als auch Schülern dominant. Er ist geprägt durch gegenseitige Schuldzuweisungen und die Kritik an schulstrukturellen Bedingungen. Allerdings lassen gerade die Aussagen der Schüler eine hohe Kommunikationsfähigkeit erkennen, so dass Lösungswege möglich erscheinen.

Die Öffnung der Schule nach außen ermöglicht den Schülern die Erfahrung von Fremdheit. Diese Fremdheit begegnet ihnen z.B. in Gestalt ausländischer Schüler, die häufig an der Schule anzutreffen sind. Fremdes wird als Normales wahrgenommen und ist in das Schulleben integriert. Auch die Diskussion der Themen Rechtsextremismus und Ausländerfeindlichkeit offenbart zumindest auf der manifesten Ebene der Äußerungen keine Ressentiments oder klischeehafte Wahrnehmungen seitens der Schüler. Gleichwohl wird aus den Schüleräußerungen auch deutlich, dass die Schule nicht von derlei Problemen frei ist. Es gibt rechte Schüler an der Schule, diese treten allerdings im Schulalltag nicht vordergründig in Erscheinung, da sie nur eine kleine Minderheit an der großen Schule ausmachen. Möglicherweise fallen rechte Schüler auch unter die Kategorie einer jugendkulturellen Randgruppe, die dann genau so integriert ist wie die Gruppe ausländischer Schüler. Von einer skeptischen Sensibilität sind die Schüler jedenfalls nicht geprägt. Ganz im Gegensatz zu den Lehrern, die auch aktive Gegenwehr gegen „unliebsame" Besuche rechter Jugendlicher auf dem Schulhof und Meinungen von rechter Seite betreiben. Auch wenn dies sicher nicht für alle Lehrer der Schule angenommen werden kann, gibt es Bemühungen der Lehrer, unscheinbare Erscheinungsformen rechter Jugendkultur im Schulalltag aufzuspüren und gerade mit diesen Schülern den kritischen Dialog zu suchen. Diese Form des Umgangs mit auffälligen Schülerinnen und Schülern wird von den Lehrern offenbar erfolgversprechend gehandhabt. Der Umgang mit ausländischen Schülern als eine andere Form der Konfrontation mit Fremdheit ist nicht so unproblematisch. Was für die Schüler „normal" ist, ist für die Lehrer noch etwas Besonderes. Die Unsicherheit im Umgang mit ausländischen Schülern wird in den Passagen deutlich, wo Attribute der eigenen Kultur als Vergleichsmerkmale herangezogen werden. Welchen Beitrag diese Schüler für das Schulleben leisten, bleibt unreflektiert.

8.3 Kontrastiver Vergleich der qualitativen Daten an beiden Einzelschulen

In diesem Abschnitt erfolgt der kontrastive Vergleich der beiden qualitativ untersuchten Schulen. Die Besonderheiten, die in den vorangegangenen Abschnitten herausgearbeitet wurden, werden hier noch einmal gegenübergestellt und ausgeschärft. Dabei wird ein allgemeiner Vergleich der Schulen als auch ein Vergleich der unterschiedlichen von uns befragten Lehrer- und Schülergruppen vorgenommen. Der Vergleich orientiert sich dabei an den in den Einzelinterpretationen aufgeführten Themen, ergänzt um eine schulstrukturelle Einführung und eine Kennzeichnung der Schulleitung.

Schulstrukturelle Bedingungen

Unter dem Gesichtspunkt schulstruktureller Bedingungen unterscheiden sich beide Schulen erheblich. Während Gymnasium D als Stadtschule über eine Schülerschaft von annähernd 1000 Schülern und 60 Lehrkräfte verfügt, nimmt sich die Sekundarschule F als eine ausgesprochene Gemeindeschule mit ca. 300 Schülern und 18 Lehrern aus. Die finanzielle, räumliche und materielle Ausstattung beider Schulen unterscheidet sich ebenfalls in erheblichem Maße. Während Gymnasium D über einen großzügigen Neubau mit allerlei modernen Fachräumen und Räumlichkeiten für außerunterrichtliche Aktivitäten verfügt, muss die Sekundarschule F mit bescheideneren räumlichen Möglichkeiten vorlieb nehmen. Exemplarisch für die Sekundarschule steht die Tatsache, dass die Lehrer ihr Lehrerzimmer zugunsten der Schüler in einen Anbau der Schule verlagert haben. Trotz der objektiven Schwierigkeiten hält sich die Kritik des Kollegiums an den Bedingungen in Grenzen und erstreckt sich, wie auch am Gymnasium D, vor allem auf veraltete Unterrichtsmaterialien. Dies darf natürlich nicht darüber hinwegtäuschen, dass die Möglichkeiten des Gymnasiums, gerade im Hinblick auf außerschulische Aktivitäten, wie Kooperationen mit Institutionen und Schulpartnerschaften und AGs, ungleich größer sind als die der Sekundarschule. Die Größe der beiden Schulen hat auf der Ebene der Kommunikation von Lehrern und Schülern gegenteilige Auswirkungen. Die Größe des Gymnasiums wird hier zum Nachteil. Auch die Schwierigkeit der Kommunikation unter den Schülern, hier besonders zwischen den Schülervertretern und den übrigen Schülern, wird durch die Schulgröße verschärft, wobei dieses Phänomen auch in der kleinen Sekundarschule anzutreffen ist. Dagegen sind das Gemeinschaftsgefühl und die Überschaubarkeit der Sekundarschule positive Faktoren, die allerdings unter dem Aspekt von Reglementierung und Sanktion auch Gefahren bergen. Ein einender Faktor für das Gemeinschaftsgefühl der Sekundarschule F ist die Angst der Lehrer sowie auch einiger Schüler vor Schulzusammenlegungen und damit vor der Auflösung der eigenen Schule. Diese Problematik wird in den Diskussionen vor dem Hintergrund der Nahraumbedrohung thematisiert und deutet auf noch stärkere Tendenzen des Zusammenrückens der Schulakteure an der Sekundarschule F hin.

Aktivität der Schulleitung

Beide Schulleiter können als engagierte Persönlichkeiten und somit als Gatekeeper an der Schule angesehen werden, dies ist bereits in den Schulleiterinterviews deutlich geworden. Beide Schulleiter sind parteipolitisch engagiert, betonen und pflegen den Kontakt zur Parteienlandschaft in der Region und im Land. Ein entscheidender Unterschied zwischen Gymnasium D und Sekundarschule F besteht jedoch in den Adressaten einer solchen initiierten politischen Bildung. Während Gymnasium D vor allem die Schüler im Blick hat, konzentriert sich die Sekundarschule F aus Sicht des Schulleiters vor allem auf das Kollegium und weniger auf die Schülerschaft.

Schulleiter D zeichnet sich durch eine starke Außenorientierung aus und betreibt „Innenpolitik" vor allem vor dem Hintergrund des Nutzens für die Außendarstellung des Gymnasiums. Er ist positiv durch konkrete Aktionen gegen auswärtige rechte Jugendgruppen auf dem Schulgelände aufgefallen und genießt dadurch hohe Reputation sowohl bei Lehrern als auch Schülern. Ansonsten ist er im Schulleben eher unauffällig und hält sich in einem funktionierenden arbeitsteilig organisierten Schulleben im Hintergrund. Der Schulleiter des Gymnasiums erscheint als eine Person, die in wesentlichen Fragen die Fäden in der Hand behält, im alltäglichen Schulleben aber auch in der Lage ist, Verantwortung abzugeben und Kollegen wie Schülern Freiräume für eigene Entscheidungen zu geben. Sein Umgang mit Mitgliedern der Schülervertretung kann als sachlich und fördernd, aber auch fordernd beschrieben werden, die Kommunikation mit der Schülervertretung erfolgt auf formalem Wege. Die Vorstellung von Politik richtet sich auf Weltoffenheit und Toleranz, diese beiden Elemente stehen im Einklang mit dem Europaprofil der Schule.

Der Schulleiter der Sekundarschule F ist stärker einer Strategie der „schützenden Hand" verhaftet. Konflikte innerhalb des Kollegiums sind nicht feststellbar. Das hierarchische System an der Schule ist intakt und funktionsfähig. Der Schulleiter betont vor allem die gute Zusammenarbeit innerhalb des Kollegiums und die Kontakte zur Gemeinde. Ähnlich gelagert ist auch sein Politikbegriff, der stark nahraumorientiert ist und die politische Handlungsfähigkeit im kommunalpolitischen Raum im Blick hat. Die Absicht, Schülerinnen und Schüler zur eigenen Meinungsbildung anzuregen und zur Selbstständigkeit zu erziehen, wird von ihm über stark lenkende und steuernde Strategien verfolgt. Die Kommunikation mit der Schülervertretung trägt daher deutliche Züge einer reglementierenden Zuwendung, die den Schülern neben Unterstützung auch Einengung durch konkrete Handlungsanweisungen beschert. Daher kann sein Zugang zur Schülervertretung auch als patriarchalisch beschrieben werden.

Politische Bildung

Politische Bildung wird mit Ausnahme der Gremienschülergruppe des Gymnasiums D von allen Gruppen primär im Unterricht verortet und besonders von den Schülern als defizitär eingeschätzt. Bemerkenswert ist dagegen der Begriff von politischer Bildung als Aushandlungsprozess bei den Gremienschülern des Gymnasiums. Die Möglichkeit, eigene Wege im Rahmen formaler Verfahren beschreiten zu dürfen, bei gleichzeitiger Anerkennung der Akteure in konflikthaften Settings führt zu einer viel stärkeren Sensibilisierung für die Prozesshaftigkeit von Aushandlungen. Eine solche Vorstellung ist den Schülern der Sekundarschule F fremd. Sie kennzeichnet eine defizitäre Vorstellung von Politik als Welt der Erwachsenen. Politik begegnet ihnen vorwiegend in Gestalt der Gefährdung ihrer Privatsphäre. Die theoretische Betrachtung von Politik im Unterricht korrespondiert nicht mit den vorwiegend medial vermittelten Erfahrungen. Dies könnte ein Ausschnitt der Gesamtproblematik einer starken Binnenorientierung sein, die die Praxis der Außenwelt nicht in die Binnensphäre integriert. Insofern ist die Bearbeitung des Themas „politische Bildung" aufgrund seiner strukturellen Eigenschaft der Behandlung differenter Elemente ein Problem an der Sekundarschule F. Die Schüler ordnen ihr eigenes Tun noch nicht als politisch ein, bzw. sie nehmen Schule noch nicht als „politischen Raum" wahr.

Inhalte des (Sozialkunde-)Unterrichts

Bei beiden Schulen fällt die starke Konzentration auf formale, d.h. institutionenkundliche Inhalte des Sozialkundeunterrichts auf. Diese Themengebiete bieten den Lehrenden die Möglichkeit, einen von Kontroversen und Konflikten relativ freien Unterricht durchführen zu können und der verbreiteten Auffassung des Primats der Grundlagenvermittlung zu entsprechen. Lebensweltliche Aspekte und Aktualität werden in einem solchen Unterricht tendenziell ausgeblendet, Kontroversität und Diskursivität und damit auch eine konfliktorientierte Herangehensweise an Politik erschwert. In beiden Schulen wird auf die Vorgaben der Rahmenrichtlinien verwiesen, die Abweichungen und schülerinitiierte Themenbearbeitungen aus Sicht der Lehrenden stark erschweren sollen. Ebenfalls im Modus der Klage wird die schulbuchmäßige Ausstattung der Schulen verhandelt. Sozialkundeunterricht ist aus Sicht beider Lehrergruppen ein Paradefach im Schnittfeld gesellschaftlicher Ansprüche an politische Bildung und deren faktischer Realisierung. Vor allem der Modus der Klage, der sich nicht nur auf schulstrukturelle Bereiche bezieht, sondern sich auch stark an Schüler, Eltern, Politiker und Medien richtet, weist darauf hin, dass die Lehrenden eine gewisse Überforderung verspüren und Schwierigkeiten bei der Vermittlung politischer Inhalte haben. Große Defizite liegen im Bereich der Behandlung aktueller Themen, die von allen Schülergruppen kritisiert werden. Die Lebenswelt der Schüler wird im Sozialkundeunterricht selten berücksichtigt. Es muss eine defizitäre Konfliktorientierung diagnostiziert werden. Gerade in gesellschaftlich kontroversen und brisanten Bereiche z. B. Rechtsradikalismus und Ausländerfeindlichkeit, in denen Schüler ihre Meinung einbringen wollen, lassen sich anhand der Schüleraussagen Vermeidungs- und sogar bewusste Verdrängungsstrategien der Lehrenden feststellen. Die Tendenz der Vermeidung brisanter Unterrichtsthemen ist besonders an der Sekundarschule F vorfindbar. Gleichwohl finden sich auch

Tendenzen in der Lehrerschaft, die einen kontroversen Ansatz des Sozialkundeunterrichts betonen und praktizieren.

Partizipation in Schule und Unterricht - Gremienarbeit

Generell ist zu bemerken, dass bei beiden Lehrerdiskussionen eine deutliche Trennung zwischen den Partizipationsbereichen des Unterrichts und ausserunterrichtlichen Bereichen vorgenommen wird. Vor allem der Bereich der unterrichtlichen Partizipation wird in beiden Schulen kaum angesprochen und gerät nicht in den Reflektionshorizont der Lehrenden, so dass hier für beide Institutionen im eigentlichen Kernbereich von Schule ein deutliches Defizit festgestellt werden muss. Diese Einschätzung wird durch die Aussagen aller Schülergruppen bestätigt. Die befragten Schüler konstatieren durchweg einen „langweiligen" Unterricht und sehen kaum Einflussmöglichkeiten im Bereich des Unterrichtsgeschehens. Eine deutlich höhere Wertschätzung erfährt das Thema Partizipation auf der Ebene der Gremientätigkeiten. Hier unterscheiden sich beide Schulen hinsichtlich der Verantwortungsdelegation seitens der Lehrerschaft. Während die Lehrenden am Gymnasium D einen konfliktorientierten Ansatz vertreten, der mit einer selbstständigen Interessenvertretung der Schüler korrespondiert, ist an der Sekundarschule F eine stärker auf Steuerung und Hinführung angelegte Strategie des Umgangs mit den Gremienvertretern vorfindbar. Wobei angemerkt werden muss, das in diesem Kollegium durchaus das Bemühen um einen offeneren Umgang mit den Gremienvertretern in Form stärkerer Verantwortungsdelegation vorhanden ist. Die unterschiedlichen Herangehensweisen der Lehrenden korrespondieren mit ihrer Sicht auf die Lernenden. Einig sind sich beide Lehrergruppen noch in der Einschätzung einer großen Masse desinteressierter Schüler, was auch von den Schülervertretern selbst als Problem festgestellt wird. Den Schülervertretern an der Sekundarschule F wird von den Lehrerinnen und Lehrern ein defizitäres Verhältnis zu ihrer Tätigkeit unterstellt, während den engagierten Gremienvertretern am Gymnasium D Vertrauen und auch Respekt entgegengebracht wird. Hier zeigen sich unterschiedliche Anerkennungsverhältnisse, die von den Lernenden in den Gruppendiskussionen zum Ausdruck gebracht werden und wesentlich deren Motivation im Hinblick auf die Mitbestimmung in Schule und Unterricht bestimmen.

Trotz unterschiedlicher Bedingungen an beiden Schulen sehen alle befragten Schülergruppen, wenn auch auf deutlich unterschiedlichem Reflektionsniveau, einen immanenten Rollenkonflikt in der Ausübung des Amtes des Schülervertreters zwischen den Ansprüchen der Schüler- und Lehrerschaft. Die Bearbeitungsstrategien dieser Antinomien unterscheiden sich wiederum in beiden Schulen. Während die Gremienvertreter am Gymnasium D eine gewisse Frustrations- und Ambiguitätstoleranz entwickelt haben, die ihnen trotz der beschriebenen strukturellen Schwierigkeiten eine befriedigende Tätigkeit ermöglichen, „lösen" die Gremienschüler der Sekundarschule F die Antinomien über eine eindeutige Positionierung zugunsten der ihnen näher stehenden Schülerschaft auf und verweigern die an sie herangetragenen Anforderungen. Allerdings muss an dieser Stelle bemerkt werden, dass sich die befragten Schüler an beiden Schulen hinsichtlich ihres Alters deutlich unterscheiden; die in der Schülervertretung aktiven Gymnasiasten sind mehrheitlich Schüler der 11. Klasse. Neben diesen unterschiedlichen Ausgangsbedingungen wird aber auch deutlich, dass die Behandlung des Themas im Sozialkundeunterricht zumindest an der Sekundarschule F nicht in einer Weise erfolgt, die den Lernenden die Gremienarbeit als Interessenvertretung nahebringt. Über die Behandlung des Themas am Gymnasium D erfahren wir nichts, jedoch profitieren die interessierten Schüler dieser Schule von den bereits vorhandenen gewachsenen Strukturen, die sie in den letzten Jahren „erkämpft" haben.

Verkehrsformen und Anerkennungsverhältnisse

Die individuelle Bezugnahme auf den Schüler und das Gespräch unter vier Augen wird bei der Lösung von Konflikten von beiden Lehrergruppen betont. Die Schüler werden in Gymnasium D als Mitgestalter des Schullebens, nicht unbedingt des Unterrichts, gesehen und erhalten Freiräume zur Mitgestaltung, die sie allerdings nicht voll nutzen. Die pädagogische Zuwendung in Sekundarschule F gründet sich auf enge Kontakte zu Eltern und Gemeinde. Die starke Betonung der Führung der Schüler engt deren Erprobungsradius ein und hinterlässt unsichere und orientierungsbedürftige Schüler. Aus der kurzen Beschreibung der Verkehrsformen lassen sich unterschiedliche Anerkennungsstufen ausmachen, die vor allem von den Schülern beschrieben werden: In beiden Schulen existiert ein Defizit in der Anerkennung unterrichtlicher Partizipationswünsche und damit der Schülerpersönlichkeit selbst. In Gymnasium D findet man hohe Anerkennungswerte auf der Ebene des Schullebens und der Gremienarbeit, in Sekundarschule F sind in den beiden letztgenannten Bereichen deutliche Defizite festzustellen.

Umgang mit Welt und Wahrnehmung von Fremdheit

Im Themengebiet des Umgangs mit Fremdheit zeigen die Analysen die größten Unterschiede zwischen den beiden Schulen. Die Integration von „Welt" in Gymnasium D und die Xenophobie von Sekundarschule F sind die hervorstechenden Kennzeichen beider Schulen. Die sogenannte „Welt" als Metapher für Fremdes tritt in mannigfachen Ausprägungen zu Tage. Seien es ausländische Schüler oder Ausländer generell, seien es hinzugezogene Fremde wie in der Gemeinde der Sekundarschule F oder Erscheinungen rechter Jugendkultur innerhalb und außerhalb beider Schulen. Die Bearbeitungsstrategien beider Schulen unterscheiden sich wesentlich. Auf der einen Seite (Gymnasium D) zeigt sich eine starke Öffnung der Schule und Integration fremder Einflüsse, auf der anderen Seite (Sekundarschule F) eine sehr starke Binnenorientierung um den Preis der Abschottung gegenüber äußeren Einflüssen. Beide Strategien sind für die Schulen funktional. Im Binnenbereich der Schulen liegt die Konzentration zumindest einiger Lehrer auf der Erfassung und Thematisierung rechter Tendenzen anhand äußerer Merkmale, wobei sich die beiden Schulen in der generellen Beschäftigung mit diesem Thema und in der Ernsthaftigkeit und Konsequenz der Problemlösung unterscheiden. Während Gymnasium D die Probleme aktiv anpackt, tendiert Sekundarschule F zur Verharmlosung der Probleme.

Fazit

Die Analyse der drei Bereiche schulischen Lebens hat gezeigt, welche Faktoren politische Bildung beeinflussen und wie sie sich ausprägen können. Dabei zeigte sich, dass eine für die jeweilige Schule funktionale Orientierung mehr oder weniger gut geeignet ist, politische Bildung zu befördern. So ist die Schulkultur der Sekundarschule F geprägt durch eine Nahraumorientierung, die stark harmonisierende Elemente im Schüler-Lehrer-Verhältnis aufweist und über direktive Bezugnahme stabilisiert wird. Die verordnete Partizipation seitens der Lehrerschaft korrespondiert mit der Funktionszuweisung der Schüler an die Lehrer und die Autoritätsduldung von der Schülerseite. Konflikte werden vermieden und in einer problembehafteten Streitkultur kaum bearbeitet. Der Nahraumbezug der Sekundarschule F hat sich bei genauerem Hinsehen nicht als Stärke der politischen Bildung erwiesen, da er systematisch Pluralisierung und Konfliktorientierung verhindert. Die Betonung der persönlichen Bezugnahme und Zuwendung kann jedoch als Chance und Basis für Veränderungen genutzt werden, allerdings erschweren die über Generationen tradierten funktionalen Handlungsmuster Veränderungsbestrebungen von außen.

Die Schulkultur des Gymnasiums D zeichnet sich demgegenüber durch eine Vielfalt aus, die Erfahrungen mit Welt und Fremdheit ermöglicht. Kontroversität und Konfliktbewusstsein sind dominante Bestandteile des schulischen Alltags, wobei die Schüler einen unbefangeneren Umgang mit Fremdheit praktizieren als ihre Lehrer. Die Verantwortungsdelegation erfolgt hier eher in umgekehrter Richtung von den Lehrern hin zu den Schülern. Defizite liegen am Gymnasium D im unterrichtlichen Bereich, der unter partizipativen Gesichtspunkten deutliche Leerstellen aufweist. Es findet kein Austausch über didaktische Konzepte unter den Lehrern statt. Der Sozialkundeunterricht sollte die schulkulturellen Aspekte von Konfliktorientierung und Kontroversität stärker berücksichtigen.

Den „Teufelskreis", den es an beiden Schulen zu lösen gilt, stellt die gegenseitige Schuldzuweisung zwischen Lehrern und Schülern dar, die über Verfahren der Metakommunikation in Angriff zu nehmen wären, um den Status quo im Schüler-Lehrer-Verhältnis zu irritieren.

Nicolle Pfaff/Ralf Schmidt/Adrienne Krappidel

9. Politische Lernprozesse in der Schule im Spiegel verschiedener Forschungsmethoden

Politische Institutionen, Prozesse und Ereignisse verlieren gegenwärtig angesichts anhaltender Wirkungslosigkeit politischer Interventionsversuche z.B. auf dem Arbeitsmarkt, vor dem Hintergrund von an die Öffentlichkeit dringenden und medial überbewerteten Verfehlungen von Politikern und im Spiegel der Kürzung staatlicher Sozialleistungen zunehmend an Vertrauen und Rückhalt in der Bevölkerung. Dass davon gerade auch die Einstellungen der nachwachsenden Generation geprägt sind, machen die Ergebnisse unserer und anderer Untersuchungen eindringlich deutlich. Darüber hinaus zeigen unsere Resultate, dass ein hohes Maß von Ausländerfeindlichkeit, mangelnde politische Streitkultur und undemokratische Staats- und Politikvorstellungen die politischen Orientierungen von Jugendlichen im Bundesland Sachsen-Anhalt kennzeichnen (vgl. Reinhardt/Tillmann, Kapitel 2 in diesem Band). Dass diese Ergebnisse in einigen wesentlichen Punkten auch auf die Jugendlichen in der Bundesrepublik verallgemeinerbar sind, zeigt ein Vergleich der politischen Beteiligungsbereitschaft und Interessen deutscher Jugendlicher im internationalen Vergleich (vgl. Oesterreich 2001). Die Autoren des deutschen Teils der IAE-Studie „Civic Education" konstatieren für Jugendliche in Deutschland im internationalen Vergleich deutlich geringere demokratische Kompetenzen und Erfahrungen sowie ein weniger ausgeprägtes politisches Engagement. Mit der Diagnose dieser Defizite verbunden ist der dringliche Ruf nach einer Stärkung der politischen Bildung in der Bundesrepublik.

Die Ursachen der bezeichneten nachteiligen Bedingungen werden dabei vorwiegend in der politischen Bildung in der Schule gesehen (ebd., S. 13). Als öffentliche Institution mit allgemeiner Teilnahmeverpflichtung ist die Schule das wichtigste Werkzeug einer Demokratie in der Vermittlung ihrer Grundwerte. Dementsprechend ergeht ein als staatlicher Auftrag in den Schulgesetzen der Bundesländer und auch in Erlassen der Kultusministerkonferenz gesetzlich verankerter Anspruch an Schule, im Rahmen der verfügbaren Zeit auch politische Bildung zu betreiben (vgl. für einen Überblick Händle 1999).

Erst mit der deutschen Wiedervereinigung 1991 im Zuge der Integration der neuen Bundesländer avancierten Fragen der politischen Bildung an Schulen wieder stärker zum Gegenstand öffentlicher Auseinandersetzungen. Dabei setzte man einerseits auf Konzepte, die in den 1970er und 1980er Jahren in der Bundesrepublik Erfolgsgeschichte schrieben, wie eine stärkere Alltagsorientierung des Politikunterrichts und das Erfahrbarmachen politischer Prozesse in der Schuldemokratie. Andererseits haben neuere Untersuchungen und Konzeptionen aus den 1990er Jahren auf ein stärkeres Interesse der Schülerinnen und Schüler an soziologischen, lebensweltlichen und privaten Aspekten hingewiesen (vgl. z.B. Reinhardt 1996). Die Diskussion um die politische Bildung an Schulen gerade in den neuen Bundesländern wird seit Mitte der 1990er Jahre von einer weiteren öffentlichen Debatte um ausländerfeindliche Orientierungen und rechtsextreme jugendkulturelle Tendenzen unter Jugendlichen begleitet und angetrieben.

Insgesamt ist die Forschungslage im Bereich der empirischen Schulforschung zur Relevanz und den Wirkungen politischer Bildung in der Schule eher dürftig. Eine frühe Studie zur Bedeutung der politischen Bildung an hessischen Gymnasien, bei der 337 Gymnasiasten und 28 Gymnasiallehrer befragt wurden, wurde von Teschner (1968) in der zweiten Hälfte der 1960er Jahre durchgeführt. Die Untersuchung machte deutlich, dass die Wirksamkeit des politischen Unterrichts gemessen an den Intentionen der Lehrpläne nur gering ist (vgl. auch Becker/Herkommer/Bergmann 1967). Gleichzeitig deuteten die herausgearbeiteten Differenzen zwischen einzelnen Klassen im Informationsniveau und im politischen Bewusstsein jedoch darauf hin, dass ein fundierter Sozialkundeunterricht Einflussmöglichkeiten in Hinblick auf Neigungen der Schüler zu Vorurteilen und auf ihre Einstellung zur Demokratie hat. Weitere Studien zur politischen Bildung und zur moralischen Erziehung in der Schule wurden in den späten 1980er und 1990er Jahren im Rahmen der Begleitforschung zu den Schulversuchen in den USA, der Schweiz und Deutschland zur "gerechten Schulgemeinschaft" durchgeführt (vgl. Power 1998; Oser 1998; Reinhardt 1998). In der aktuellen, im Rahmen der international vergleichenden Studie "Civic Education" durchgeführten Expertenbefragung zeigt sich, dass die Praktizierung demokratischer Umgangsformen in der Schule von den Experten als wichtigste Voraussetzung für Demokratie-Lernen in der Schule eingestuft wurde (vgl. Händle/Oesterreich 1999; Reinhardt 1998, S. 450).

In unserer Studie haben wir uns im Zusammenhang mit der politischen Bildung und Sozialisation an Schulen mit schulischen Aspekten des Umgangs mit Ausländerfeindlichkeit und rechtsextremen Einstellungstendenzen, mit Fragen der Schülerpartizipation, mit dem Fachunterricht in Sozialkunde und schließlich mit den Bedingungen politischer Bildung an zwei Einzelschulen befasst. Wir konnten zeigen, dass die Schule im Bereich der Verringerung ethnozentrischer und gewaltaffiner Einstellungen Handlungsspielräume über die schulklimatischen und schulkulturellen Bedingungen in der Ausbildung einer politischen Streitkultur und der progressiven Bearbeitung ethnozentrischer Orientierungen im Schulalltag hat (vgl. Krüger/Pfaff, Kapitel 3 in diesem Band). Bezogen auf den Fachunterricht in Sozialkunde haben die Analysen gezeigt, dass gerade eine ausgewogene und vielseitige methodische Unterrichtsgestaltung das Interesse der Schüler am Unterrichtsfach steigern, zu einem umfangreicheren Verständnis politischer Institutionen sowie zur Steigerung der politischen Handlungsfähigkeit von Jugendlichen beitragen kann (vgl. Kötters-König, Kapitel 5 in diesem Band).

Deutlich geworden ist in den Resultaten der Untersuchung mehrfach auch die besondere Relevanz der besuchten Schulform. Gymnasiasten erleben an ihren Schulen bessere Partizipationsbedingungen, einen methodisch anspruchsvolleren Sozialkundeunterricht und haben umfangreichere Freizeitangebote sowie außerunterrichtliche Veranstaltungen in der Schule zur Verfügung. Damit sind sie im Bereich ihrer individuellen politischen Bildung gegenüber gleichaltrigen Sekundarschülern klar bevorteilt. Dass sie darüber hinaus durchschnittlich seltener in rechte jugendkulturelle Szenen involviert sind und dennoch dem politischen Geschehen zum einen aufgeschlossener gegenüberstehen, zum anderen aber auch in der Freizeit sowie in ihren Familien und Gleichaltrigengruppen häufiger mit politischen Themen und Strukturen in Berührung kommen, verschärft diesen Befund (vgl. dazu Kötters-König, Kapitel 7 und Pfaff, Kapitel 6 in diesem Band).

Wir wollen in diesem letzten Beitrag unter Rückgriff auf Text- und Datenmaterial aller durchgeführten Untersuchungsteile abschließend danach fragen, wie Prozesse der politischen Bildung an Sekundarschulen und Gymnasien in Sachsen-Anhalt gehandhabt und wahrgenommen werden und welche schulischen Bedingungen zu einer erfolgreichen politischen Sozialisation von Jugendlichen beitragen können.

Dieses Vorhaben setzt eine Klärung der Frage voraus, welche schulpädagogischen Maßnahmen und schulischen Prozesse als Instrumente der politischen Bildung in der Schule beschrieben werden können. Die pädagogische und wissenschaftliche Diskussion über schulische politische Bildung nennt in diesem Zusammenhang, wie beschrieben, erstens den Sozialkundeunterricht sowie die fächerübergreifende und außerunterrichtliche Behandlung politischer Themen und zweitens Räume der Schülerpartizipation an der Schule. Angesichts beunruhigender Entwicklungen der politischen Einstellungen Jugendlicher wird in letzter Zeit auch wieder interkulturelles und soziales Lernen in der Schule als Element der politischen Bildung beschrieben. Dass diese Bestimmungen auch in der Schule ähnlich gesehen werden, zeigen die Resultate der von uns durchgeführten Gruppendiskussionen (vgl. Schmidt Kapitel 8 in diesem Band). Politische Bildung ist den von uns befragten Gruppen an den beiden qualitativ untersuchten Schulen als Stichwort bekannt. Sowohl die Schülerinnen und Schüler als auch die befragten Lehrergruppen füllen den Begriff inhaltlich zunächst mit dem Bezug auf den Unterricht im Fach Sozialkunde. Dies ist für alle befragten Gruppen die erste Assoziation. Der Fachunterricht in Sozialkunde ist damit zum einen für die Jugendlichen der Ort in der Schule, an dem sie hauptsächlich mit Politik in Berührung kommen. Zum anderen ist das Fach auch für die Lehrerinnen und Lehrer das Hauptinstrument der politischen Bildung an den Schulen. Auch der Unterricht in anderen Fächern wird als mögliches Diskussionsforum über politische Ereignisse und Themen in fast allen Gruppen reflektiert. Zugleich werden hierbei jedoch Grenzen kenntlich gemacht. Auf Seiten der Schülerinnen und Schüler wird diese Grenze als Mangel an Diskussionsräumen für aktuelle politische Geschehnisse beschrieben, für die Lehrenden erscheint sie als Enge der vorgegebenen Rahmenrichtlinien und als Zeitdruck bei der Vermittlung von Lerninhalten.

Ein zweites Forum sind zumindest für die sich in der Schule stark politisch engagierenden und sich in dieser Aufgabe als erfolgreich erlebenden Schülervertreter am Gymnasium D die Mitbestimmungsgremien der Schülerschaft. Diese Schülerinnen und Schüler, das hat die Analyse der Gruppendiskussion gezeigt, erleben sich selbst als in der Schule politisch Handelnde. Die Schuldemokratie wird für sie so zum Ort des Erfahrens und Erlernens politischer Strukturen. Diese Auffassung beschreibt das Potential der Schülermitbestimmung für die politische Bildung an Schulen. Die Auswertung der qualitativen Teilstudie an den beiden Einzelschulen machte deutlich, dass für den Erfolg der Instrumentalisierung von Schülerpartizipationsgremien für das politische Lernen an Schulen das an der Einzelschule vorherrschende Rollenverständnis von Schülervertretern wesentlich ist.

Ein drittes, von den Schulbeteiligten in den Gruppendiskussionen zumeist nicht explizit mit politischer Bildung assoziiertes, im Diskussionsverlauf jedoch häufig dominantes Thema sind ausländerfeindliche und rechte politische Einstellungen unter Schülern. Der an der Schule praktizierte Umgang mit Anderen, Ausländern und Fremden sowie der Umwelt der Schule ist, das machen die Gruppendiskussionen ebenso deutlich wie die Analysen zu Ausländerfeindlichkeit und rechten Orientierungen an Schulen, wesentlich für die Selbstdefinition der Schule und ihr Schulklima und markiert zugleich den Horizont der politischen Orientierungen von Schülerinnen und Schülern.

Wir werden in diesem Beitrag diesem rekonstruierten Verständnis von politischer Bildung an Schulen im Wesentlichen folgen und es um Aspekte der außerunterrichtlichen politischen Bildung erweitern. Dazu sollen im weiteren Prozesse der politischen Bildung noch einmal im direkten Vergleich des Gymnasiums D und der Sekundarschule F, insbesondere vor dem Hintergrund der Resultate anderer Schulen, noch einmal untersucht werden, wobei zum ersten die Bedingungen der Schuldemokratie, zum zweiten die unterrichtliche und außerunterrichtliche politische Bildung und zum dritten die Konstruktionen von und Modalitäten des Umgangs mit Fremdheit an der Schule im Zentrum der Betrachtungen stehen. Für die Analyse greifen wir auf Daten aus der Schülerbefragung sowie Textmaterial aus Interviews und Gruppendiskussionen zurück, um eine multimethodische Untersuchung der wesentlichen Elemente der politischen Bildung an Schulen durchzuführen. Damit versuchen wir zugleich, den Anspruch unserer Untersuchung einzulösen, quantitative und qualitative Forschungszugänge gewinnbringend nebeneinander in der Analyse von Prozessen der politischen Bildung einzusetzen und in der Interpretation der Ergebnisse ergänzend zu nutzen. Wir haben in dieser Studie zunächst die Charakteristika der Einzelschulen über ExpertInneninterviews mit den Schulleiterinnen und Schulleitern der Schulen erfasst und in der quantitativen Teilstudie die Bedingungen der politischen Sozialisation und Bildung sowie die Lebensbedingungen von 14- bis 18jährigen Jugendlichen in den Lebensbereichen Schule, Familie, Gleichaltrigengruppe und Peers in einer standardisierten Befragung erhoben. Darüber hinaus nahmen wir in Diskussionen mit Gruppen von Schulbeteiligten an der Sekundarschule F und am Gymnasium D Formen der Kommunikation über politiknahe Themen, die Interaktion in der Schule und im Unterricht und die Bedingungen der Schülermitbestimmung näher in den Blick. Das Ziel dieses Vorgehens war es, der Komplexität der bislang im vorgestellten Umfang kaum erforschten Realität schulischer Prozesse der politischen Bildung gerecht zu werden und diese in den Kontext außerschulischer Bedingungsfaktoren der politischen Sozialisation zu stellen[1]. Der Anwendung verschiedener Forschungsmethoden legten wir ein Triangulationsverständnis zugrunde, das von der Komplementarität, d.h., von einem Ergänzungsverhältnis qualitativer und quantitativer Forschungs-zugänge ausgeht (vgl. Krüger u.a., Kapitel 1 in diesem Band). Mit Hilfe verschiedener methodischer Zugänge beleuchtet die Untersuchung Prozesse des politischen Lernens aus verschiedenen Perspektiven und vor dem Hintergrund unterschiedlicher Fragestellungen. Diese Perspektiven in der abschließenden Frage nach der aktuellen Situation politischer Bildung in Schulen in Sachsen-Anhalt zusammenzuführen, ist das Vorhaben dieses Beitrags.

Dabei wählen wir einen gegenstandsbezogenen Zugang zum Problem politischer Bildungsprozesse in der Schule, d.h. die Anordnung der Vorstellung der Resultate der quantitativen und der qualitativen Teilstudie folgt nicht wie allgemein üblich zuerst der zeitlichen Abfolge der Untersuchungsteile im Forschungsdesign der Studie, sondern leitet sich aus dem Interpretationszusammenhang der jeweiligen Einzelthemen ab. Konkret heißt das, dass die Analyse verschiedene Verfahren der Methodentriangulation einbezieht:

Im ersten Abschnitt diskutieren wir sozusagen klassisch zunächst die Bedingungen von Schuldemokratie an den beiden Einzelschulen aus der Perspektive der Schülerinnen und Schüler anhand der Resultate der Schülerbefragung und gehen im Anschluss daran in der Rekonstruktion der Rollenverständnisse der Schülervertretungen an den Schulen vertiefend den Ursachen der Wahrnehmung der eigenen Partizipationsbedingungen durch die Jugendlichen nach.

Im zweiten Abschnitt behandeln wir ein sehr komplexes Bedingungsgefüge von Prozessen der unterrichtlichen politischen Bildung im Sozialkundeunterricht bis hin zur Bedeutung der politischen Bildung über den Unterricht hinaus in der Schulkultur der Schule. Dabei gehen wir zum einen auf den

---

1   Für die Ergebnisse der quantitativen Studie vgl. die Beiträge in Teil II, zu den Resultaten der qualitativen Teilstudie vgl. Schmidt, Kap. 8 in diesem Band.

Sozialkundeunterricht und zum anderen auf die Bedeutung politischer Bildungsinhalte in der Schule vertiefend ein. Wir werden hier zunächst auf der Basis der Gruppendiskussionen Diskrepanzen zwischen den thematischen Erwartungen der Schülerinnen und Schüler an den Fachunterricht in Sozialkunde und den von den Lehrenden empfundenen curricularen Zwängen in der Unterrichtsgestaltung herausarbeiten. In einem zweiten Schritt sollen dann die methodischen Aspekte der Unterrichtsgestaltung im Fach Sozialkunde auf der Basis der Schülerbefragung als eine Form des Umgangs mit der eingangs rekonstruierten Diskrepanz analysiert und diskutiert werden. In einem dritten Schritt werden wir unter Hinzuziehung verschiedener Materialien die allgemeine Bedeutung von politischer Bildung an Schulen untersuchen.

Im dritten Abschnitt, bei der Thematisierung des Umgangs mit Fremdem gehen wir letztlich hypothesenprüfend vor, d.h. aus dem Material ausgewählter Sequenzen der Gruppendiskussionen werden zuerst schulkulturelle Umgangsformen mit der Schulumwelt rekonstruiert. Auf der Basis dieser Ergebnisse werden Hypothesen über die politischen und sozialen Orientierungen der Jugendlichen entwickelt, die im Anschluss daran mit Hilfe der quantitativen Daten überprüft werden sollen.

Auch wenn die Verknüpfung qualitativer und quantitativer Forschungszugänge in diesem Beitrag nicht auf die Validierung von Forschungsergebnissen mit der jeweils anderen Methode und damit nicht vordergründig auf die Überprüfung von Konvergenz bzw. Divergenz der mit verschiedenen Methoden gewonnenen Resultate abzielt, werden widersprüchliche Ergebnisse im Hinblick auf weiterführende Untersuchungen theorie- und methodenkritisch interpretiert.

9.1 Schuldemokratie

Prozesse der Schuldemokratie haben wir in unserer Untersuchung auf verschiedenen Ebenen analysiert. Dabei standen die Fragen nach der Partizipation von Schülern an der Gestaltung des Schullebens, im Unterricht und im Bereich der Schülergremienarbeit im Mittelpunkt unseres Interesses (vgl. Schmidt, Kapitel 4 in diesem Band). Es zeigte sich, dass Schülern im Bereich außerunterrichtlicher Aktivitäten, die sich auf Ausflüge, Freizeitangebote, Projekttage und –wochen sowie Ausgestaltungsaktivitäten in der Schule beziehen, umfassende Beteiligungsrechte eingeräumt werden. Im Kernbereich von Schule, dem Unterricht, gibt etwas mehr als die Hälfte der Lernenden an, nicht oder nur in geringem Maße beteiligt zu werden. Dies beinhaltet neben der unmittelbaren Mitgestaltung des Unterrichts auch die Bereiche der Mitsprache bei der Notengebung und der Mitbestimmung bei der Hausordnung. Die beiden letztgenannten Bereiche werden weitgehend ohne Einfluss der Schülerinnen und Schüler von den Lehrenden gesteuert. Ein unter Demokratiegesichtspunkten wichtiger Aspekt der Schülerpartizipation betrifft die Thematik der Gremienarbeit. Diese wird von den Lernenden äußerst kritisch gesehen. Für fast zwei Drittel der befragten Schülerinnen und Schüler hat die Schülervertretung keine große Bedeutung und die Effektivität dieser Institution wird von gut der Hälfte der Befragten negativ beurteilt.

Im folgenden Abschnitt werden zunächst die Ergebnisse der Schülerbefragung in den genannten Bereichen kurz zusammengefasst und dann vor allem der Aspekt der Schülergremientätigkeit anhand der Gruppendiskussionen mit Lehrern und Schülern beleuchtet. Dabei wird sich zeigen, dass eine institutionalisierte Mitbestimmung zwar eine notwendige, keinesfalls aber hinreichende Bedingung für erfolgreiche Partizipation in der Schülervertretung darstellt.

Allgemeine Partizipationsbedingungen

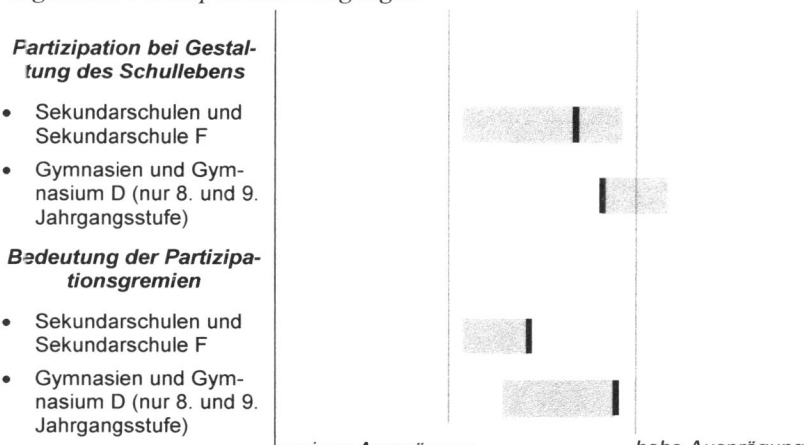

Schaubild 1: Mittelwerte der Möglichkeiten zur Partizipation bei der Gestaltung der Schule und zur Bedeutung der Partizipationsgremien aus Sicht der Schüler an der Sekundarschule F und am Gymnasium D im Kontext der Schulformminimal- und -maximalwerte[2] (zu den verwandten Skalen vgl. Schmidt, Kapitel 4 in diesem Band)

---

2   Die Balken stellen jeweils die Spannweite der Werte zwischen den Schulen einer Schulform mit den niedrigsten und dem mit den höchsten Werten dar. Der Wert der Einzelschule ist durch den schwarzen Balken markiert. Wir behalten diese Darstellungsform im Weiteren bei und stellen auf diese Weise entweder Mittelwerte oder Prozentzahlen dar.

In der Wahrnehmung ihrer Partizipationsmöglichkeiten unterscheiden sich Gymnasiasten und Sekundarschüler voneinander. Zum einen bewerten die Schüler der Gymnasien ihre Chancen, auf das Schulleben Einfluss nehmen zu können, höher als Jugendliche an Sekundarschulen, zum anderen messen sie den Gremien der Schülervertretung eine deutlich größere Bedeutung und höhere Einflusschancen in der Schule bei. Aus Sicht der Schüler der beiden untersuchten Einzelschulen gibt es statistisch bedeutsame Differenzen in den Partizipationsmöglichkeiten an der Sekundarschule F und am Gymnasium D nur im Bereich der Bedeutung und Effizienz der Gremien. Die 14-16jährigen Jugendlichen am Gymnasium D beschreiben ihre Mitbestimmungsgremien als besonders bedeutsam und auch wirkungsvoll. Sie unterscheiden sich damit nicht nur deutlich von den Schülern an der Sekundarschule F, sondern auch von den Schülern an anderen Gymnasien. Bezogen auf die wahrgenommenen Partizipationschancen der Schüler bei der Ausgestaltung der Schule dagegen bilden die Jugendlichen am Gymnasium D hingegen das Schlusslicht unter den befragten Gymnasiasten. Ein Grund dafür liegt sicherlich in der Exklusivität der neu entstandenen Schulgebäude und der besonderen Aufmerksamkeit, die der Schulleiter auf das Erscheinungsbild seiner Schule legt. Als „Aushängeschild der Region" will er seine Schule im Schulleiterinterview mit uns verstanden wissen. Er betont, dass den Schülern auch der Wert der Schulgebäude mit so positiven Bedingungen bewusst sein muss und berichtet von den pädagogischen Bemühungen der Lehrerinnen und Lehrer, Werte wie diese zu vermitteln. Eine zweite Ursache legt ein Diskussionsbeispiel der Gremienvertretergruppe an der Schule nahe. Als die Schülervertretung einen Aufruf nach Vorschlägen zur Gestaltung des Schülercafes startete, beteiligten sich nur sehr wenige Schüler. Die Größe der Schule scheint für gemeinsame Aktivitäten aller Schüler und jahrgangsübergreifende Kooperationen hinderlich zu sein. Anonymität und lange Kommunikationswege sind ein ideales Feld für Desinteresse an Beteiligung und Mitarbeit. Bezogen auf Möglichkeiten der Schülerpartizipation im Unterricht gibt es im Urteil der Schüler in unserer quantitativen Befragung zwischen den beiden Schulen nur geringfügige Unterschiede. Einzig die Einschätzung, den Unterricht in der eigenen Schule so hinnehmen zu müssen, wie er ist, ist in der Schülerschaft der Sekundarschule F weiter verbreitet als unter den Gymnasiasten am Gymnasium D. Diesbezüglich bestehen auch signifikante Schulformunterschiede. Generell meinen Gymnasiasten seltener als ihre Altersgenossen an der Sekundarschule, den vom Lehrer gestalteten Unterricht widerspruchslos über sich ergehen lassen zu müssen. Anders bei der Einschätzung der Wirkungskraft guter Schülervorschläge zur Unterrichtsgestaltung: hier unterscheiden sich Gymnasiasten und Sekundarschüler in ihrer Bewertung nicht signifikant voneinander. Und auch zwischen der Sekundarschule F und dem Gymnasium D gibt es diesbezüglich keine Differenzen. Etwa jeder zweite Schüler sieht für die Klasse Möglichkeiten, den Unterricht in ihrem Sinne durch die Äußerung guter Vorschläge mitzugestalten.

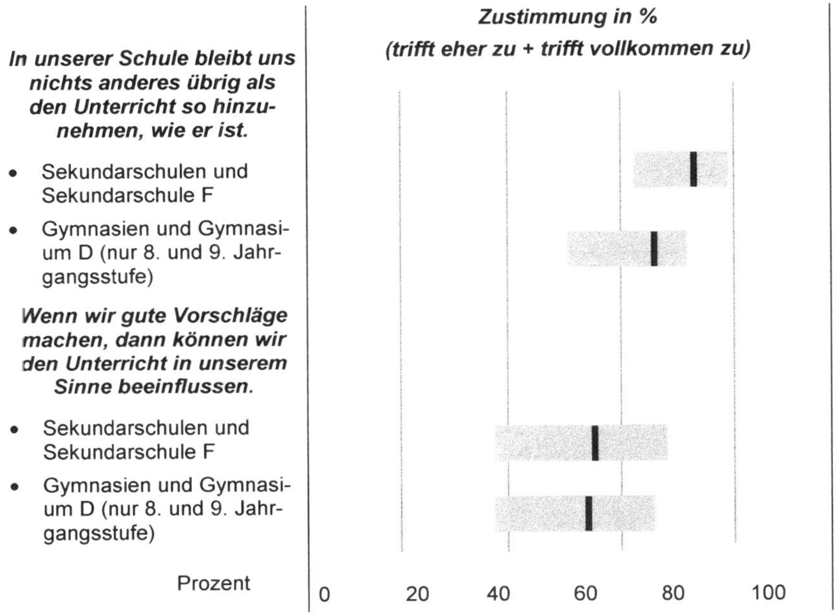
Zustimmung in %
(trifft eher zu + trifft vollkommen zu)
In unserer Schule bleibt uns nichts anderes übrig als den Unterricht so hinzunehmen, wie er ist.
Sekundarschulen und Sekundarschule F
Gymnasien und Gymnasium D (nur 8. und 9. Jahrgangsstufe)
Wenn wir gute Vorschläge machen, dann können wir den Unterricht in unserem Sinne beeinflussen.
Sekundarschulen und Sekundarschule F
Gymnasien und Gymnasium D (nur 8. und 9. Jahrgangsstufe)
Prozent
0
20
40
60
80
100

Schaubild 2: Anteil der Zustimmungen zu Fragen der Partizipation im Unterricht an beiden Schulen im Kontext der Schulformminimal- und –maximalwerte (Frage 37e, 38a)

Wenn gut zwei Drittel der Schüler der Auffassung sind, den Unterricht so hinnehmen zu müssen, wie er ist, ist dies ein bedenklicher Befund für die Partizipation im Kernbereich von Schule, dem Unterricht. Während die Schüler in den Gruppendiskussionen auf der Schulebene noch Mitwirkungsmöglichkeiten benennen konnten, fiel ihre Einschätzung auf der Unterrichtsebene trostlos aus. Die z.T. auch so gewollte Verantwortungszuschreibung für die Unterrichtsgestaltung an die Lehrerinnen und Lehrer führt dazu, dass die Lernenden in die Rolle passiver Konsumenten gedrängt werden. Unterricht wird nach wie vor als Domäne des Lehrers gesehen, und zwar von beiden Seiten. Selbst am Gymnasium D, das durch vielfältige schülerorientierte Aktivitäten besticht, ist unterrichtliche Partizipation unter den an der Diskussion beteiligten Lehrern eine Leerstelle. Die Diskutanten wissen mit diesem Thema nichts anzufangen. Damit verstehen die Lehrer an den untersuchten Schulen den Grundgedanken der Schülerpartizipation nur zur Hälfte. Wenn Lernende an der Gestaltung von Schule teilhaben sollen, kann dieses Mitbestimmungsrecht vor dem Unterricht nicht haltmachen.

Partizipationsbereitschaft und –erfahrungen

Die Partizipationsbereitschaft und -erfahrungen von Sekundarschülern und Gymnasiasten unterscheiden sich deutlich voneinander. Tendenziell verfügen die Lernenden der achten und neunten Klassen an Gymnasien sowohl über größere Partizipationserfahrungen als auch über eine größere erklärte Partizipationsbereitschaft. Gymnasiasten scheinen einerseits über umfangreichere Räume der Schülerpartizipation und andererseits über eine ausgeprägtere politische Beteiligungsbereitschaft in der Schule zu verfügen.

Abweichend von den bislang dargelegten Einzelschulergebnissen der qualitativ untersuchten Schulen fallen die Schüler des Gymnasiums D hinter die Schüler der Sekundarschule F zurück. Einen möglichen Erklärungsansatz liefert die Größe der beiden Schulen. Während die Sekundarschule F eine ausgesprochen kleine Gemeindeschule ist, die einen kollegialen und sehr engen Beziehungsstil ihres Kollegiums pflegt und zudem einen engen Kontakt zu ihren Schülern anstrebt, ist das Gymnasium D eine sehr große Schule mit annähernd 1000 Schülern. Dass der prozentuale Anteil an Schülern in der Sekundarschule F, die irgendwann einmal Erfahrungen mit Problemen und daraus resultierenden Entscheidungen der Schule gemacht haben, größer sein dürfte als die des „anonymen" Gymnasiums, dürfte unmittelbar einleuchten. Hier deuten sich zwei Wege zu einer hohen Beteiligung von Schülerinnen und Schülern in schulischen Partizipationsräumen an: kurze Kommunikationswege und eine hohe personelle Aufeinanderbezugnahme im Schulleben auf der einen und eine hohe allgemeine Bedeutung der Instanzen der Schülerpartizipation an der Schule, wie sie sich am Gymnasium D andeuten.

Die Schülergruppendiskussionen haben gezeigt, dass die Schüler der Sekundarschule F bereits eine große Erfahrung mit Entscheidungssituationen an ihrer Schule besitzen. Als Stichworte mögen die Einrichtung einer Raucherecke und die Beteiligung von Schülern an der Aufklärung eines Brandes in der Schule genügen. Die befragten Gymnasiasten hingegen beklagen die mangelnde Mitbeteiligung ihrer Mitschüler bei der Lösung von Problemen an der Schule.

Eigentlich, so unsere Schlussfolgerung, müsste aus größeren Partizipationserfahrungen auch eine größere Partizipationsbereitschaft resultieren. Dem ist anhand der dargestellten Daten allerdings nicht so. Die Partizipationsbereitschaft der Schülerinnen und Schüler an der Sekundarschule F fällt geringer aus, als die der Gymnasiasten. Nun bedeutet „Partizipationserfahrung" ja nicht, dass die Schüler positive Erfahrungen gemacht haben. Kehrt man die These um, dass aus positiven Partizipationserfahrungen eine größere Partizipationsbereitschaft folgt, kommt man zu der Aussage, dass vermehrte Misserfolgserfahrungen zu einer geringeren Beteiligungsbereitschaft führen können. Belege für diese Art der Interpretation liefern ebenfalls wieder die Aussagen der Schülerinnen und Schüler in den Gruppendiskussionen. Die bereits erwähnten Beispiele der Problembearbeitung an der Sekundarschule F (Brand und Raucherecke) sind der Darstellung der Schüler nach ausgesprochene Misserfolgserfahrungen. Während die Schüler bei der Aufklärung und der Verhinderung weiterer Unfälle als „Schulpolizisten" von den Lehrenden installiert wurden und so eine verordnete Partizipation erfahren haben, wurden sie im zweiten Fall, trotz nachvollziehbarer Jugendschutzaspekte, nicht in die Entscheidung einbezogen und bewusst ausgegrenzt. Die häufige Nennung von Problemen und deren aus partizipatorischer Sicht unbefriedigende Lösung scheint bei den Schülern der Sekundarschule F Frustrationserlebnisse hervorgerufen zu haben. Der Befund für das Gymnasium D fällt unspezifischer aus. Nach den Aussagen der befragten Schülerinnen und Schüler in den Diskussionen handelt es sich bei Gymnasium D um eine relativ wenig problembehaftete Schule. Eine große Masse der Schüler ist weder an der Arbeit der Schülervertretung interessiert, noch hat sie Erfahrung mit der Lösung schulspezifischer Probleme. Festzuhalten ist ein buntes Schulleben und gerade im außerschulischen Bereich ein reichhaltiges AG-Angebot, das den Lernenden die Möglichkeit der Teilhabe an Bildungsprozessen gewährt und so zu einer positiven Grundstimmung in bezug auf Partizipationsbereitschaft führen kann.

Generell zeigen die Gymnasiasten eine deutlich höhere Partizipationsbereitschaft als die Sekundarschüler, was darauf hindeutet, dass Selbstverantwortlichkeit und Anerkennung der Institutionen der Schülervertretung im Schulalltag wesentliche Bedingungen für eine hohe individuelle Beteiligungsbereitschaft sind.

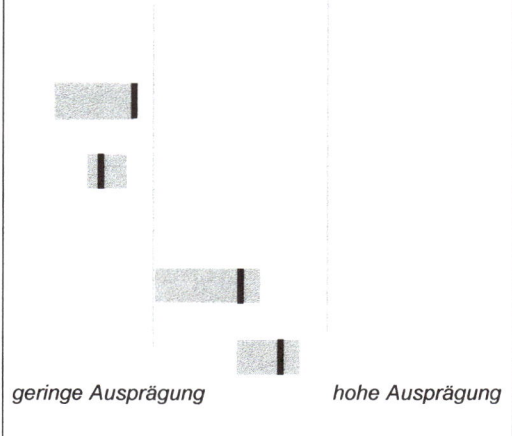

Partizipationserfahrungen

- Sekundarschulen und Sekundarschule F
- Gymnasien und Gymnasium D (nur 8. und 9. Jahrgangsstufe)

Partizipationsbereitschaft

- Sekundarschulen und Sekundarschule F
- Gymnasien und Gymnasium D (nur 8. und 9. Jahrgangsstufe)

geringe Ausprägung   *hohe Ausprägung*

Schaubild 3: Mittelwerte der Erfahrungen von Schülern in den Schülermitbestimmungsforen ihrer Schule und zu ihrer Partizipationsbereitschaft an der Sekundarschule F und am Gymnasium D im Kontext der Schulformminimal- und -maximalwerte (Summenindizes aus der Frage 39 A und B)

Der folgende Befund kann als eine Konkretisierung des bereits Dargestellten gelesen werden. Die Frage des Interesses an Diskussionen über Probleme an der Schule erfasst noch einmal die Partizipationsbereitschaft der befragten Schüler im Bereich einzelschulbezogener allgemeiner Probleme. Interessanterweise liegen beide Schulen unter den Schulen ihrer Schulformen jeweils an der Spitze, auch wenn die Schülerinnen und Schüler der Gymnasien ein tendenziell größeres Interesse bekunden. Dieses starke Interesse kann in zwei Richtungen interpretiert werden. Zum einen könnte ein großer Problemdruck an einer Schule eine Einmischung provozieren, zum anderen könnte der Wunsch nach Teilnahme an Diskussionen lediglich dem Anspruch einer sozialen Erwartung an Beteiligung entsprechen. So gesehen kann das große Interesse der Sekundarschüler als Reaktion auf Misserfolgserfahrungen in vergangenen Entscheidungsprozessen interpretiert werden, während das Interesse der Gymnasiasten einer generellen partizipativen Grundatmosphäre entspringt.

Das Thema der Partizipationserfahrung wird durch die konkrete Frage nach Mitbeteiligung bei Schulproblemdiskussionen operationalisiert. Hier fallen unsere beiden qualitativ untersuchten Schulen im Schulformvergleich deutlich ab. Dies deutet zunächst einmal darauf hin, dass die Möglichkeit der Schülerinnen und Schüler, sich einzumischen an beiden Schulen gegenüber dem Interesse an hypothetischer Beteiligung deutlich geringer ausfällt und auf ein negatives faktisches Partizipationsklima hinweist. Die beschriebenen Misserfolgserfahrungen der Sekundarschüler unterstützen diese Interpretation. Der Zusammenhang zwischen Partizipationserfahrungen und der Einmischung bei Schulproblemen ist auch bei den Gymnasiasten gegeben. Inwiefern der Fokus auf Schulprobleme bei der Einmischung von Schülern zu ablehnenden Einschätzungen führt, wenn es offenkundig keine ernsthaften Probleme an der Schule gibt, sei zu bedenken zu geben.

Der relativ schlechte Vergleichswert des Gymnasiums D kann Ausdruck einer geringen Belastung sein, könnte aber auch, und hierauf deuten die Gruppendiskussionen mit den Lernenden hin, einen Hinweis auf eine durch die Größe der Schule erschwerte und damit letztlich mangelhafte Kommunikation zwischen der Schülervertretung und der vertretenen Schülerschaft geben. Möglicherweise spielt hier auch die als Manko in der Einschätzung der Partizipationskultur des Gymnasiums D identifizierte unterrichtliche Ebene eine Rolle, bietet sie doch gerade die Möglichkeit, ohne formalen Aufwand, Probleme im Alltag zu diskutieren.

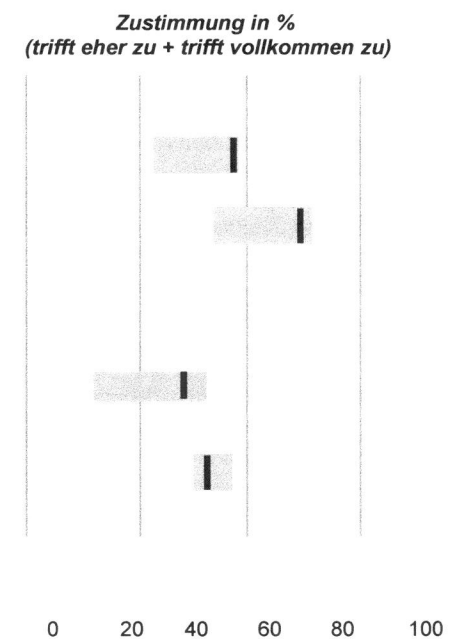

Zustimmung in %
(trifft eher zu + trifft vollkommen zu)

Ich bin daran interessiert, an Diskussionen über Schulprobleme teilzunehmen.

- Sekundarschulen und Sekundarschule F
- Gymnasien und Gymnasium D (nur 8. und 9. Jahrgangsstufe)

Wenn Probleme an der Schule diskutiert werden, kann ich meistens dazu etwas sagen.

- Sekundarschulen und Sekundarschule F
- Gymnasien und Gymnasium D (nur 8. und 9. Jahrgangsstufe)

```
0    20   40   60   80   100
```

Schaubild 4: Anteil der Zustimmungen zu Fragen des Interesses an Schulproblemen und schulischen Entscheidungen an beiden Schulen im Kontext der Schulformminimal- und –maximalwerte

Rollenverständnis von der Schülervertretung

Auffallende Divergenzen zwischen quantitativen und qualitativen Daten offenbaren sich in der Gegenüberstellung der Ergebnisse zur Bedeutung der Partizipationsgremien. Das Lob der Gymnasiasten am Gymnasium D entspricht vor dem Hintergrund der Äußerungen in den Gruppendiskussionen unseren Erwartungen, denn dass sie über eine wirklich gut funktionierende Schülervertretung verfügen, zeigte sich auch in den Gruppendiskussionen. Die Wertschätzung der Bedeutung der Gremien in der Schülerbefragung an der Sekundarschule F ist nur schwer verständlich. Bewegten sich hier doch die Äußerungen in der Gruppendiskussion zwischen „*sinnlos*" und „*könnte man weglassen*". Um die eigentlichen Problembereiche schulischer Gremienarbeit und ihre Bedeutung sowie die durch sie entstehende Belastung für die betreffenden Schüler darzustellen, werden im folgenden Ausschnitte aus Gruppendiskussionen mit Lehrern und Schülern der beiden Schulen vorgestellt.

Der Themenbereich Partizipation in der Schule wird in der Lehrerdiskussion an der Sekundarschule F als Unbehagen an den Schülervertretern thematisiert. Beklagt werden die Prestigesucht und die fehlende Nutzung der Möglichkeiten des Amtes des Klassensprechers. Bei der Ursachenforschung offenbaren sich jedoch Differenzen zwischen zwei Lehrern. Während einerseits eine Strategie der Hinführung und Hilfe verfolgt wird, wird andererseits eine größere Selbstverantwortung der Lernenden eingefordert. Welches Ausmaß die (Hin-)Führung der Schüler durch die Lehrer und den Schulleiter tatsächlich annimmt, kann letztlich nicht genau bestimmt werden. Es drängt sich jedoch die Vermutung einer verordneten Partizipation auf. Eine Erhellung dieser Fragen liefern die Aussagen der Schüler.

Über die Bedeutung von Schülergremien herrscht bei den Schülern, die der Schülervertretung angehören, Einstimmigkeit. Sie reicht von *„keenen großen"* bis *„überhaupt nicht"*. Auf die Frage, ob sich die Schüler in ihrer Gremienarbeit ernstgenommen fühlen, antwortet ein Schüler konkret: *„Nee"*. Im Folgenden werden Argumente angeführt, die die Sinnlosigkeit bzw. Wirkungslosigkeit des Postens eines Schülersprechers beschreiben. Dazu gehört die Erfahrung der Niederlage bei Abstimmungsverfahren und eine resignierende Grundhaltung. Auch das Rollenverständnis wird in der Diskussion deutlich, wenn die Funktion eines Schülervertreters als Boten der Lehrer, um als solcher Interessen der Lehrer bei anderen Klassensprechern durchzusetzen, beschrieben wird: *„Erstens wird man da von den Lehrern nur geschickt, dass man da nur mal was ausrichten soll (...) und so"* (Schüler1). Weiterhin berichtet eine Schülerin von konkreten Handlungsanweisungen seitens des Schulleiters und der Lehrer für die Schülersprecher. Auch in den weiteren Äußerungen wird kein gutes Haar an der Arbeit eines Schülersprechers gelassen, da *„nur Pflichten"* aufgebürdet werden und *„meistens nur Arbeit"* anfällt. Aus diesen Gründen wollen nur wenige Schüler diesen Posten übernehmen. Ein gewichtiger Aspekt ist das Rollenverständnis der Schüler als Schüler- bzw. Klassensprecher. Die Schüler schildern ihr Unbehagen, da sie einerseits eine von den Lehrern an sie herangetragene Vorbildfunktion übernehmen sollen und es sich andererseits aber nicht mit ihren Mitschülern verderben wollen. Sie sehen sich in einem Rollenkonflikt, den sie nicht auflösen können. *„Wenn man hier Schülersprecher ist, und dann sagen die ja och, man muss Vorbild sein, aber warum soll ich Vorbild sein, wenn ich das dumm finde, was der Lehrer da vorne macht."* (Schüler 2) Die Schüler haben kein Verständnis für die durchaus spannungsvolle Vermittlungsfunktion eines Schülersprechers und lösen den Rollenkonflikt, indem sie sich auf die Seite ihrer Mitschüler schlagen und Ansprüche der Lehrerschaft zurückweisen bzw. ihre Funktion einfach nicht wahrnehmen. Dies könnte als Verweigerungshaltung gegenüber Rollenansprüchen der Lehrer interpretiert werden, dominant ist jedoch die Autoritätsduldung der Schüler. Das an jeder Schule vorhandene Gremium der Schülervertretung wird von der anderen Schülergruppe in einem extrem schlechten Licht gesehen. Die Fokussierungsmetapher für diesen Themenbereich nennt im unmittelbaren Anschluss an die Interviewerfrage die Schülerin 2: *„Die könnten eigentlich wegbleiben"*. Über die formale Kenntnis der Existenz einer Schülervertretung hinaus sind die Schüler, bewusst oder unbewusst, das ist hier nicht zu entscheiden, nicht informiert worden.

Am Gymnasium D wird das Thema des Stellenwerts der Gremien bei der Schülermitbestimmung an der Schule ebenfalls, etwa in der Mitte der Diskussion mit den Lehrern, d.h. wesentlich später als die vorangegangenen Partizipationsthemen, durch eine Interviewerfrage eingebracht. Nach einigen Allgemeinplätzen wird berichtet, dass der Schülerrat seit einigen Jahren recht rege arbeite. Der Bericht endet mit einer Aussage, die Schülervertreter fühlten sich sicher im Schulalltag nicht immer ganz ernst genommen. Dem widerspricht eine Lehrerin, indem sie bemerkt, dass Begründungen für das Handeln der Lehrer von den Schülern verstanden würden. Wesentliche Figur der Schülerpartizipation ist für drei Beteiligte der Schülerrat, als institutionalisierte Form der Schülermitbestimmung in der Schule. Er wird an der Schule als selbstbestimmte Interessenvertretung der Schüler unterstützt und gefördert. Konflikte, die aus unterschiedlichen Interessen von Schülern, Lehrern und Eltern an der Schule bestehen, werden als Chancen für die Entwicklung und Bereicherung des Schullebens betrachtet. Die Gremienschülergruppe bemängelt einerseits, dass Mitbestimmungsmöglichkeiten der Schülervertretung noch zu gering seien, beschreibt aber andererseits auch, dass realiter noch nicht alle zur Verfügung stehenden Möglichkeiten ausgeschöpft werden. Es folgt eine Definition der Mitbestimmungsmöglichkeiten der Schülervertretung in den Gesamtkonferenzen, in denen die Schülervertreter für gewöhnlich überstimmt werden. Genannt werden dann Aktivitäten (Feiern etc.), bei denen die Schülervertreter nicht auf Stimmen der Lehrer angewiesen sind. Hier zeigt sich jedoch, dass jene Initiativen offenbar an der fehlenden Mitarbeit der Schüler scheitern. Die in der Schülervertretung engagierten Schülerinnen und Schüler empfinden sich mit ihren Aufgaben als Unterrichtsverhinderer missbraucht, sie fühlen sich in ihren Rollen als repräsentative Vertreterinnen der Schülerschaft durch deren Desinteresse an Fragen der Schulgestaltung in Frage gestellt. Die Klage über das allgemeine Desinteresse der Schülerschaft an der Mitwirkung zur Beförderung eigener Interessen ist dominant und durchgängig in der Diskussion vorfindbar. Im folgenden spekulieren die Diskutanten über Gründe für jenes Desinteresse ihrer Mitschüler. Das dabei präsentierte Ursachengeflecht reicht von Ohnmachtserfahrungen bei der Einschätzung von Partizipationsmöglichkeiten über die Schulpflicht im Sinne von *„Zeit absitzen"* bis zum absoluten Vorrang der Freizeit, bei dem außerunterrichtliche Tätigkeiten in Form von AGs keinen Platz haben. Die Schülervertreter sind sich dahingehend einig, dass Gymnasium D seinen Schülern viele Mitwirkungsmöglichkeiten in Form von AGs bietet. Im Gegensatz dazu stehen den Schülern auf anderen Gebieten weniger Mitbestimmungsmöglichkeiten zur Verfügung. Selbst die Einflussmöglichkeiten der Schülervertretung, obwohl noch nicht vollends ausgeschöpft, werden als geringfügig eingeschätzt. Einerseits werden Vorhaben der Schülervertretung durch die „*Übermacht*" der Lehrer in Gesamtkonferenzen überstimmt; andererseits wird die Möglichkeit seitens der Schüler nicht vollends wahrgenommen, mit Hilfe der Schülervertretung Probleme zu lösen. Im Gegenteil, die Schülervertreter beklagen ein regelmäßiges Im-Dunkeln-Tappen bei Problemen der Schüler. Das Desinteresse vieler Schüler daran, etwas an der Schule zu verändern, deklarieren die Diskutanten als ein enormes Problem. Man ist sich der Leistungen der Schule bewusst; besonders eine Schülerin weist mit Nachdruck auf die Besonderheiten und Errungenschaften der Schule hin. In einem monologartigen Erfahrungsbericht eines ehemaligen Klassensprechers und Mitgliedes des Schülerrates beschreibt Schüler 1 aus der Kabarettgruppe Klassensprecher als die „*gewählten Dummen*", die vorgeschickt werden, wenn es brennt. Wenn sie die Positionen ihrer Mitschüler nicht durchsetzen, werden sie in seinen Augen als Sündenböcke angesehen. Schüler 1 vergleicht die Klassensprecher mit gewählten Parteien, erst werden sie gewählt und danach zum Sündenbock gemacht. Probleme an der Schule können aus seiner Sicht i.d.R. mit den Lehrern besprochen werden. Auch dieser Schüler stellt seinen Mitschülern ein schlechtes Zeugnis aus, denn sie wissen aus seiner Perspektive in der Regel nicht, wen sie in den Schülerrat wählen: Gewählt wird nach Sympathiegesichtspunkten, die Schüler engagieren sich generell zu wenig, der Schülerrat kann sich im Ernstfall nicht durchsetzen. Auf der Ebene der Lehrer-Schüler-Beziehung scheint ein Austausch über Probleme zu erfolgen. Einerseits lässt sich die schonungslose Bilanz der Gremienaktivitäten vielleicht aus den enttäuschenden Erfahrungen von Schüler 1 herleiten, andererseits kommt hier wahrscheinlich die nüchterne Sichtweise eines distanzierten Ex-Mitglieds zum Ausdruck.

Aus den Ergebnissen der quantitativen und qualitativen Teilstudien werden vor allem die partizipativen Defizite im Kernbereich von Schule - dem Unterricht - und die strukturellen Probleme der Schülergremienarbeit deutlich. Als wesentliche Kernelemente für eine gelingende Schülervertretung kann der richtige Mittelweg zwischen einer „verordneten Partizipation" und „Erprobungsfreiheit" gesehen werden. Als offenkundiger Problem- und Frustrationsbereich wird die Einflusslosigkeit bei schulischen Entscheidungsprozessen genannt. Die Anerkennungs- und Rollenproblematik der Mitglieder der Schülervertretung stellt des Weiteren eine konstitutive Bedingung für eine erfolgreiche Arbeit der Interessenvertretung von Schülerinnen und Schülern dar. Eine mögliche Minderung dieser unterschiedlichen Rollenerwartungen durch Lehrer und Mitschüler könnte in der Selbstdefinition als Vermittler zwischen den „Welten" liegen. Ein konfliktorientierter Ansatz, wie ihn die Lehrenden des Gymnasiums D vertreten, der die selbstständige Interessenvertretung der Schüler und das Ernstnehmen von artikulierten Interessen im Sinne einer repräsentativen Demokratie im Schulalltag betont, bietet für Lernende Chancen, auf bestimmte Vorhaben der Schule Einfluss zu nehmen. Schüler sollten die Möglichkeit erhalten, Kompetenzen zu erwerben, um verschiedene Rollenerwartungen zu vereinen und in der Lage zu sein, disfunktionale Ansprüche zurückzuweisen. Dazu gehört eben zum einen die Anerkennung und Akzeptanz von Institutionen der SV in der Schule als selbstständige Interessenvertretung der Schülerschaft und zum anderen die Einhaltung politischer Rollenverständnisse gewählter Vertreter auch im schulischen Kontext.

Offenbar besitzen die Schüler beider Schulen ein Bewusstsein für die Notwendigkeit demokratischer Institutionen in einer Schule, zu der die Schülervertretung ohne Zweifel gehört und über die sie im Unterricht aufgeklärt werden. Insofern mag theoretisch und formal die SV eine große Bedeutung haben. Die inhaltliche Füllung des formalen Rahmens fällt dagegen an der Sekundarschule F sehr mager aus, zumindest berichten weder die Gremienschüler noch die Schüler der zweiten Gruppe von nennenswerten SV-Aktivitäten. Im Mittelpunkt der Thematisierung der SV stehen dagegen vor allem Probleme. Insofern müssen die allgemein recht positiven Einschätzungen der SV-Gremien in der quantitativen Schülerbefragung gerade an der Sekundarschule F verwundern. Diese Diskrepanz zwischen quantitativen und qualitativen Daten muss letztlich methodenkritisch als Problem der Erfassung von Relevanzen in standardisierten Befragungen interpretiert werden. Hier werden scheinbar nur an der Schule vermittelte formale Bedeutungsgehalte erfasst, der Schritt auf die Ebene des subjektiven Erlebens, auf der gerade die Schüler an der Sekundarschule F mit der SV durchweg Misserfolgserfahrungen und Desinteresse verbinden, gelingt scheinbar nicht.

9.2 Unterrichtliche und außerunterrichtliche politische Bildung

Prozesse der politischen Bildung inner- und außerhalb des Fachunterrichts können verschiedene Gestalten annehmen. Die Analyse der Gruppendiskussionen zeigte, dass der Unterricht im Fach Sozialkunde von Schülern und Lehrern als wesentliches Element der politischen Bildung an Schulen bestimmt wird. Dass dieser Fachunterricht in erster Linie im Spiegel der in ihm praktizierten Unterrichtsmethoden betrachtet wird und welche Bedeutung diese Gestaltungsformen für den Unterrichtserfolg und die Lernmotivation der Schüler im Fach haben, wurde sowohl in der Analyse der Angaben der Schüler zu ihrem Sozialkundeunterricht in der Schülerbefragung als auch in den Resultaten der qualitativen Teilstudie deutlich.

Die Resultate der Schülerbefragung verwiesen auf einen nach wie vor von frontal vermittelnden und lehrerbezogenen Unterrichtsmethoden dominierten Sozialkundeunterricht an Schulen in Sachsen-Anhalt (vgl. Kötters-

König, Kapitel 5 in diesem Band). Lebensweltorientierte Elemente wie Expertenbefragungen oder Exkursionen, so das Resultat, werden noch selten im Unterricht praktiziert. Dass jedoch ein methodisch vielseitiger Sozialkundeunterricht gemessen an seinen Intentionen ein erfolgreicherer ist, ist ein weiteres wesentliches Ergebnis dieser Analyse. In den Gruppendiskussionen mit Schülern der Sekundarschule F und dem Gymnasium D kritisierten die Schüler aller Gruppen den mangelnden Einbezug tagespolitischer Themen und eine fehlende Vermittlung zwischen gelehrter Demokratietheorie und erlebter politischer Realität (vgl. Schmidt, Kapitel 8 in diesem Band). Diese Kritik passt gut zu dem verschiedentlich bestätigten Befund, dass Partizipation im Unterricht an Schulen in Sachsen-Anhalt bislang weitgehend eine Leerstelle der Schuldemokratie ist.

Wir werden in diesem Abschnitt der Frage nachgehen, wie Schüler und Lehrer in Sachsen-Anhalt direkte Prozesse der politischen Bildung an ihren Schulen wahrnehmen und bewerten. Dazu werden einleitend Schülererwartungen an den Sozialkundeunterricht und Angaben der Lehrer zu ihren Handlungsspielräumen in der Unterrichtsgestaltung im Fach auf der Basis von Textauszügen aus den Gruppendiskussionen noch einmal vergleichend gegenübergestellt und im Anschluss daran die Praxis des Sozialkundeunterrichts anhand der in ihm verwandten Unterrichtsmethoden aus der Sicht der Schüler für die Sekundarschule F und das Gymnasium D im Vergleich zur Gesamtheit der untersuchten Schulen analysiert. Abschließend soll es um Fragen der außerunterrichtlichen politischen Bildung sowie um die allgemeine Bedeutung von politischer Bildung an Schulen gehen.

Schülerwünsche zum Sozialkundeunterricht

Politische Bildung wird in allen vier Schülergruppen in erster Linie dem Sozialkundeunterricht als Aufgabe zugeschrieben und lediglich von Schülern des Gymnasium D als Aufgabe anderer Unterrichtsfächer dargestellt und mit eigenen Partizipationserfahrungen in Schülergremien assoziiert. Gemeinsamer Kritikpunkt ist bei allen befragten Schülergruppen ein einseitiger (*„zu trockener"* bzw. *„zu langweiliger"*) Sozialkundeunterricht. Der Grund für diese Eintönigkeit wird von den Schülern selbst benannt: Themen werden von Lehrern bestimmt und brisante und aktuelle Themen werden nur ansatzweise besprochen oder sogar absichtlich vermieden. Das Statement eines Gremienschülers der Sekundarschule F beschreibt die Unterrichtsgestaltung: *„man kümmert sich halt um den Stoff, den man gerade lernt, aber so großartig wird da nicht drüber geredet. Vielleicht mal andeutungsweise, aber das geht dann nicht näher ein."* Die Schüler werden offenbar nicht an bestimmte realitätsnahe Themen herangeführt bzw. beschreiben Themen als im Unterricht nicht intensiv genug behandelt. Diese Kritik ist allen Schülergruppen gemeinsam.

In der Diskussion einer anderen Schülergruppe der Sekundarschule F wird ersichtlich, dass die Schüler in einem Teufelskreis stecken, der sich aus Unerfahrenheit in Bezug auf politische Themen, dem daraus resultierenden Desinteresse und schließlich dem Fehlen einer Streitkultur, verursacht durch Themenvermeidungen seitens der Lehrer, ergibt. Dass Themen möglicherweise zu brisant sind, um im Unterricht behandelt zu werden, macht sich in folgender Meinungsäußerung eines Schülers bemerkbar: *„und dann schnell wieder ein anders Thema, weil das sicher bei uns in der Klasse [...] ab und zu ein paar gegenteilige Meinungen gegeben hätte und so und da wollte sie (die Sozialkundelehrerin, d. V.) die Diskussion scheinbar nicht so auswerten lassen.“* Die Schule spielt bei der Vermittlung von Politik in den Augen der Schüler eine eher marginale Rolle. Aus Sicht der Sekundarschüler hat sie, und damit in erster Linie der Sozialkundeunterricht, die Aufgabe, die Schüler über Politik als Sache der Erwachsenenwelt zu informieren und gegebenenfalls Handlungsanleitungen für die Beteiligungspraxis zu liefern. Diesem Anspruch wird die politische Bildung an der Sekundarschule F nicht gerecht. Unüberwindbar erscheinen Diskrepanzen zwischen dem im Unterricht Gelernten und der medial vermittelten politischen Realität, wie verschiedene Schülerstatements zu politischen Sachverhalten zeigen. Weder Schule noch Familie helfen diesen Jugendlichen, politische Ereignisse zu deuten und zu verstehen. Die Schüler an der Sekundarschule F fühlen sich mit ihren Fragen und Themen im Gleichaltrigenkreis allein gelassen. Das Fehlen einer ausgeprägten politischen Diskussionskultur an der Sekundarschule F macht sich auch in der Art und Weise des Diskussionsablaufes seitens der Schüler bemerkbar, fallen hier doch einige Unregelmäßigkeiten bei der Aufeinanderbezugnahme innerhalb des Gespräches und der Wortwahl auf.

Demgegenüber konstatieren die Schüler in der Gremienschülergruppe des Gymnasium D ein großes Desinteresse an politischen Themen in der Schülerschaft der Schule. Sowohl die Kabarettgruppe als auch die Gremienschülergruppe übernehmen die Lehrerperspektive, indem sie Verständnis für die Situation von Lehrern zeigen, stets mit zahlreichen divergierenden Schülermeinungen konfrontiert zu sein. Gleichzeitig äußern die Gremienschüler den Wunsch nach einem kontroverseren Sozialkundeunterricht, dem sie eine politisches Interesse weckende Funktion zuweisen. Anders als in der Sekundarschule F entwerfen die Schüler des Gymnasiums D in den Diskussionen eigene didaktische Alternativen zur erlebten Unterrichtsgestaltung im Fach an ihrer Schule. In der Kabarettgruppe werden Vorstellungen eines veranschaulichenden und zugleich, in der Diskussion um rechtsextreme Positionen in der Schülerschaft, eines präventiven Sozialkundeunterrichts reflektiert: *„und ich denke, wenn viele darüber reden würden [...], dann könnte man da viel Prävention betreiben.“* (Schüler 1, Kabarettgruppe) Erfahrungen der Klasse bestätigen, dass von Lehrern angeregte Diskussionen über brisante Themen der Schüler verfestigte Meinungen lösen konnten, was jedoch aus Sicht der Schüler im Schulalltag viel zu selten vorkommt.

Die Unterrichtskritik über mangelnden Raum für Meinungsaustausch und Diskussion verbunden mit der Beobachtung der Ausgrenzung brisanter und damit für die Schüler besonders interessanter Themen ist den untersuchten Schülergruppen gemeinsam. Darüber hinaus können jedoch die Gymnasiasten ein alternatives Unterrichtskonzept entwerfen, wohingegen die Jugendlichen an der Sekundarschule F in ihrer Unterrichtskritik verharren.

Lehrerzwänge für den Sozialkundeunterricht

Vor allem Zeitmangel (*„immer mal nur eine Stunde"*) wird als Hauptgrund für das fatale Auslassen von Diskussionen über politisch aktuelle Sachverhalte deklariert. Hierbei haben fachliche Inhalte gemäß den Richtlinien oberste Priorität. Das Lehrerkollegium an der Sekundarschule F erkennt den pädagogischen Wert eines lebensnahen Unterrichts, in dem auf Schülerfragen eingegangen wird. Die Funktion, die einem solchen Unterricht zugewiesen wird, bleibt jedoch fraglich: *„Dann finde ich, kann man auch bei den Schülern ganz bestimmte Meinungen so manipulieren, dass sie ins Positive abgleiten"* (Lehrer 6). Ebenso wichtig für den Bildungsauftrag ist aus Sicht der Sekundarschullehrer ihre Nähe zu den Eltern der Schüler. Auch diese *„gute Zusammenarbeit"* wird jedoch eher im Kontext einer wirksamen Disziplinierungsstrategie gesehen, mit deren Hilfe in schwierigen Situationen Druck auf Schüler ausgeübt werden kann. Die Lehrer der Sekundarschule F, darauf deuten viele Stellen in der Gruppendiskussion hin, beschreiben ein Erziehungs- und Bildungsverständnis, das wesentlich von indoktrinären und lenkenden Strategien geprägt ist. Als Begründungen dieser Lehrerorientierungen an der Sekundarschule F können einerseits ein defizitäres, von den Schülern selbst mitgetragenes bzw. geduldetes Schülerverständnis und andererseits Ohnmachtsgefühle auf Seiten der Lehrer, gegen die außerschulische Sozialisationsübermacht von Familie, Medien und Peergroup wenig ausrichten zu können, beschrieben werden. Genannte Bedingungen der pädagogischen Orientierungen der Lehrer an der Sekundarschule F weisen auf einen frontal-autoritären, wenig lebensweltorientierten Sozialkundeunterricht hin.

Die vom Schulleiter der Sekundarschule F als sehr wichtig angesehene Artikulation der eigenen Meinung wird aus Sicht der Lehrer dieser Schule mit Hilfe von Diskussionsregeln eingeübt, auch hier dominiert wiederum ein auf formale Inhalte und Regellernen hin orientiertes Unterrichtsverständnis. Von Übung und Praxis des Diskutierens und Argumentierens ist bei den Lehrern nicht die Rede.

Die Lehrer am Gymnasium D sind sich mit Kollegen an der Sekundarschule F in ihrer Kritik an den organisatorischen Bedingungen des Sozialkundeunterrichts als Einstundenfach sowie an der behaupteten Enge der Rahmenrichtlinien für das Fach einig. Der Sozialkundelehrer am Gymnasium D fühlt sich durch vorgegebene Richtlinien ebenso wie seine Kollegin an der Sekundarschule F gezwungen, sich an den Unterrichtsstoff zu halten und jenen theoretisch zu vermitteln. Auch die Ohnmacht gegenüber außerschulischen Sozialisationsinstanzen teilen die Lehrer beider Schulen: *„ Wir kämpfen hier mit 45 Minuten und jetzt nehme ich sie mal hoch mit á 6 Stunden gegen den Rest der Woche. (...) und da kommen wir als Schule ganz schlecht ran. Wir möchten ja in den 45 Minuten auch noch Wissen vermitteln- Wir müssen, nicht wir möchten, wir müssen."* (Lehrer 1, Gymnasium D). Deutliche Unterschiede zwischen den beiden Lehrergruppen scheinen jedoch in den pädagogischen Orientierungen der Lehrer, d.h., in ihren Strategien der Wertevermittlung und Erziehung zu bestehen. Entgegen den Lehrern an der Sekundarschule F, die sich in ihrem traditionellen Bildungsverständnis sehr einig zu sein scheinen, entwerfen die Gymnasiallehrer am Gymnasium D verschiedene, zum Teil sogar gegensätzliche Konzepte von Unterricht. Während der Sozialkundelehrer die Vermittlung von Theoriewissen und formalen Inhalten als Grundlage für die selbstständige Meinungsbildung beschreibt, setzt eine andere Lehrerin in der Gruppe viel stärker auf Diskussions- und Gesprächsoffenheit in der Klasse und in der Interaktion zwischen Lehrern und einzelnen Schülern.

Der Sozialkundeunterricht an Schulen aus der Sicht der Schüler

Die durchgängige und vehemente Kritik der jugendlichen Diskutanten aus beiden Schulen an den Unterrichtsbedingungen im Fach Sozialkunde deutet auf einen ausgesprochen einseitigen, wenig schülerorientierten Unterricht im Fach hin.

Ein Blick auf die Einschätzungen der Jugendlichen zur Gestaltung ihres Sozialkundeunterrichts macht zunächst deutlich, dass die beiden näher untersuchten Schulen Sekundarschule F und Gymnasium D im Spektrum aller Schulen dieser Schulformen keine Ausnahmen darstellen. Und im Gegensatz zu anderen Themen markieren beide Schulen bei diesem Thema auch kaum Extremwerte i.S. von Spitzen- bzw. Schlusslichtpositionen. Die Schüler aller Schulen sind sich in der Bewertung des lehrerseitigen Einsatzes verschiedener Unterrichtsmethoden in dem Einstundenfach relativ einig: Die am häufigsten praktizierte Unterrichtsmethode im Fach ist demnach an allen Schulen der darbietende Sozialkundeunterricht, gefolgt von einem Meinungsäußerung fördernden Unterricht. Ähnlich oft und noch verhältnismäßig häufig praktiziert werden Diskussionsorientierung und Ausrichtung an Schülerinteressen, wohingegen kooperative Methoden bereits Seltenheitscharakter beanspruchen können und ein Lebensweltbezug des Sozialkundeunterrichts an Schulen in Sachsen-Anhalt von den Schülern als faktisch nicht vorhanden bewertet wird.

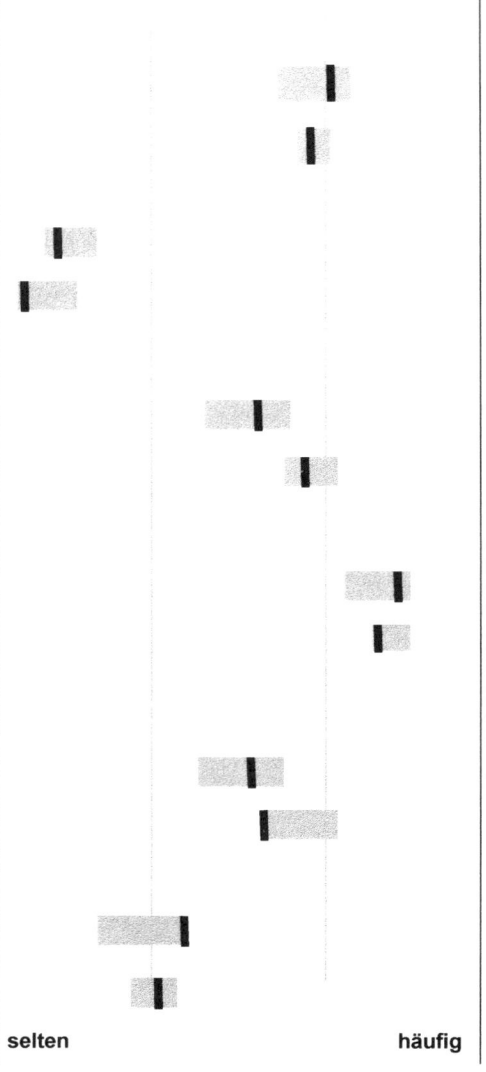

Meinungsäußerung fördernder
Sozialkundeunterricht

- Sekundarschulen und
  Sekundarschule F
- Gymnasien und Gymnasium D
  (nur 8. und 9. Jahrgangsstufe)

Lebensweltaufgreifender
Sozialkundeunterricht

- Sekundarschulen und
  Sekundarschule F
- Gymnasien und Gymnasium D
  (nur 8. und 9. Jahrgangsstufe)

Diskussionsorientierter
Sozialkundeunterricht

- Sekundarschulen und
  Sekundarschule F
- Gymnasien und Gymnasium D
  (nur 8. und 9. Jahrgangsstufe)

Darbietender Sozialkunde-
unterricht

- Sekundarschulen und
  Sekundarschule F
- Gymnasien und Gymnasium D
  (nur 8. und 9. Jahrgangsstufe)

Partizipativer,
abwechslungsreicher
Sozialkundeunterricht

- Sekundarschulen und
  Sekundarschule F
- Gymnasien und Gymnasium D
  (nur 8. und 9. Jahrgangsstufe)

Kooperation betonender
Sozialkundeunterricht

- Sekundarschulen und
  Sekundarschule F
- Gymnasien und Gymnasium D
  (nur 8. und 9. Jahrgangsstufe)

selten   **häufig**

Schaubild 5: Methodische Gestaltung des Sozialkundeunterrichts an der Sekundarschule F und am Gymnasium D im Kontext der Schulformminimal- und
maximalwerte (zu den Skalenkonstruktionen und ihrer deskriptiven
Beschreibung vgl. Kötters-König, Kap. 5 in diesem Band)

264

Diese Resultate deuten zum Ersten darauf hin, dass Sozialkundeunterricht an Schulen im Bundesland Sachsen-Anhalt ähnlich verläuft, womit die methodische Gestaltung und der Bezug zur Lebenswelt der Schüler im Fach vor dem Hintergrund seiner Rahmenbedingungen als allgemeine Strukturprobleme des Unterrichtsfachs beschrieben werden können. Die Tatsache, dass Sozialkunde in der Stundentafel sachsen-anhaltescher Schulen ein marginalisiertes und auf die Unterstützung durch andere Fächer angewiesenes Fach ist sowie die stetige Diskrepanz zwischen gelehrter Theorie der Demokratie und erlebter Politik scheinen den Sozialkundeunterricht zu einem Problemfeld der politischen Bildung an Schulen zu machen.

Interessant ist in diesem Zusammenhang, dass die Sekundarschüler an der Sekundarschule F ihren Sozialkundeunterricht in der Schülerbefragung im Durchschnitt besser bewerten als die Gymnasiasten am Gymnasium D. Einzig in der Diskussionsorientierung und in der Häufigkeit frontaler Unterrichtsführung schneidet der Sozialkundeunterricht am Gymnasium D besser ab. Dafür bietet sich folgende Erklärung an: Bei der Bewertung methodischer Aspekte des Fachunterrichts spielt, wie in der Analyse zum Sozialkundeunterricht deutlich geworden ist, der einzelne Lehrer eine zentrale Rolle. Die Kritik am Unterricht in einem einzelnen Fach kann vor dem Hintergrund eines Vergleichs mit dem Unterricht in anderen Fächern gemindert erscheinen, wenn der betreffende Fachlehrer sich seinen Kollegen gegenüber durch einen besonders schülerorientierten Unterricht abhebt und umgekehrt. Während nun die Sozialkundelehrerin an der Sekundarschule F in der Lehrergruppendiskussion durch besonders liberale Unterrichts- und Erziehungskonzeptionen hervorstach, machte ein Sozialkundelehrer am Gymnasium D in der Lehrergruppendiskussion dort durch eine starke Konzentration auf formale Unterrichtsinhalte und traditionelle pädagogische Vorstellungen auf sich aufmerksam. Dies könnte sich in den Antworten der Schüler in der Befragung widerspiegeln.

Die Bedeutung politischer Bildung an Schulen

Politische Bildung wird an der Sekundarschule F anders gedeutet als am Gymnasium D, das zeigen die Resultate der Gruppendiskussionen. Im starken Unterrichtsbezug der Äußerungen der Lehrer am Gymnasium D deutete sich an, dass die Vermittlung von Unterrichtsinhalten an der Schule wichtiger genommen wird als die Erziehung der Schüler. Auch die Lehrer der Sekundarschule F delegieren die Erziehung der Lernenden an die Eltern, gleichzeitig zeigt die Beschreibung von Disziplinierungsstrategien in der Gruppe, dass Werteerziehung an der Schule durchaus ein gemeinsames Thema der Lehrer ist. Wie wichtig sind an der Schule verschiedene Werte? Wir haben die Schüler in der Schülerbefragung gefragt, was sie aus ihrer Sicht an ihrer Schule lernen.

Die Beurteilungen der Jugendlichen an der Sekundarschule F und am Gymnasium D (vgl. Schaubild 6) zeigen, dass Werteerziehung an beiden Schulen ins pädagogische Programm gehört. Im Vergleich mit den anderen Sekundarschulen und Gymnasien geben die Schüler an der Sekundarschule F und am Gymnasium D deutlich häufiger an, die genannten Fähigkeiten an ihrer Schule zu erwerben.

Insgesamt sehen sich die Jugendlichen an den Schulen am meisten zu Selbstbestimmung und Selbstständigkeit erzogen, hoch im Kurs stehen nach wie vor aber auch Ordnung und Beharrlichkeit bei der Erfüllung von Aufgaben und Solidaritäts- und Anerkennungswerte. Weit abgeschlagen, von den Lernenden eher ablehnend bewertet, rangiert die Ausbildung eines politischen Bewusstseins. Die befragten Schüler fühlen sich an ihren Schulen insgesamt eher nicht zur Auseinandersetzung mit politischen, und wie die Gruppendiskussionen zeigten, insbesondere mit tagespolitischen Fragen aufgefordert.

Im direkten quantitativen Vergleich der beiden Schulen bescheinigen die Gymnasiasten am Gymnasium D ihrer Schule unter den Gymnasien die niedrigsten Ambitionen bei der Ausbildung ihres politischen Bewusstseins. Demgegenüber meinen die Sekundarschüler an der Sekundarschule F im Vergleich zu anderen Sekundarschülern am ehesten, ihre Schule sei an ihrer politischen Bildung interessiert.

Rufen wir uns demgegenüber die Äußerungen der Lehrer und Schüler der Sekundarschule ins Gedächtnis, so verwundert dieses Ergebnis etwas. Gerade die von den Schülern der Sekundarschule F geäußerten Probleme der Passung von politischen Inhalten des Sozialkundeunterrichts mit ihren Realerfahrungen sollten eher darauf hindeuten, dass gerade das politische Bewusstsein eher ein Schwachpunkt sein sollte. Wie kann dieser offenbare Widerspruch kommentiert werden? Aus den Gesprächen mit den Schülern und Lehrern wird deutlich, dass die Nahraumorientierung der Sekundarschule F auch die kommunalpolitischen Ereignisse berücksichtigt. Insofern kann eine hohe Sensibilität der Lehrer und Schüler für lokalpolitische Ereignisse angenommen werden, die in der Schule unter die Rubrik „Ich erwerbe die Fähigkeit politischen Bewusstseins an meiner Schule" fallen können.

Die offensichtliche Kritik oder distanziertere Beurteilung der von uns befragten Gymnasiasten, kann vor dem Hintergrund einer kritischeren und reflektierten Haltung gegenüber erwachsenendominierten Bildungsinhalten interpretiert werden.

Eine andere Erklärung böte der Grad der Explikation politikbezogener Erziehungsziele an den beiden Schulen. Während der Bezug zur Kommunalpolitik und die Betonung kommunalpolitischer Themen an der Sekundarschule F stets präsent zu sein scheint und auch als Erziehungsziel expliziert wird, bleiben politikbezogene Veranstaltungen wie bspw. Exkursionen nach Auschwitz oder der Einbezug der Schüler bei innerschulischen Entscheidungen am Gymnasium D immer thematisch oder organisatorisch vermittelt und werden von den Schülern auch eher als persönliche Erlebnisse denn als schulpädagogische Maßnahmen reflektiert. Sowohl der Schulleiter der Schule im Interview als auch eine Lehrerin in der Gruppendiskussion geben an, lieber ohne „*erhobenen pädagogischen Zeigefinger*" zu arbeiten. An der Sekundarschule F, darauf deuten die Resultate der Gruppendiskussionen hin, scheint dieser Zeigefinger hingegen den Schulalltag weitgehend zu dominieren.

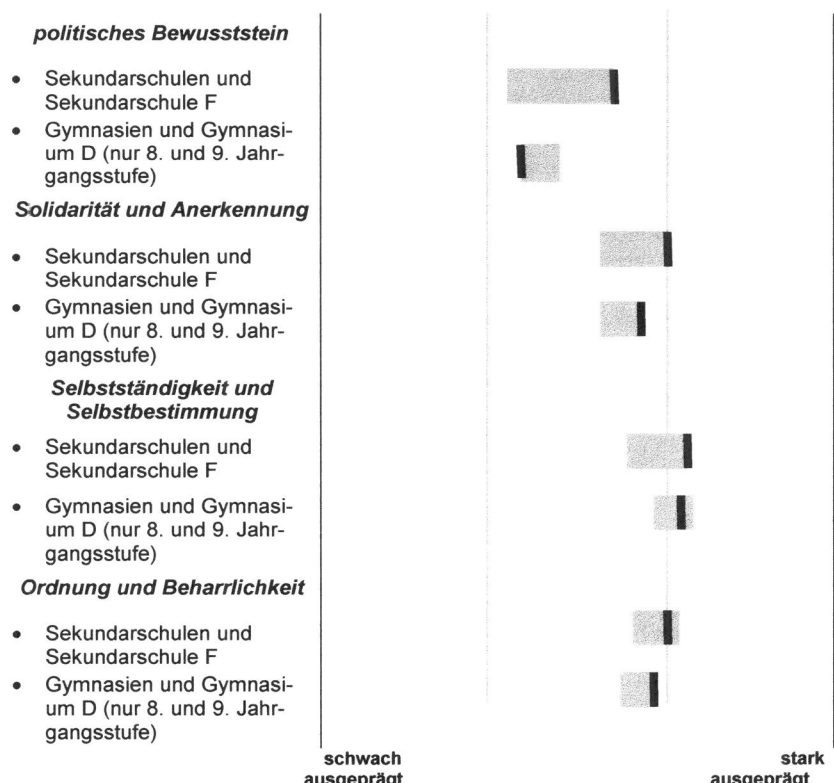

politisches Bewusstsein

- Sekundarschulen und Sekundarschule F
- Gymnasien und Gymnasium D (nur 8. und 9. Jahrgangsstufe)

Solidarität und Anerkennung

- Sekundarschulen und Sekundarschule F
- Gymnasien und Gymnasium D (nur 8. und 9. Jahrgangsstufe)

Selbstständigkeit und Selbstbestimmung

- Sekundarschulen und Sekundarschule F
- Gymnasien und Gymnasium D (nur 8. und 9. Jahrgangsstufe)

Ordnung und Beharrlichkeit

- Sekundarschulen und Sekundarschule F
- Gymnasien und Gymnasium D (nur 8. und 9. Jahrgangsstufe)

schwach ausgeprägt   **stark ausgeprägt**

Schaubild 6: Bedeutung verschiedener Inhalte bei der Werteerziehung in der Schule an der Sekundarschule F und am Gymnasium D im Kontext der Schulformmaximal- und –minimalwerte (Frage 55 zu 4 Faktoren verdichtet)

Bei der Beurteilung der Vermittlung von Werten wie Anerkennung und Solidarität haben die beiden Schulen ähnliche Werte; diese Erziehungsziele werden von den Schülern beider Schulen als bedeutsam bestimmt.

Noch bedeutender sind jedoch wie an allen Schulen Erziehungsziele wie Selbstständigkeit und Selbstbestimmung. Dabei sehen sich die Gymnasiasten am Gymnasium D etwas weniger zu diesen Werten erzogen. Ordnung und Beharrlichkeit werden sowohl an unserer befragten Sekundarschule als auch an dem Gymnasium D für wichtig erachtet; die Werte sind an beiden Schulen ähnlich.

Für Prozesse der unterrichtlichen politischen Bildung im Fach Sozialkunde legte die Analyse eine fatale Leerstelle offen, die sich bereits in den Differenzen der Erwartungen und Ansprüche an den Unterricht im Fach von Seiten der Lehrer und der Schüler angedeutet hatte. Zum ersten ist der Sozialkundeunterricht für die Schüler ein, wenn nicht der Ort, an dem Schule in Bezug zur außerschulischen Realität mit den im Unterricht vermittelten Lehrinhalten in Erklärungsnotstand gerät. Tagespolitische Ereignisse stellen aus Sicht der Schüler die im Sozialkundeunterricht vermittelten Theorien und Regeln infrage. Während die Jugendlichen die Bearbeitung dieser Diskrepanzen und damit die Vermittlung politischer Ereignisse als Anspruch an den Sozialkundeunterricht herantragen, werden diese Erwartungen von Seiten der Lehrer zumeist mit dem Verweis auf die Knappheit von Unterrichtszeit und Bindung an vorgeschriebene Unterrichtsinhalte zurückgewiesen. Dies spiegelt sich auch in der dargestellten Bewertung der Häufigkeit des Vorkommens eines lebensweltorientierten Sozialkundeunterrichts in unserer Schülerbefragung. Zum Zweiten und dies verschärft dieses Resultat, fühlen sich Schüler gerade mit den sie interessierenden politischen Themen aus dem Sozialkundeunterricht ausgegrenzt. Politische Bildung als explizites pädagogisches Programm von Unterricht und Schule scheint an Schulen in Sachsen-Anhalt, das zeigen auch die Resultate zur Bedeutung entsprechender Werte im Vergleich zu anderen Bildungs- und Erziehungszielen, noch nicht in ausreichendem Maße fokussiert zu werden.

9.3 Umgang mit Fremdheit an der Schule

Das Thema „Umgang mit Fremdheit" gehörte anders als Fragen der Schülerpartizipation oder Orte der politischen Bildung nicht von vornherein zu den Analyseschwerpunkten in der Interpretation der Gruppendiskussionen, sondern ergab sich als ein wesentliches Resultat unserer Untersuchung der Diskussionsauszüge, in denen Schüler und Lehrer über Prozesse der politischen Bildung an ihren Schulen diskutierten.

Dagegen waren Ausländerfeindlichkeit, rechte Jugendkulturen und der schulische Umgang mit diesen Orientierungen unter Jugendlichen bereits mehrfach Gegenstand unserer Analyse. Dabei zeigte sich einerseits, dass sich die Einzelschulen in der Belastung durch fremdenfeindliche Orientierungen und rechtsextreme Einstellungstendenzen deutlich unterscheiden. Auch im Bereich schulklimatischer Bedingungen und in der innerschulischen politi-

schen Streitkultur hoch und gering belasteter Schulen stellten wir weitrei-
chende Differenzen fest. Im Fallvergleich der Sekundarschule F und des
Gymnasium D anhand der Gruppendiskussionen mit Lehrergruppen an beiden Schulen wurde deutlich, dass die Thematisierung und Bearbeitung ausländerfeindlicher Positionen im Schulalltag wesentliche Voraussetzung für
die Entwicklung schulischer Handlungsmechanismen im Umgang mit unde-
mokratischen Schülereinstellungen ist. Darüber hinaus machte die Analyse
der Gruppendiskussionen deutlich, dass die Bedingungen der Möglichkeit
eines offensiven und konstruktiven Umgangs mit politischen Positionen von
Schülerinnen und Schülern im Schulalltag auf generelle Aspekte der Schulkultur einer Schule zurückzuführen sind.

Die Ergebnisse der qualitativen Teilstudie im Vergleich der beiden Schulen quer über die untersuchten Schwerpunkte politischer Bildung inner- und
außerhalb des Unterrichts, Schülerpartizipation und Ausländerfeindlichkeit
hinweg legen letztlich die Vermutung nahe, dass in den entwickelten und
tradierten Strategien im Umgang mit Fremdheit maximale Kontraste zwischen unseren beiden Fallschulen bestehen und dass diese Unterschiede auch
die zentrale Differenz in der Schulkultur der beiden untersuchten Schulen
markieren. In den in der Schule vorherrschenden Wahrnehmungen, Vorstellungen von und Umgangsstrategien mit Ausländern oder ausländischen Schülern, hinzugezogenen Fremden, rechter Jugendkultur oder Politik, so das
Ergebnis des Schulvergleichs, zeichnet sich das Gymnasium D durch Bemühungen zur Integration des Außen und die Sekundarschule F durch Angst
vor Fremdheit aus.

Offen geblieben sind bislang die Fragen nach der Gesamtheit der innerschulischen Fremdheitsattributionen im Umgang mit inner- und außerschulischer Komplexität und Heterogenität und solche nach der Widerspiegelung
dieser schulkulturellen Bedingungen in den politischen Orientierungen der
Jugendlichen. Diese Fragen sollen im letzten Abschnitt dieses Beitrags unter
dem Stichwort ,Strategien des Umgangs mit Fremdheit' an den beiden Schulen noch einmal aufgeworfen werden: zunächst geht es dabei darum, darzustellen, was in den Gruppendiskussionen von Schülern und Lehrern an den
beiden Schulen als Fremdes reflektiert wird und welches Konzept von
Fremdheit dieser Attribution zugrunde liegt. Daran anschließend wird noch
einmal unter Rückgriff auf die Ergebnisse der qualitativen Teilstudie der
Versuch unternommen, zusammenfassend generelle schulische Umgangsstrategien mit Fremdheit zu rekonstruieren und diese vergleichend gegenüberzu-
stellen. Der Vergleich der schulkulturellen Bedingungen der beiden Schulen
in den Aussagen von Schülern und Lehrern lässt Hypothesen im Bezug auf
die politischen und sozialen Orientierungen der Schülerinnen und Schüler zu,
die abschließend anhand der Daten der Schülerbefragung empirisch überprüft
werden sollen.

Was ist das Fremde?

In den von uns durchgeführten Gruppendiskussionen werden im Zusammenhang mit dem Thema politische Bildung Aspekte der Schulumwelt von Seiten der Lehrenden als in der Schule nicht vermittelbare oder als zu sanktionierende und von Seiten der Schüler als ausgeschlossene bzw. nicht zugelassene thematisiert. Diesen Themen und den ihnen attribuierten Eigenschaften wollen wir eingangs nachgehen. Dabei sind sowohl einzelschulübergreifende Differenzen in der Wahrnehmung von Lehrenden und Lernenden als auch Unterschiede zwischen den Schulen im Sinne von Schulkulturmerkmalen zu erwarten.

Die Lehrergruppen an den beiden in die qualitative Teilstudie einbezogenen Schulen reflektieren politische Bildung in der Schule als ein Unterfangen, das einerseits an einer zu hohen Komplexität politischer Institutionen und Ereignisse und andererseits an eklatanten Widersprüchen zwischen in der Schule zu vermittelnder Staats- und Demokratietheorie und der in der außerschulischen Lebenswelt der Jugendlichen, also in Familie, Medien und Peers beschriebenen politischen Realität krankt. Gemeinsam ist den beiden Lehrergruppen auch ihre eigene Konzeption von Politik, die einerseits zwischen der großen Politik auf Bundesebene und darüber hinaus zwischen der Schul- und Bildungspolitik des Landes Sachsen-Anhalt als kollektive Schreckensfigur und einer für die Schule anschlussfähigen Kommunalpolitik differenziert. Während die letzten beiden Bereiche von den Lehrerinnen und Lehrern an beiden Schulen mit den Figuren der, das Funktionieren von Schule störenden Bildungspolitik des Landes und der in der Schule vermittel- und über gewählte Vertreter sogar integrier- und repräsentierbaren Kommunalpolitik ähnlich bewertet werden, bestehen Unterschiede zwischen den beiden Gruppen in der Zuschreibung von Fremdheit an die große Politik. Die Lehrenden an der Sekundarschule F reflektieren tagespolitische Ereignisse als gesellschaftliche Konfliktthemen: *„Na man hat ja auch vieles Hintergrundwissen gar nicht, um darauf (Anfragen der Schüler zu tagespolitischen Ereignissen, d. V.) reagieren zu können."* (Lehrer 6, Sekundarschule F). Sie sehen im Eingeständnis von Unwissen ihre Autorität als Lehrer gefährdet und begreifen deshalb konkrete politische Konfliktthemen und Ereignisse als in der Schule nicht angemessen behandelbar. Dagegen sorgen sich die Lehrerinnen und Lehrer am Gymnasium D in ihrer Diskussion um die mangelnde politische Informationsbereitschaft ihrer Schülerschaft und beklagen Zeitprobleme im Unterricht, die intensive Diskussionen zu aktuellen politischen Ereignissen erschweren, was letztlich darauf hindeutet, dass sie die Bearbeitung und Vermittlung politischer Konfliktthemen als Aufgabe der Schule und nicht als unerfüllbare Erwartung von Seiten der Jugendlichen begreifen: *„Also ich denke, wir haben ein ganz schönes Brot, ein breites Interesse an politischen Themen in Bezug auf das Zur-Kenntnis-Nehmen von aktuellem Geschehen (...) ich denke, das ist nicht allzu ausgeprägt. Wenn wir es nicht anregen,*

270

werden es nur ganz wenige sein, die das zum Bedürfnis entwickeln." (Lehrer 2, Gymnasium D).

Das Thema ‚große Politik' kann stellvertretend für die Wahrnehmung und Bearbeitung anderer Themen in den beiden Lehrergruppen und darüber hinaus an den Schulen stehen. An der Sekundarschule F werden Ausländer als Auslöser bedrohlicher Konflikte in der Schülerschaft, Zugezogene im dörflichen Raum als Gefahr für die soziale Ordnung im Ort und Heterogenität, Anonymität und Unüberschaubarkeit in Städten und großen Schulen als Entstehungsherde von Kriminalität und Werteverlust wahrgenommen. Als zentrale Reaktion auf die Zuschreibung von Fremdheit dominiert in diesem Lehrerkollegium die Angst vor Bedrohung des Gewohnten und Bekannten. Die Ablehnung und Ausgrenzung von Konflikten führt, wie die Auswertungen zum Umgang mit Ausländerfeindlichkeit unter Jugendlichen an der Schule gezeigt haben, letztlich zur systematischen Nichtthematisierung bestehender Probleme.

Dies ist anders am Gymnasium D. Erstens gehen die Lehrerinnen und Lehrer in ihrer Diskussion mit der Zuschreibung von Fremdheit wesentlich sparsamer um als ihre Kollegen an der Sekundarschule, Zweitens zeigen sie sich im Bezug auf das als Fremd attribuierte wesentlich konfliktbereiter als diese. Die Lehrer am Gymnasium D verhalten sich nicht nur bei der Auseinandersetzung mit ausländerfeindlichen und rechten Orientierungen in der Schülerschaft offensiv konfliktbearbeitend, sondern auch in der Einbindung von Experten aus Wissenschaft, Politik und Kultur, die bis hin zur Inszenierung und Veranstaltung von Konflikten z.B. auf öffentlichen Schulveranstaltungen oder durch Exkursionen zu Gedenkstätten von Konzentrationslagern geht, und letztlich vor allem auch im Umgang mit Ausländern. Einem *„Bei uns im Ort (...) ist kein ausländischer Schüler dabei. Ja? Da treten schon bestimmte Probleme von vornherein gar nicht auf, ja?"* (Lehrer 1) des Schulleiters der Sekundarschule F steht das *„.... da waren wir in einer Klasse fünf Kulturen vereint. Da gab's überhaupt kein Problem. Gar nicht. Ja, die haben sich miteinander verstanden, das war selbstverständlich (...) von Anfang an."* (Lehrer 1) eines Sozialkundelehrers am Gymnasium D gegenüber. Dieser Kontrast, der auf große Unterschiede in den persönlichen Erfahrungswelten der Lehrer an beiden Schulen zurückgeht, belegt deutliche Differenzen in der Vorstellung und Wahrnehmung von Fremden sowie in der begrifflichen Konzeption von Fremdheit.

Die Aussagen der Jugendlichen in den Schülergruppendiskussionen an beiden Schulen spiegeln überdeutlich diese schulkulturellen Bedingungen wider. Während beide Schülergruppen am Gymnasium D schlicht gar keine Zuschreibung von Fremdheit vornehmen, der Umgang mit Ausländern durch persönliche Erfahrungen also ebenso normal geworden ist, wie rechte jugendkulturelle Orientierungen im eigenen Umfeld, wiederholen sich in den Gruppendiskussionen mit Schülerinnen und Schülern an der Sekundarschule F sowohl die Zuschreibungen von Fremdheit an Politik, an Ausländer und an die Stadt als Ort der Überkomplexität als auch die negative Deutung von Fremdheit im Sinne von Gefahr und Bedrohung. Politik, von der Kommune bis hin zur Internationalen Politik, das wird an mehreren Debatten über zum Erhebungszeitpunkt im Winter 2000 aktuelle politische Ereignisse sehr deutlich, erscheint den Jugendlichen undurchschaubar und willkürlich. Am Beispiel von Schulschließungen und zu hohen Benzinpreisen erklären die Schülerinnen und Schüler der Sekundarschule F in den Diskussionen ihr Misstrauen und ihre Angst vor dem politischen Geschehen. Passagen, wie die folgende zum Thema 'Kommunalwahl ab 16': *„Schüler 1: Na, da müssten sie aber auch im Unterricht mal drauf eingehen. Schüler 3: Ja. Interviewer: Worauf? Schüler 4: Na auf Wahlen, wie das alles läuft und alles. Dass wir wissen, was wir auch wählen. Schüler 1: Na, da müssten wir uns praktisch jetzt in Schulen drüber vorbereiten, wenn das denn kommen sollte."* zeigen, welche Erwartungen die Jugendlichen an die Schule richten: Schule soll Politik begreifbar, handhabbar machen und die Befremdung der Schüler gegenüber politischen Strukturen und Ereignissen abbauen.

Für die Schülerinnen und Schüler an der Sekundarschule F, die ebenso wie ihre Lehrer erst auf die direkte Frage des Interviewers hin ausländerfeindliche Einstellungen zum Thema machen, haben trotz der beschriebenen persönlichen Distanz zu Politik ihre eigenen politischen Positionen eine deutlich größere Bedeutung als für ihre Altersgenossen am Gymnasium D. Ihre Diskussionen zum Thema beschreiben einerseits die Normalität ethnozentrischer Einstellungen in der Schülerschaft, andererseits sehen sich die Schüler in der Begründungspflicht für die dargelegten ausländerfeindlichen Positionen. In der anschließenden Diskussion wird in beiden untersuchten Schülergruppen an der Schule die breite Palette gesellschaftlich verbreiteter Vorurteile gegenüber Ausländern in Form bekannter Parolen auf den Tisch gebracht und mit selbst erlebten oder über Dritte zugänglich gemachten Schauergeschichten untermalt. Es dominieren auf der einen Seite Sozialneidklischees und Vorurteile über abweichendes Verhalten von Ausländern, auf der anderen Seite wird deutlich, dass die Jugendlichen mit dem Zuzug von Ausländern die Gefährdung sozialer Strukturen im Nahraum verbinden. Für sie gilt die dörfliche Gemeinschaft, die in den Gruppendiskussionen immer wieder von Städten und Regionen mit hohem Ausländeranteil abgegrenzt werden, als sozialer Nahraum, in dem soziale Kontrolle und Vertrautheit das Zusammenleben regeln und ordnen. Ausländer werden, genauso wie in der Diskussion mit den Lehrerinnen und Lehrern an der Schule, als Bedrohung für ebendieses Zusammenleben und die es ordnenden Regeln aufgefasst: *„Na und das Glück, na ja Glück eigentlich nicht, ist, dass so andere Hautfarben, so andere Typen haben wir bei uns nicht. Ich meine, wenn das nicht wäre, wäre es (Gewalt an der Schule, d. V.) vielleicht och anders."* (Schüler 2, unspezifische Schülergruppe).

*Integration, Mut zu Vielfalt und Weltoffenheit versus Ausgrenzung, Homoge-
nisierung und Isolation*

Wie bearbeiten diese beiden Schulen mit ihren von gegensätzlichen Außen-
weltkonstruktionen und Vorstellungen von Fremdheit geprägten Schulkultu-
ren nun die Komplexität der Umwelt, wie stark öffnen sich die Schulen für
ihre Umwelt?

Die Schulkultur der Sekundarschule F ist, das zeigen die Ergebnisse der
Gruppendiskussionen (vgl. Schmidt, Kapitel 8 in diesem Band) durch eine
starke Nahraumorientierung, durch die Bagatellisierung von Problemen und
die Vermeidung von Konflikten gekennzeichnet. Die enge und ausschließli-
che Orientierung an der Gemeinde und der Region wird in der Schule als
Legitimation für die Ablehnung und Ausgrenzung des Fremden benutzt.
Inwieweit Politik an der Schule zum Thema wird, kann aufgrund der widersprüchlichen Aussagenlage nicht eindeutig bestimmt werden. Die Ziele der
Integration der Jugendlichen in die Prozesse der Kommunalpolitik, die der
Schulleiter in dem zu Beginn unserer Zusammenarbeit mit den Schulen ge-
führten Experteninterview erklärt, erscheinen angesichts unserer Ergebnisse
zu den dargestellten Bedingungen der Schülerpartizipation an der Schule nur
schlecht erreichbar. Auch die Kritik der Schüler an den Bedingungen des
Sozialkundeunterrichts und an der weitreichenden Nichtbeachtung von Schülerinteressen gerade im Bezug auf politische Ereignisse deutet darauf hin,
dass über die Schule und ihren Nahraum hinausgehende politische Ereignisse
in der Schule nicht thematisiert werden: *„... wenn man Fragen stellt, werden
sie nicht beantwortet."* (S2, unspezifische Schülergruppe) *„Die Lehrer fragen zwar nach der Meinung, aber wir glauben, dass die unsere Meinung
nicht so richtig interessiert."* (Schüler 1, unspezifische Schülergruppe).

Diese Kritik an der Behandlung aktueller tagespolitischer Themen teilen
die befragten Sekundarschüler aus F mit den Gymnasiasten aus D. Auch die
Jugendlichen am Gymnasium D beklagen den geringen Einbezug ihrer Interessen und Fragen Politik betreffend im Sozialkundeunterricht und darüber
hinaus. Doch die unzureichenden Mitbestimmungsmöglichkeiten von Schülern bei der Unterrichtsgestaltung an beiden untersuchten Schulen war bereits
mehrfach Gegenstand unserer Analyse.

Der Modus des Ausblendens und Ausgrenzens im Umgang mit Fremdheit ist für die Sekundarschule F bestimmend. Diese Vermeidungsstrategien
werden im Umgang mit Ausländern ebenso angewandt wie in der (Nicht-)
Beobachtung von Ausländerfeindlichkeit und antidemokratischen Einstellungen.

Das Schülerbild der Lehrerinnen und Lehrer an der Sekundarschule F ist
ein defizitäres. Die beschriebenen traditionellen pädagogischen Orientierungen der Lehrer lassen genau ebenso wie das im ersten Abschnitt dieses Beitrags beschriebene sehr enge Rollenverständnis von Gremienvertretern vermuten, dass die Jugendlichen an der Schule mit ihren Bedürfnissen nicht als

Interessengruppe ernst genommen, sondern im Gegenteil der Abweichung von der schulischen Norm verdächtigt werden. Von den Schülern wird dies folgendermaßen umschrieben: *„Wenn wir mal unsere Meinung sagen, unterbreiten sie (die Lehrer. d. V.) gleich ihre Meinung und sagen uns, dass unsere Meinung falsch ist, aber das können wir ja noch nicht wissen, wir wissen ja noch nicht so viel über Politik."* (Schüler 4, unspezifische Schülergruppe). In dieser Aussage wird deutlich, dass den Schülerinnen und Schülern sachliche Kontroversen um politische Themen und Konflikte nicht vertraut sind und ihnen - in ihrer eigenen Wahrnehmung - eigene Kompetenz in der Entwicklung politischer Orientierungen ebenso abgesprochen wird wie die Fähigkeit zur Verantwortungsübernahme innerhalb schulischer Entscheidungsprozesse. Die Passage zeigt auch, wie scheinbar bedingungslos sich Jugendliche der Lehrerautorität in diesen traditionellen Rollenverständnissen unterwerfen und persönliche Entwicklungsdefizite einräumen.

Heterogenität in der Schülerschaft wird an der Schule mit Hilfe matriarchaler Herrschaftsstrukturen im Spannungsfeld von Nähe und Zuneigung auf der einen und strenger Reglementierung durch direkten persönlichen Zugriff sowie durch den Einbezug der Eltern als Sanktionsmittel auf der anderen Seite begrenzt. Über die persönliche Beziehung zu den Eltern schaffen Lehrende an der Sekundarschule F eine Autoritätsallianz, die Schule als Raum der Peer-Kommunikation und als Erprobungsfeld von Selbstbestimmtheit und Selbstständigkeit infrage stellt. Politische Orientierungen von Jugendlichen sind deshalb Thema der Peerkommunikation, in der die Vielfalt an Inhalten und Positionen aus Sicht der Schüler gering ist. Eine Schule, die ihren Schülern mit ihrem engen Gemeindebezug und ihren statischen Rollen- und Wertvorstellungen ein schützender und reglementierender Nahraum ist, bleibt für die Jugendlichen so ein kognitives Gefängnis, das ihnen ein Tor zur Welt verschlossen hält.

Dass das Gymnasium D dagegen für seine Schülerschaft Brücken in eben jene Welt baut, ist in der qualitativen Teilstudie sehr deutlich geworden. Regelmäßige Schüleraustausche und Kooperationsbeziehungen mit Schulen in über 10 Ländern, Exkursionen, Schulveranstaltungen und eine Vielzahl von Freizeit- und zusätzlichen Bildungsangeboten unter hervorragenden materiellen Bedingungen machen die Schule zu einer Ausnahmeschule, die trotz ihrer Größe mit den Gespenstern der anonymen, unpersönlichen und regellosen Stadtschule, die die Lehrer in der Gruppendiskussion an der Sekundarschule F beschreiben, wenig gemein hat. Die wesentlichen Differenzen zwischen den schulkulturellen Bedingungen an beiden Schulen liegen erstens in der Offenheit für Neues und Anderes und damit im Innovations- und Anpassungspotential der Schulen an neue Entwicklungen und zweitens im Gegensatz von Lust an Differenz bzw. Heterogenität und Furcht vor Abweichung und Veränderung. Wesentliche Ursachen der Probleme der Sekundarschule F, die komplexen Bedingungen von Politik und Gesellschaft im Kontext traditioneller Rollenverständnisse und Wertvorstellungen in der

Schule zuzulassen und zu bearbeiten, liegen einerseits in einem Mangel an Strategien der Konfliktbearbeitung und der kollektiven Angst vor Bedrohung durch Fremdes andererseits.

Schulkultur und die Orientierungen der Schülerinnen und Schüler

Dass sich die schulkulturellen Bedingungen der Zuschreibung von Fremdheit und des Umgangs mit der Schulumwelt auch in den Äußerungen der Schülerinnen und Schüler zu ihrer Schule bis hin zu deren kollektiven Orientierungen widerspiegeln, kann als gesichert angenommen werden. Und auch dass deutliche Differenzen im Vorkommen ausländerfeindlicher und gewaltaffiner Orientierungen in den beiden Schülerschaften bestehen, haben wir an anderer Stelle bereits gezeigt. Im nachfolgenden Schaubild sind diese Resultate der Schülerbefragung noch einmal dargestellt.

Fast die Hälfte der Schülerinnen und Schüler an der Sekundarschule F weist stark ausländerfeindliche Orientierungen auf.

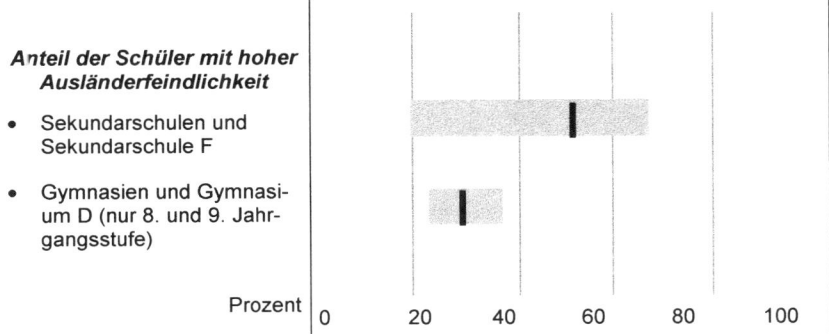

Schaubild 7: Anteil stark ausländerfeindlicher Jugendlicher an den beiden Schulen im Kontext der Schulformminimal- und -maximalwerte

Unter den von uns untersuchten Sekundarschulen ist die Schule damit die Institution mit der dritthöchsten Verbreitung ausländerfeindlicher Einstellungen in der Schülerschaft. Am Gymnasium D zeigt demgegenüber „nur" knapp jeder dritte Schüler eine ablehnende Haltung gegenüber Ausländern. Unter den untersuchten Gymnasien, die generell eine geringere Ausländerfeindlichkeit aufweisen als die Sekundarschulen, weist die Schule damit jedoch sogar die zweithöchste Verbreitung ethnozentrischer Positionen auf. Die Differenz zwischen den beiden von uns genauer betrachteten Schulen verschärft sich, wenn man die Schüler einbezieht, die außerdem eine hohe Gewaltaffinität zeigen. Beide Phänomene zusammengenommen werden in der sozialwissenschaftlichen Forschung häufig als Tendenz zu rechtsextremistischen Einstellungen gedeutet. Während an der Sekundarschule F fast jeder fünfte Jugendliche stark gewaltaffine Einstellungen zeigt, ist dies am Gymnasium D nur jeder Zehnte. Damit erscheint das hohe Ausmaß ausländerfeindlicher Einstellungen in der Schülerschaft der Sekundarschule F in einem deutlich brisanteren Licht als die, gemessen an anderen untersuchten Gymnasien, relativ hohe Ausländerfeindlichkeit am Gymnasium D. In unserer Schülerbefragung haben wir auch individuelle Strategien der Jugendlichen im Umgang mit Anderen und Fremdheit, nämlich Angst vor Fremdheit und Abgrenzung gegen Andere, erfragt. In der Analyse dieser Orientierungen im Vergleich der Schülerschaften der beiden Schulen bestätigen sich die auf der Basis des bisher Gesagten erarbeiteten Hypothesen, wonach der Erfahrungsvorsprung der Gymnasiasten am Gymnasium D bei diesen Jugendlichen zu einem Abbau von Ängsten und Abgrenzungen gegenüber Fremden führt. Interessant ist in diesem Zusammenhang vor allem die große Differenz zwischen den Schülerschaften in der Äußerung von Angst vor Fremdheit auf Aussagen wie „Neue und ungewohnte Situationen sind mir unangenehm" oder „Ich wünsche mir ein möglichst ruhiges Leben". Dabei wird ein gewisses Maß an Vorbehalten gegenüber Neuem und Fremden von allen Schülerschaften beschrieben. Die Gymnasiasten des Gymnasiums D schilderten in der Befragung keine über dieses Minimum hinausgehenden Ängste, die Sekundarschüler in F weisen demgegenüber einen, wenngleich nicht den höchsten unter den Sekundarschulen, doch deutlich höheren Wert auf. Deutlich geringer sind die Differenzen zwischen den beiden Schulen in der negativen Abgrenzung gegenüber Anderen, die Standpunkte wie „Wer nicht für mich ist, ist gegen mich" oder „Ich gehe Menschen, die anders sind aus dem Weg" umfasst. Keine Unterschiede zwischen den Schülerschaften beider Schulen finden sich wider Erwarten in der Offenheit gegenüber Fremdem in der Auseinandersetzung mit fremden Menschen und neuen Ideen. Die schulkulturellen Bedingungen des Umgangs mit Fremden scheinen also nicht in den generellen Wahrnehmungs- und Umgangsformen mit Fremd- und Neuheit der Schüler wirksam zu werden, sondern vor allem in der möglichen Bearbeitung von Unsicherheiten und Ängsten der Jugendlichen durch das Erfahrbarmachen von Welt. Der Abbau von Angstgefühlen gegenüber Fremdem und Neuem gelingt dem außenorientierten Gymnasium D in der schulischen Bearbeitung von gesellschaftlichen und politischen Konflikten anscheinend deutlich besser als den Schülerinnen und Schülern an der Sekundarschule F.

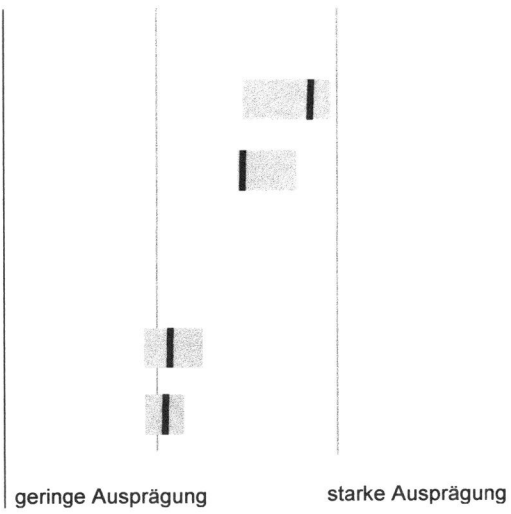

**Mittelwert der Schüler für
Angst vor Fremdheit**

- Sekundarschulen und
  Sekundarschule F

- Gymnasien und Gymnasi-
  um D (nur 8. und 9. Jahrgangsstufe)

**Mittelwert der Schüler für
Abgrenzung gegen Andere**

- Sekundarschulen und
  Sekundarschule F

- Gymnasien und Gymnasi-
  um D (nur 8. und 9. Jahrgangsstufe)

geringe Ausprägung   starke Ausprägung

Schaubild 8: Mittelwert individueller Strategien des Umgangs mit Fremdheit für die
Schülerschaften an den beiden Schulen im Kontext der Schulformmini-
mal- und -maximalwerte

Der Vergleich der Werte beider Schulen mit den übrigen Schulen der je gleichen Schulform in den Bereichen Angst vor Fremdheit und Abgrenzung
gegen Andere machen deutlich, dass die Schülerinnen und Schüler an der
Sekundarschule F mit ihren Einstellungen nicht allein sind und auch bei wei-
tem keine Extremposition markieren. Der Umgang mit Fremdheit in Form
von Abgrenzung und Wahrnehmung als Bedrohung scheint unter Heranwachsenden über die Sekundarschule F hinaus verbreitet zu sein.

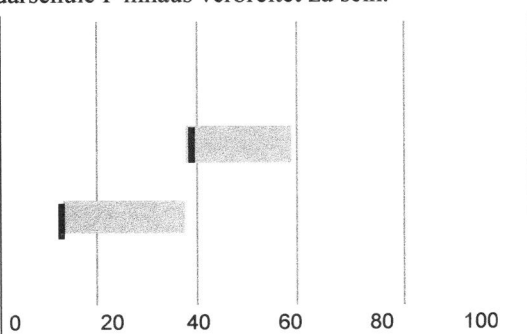

**Anteil der Schüler mit
hoher gesellschaftlicher
Orientierungsunsicherheit**

- Sekundarschulen und
  Sekundarschule F

- Gymnasien und Gymna-
  sium D (nur 8. und 9.
  Jahrgangsstufe)

0   20   40   60   80   100

Schaubild 9: Anteil Jugendlicher mit hoher gesellschaftlicher Orientierungsunsicherheit an den beiden Schulen im Kontext der Schulformminimal- und -
maximalwerte

Vorstellungen, wie „früher waren die Leute besser dran", „heute ändert sich alles so schnell, dass man nicht weiß, woran man sich halten soll", sind, so wird angenommen, Ausdruck gesellschaftsbezogener Unsicherheit und Orientierungslosigkeit (vgl. Hoffmann-Lange 1995). Permanente Wandlungsprozesse in der Gesellschaft und die zunehmende Kontingentsetzung von Lebensformen, Werten und biographischen Verläufen verunsichern Jugendliche vor allem dann, wenn sie sich von den gesellschaftlichen Bedingungen abhängig und sich aktuellen Entwicklungen schutzlos ausgeliefert fühlen. Schaubild 9 zeigt, dass es offensichtlich beiden Schulen im Rahmen der Spezifika ihrer Schulformen gelingt, diese Unsicherheit gesellschaftlichen Bedingungen gegenüber deutlich geringer zu halten als anderen Schulen. Mit Blick auf die Ergebnisse zu den schulkulturellen Bedingungen an den beiden Schulen kann vermutet werden, dass dazu unterschiedliche Strategien verwandt werden. Die Sekundarschule F, ist anzunehmen, wird für ihre Schüler auf Zeit zu einem den sozialen Nahraum der Jugendlichen einschließenden Hort, in dem die externen Bedingungen permanenten Wandels nur eingeschränkt gelten. Die Schule schützt in diesem Sinne ihre Schüler vor der Komplexität und Heterogenität der ausgegrenzten Gesellschaft. Am Gymnasium D wird demgegenüber im Schulalltag und im Schulleben selbst auf wachsende Komplexität und Vielfalt gesetzt und durch das Offenhalten von Wahlmöglichkeiten und für Ideen erfahrbar gemacht.

Daran, dass die Entwicklung von Strategien des Umgangs mit Andersheit eine Aufgabe der schulischen politischen Bildung sein muss, kann angesichts der dargestellten Ergebnisse kein Zweifel bestehen. Schulkulturelle Bedingungen an Schulen wirken, so die Hypothese, die diese Analyse nahe legt, auch auf die politischen und sozialen Orientierungen der Schülerinnen und Schüler zurück. Fremdheitskonzeptionen im Schulalltag, die letztlich, wie unsere Analyse gezeigt hat, den Einbezug sozialer Komplexität in der Schule mit konstituieren, markieren die Erfahrungshorizonte von Jugendlichen. So kann Schule Welt für ihre Schüler erfahrbar machen oder aber auch verschließen.

9.4 Ausblick

In diesem Beitrag ging es unter Rückgriff auf Text- und Datenmaterial aller durchgeführten Untersuchungsteile darum, wie Prozesse der politischen Bildung an Sekundarschulen und Gymnasien in Sachsen-Anhalt gehandhabt und wahrgenommen werden und welche schulischen Bedingungen zu einer erfolgreichen politischen Sozialisation von Jugendlichen beitragen können.

Abschließend wollen wir erstens unsere Ergebnisse noch einmal zusammenfassen und Eckpfeiler einer erfolgreichen politischen Bildung an Schulen skizzieren sowie Fragen für weiterführende Untersuchungen zum Thema offen legen. Zweitens sollen mit Blick auf das Untersuchungsdesign künftiger Studien zum Thema noch einmal die Erträge und Grenzen der hier angewandten methodischen Zugänge und Verfahren diskutiert werden.

Als Hauptinstrument der politischen Bildung an Schulen in Sachsen-Anhalt gilt den im Rahmen dieser Untersuchung befragten Schülern und Lehrern mit dem Sozialkundeunterricht ein in der Stundentafel marginalisiertes Unterrichtsfach, dem im Schulalltag, wie wir aus Erfahrungsberichten von Lehrerinnen und Lehrern und aus den Schülergruppendiskussionen wissen, oft eine eher geringe Bedeutung beigemessen wird. Sozialkundeunterricht, so das Resultat unserer Analyse, hat dabei mit einigen allgemeinen Strukturproblemen zu kämpfen. Für die Schüler ist das Fach Hoffnungsträger und Frustration zugleich, wenn sie einerseits an den Unterricht die Erwartung herantragen, ihre persönlichen Interessen im Einbezug von tagespolitischen Ereignissen und gesellschaftlichen Konfliktfeldern zu berücksichtigen, wo doch andererseits im schlechten Fall gerade diesem Unterricht Wissensbestände entstammen, die in der Konfrontation mit der politischen Realität zumindest fraglich erscheinen müssen. Die Schülererwartungen an den Fachunterricht in Sozialkunde werden, wie die Ergebnisse zeigen, in den meisten Fällen nicht erfüllt. Ähnliches gilt für die Lehrer, die sich vor dem Hintergrund schlechter organisatorischer Rahmenbedingungen ihres Faches in Sachsen-Anhalt (Einstundenfach, Mangel an ausgebildeten Sozialkundelehrern, veraltete Lehrmaterialien) in einem Korsett aus Rahmenrichtlinien für Sozialkunde gefangen sehen. Die Rahmenrichtlinien selbst lassen jedoch den Lehrenden im Fach bei genauerem Hinsehen durch die Vorgabe von zu behandelnden Lernfeldern und im Offenlassen der konkreten Unterrichtsthemen für diese Felder unglaublich viele Freiheiten. Die von den Schülern beschriebenen Diskrepanzen zwischen Demokratie und erlebter Politik bemerken die Lehrenden ebenfalls. Ob jedoch diese Widersprüche von Sozialkundelehrerinnen und -lehrern hierzulande konstruktiv für den Unterricht im Fach genutzt werden können oder ob sie nicht vielmehr ausgeblendet bleiben, hängt letztlich sicherlich vor allem vom einzelnen Lehrer ab. In den Gruppendiskussionen mit Lehrenden fanden sich Belege für beide Vorgehensweisen, die Aussagen der Schüler in ihren Diskussionen machten jedoch deutlich, dass gerade in diesem Bereich viel zu tun bleibt.

Dabei kann der Mangel an Thematisierung, Vermittlung und Erläuterung politischer Ereignisse und Strukturen nicht allein den Unterricht in einem randständigen Unterrichtsfach wie Sozialkunde betreffen, sondern ist vermutlich auf Unterricht und Schulleben im Allgemeinen zu beziehen. Die Schülerwertungen zu schulischen Bildungszielen haben deutlich gemacht, dass politische Bildung an Schulen in Sachsen-Anhalt gegenwärtig noch ein Stiefkind ist. Damit sich dies ändert, muss einerseits Schule selbst im Unterricht, im schulischen Freizeitleben und den verschiedenen Bereichen schulischer Entscheidungsfindung demokratische Strukturen installieren, die das Außen der Schule kritisch-reflektierend und konfliktbearbeitend einbeziehen. Andererseits muss Bildungspolitik im Land Sachsen-Anhalt dieser komplexen Aufgabe von Schule die notwendigen organisatorischen Rahmenbedingungen zu einer Stärkung von Prozessen der schulischen politischen Bildung bereitstellen. Dazu gehört neben der Intensivierung der Lehrerbildung in diesem Bereich auch die Stärkung politikbezogener Unterrichtsinhalte in Lehrplänen sowie die Schaffung von Freiräumen für die Behandlung politischer Themen im Schulalltag.

Dass sich die skizzierten Bemühungen um die Intensivierung der politischen Bildung an Schulen vor allem auf die Sekundarschulen konzentrieren müssen, kann als ein wesentliches Ergebnis unserer Analysen gewertet werden. Auch in diesem abschließenden Teil der Studie sind, wie schon bei unseren Untersuchungen zu den Themen Ausländerfeindlichkeit an Schulen, Partizipation, Sozialkundeunterricht und zum Freizeitbereich, wiederum frappierende Unterschiede zwischen den Bildungschancen von Gymnasiasten und Sekundarschülern im Bereich der politischen Bildung zutage getreten. Will man neuere Debatten um die Reproduktion sozialer Ungleichheit im Bildungssystem, wie sie von den Ergebnissen der PISA-Studie ausging, ernstnehmen und gerade im Bereich der politischen Sozialisation nicht die Entstehung einer großen Randgruppe von politisch desinteressierten jungen Menschen in Kauf nehmen, die sich zur politischen Beteiligung nicht in der Lage fühlen und politische Zusammenhänge nicht verstehen, dann ist es an der Zeit, Einzelschulen und eben besonders Sekundarschulen bei der Ausbildung einer demokratischen, weltoffenen und partizipativen Schulkultur zu unterstützen. Denn dass die Einzelschule mit ihren schulspezifischen Formen von Schülermitbeteiligung, Umgang mit politischen Inhalten und Öffnung der Schule der entscheidende Faktor bei der politischen Bildung ist, ist eine weitere bedeutende Erkenntnis unserer Untersuchung.

Vor blindem Aktionismus bleibt allerdings zu warnen. Vielmehr sollte gezielten bildungs- und einzelschulpolitischen Maßnahmen die genaue Analyse von schulischen Prozessen der politischen Bildung vorangehen. Zu fragen bleibt beispielsweise danach, inwiefern die Ergebnisse unserer Untersuchung Spezifika der politischen Bildung im Bundesland Sachsen-Anhalt oder der neuen Bundesländer abbilden und wie demgegenüber die in der praktizierten Form viel traditionsreicheren Prozesse der politischen Bildung an Schulen in den alten Bundesländern gestaltet werden.

IV. Bildungspolitische und fachdidaktische Perspektiven

Sibylle Reinhardt

10. Schulische Anerkennung und demokratisches Lernen

Die Ergebnisse der Sachsen-Anhalt-Studie zeigen, wie schwierig es für die junge Generation (und vermutlich nicht nur für diese) ist, eine Vorstellung von Demokratie zu erwerben, die sie zur Teilnahme an diesem System befähigt. Zugleich zeigen die Daten so große Unterschiede zwischen einzelnen Schulen, einzelnen Klassen und unterschiedlichen Unterrichtsarrangements in ihrer Wirksamkeit für Demokratie-Lernen, dass didaktische Konsequenzen gezogen werden können. Diese Empfehlungen sind nicht in einem hypothesen-prüfenden Sinne bewiesen worden, aber sie können aufgrund der Studie als empirisch informiert gelten. In Kapitel 10 werden sie in vier Thesen organisiert, in Kapitel 11 werden Einzelmaßnahmen vorgeschlagen.

These 1: Anerkennungsverhältnisse in der Schule sind die Bedingung für die aktive Teilnahme der Lernenden am Demokratie-Lernen

Die Gruppe der rechts orientierten Jugendlichen, die nach der Landtagswahl 1998 der Anlass für die empirische Untersuchung waren, haben sich als politisch klar und entschieden herausgestellt (der „rechte" Weg zur Politik, vgl. Reinhardt/Tillmann, Kap. 2 in diesem Band). Männlich dominiert, gewaltaffiner, jugendkulturell rechts organisiert, ausländerfeindlicher, verunsicherter - sie suchen offensichtlich den Halt in ihren Szenen (in denen sie relativ häufig politisch interessierte Freunde haben), den sie in geringerem Ausmaß als andere in Elternhaus, Schule oder Gesellschaft finden und suchen. Ihre Noten sind im Durchschnitt schlechter, sie gehen weniger gern zur Schule, sie lehnen schulische Partizipation eher ab, pro-soziale Werte werden weniger hoch geschätzt, ihr Vertrauen in Institutionen ist geringer, sie besuchen eher Sekundarschulen als Gymnasien, in ländlichen Regionen ist diese Problemgruppe größer als in den Städten, mit zunehmendem Alter wird die Wahrscheinlichkeit rechter Einstellungen geringer. Schulen mit hoher und mit niedriger Belastung durch rechtsextreme Einstellungen ihrer Schüler unterscheiden sich in Merkmalen, die dem pädagogischen Einfluss zugänglich sind: Weniger belastete Schulen geben ausweislich der Aussagen ihrer Schüler und Schülerinnen mehr Möglichkeiten bei der Gestaltung des Schullebens, die Arbeit der Schülervertretungsgremien wird als effektiver und bedeutungsvoller gesehen, das Lehrerverhalten ist weniger autoritär und weniger distanziert bei größerem schulischem Schlichtungspotenzial (Krüger/Pfaff 2001, S. 20, und Krüger/Pfaff, Kap. 3 in diesem Band). „Wenn man in der Schule Probleme hat, findet man niemand, der sich um einen kümmert." (s. Frage 40, Item 1) - dieser Aussage stimmen an niedrig belasteten Schulen etwa ein Viertel der Befragten zu (14- und 15-jährige), an hoch belasteten Schulen aber fast 40 Prozent. Insgesamt haben die Schüler und Schülerinnen an hoch belasteten Schulen weniger Erfahrung mit partizipativem Handeln an ihrer Schule gesammelt als die Lernenden an niedrig belasteten Schulen. Zugleich sind die Jugendlichen an den Problemschulen weniger an den Entscheidungsprozessen in der Schule interessiert.

Wegen der wechselseitigen Verursachungen können wir nicht trennen, welche Anteile der Defizite auf einen Mangel an Angebot seitens der Institution und der Lehrenden zurückzuführen sind oder auf einen Mangel an Nachfrage seitens der Lernenden - denn beide sind an der Schulrealität beteiligt. Die Unterschiede der Einzelschulen (auch derselben Schulform) sind aber ein deutliches Indiz dafür, dass die Einzelschule einen Unterschied macht und dass deshalb die Einzelschule Einfluss nehmen kann und sich nicht in ihr Schicksal ergeben muss (sich aber auch nicht damit entschuldigen darf).

Axel Honneth (1994) hat Muster intersubjektiver Anerkennung formuliert, deren Unterschied auch für pädagogisches Handeln relevant ist: Liebe - Recht - Solidarität bezeichnen verschiedenartige und sich nicht wechselseitig kompensierende Interaktionssphären (vgl. auch Reinhardt 2002).

Anerkennung im Muster von Liebe und Freundschaft bedeutet konkrete Sympathie und Zuwendung; sie ist notwendig partikular. Ihre Ausweitung auf viele Beteiligte würde die exklusive Qualität der Beziehung zerstören. Liebe und Freundschaft haben jene Bindungsqualität, die - so Honneth - die „unverzichtbare Basis" für jenes Selbstvertrauen des Individuums ist, das die Basis für die selbstbewusste Teilnahme am öffentlichen Leben ist. Die partikulare Beziehung kann nicht die Lehrer-Schüler-Beziehung beschreiben, aber die Zuwendung zum einzelnen Schüler ist auch in der Schule möglich. Nötig ist die Erfahrung von Respekt, von Freundlichkeit, von Achtung für das Individuum. Dabei geht es um die Akzeptanz des Einzelnen als Person, nicht unbedingt um die Akzeptanz seines Denkens und Handelns. Schulisches Lernen ist eine Art Dauerkrise, da sein Sinn in der Änderung der Person liegt, unabhängig vom Fach oder der erstrebten Qualifikation. Die Bewältigung dieser Krise ist nur mit Sympathie und Zuwendung leistbar.

Die Anerkennung der konkreten Person als selbstverständlich dazugehörig und als sowieso gemochter Mensch gelingt am ehesten in einer gemeinschaftlich verfassten Schule, die ein deutliches Wir-Bewusstsein und Wir-Gefühl entwickelt hat. Sie akzeptiert und schützt ihre Mitglieder - als Schule wiederum arbeitet sie mit ihnen zusammen an Änderungen der Person; Kritik am Erreichten ist ihr zweites Merkmal und hat den Sinn der Grenzüberschreitung.

Von völlig anderer Qualität ist die Anerkennung, die das Rechtssystem der Moderne ausmacht: Hier wird jeder und jede - überall und auch ohne konkrete Anwesenheit - als gleiche Person mit gleichem Recht geachtet. Diese universalistische Achtung ist die Basis für die Selbstachtung der Person. Bürger der Demokratie erkennen sich wechselseitig an - aufgrund des abstrakten Merkmals, Bürger zu sein. In der Idee der Menschenrechte wird dieser Status noch einmal generalisiert, weil Gesellschaft und Staat überschritten werden. Dieses zweite Muster der Anerkennung transzendiert das erste Muster radikal; es setzt der Partikularität von Liebe und Freundschaft die Allgemeinheit des Menschseins entgegen. Wie können Subjekte diesen Schritt überhaupt gehen? Honneths Antwort, dieser Typ der Achtung sei „eine rein kognitive Verstehensleistung" (S. 178), gibt einen Hinweis auf die Bedeutung von Unterricht. Denn die allgemeine Achtung ist nicht erlebbar in nur konkreten Bezügen, sie muss gedacht werden, wofür Unterricht mit der Betonung von Denk-, Wertungs- und Reflexionsprozessen der Ort ist.

Solidarität als soziale Wertschätzung - das dritte Muster der Anerkennung - gilt der besonderen Person, die mit ihren besonderen Fähigkeiten zum Leben einer Gruppe beiträgt. Die Wertschätzung des einzelnen gilt diesem Beitrag zum gemeinsamen Leben und nicht etwa der Zugehörigkeit zu einem vordefinierten Kollektiv. Diese soziale Wertschätzung ermöglicht dem Individuum die Wertschätzung seiner selbst (Selbstschätzung). In der Schule verdient der Schüler als aktiv Teilnehmender diese Wertschätzung - im Unterricht, im Schulleben, in der Gremienarbeit. Dieses Muster der Anerkennung deutet auf unterschiedliche Wege von Partizipation in der Schule hin.

Vieles spricht dafür, dass die Gruppe der rechts orientierten Jugendlichen in ihrer Lebensgeschichte jenes Selbstvertrauen nicht so erwerben konnten, dass sie sich der Teilnahme am öffentlichen Leben (mit der Anerkennung anderer) öffnen. Deshalb müssen Lehrerinnen und Lehrer ihnen durch Sympathie und Anerkennung helfen, ohne deshalb Ausländerfeindlichkeit und andere rechte Orientierungen zu unterstützen.

These 2: Eine Schule lebt demokratisch durch Partizipation

Den Schulen Sachsen-Anhalts ist von den Befragten in unserer Studie ein - wie wir vermuten - bemerkenswert hohes Vertrauen ausgesprochen worden: Zwei Drittel äußern einiges oder viel Vertrauen in die Institution Schule (vgl. Reinhardt/Tillmann 2001, S. 10). Zwei Drittel der Befragten geben an, sie könnten Ausflüge und Schulveranstaltungen mitorganisieren und sich an der Ausgestaltung der Schule und an der Gestaltung von Projekttagen beteiligen (vgl. Schmidt 2001, S. 25). Hier ist eine Basis gegeben, damit Partizipation auch bei Interessenkonflikten und im Unterricht gefördert werden kann.

Der Schülervertretung messen ca. zwei Drittel der Befragten keine „große Bedeutung" zu, weniger negativ wird die Möglichkeit gesehen, dass Vorschläge zur Lösung von Schulproblemen durch Schülervertreter die Situation an der Schule besser werden lassen (a.a.O.). Noch ungünstiger als für die SV sind die Einschätzungen der Partizipation im Unterricht: 68 Prozent der befragten Schüler geben an, den Unterricht so hinnehmen zu müssen wie er ist; zwei Drittel verneinen dem entsprechend, sie könnten bei der Unterrichtsgestaltung mitentscheiden. Allerdings gibt etwa die Hälfte auch an, sie könnten mit guten Vorschlägen den Unterricht in ihrem Sinne beeinflussen. Insgesamt wird wenig Partizipation im Bereich der institutionalisierten Interessenvertretung und im Kernbereich von Schule, dem Unterricht, wahrgenommen. Allerdings werden im Falle von guten Vorschlägen durch Schüler sowohl im Unterricht als auch in der Schülervertretung mehr Chancen auf Mitwirkung gesehen.

Schüler und Schülerinnen sind keine „gelernten" Interessenvertreter und sind nicht ausgebildet im Arrangieren von Unterricht. Sie benötigen die Unterstützung der Lehrer und Lehrerinnen und der Schulleitungen, die den Mangel an Ressourcen aufseiten der Lernenden durch pädagogisches Engagement ausgleichen helfen müssen. Im Ergebnis wird die Arbeit für die Lehrenden nicht einfacher und sicher auch konflikthafter, weil mitwirkende Schüler eigene Interessen einbringen und vertreten werden. Aber auch für die Lehrenden werden Schulleben und Unterricht bei größerer Mitwirkung der Lernenden interessanter und lohnender.

Der klare Zusammenhang zwischen der Bereitschaft zur Mitwirkung in der Schule und der Bereitschaft zur allgemeinen politischen Mitwirkung (vgl. Reinhardt/Tillmann, Kap. 2 in diesem Band) spricht der Schule als Institution die Möglichkeit und damit auch die Aufgabe zu, über die Förderung der Partizipation in der Schule die Qualifikation der Lernenden zur politischen Mitwirkung zu fördern. Damit wird nicht nur eine Systembedingung von Demokratie gefördert, sondern auch die Subjektwerdung der Jugendlichen. Dass die Mitwirkung der Lernenden auf verschiedenen Ebenen in Schule, Schülervertretung und Unterricht wichtig ist, ist eine alte pädagogische Forderung, die aber weithin noch nicht verwirklicht ist. Zu beobachten ist, dass die Lernenden die meisten Mitgestaltungsmöglichkeiten in Bereichen nahe der Freizeit sehen, die wenigsten aber im Bereich von Unterricht. Hier ist nicht nur der konkrete Unterricht angesprochen, sondern auch der Rahmen für diesen Unterricht (z.B.: Geben die Rahmenrichtlinien die Möglichkeit von Mitwirkung? Geben die äußeren Bedingungen die Chance auf Mitwirkung?)

Aus den qualitativen Teilen der Studie, besonders aus den Gruppendiskussionen, lassen sich didaktische Empfehlungen entnehmen. Für eine demokratische Schülervertretung ist die begleitende Unterstützung bei deren Entstehen und bei ihrem Kampf um Anerkennung nötig. Entmutigend wirken die In-Dienst-Name der SV als Handlanger der Lehrer, die sich mit einer Schülerhilfstruppe die Erfüllung eigener Aufgaben erleichtern (vgl. Schmidt, Kap. 8 in diesem Band). Sobald eine Schülervertretung in den Ruf gerät, Interessen von Lehrern zu fördern, verliert sie an Legitimität. Der komplizierte Weg zu einer (auch streitigen) Kooperation mit den Gruppen der Lehrer und

Eltern bedeutet letztlich das Bemühen um das allgemeinere Wohl der Schule insgesamt.

In den Gruppendiskussionen ist deutlich geworden, dass Schüler und Schülerinnen einen weniger stofforientierten und weniger lehrerzentrierten Sozialkundeunterricht fordern (den es bei manchen Lehrerinnen und Lehrern durchaus gibt). Die Chancen auf Mitwirkung erhöhen sich in einem auch diskursiven, das Leben der Schüler einbeziehenden Unterricht. Dieser Unterricht hätte auch die Aufgabe, eine Plattform für Reflexionen auf die Mitwirkungen in Schule und Schülervertretung zu bieten, denn die Handlungsfähigkeit der Partizipanten wird durch Prozesse des Austauschs gefördert und ihr Lernen wird durch die kognitive Verarbeitung strukturiert und gesichert.

Die Projektgruppe ist sicher, dass die hier geschilderten Defizite und die skizzierten Empfehlungen keineswegs nur die Schulen in Sachsen-Anhalt betreffen, sondern für die Schulen in allen Bundesländern von grundsätzlicher Bedeutung sind. Diese Vermutung müsste künftig durch weitere Untersuchungen geprüft werden.

These 3: Vielfältiger und kontroverser Sozialkundeunterricht fördert Demokratie-Lernen

Eine Reihe von Schülerantworten lässt den Schluss zu, dass dem Sozialkundeunterricht in wichtigen Punkten Vertrauen entgegengebracht wird. Fast die Hälfte gibt an, die Lehrer gingen im Sozialkundeunterricht oft auf ihre Fragen ein, ein weiteres Drittel sieht dies immerhin manchmal geschehen. Auch gibt mehr als die Hälfte an, sie könnten oft selbst dann ihre Meinung sagen, „wenn diese von der Meinung der Lehrer abweicht" (vgl. Kötters-König, Kap. 5 in diesem Band). Etwas weniger, nämlich knapp 40 Prozent, beobachtet oft, dass Lehrer die Meinungen der Schüler achten und sie ermutigen, diese im Unterricht zu äußern. Offensichtlich ist häufig ein Klima von Offenheit und Kontroversität gegeben.

Dieser positiven Atmosphäre entspricht das Arrangement des Unterrichts nicht im gleichen Maße. Insgesamt ist der Unterricht - wie es sich aus den Aussagen der Schülerinnen und Schüler schließen lässt - stark darbietend, wobei der Lehrer redet und Fragen stellt, die von einzelnen Schülern beantwortet werden, und wobei die Schüler sitzen und zuhören, während der Lehrer redet. Aber in einer Minderheit von Klassen wird von den Schülern ein Unterricht beobachtet, der zwischen darbietenden und partizipativen, kooperativen, lebensweltaufgreifenden und diskussionsorientierten Phasen wechselt. Einem solchen stärker handlungsorientierten Unterricht wird in der didaktischen Literatur seit langem - mit einer Annahme der Strukturhomologie zwischen diesem Unterricht und politisch-demokratischem Urteilen und Handeln - positive Lernwirkung zugesprochen (vgl. Breit/Schiele 1998).

Einige Ergebnisse der Studie unterstützen diese Annahme deutlich: Nicht nur ist die Zufriedenheit mit einem methodisch vielfältigen Unterricht größer, dieser Unterricht wird auch häufiger als Quelle politischer Kenntnisse angegeben. Dieser Unterricht fördert die Entwicklung der politischen Handlungsorientierung und er fördert deutlich das Verständnis für zentrale Strukturen einer parlamentarischen Demokratie (vgl. Kötters-König 2001, S. 10): Die Antworten auf Fragen nach der Funktion von Wahlen, danach, wer in einer Demokratie das Land regieren sollte, und nach dem Nachteil, wenn alle Parteien zusammen die Regierung bilden würden, hatten im Allgemeinen ein Fehlverständnis von Konflikten in Staat und Gesellschaft (vgl. Reinhardt/Tillmann, Kap. 2 in diesem Band) offenbart. Wahlen sollen eher das Interesse an der Regierung steigern als einen gewaltfreien Wechsel der Regierung ermöglichen; das Land soll eher von Experten als von gewählten Abgeordneten regiert werden; der Nachteil einer Allparteienregierung wäre eher der Streit innerhalb der Regierung und weniger das Fehlen von Kritik im Parlament. Methodisch vielfältiger und kontroverser Unterricht fördert das Verständnis erheblich - in diesen Klassen wird spürbar häufiger zutreffend geantwortet als in den anderen. (Auch andere Zusammenhänge gehen in die erwartete Richtung, sind aber auf den Faktor der Schulform zurückzuführen und nicht auf den Einzelfaktor der Unterrichtsmethode.) Die didaktische Konsequenz ist eindeutig: Methodisch auf das kontroverse und schüleraktive Arbeiten angelegter Unterricht fördert tatsächlich das Demokratie-Lernen und ist seinerseits zu fördern und zu fordern.

In den Ergebnissen zu politischen Orientierungen hatte sich das Geschlecht als starker Einflussfaktor gezeigt (vgl. Reinhardt/Tillmann, Kap. 2 in diesem Band). Die Tendenz, die Welt des Politischen mit Kategorien und Gefühlen des Privaten zu erfassen und damit an die persönliche Lebenswelt zu assimilieren, ist allgemein gegeben und bei Mädchen verstärkt zu beobachten. Die didaktische Konsequenz ist geschlechter-gerechter Unterricht in dem Sinne, dass der eher private Zugang zur Welt mit einem auch öffentlichen Zugang vermittelt wird. Der Ansatzpunkt ist die Verknüpfung von sozialen Phänomenen (z.B. die Familie) mit ihrer politischen Bedeutung und Bedingtheit (z.B. Familienpolitik) oder die Verknüpfung von persönlichen moralischen Dilemmata (z.B. um die Präimplantationsdiagnostik) mit der Setzung politischer Rahmenbedingungen und Vorentscheidungen (z.B. Embryonenschutzgesetz). Beide Zugänge - der persönlich-private und der öffentlich-politische - gehören in den Unterricht und dürfen nicht auf soziales Lernen oder auf die Kunde staatlicher Institutionen reduziert werden (vgl. Reinhardt 1999).

Die Daten zeigen, dass der Erwerb von Konfliktkompetenz eine höchst anspruchsvolle Bildungsaufgabe (nicht nur für Jugendliche) darstellt. Dies hat Konsequenzen für das methodische Arrangement und auch für die Inhalte des Unterrichts. Realitätsferne Darstellungen des demokratischen Systems erreichen die Lernenden kaum; sie erhalten einen Sinn für das Lernen erst dann, wenn sie für die Bearbeitung aktueller Konflikte, Probleme oder Fälle nützlich sind. Der verständige und streitige Umgang mit Konflikten - die inhaltlich je nach aktueller Situation wechseln und nicht prognostizierbar sind - wird am ehesten über den Umgang mit solchen aktuellen Konflikten gelernt. Der Schulunterricht hat die Möglichkeit, Lernende aus unterschiedlichen Milieus und mit unterschiedlichen Lebensgeschichten, Lebenslagen und Interessen sowie Überzeugungen in einen Zusammenhang von Auseinandersetzung und Suche nach Verständigung zu integrieren.

These 4: Lernende und Lehrende brauchen Spiegel für Selbstreflexion und Identitätsarbeit

Die quantitativen Daten haben in Verbindung mit den qualitativen Untersuchungen ergeben, dass weder die Probleme von rechten Orientierungen noch die Fehlverständnisse des demokratischen Systems in den Schulen durchweg bekannt sind. Die Gruppendiskussionen haben gezeigt, dass Schulen ganz unterschiedlich handeln können: Eine eher gemeinschaftsbezogene Identität überschreitet nicht automatisch die Grenzen der eigenen Kommunität und festigt sich u.U. sogar durch Abgrenzungen gegen Ausländer und andere Außengruppen; sie leugnet u.U. Konflikte und sucht dann den Konsens über die Tabuisierung von Auseinandersetzungen. Eine eher gesellschaftsbezogene Identität öffnet die Schule bis hin zu internationalen Kooperationen, geht offensiv mit inhumanen Tendenzen wie Ausländerfeindlichkeit um, akzeptiert Konflikte und ihre Mühsal und fördert innerschulische Demokratie.

Anregungen zur Selbstbetrachtung und zur Selbstfindung können die Ergebnisse empirischer Forschung geben:
- Die landesweiten Daten der Studie „Jugend und Demokratie in Sachsen-Anhalt" sind für alle Schüler und Schülerinnen des Landes ein Anlass sich zu fragen, wie sie denken und urteilen und ob sie das so wollen. Der Spiegel der Empirie provoziert Selbstbefragungen, die im Unterricht einen Prozess von Wahrnehmung und Beurteilung anstoßen können.
- Die Daten der Einzelschulen könnten und sollten (in einigen wichtigen Punkten) den Schulen unter Wahrung der Anonymität nach außen übergeben werden. Die Schulen hätten die Möglichkeit, Problempunkte zu identifizieren und Wege zur Bearbeitung zu suchen. Dass die Daten einiger Schulen keinen Grund für Werbung, sondern zuerst einen Anlass des Erschreckens bieten werden, sei offen gesagt. (Andere Schulen wiederum werden Bestätigungen ihrer pädagogischen Arbeit finden.)
- Aus der Studie könnte für die (Selbst-)Evaluationen von Schulen ein Instrumentarium hergestellt werden. Solche Evaluationen werden im Gefolge der PISA-Studie (Baumert u.a. 2001) eine Aufgabe werden; dabei sollte es außer um Lese- und mathematische bzw. naturwissenschaftliche Kompetenzen auch um politische Bildung gehen.
- Schulklassen und Schulen könnten sich selbst kleine Instrumente erarbeiten, deren Einsatz ihnen Aufschluss über das Klima und über die Wahrnehmung von Partizipationschancen in der Schule verschaffen kann. Solche dezentrale

kleine Evaluationen sind zugleich ein Weg forschenden Lernens.
- Auch die Ergebnisse landes- und bundesbezogener Simulationen von Wahlen durch Schüler und Schülerinnen können als Aufklärung zur Selbstaufklärung dienen (vgl. Tillmann/Langer 2000).

Sibylle Reinhardt

11. Pragmatische Empfehlungen für Bildungspolitik und für Schulen

Aus den Daten unserer Studie und aus unseren Interpretationen ergeben sich pragmatische Hinweise für politisches und pädagogisches Handeln. Diese Empfehlungen betreffen zwar in erster Linie das Land Sachsen-Anhalt, dürften aber auch für die Situationen in anderen Bundesländern anregend sein.

1) Wirtschaft und Bildung
Schulen mit hohen Anteilen von Schülern mit rechten Orientierungen befinden sich häufiger in Regionen mit wirtschaftlichen Problemen. Wirtschaftliche Unsicherheit dürfte sich leicht in Orientierungsunsicherheit umsetzen, die mit rechten Orientierungen einhergeht. Die Unterstützung von Ausbildungsplätzen durch das Land ist deshalb weiterhin notwendig. Aber die Schule mit der höchsten Ausländerfeindlichkeit liegt in einem Speckgürtel - hier müssen kulturelle und soziale Faktoren wesentlich sein, die die Einzelschule vermutlich beeinflussen kann.

2) Demokratische Öffentlichkeit
Die Zivilgesellschaft muss als ganze Gesellschaft Normen setzen und bekräftigen. Öffentliche Stellungnahmen (von Regierung, Medien, Verbänden, Vereinen, Individuen) und Aktionen (wie z.B. die Aktion Noteingang) geben Orientierung gerade auch für Unsichere und bringen das Selbstverständnis der Demokratie zum Ausdruck. Aber auch Lehrerinnen und Lehrer sind Hüter von Normen und Werten (und dürfen nicht, womöglich aus Versehen, durch lockere Sprüche und durch Zynismus bei den Lernenden den Eindruck erwecken, sie tolerierten rechte Tendenzen).

3) Politische Bildung in Sozialkunde
Demokratie-Lernen ist ausweislich der Daten ein ungemein mühsames Unterfangen und eine äußerst anspruchsvolle Bildungsaufgabe. Deshalb muss Sozialkunde als Fach der Allgemeinbildung gestärkt werden, und zwar durch Unterricht in allen Jahrgängen (und nicht nur mit einer Wochenstunde) und durch fachkompetenten Unterricht (nicht als Reststunden für fachfremd unterrichtende Lehrer). Der Unterricht selbst kann durch methodische Vielfalt, durch geschlechter-gerechte Zugänge (moralisch-politische Urteilsbildung)

und durch Ansätze der Konfliktbearbeitung (handlungsorientiert-kontroverse Verfahren) das Demokratie-Lernen fördern.

4) Schülervertretungen

Die verfasste Schülervertretung (SV) lässt Demokratie in ihren Normen und Verfahren erfahrbar werden - und in ihren Schwierigkeiten. Schülerinnen und Schüler brauchen kontinuierliche Hilfen bei der Wahrnehmung ihrer Interessen. Die Fortbildung der Gewählten ist landesweit zu unterstützen durch regelmäßig wiederkehrende Angebote. Die Rechte der Schülervertretungen sind zu sichern und auszuweiten. An den einzelnen Schulen bedarf die Schülervertretung der andauernden Ermutigung durch Lehrende und Schulleitungen; ihre Indienstnahme für die Erfüllung von Lehreraufgaben schwächt dagegen ihre Legitimation.

5) Partizipation im Schulleben und im Unterricht

Die repräsentativ strukturierte Schülervertretung ist ein Weg der Partizipation in der Schule. Andere Wege sind die Mitwirkung der Lernenden an der Gestaltung des Schullebens im Alltag (von Projektwochen bis zu Klassenfahrten) und ihre Mitwirkung bei Entscheidungen über die Unterrichtsgestaltung. Besonders die Mitbeteiligung von Lernenden im Unterricht, die über die vom Lehrer angeordnete Beteiligung hinausgeht und den Gang des Unterrichts wesentlich beeinflusst, ist offensichtlich in der Regel schwach entwickelt und stellt deshalb eine wichtige Aufgabe für den Unterricht dar; ihre Ermöglichung durch Rahmenrichtlinien ist eine Aufgabe der Bildungspolitik.

6) Auseinandersetzungen mit Politik und politischen Themen

Bisher ist keine Schule mit dem Profil „Demokratie-Lernen" im Bundesland Sachsen-Anhalt bekannt. Die bei Schülern vorhandenen Fehlvorstellungen über Grundsätze und Verfahren, also letztlich den Sinn, von Demokratie machen es notwendig, dass Schulen sich mit den politischen Orientierungen ihrer Schülerinnen und Schüler auseinandersetzen. In Projektwochen könnten politische Themen bearbeitet werden, Arbeitsgruppen mit politischer Thematik sollten gefördert und Foren zur Diskussion gegründet werden. In den Schulen müssten Zeitungsecken (Modell Wiener Café) mit regionalen und überregionalen Zeitungen den Lernenden die Lektüre politischer Nachrichten nahebringen. Die Medien hätten hier eine Daueraufgabe des Sponsoring.

7) Umgang mit Konflikten und Öffnung nach außen

Entgegen den überall vorhandenen Sehnsüchten nach Harmonie und schnellem Konsens müssen die Schulen sich ihren Interessenkonflikten und Problemen stellen. Ausländerfeindlichkeit tritt im Alltag von Schulen nicht ohne weiteres zu Tage, selbst wenn viele Lernende so denken und fühlen. Den Schulen kann und muss empfohlen werden, inhumane Tendenzen nicht zu leugnen, sondern sich der Auseinandersetzung offensiv zu stellen. Ein offene: Umgang mit Problemen kann die Jugendlichen konstruktive Strategien des Umgangs erfahren lassen. Die Öffnung nach außen bis hin zu internationalen Kontakten verhindert die Einengung der Gemeinschaft Schule auf sich selbst und ihre Ausgrenzung gegen andere. Ängste vor dem Fremden können in realistischer Weise abgebaut werden; der Umgang mit Vielfalt kann erprobt werden.

8) Landes- und bundesweite Schülerwahlen

Die Simulation der Bundestagswahl 1998 in der Schülerschaft Sachsen-Anhalts hat inzwischen Modellcharakter erlangt. Schülerinnen und Schüler sammeln in diesen simulierten Landtags- oder Bundestagswahlen Probe-Erfahrungen mit demokratischen Verfahren und mit politischen Positionen. Die Diskussion der Ergebnisse kann zur politischen Identitätsfindung der einzelnen Schüler und Schülerinnen beitragen. Die Unterstützung des Landes ist wegen des Umfangs und der notwendigen Infrastruktur unabdingbar.

9) Forschung und Evaluation

Das Land Sachsen-Anhalt hat die Landtagswahl 1998 zum Anlass genommen, Informationen zu den politischen Orientierungen der Jugendlichen in den Schulen des Landes erheben zu lassen. Die Mitteilung der Ergebnisse ist für die Öffentlichkeit ein Beitrag zur Selbstverständigung, für alle Schulen enthalten die Daten wichtige Anlässe zur Selbstreflexion. Die Schulen, die in die Stichprobe einbezogen waren, werden über ihre Daten (im Vergleich zu den anonymisierten Daten anderer Schulen) informiert. Wünschenswert wären solche Forschungen als Daueraufgabe eines Landes und wünschenswert wäre auch die Entwicklung von Instrumenten der (Selbst-)Evaluation politischer Bildung, damit Schulen sich besser kennen lernen können und ihre eigene Entwicklung realistischer planen können.

Der „Didaktische Koffer", den das Forschungsprojekt für die Schulen des Landes Sachsen-Anhalt entwickelt hat, enthält zahlreiche weitere Informationen zum Forschungsprojekt, zu Praxisprojekten politischer Bildung, zu Institutionen für Kooperation und Information, Literatur zu Rechtsextremismus, Unterrichtsreihen für Sozialkunde - und zahlreiche Links.
(http://www.zsl.uni-halle.de/didaktischer-koffer/)

Literatur

Achatz, Juliane/Gaiser, Wolfgang/Gille, Martina/Kleinert, Corinna/Krüger, Winfried/de Rijke, Johann (2000): Jugendliche und junge Erwachsene 1992 und 1997: Eine kritische Bilanz. In: Gille, Martina/Krüger, Winfried (Hrsg.): Unzufriedene Demokraten. Politische Orientierungen der 16-29jährigen im vereinigten Deutschland. DJI-Jugendsurvey 2. Opladen, S. 423-436

Ackermann, Paul (1998): Die Bürgerrolle in der Demokratie als Bezugsrahmen für die politische Bildung. In: Breit, Gotthard/Schiele, Siegfried (Hrsg.): Handlungsorientierung im Politikunterricht. Bonn, S. 13-34

Andersen, Uwe/Woyke, Wichard (Hrsg.) (1997): Handwörterbuch des politischen Systems der Bundesrepublik Deutschland. Opladen

Auerbach, Sabrina (1997): „Jugend ohne Amt und Ehre?" – Eine Untersuchung zu Determinanten ehrenamtlichen Engagements Jugendlicher im kleinstädtischen Milieu. Pfaffenweiler

Auernheimer, Georg/Doehlemann, Martin (1971): Mitbestimmung in der Schule. München

Baacke, Dieter/Brücher, Bodo (1982): Mitbestimmung in der Schule. Grundlagen und Perspektiven der Partizipation. Weinheim/Basel

Baacke, Dieter/Ferchhoff, Wilfried (1993): Jugend und Kultur. In: Krüger, Heinz-Hermann (Hrsg.): Handbuch der Jugendforschung. Opladen, S. 403-446

Backhaus, Klaus u.a. (1996): Multivariate Analysemethoden. Eine anwendungsorientierte Einführung. Berlin/Heidelberg/New York

Baumert, Jürgen (1991): Langfristige Auswirkungen der Bildungsexpansion. In: Unterrichtswissenschaft 1991 H. 19, S. 483-516

Baumert, Jürgen u.v.a. = Deutsches PISA-Konsortium (Hrsg.) (2001): PISA 2000. Basis-Kompetenzen von Schülerinnen und Schülern im internationalen Vergleich. Opladen

Beck, Ulrich (1986): Risikogesellschaft. Frankfurt a.M.

Beck, Ulrich (2001): Das Zeitalter des "eigenen Lebens". Individualisierung als "paradoxe Sozialstruktur" und andere offene Fragen. Essay. In: Aus Politik und Zeitgeschichte. Beilage zur Wochenzeitung Das Parlament. B29/2001, S. 3-6

Becker, Egon/Herkommer, Sebastian/Bergmann, Joachim (1967): Erziehung zur Anpassung? Eine soziologische Untersuchung der politischen Bildung in den Schulen. Frankfurt a. M.

Beher, Karin/Liebig, Reinhard/Rauschenbach, Thomas (2000): Strukturwandel des Ehrenamtes. Gemeinwohlorientierung im Modernisierungsprozess. München

Behnken, Imbke/Krüger, Heinz-Hermann u.a. (1991): Schülerstudie '90. München/Weinheim

Bertram, Hans/Kollmorgen, Raj (Hrsg.) (2001): Die Transformation Ostdeutschlands. Opladen

Bien, Walter (1994): Cool bleiben - erwachsen werden im Osten. Ergebnisse der Leipziger Längsschnittstudie 1. München

Bock, Karin/Reinhardt, Sibylle (2002): Jugend und Politik. In: Krüger, Heinz-Hermann/Grunert, Cathleen (Hrsg.): Handbuch der Jugendforschung. Opladen (i.E.)

Böckenförde, Ernst-Wolfgang (1976): Die Entstehung des Staates als Vorgang der Säkularisation. In: ders.: Staat - Gesellschaft - Freiheit. Studien zur Staatstheorie und zum Verfassungsrecht. Frankfurt a. M., S. 42-64 (zuerst 1967)

Böhnisch, Lothar/Lenz, Karl (Hrsg.) (1997): Familien. Eine interdisziplinäre Einführung. Weinheim/München

Bohnsack, Ralf (1991): Rekonstruktive Sozialforschung. Opladen

Bohnsack, Ralf u.a. (1995): Die Suche nach Gemeinsamkeit und Gewalt in der Gruppe. Hooligans, Musikgruppen und andere Jugendcliquen. Opladen

Bois-Reymond, Manuela du (1994): Die moderne Familie als Verhandlungshaushalt. Eltern-Kind-Beziehungen in West- und Ostdeutschland und in den Niederlanden. In: Bois-Reymond, Manuela du/Büchner, Peter/Krüger, Heinz-Hermann u.a.: Kinderleben. Modernisierung von Kindheit im interkulturellen Vergleich. Opladen, S. 137-220

Bois-Reymond, Manuela du/Büchner, Peter/Krüger, Heinz-Hermann u.a. (1994): Kinderleben. Modernisierung von Kindheit im interkulturellen Vergleich. Opladen

Bois-Reymond, Manuela du (1998): Der Verhandlungshaushalt im Modernisierungsprozeß. In: Büchner, Peter/Bois-Reymond, Manuela du/Ecarius, Jutta u.a.: Teenie-Welten. Aufwachsen in drei europäischen Regionen. Opladen, S. 63-82

Bois-Reymond, Manuela du (2000): Jugendkulturelles Kapital in Wissensgesellschaften. In: Krüger, Heinz-Hermann/Wenzel, Hartmut (Hrsg.): Schule zwischen Effektivität und sozialer Verantwortung. Opladen, S. 235-254

Bortz, Jürgen/Döring, Nicola (1995): Forschungsmethoden und Evaluation für Sozialwissenschaftler. Berlin/Heidelberg/New York[2]

Böttcher, Ilona/Plath, Monika/Weishaupt, Horst (1999): Gestaltung einer neuen Schulstruktur. Zur inneren Entwicklung von Regelschulen und Gymnasien in Thüringen. München/Berlin

Breit, Gotthard/Massing, Peter (Hrsg.) (1992): Grundfragen und Praxisprobleme der politischen Bildung. Bonn

Breit, Gotthard/Schiele, Siegfried (Hrsg.) (1998): Handlungsorientierung im Politikunterricht. Schwalbach/Ts.

Breit, Gotthard (1998): Handlungsorientierung im Politikunterricht. In: Breit, Gotthard/Schiele, Siegfried (Hrsg.): Handlungsorientierung im Politikunterricht. Bonn, S. 101-127

Büchner, Peter/Krüger, Heinz-Hermann (Hrsg.) (1991): Aufwachsen hüben und drüben. Opladen

Büchner, Peter/Fuhs, Burkhard (1994): Kinderkulturelle Praxis: Kindliche Handlungskontexte und Aktivitätsprofile im außerschulischen Lebensalltag. In: Bois-Reymond, Manuela du/Büchner, Peter/Krüger, Heinz-Hermann u.a.: Kinderleben. Modernisierung von Kindheit im interkulturellen Vergleich. Opladen, S. 63-135

Büchner, Peter/Fuhs, Burkhard (1996): Der Lebensort Familie. In: Büchner, Peter/Fuhs, Burkhard/Krüger, Heinz-Hermann (Hrsg.): Vom Teddybär zum ersten Kuss. Wege aus der Kindheit in Ost- und Westdeutschland. Opladen, S. 159-200

Büchner, Peter/Fuhs, Burkhard/Krüger, Heinz-Hermann (Hrsg.) (1996): Vom Teddybär zum ersten Kuss. Wege aus der Kindheit in Ost- und Westdeutschland. Opladen

Büchner, Peter/Bois-Reymond, Manuela du/Ecarius, Jutta u.a. (1998): Teenie-Welten. Aufwachsen in drei europäischen Regionen. Opladen

Büchner, Peter/Fuhs, Burkhard (1998). Zur Sozialisationswirkung und zur biographischen Bedeutung der Kindersportkultur. Marburg: Marburger Beiträge zur Kindheits- und Jugendforschung Nr. 8

Bundesministerium für Familie, Senioren, Frauen und Jugend (2001): Freiwilliges Engagement in Deutschland. Stuttgart, Bde. 1 und 3

Butz, Petra/Boehnke, Klaus (1997): Auswirkungen von ökonomischem Druck auf die psychische Befindlichkeit von Jugendlichen. In: Zeitschrift für Pädagogik 1997, H. 1, S. 79-92

Cremer, Will (Hrsg.) (1991): Methoden in der politischen Bildung – Handlungsorientierung. Bonn

Cremer, Will/Schiele, Siegfried (1992).: Zum Konsens und zur Kontroversität in der politischen Bildung. In: Breit, Gotthard/Massing, Peter (Hrsg.): Grundfragen und Praxisprobleme der politischen Bildung. Bonn, S. 135-139

Denzin, Norman (1978): The Research Act. New York

Diederich, Jürgen/Wulf, Christoph (1979): Gesamtschulalltag. Die Fallstudie Kierspe. Paderborn

Eckert, Roland/Drieseberg, Thomas/Willems, Helmut (1990): Sinnwelt Freizeit: Jugendliche zwischen Märkten und Verbänden. Opladen

Eckert, Roland/Reis, Christa/Wetzstein, Thomas A. (2000): „Ich will halt anders sein wie die anderen." Abgrenzung, Gewalt und Kreativität bei Gruppen Jugendlicher. Opladen

Edelstein, Wolfgang/Fauser, Peter (2001): Gutachten zum Programm "Demokratie lernen und leben". Bund-Länder-Kommission für Bildungsplanung und Forschungsförderung, Materialien Heft 96. Bonn

Erler, Michael (1996): Die Dynamik der modernen Familie. Empirische Untersuchung zum Wandel der Familienformen in Deutschland. Weinheim/München

Farin, Klaus (2001): generation-kick.de. Jugendsubkulturen heute. München

Fend, Helmut (1991): Identitätsentwicklung in der Adoleszenz. Band II der Entwicklungspsychologie der Adoleszenz in der Moderne. Bern/Stuttgart/Toronto

Fend, Helmut (1994): Ausländerfeindlich – nationalistische Weltbilder und Aggressionsbereitschaft bei Jugendlichen in Deutschland und der Schweiz. In: Zeitschrift für Sozialisationsforschung und Erziehungssoziologie 1994, H. 2, S. 131-162

Fend, Helmut (1998): Qualität im Bildungswesen. Schulforschung zu Systembedingungen, Schulprofilen und Lehrerleistung. Weinheim/München

Fend, Helmut (2000): Entwicklungspsychologie des Jugendalters. Opladen

Ferchhoff, Wilfried (1999): Jugend an der Wende vom 20. zum 21. Jahrhundert. Lebensformen und Lebensstile. Opladen

Filmer, Werner (1991): Sachsen-Anhalt. München/Berlin

Fischer, Arthur (2000a): Jugend und Politik. In: Jugendwerk der Deutschen Shell (Hrsg.): Jugend in Deutschland 2000. Bd. 1. Opladen, S. 261-282

Fischer, Arthur (2000b): Jugendliche im Osten – Jugendliche im Westen. In: Jugendwerk der Deutschen Shell (Hrsg.): Jugend in Deutschland 2000. Bd.1. Opladen, S. 283-304

Forschungsgruppe Schulevaluation (1998): Gewalt als soziales Problem in Schulen. Opladen

Fritzsche, Yvonne (1997): Jugendkulturen und Freizeitpräferenzen: Rückzug vom Politischen? In: Jugendwerk der Deutschen Shell (Hrsg.): Jugend '97. Zukunftsperspektiven, Gesellschaftliches Engagement, Politische Orientierungen. Opladen, S. 277-333

Fritzsche, Yvonne (2000a): Moderne Orientierungsmuster: Inflation am "Wertehimmel". In: Jugendwerk der Deutschen Shell (Hrsg.): Jugend in Deutschland 2000. Bd. 1. Opladen, S. 93-156

Fritzsche, Yvonne (2000b): Modernes Leben: Gewandelt, vernetzt und verkabelt. In: Jugendwerk der Deutschen Shell (Hrsg.): Jugend in Deutschland 2000. Opladen, S. 181-220

Fuhs, Burkhard/Bois-Reymond, Manuela du/Grundmann, Gunhild (1994): Kindliche Lebensbedingungen im interkulturellen Vergleich. In: Bois-Reymond, Manuela du/Büchner, Peter/Krüger, Heinz-Hermann u.a.: Kinderleben. Modernisierung von Kindheit im interkulturellen Vergleich. Opladen, S. 35-60

Fuhs, Burkhard (1996): Das außerschulische Kinderleben in Ost- und Westdeutschland. Vom kindlichen Spielen zur jugendlichen Freizeitgestaltung. In: Büchner, Peter/Fuhs, Burkhard/Krüger, Heinz-Hermann (Hrsg.): Vom Teddybär zum ersten Kuss. Wege aus der Kindheit in Ost- und Westdeutschland. Opladen, S. 129-158

Gabriel, Oscar W. (1997): Politische Einstellungen und politisches Verhalten. In: Gabriel, Oscar W./Holtmann, Everhard (Hrsg.): Handbuch Politisches System der Bundesrepublik Deutschland. München/Wien, S. 381-497

Gabriel, Oscar W./Holtmann, Everhard (Hrsg.) (1997): Handbuch Politisches System der Bundesrepublik Deutschland. München/Wien

Gabriel, Oscar W. (2001): Politische Orientierungen im vereinigten Deutschland: Auf dem Weg zur "Civic Culture"? In: Bertram, Hans/Kollmorgen, Raj (Hrsg.): Die Transformation Ostdeutschlands. Opladen, S. 97-129

Gaiser, Wolfgang/de Rijke, Johann (2000): Partizipation und politisches Engagement. In: Gille, Martina/Krüger, Winfried (Hrsg.): Unzufriedene Demokraten. Politische Orientierungen der 16-29jährigen im vereinigten Deutschland. DJI-Jugendsurvey 2. Opladen, S. 267-323

Gaiser, Wolfgang/Gille, Martina/Krüger, Winfried/de Rijke, Johann (2000): Politikverdrossenheit in Ost und West? In: Aus Politik und Zeitgeschichte. Beilage zur Wochenzeitung Das Parlament B19-20/2000, S. 12-22

Geißler, Rainer (1996): Politische Sozialisation in der Familie. In: Claussen, Bernhard/Geißler, Rainer (Hrsg.): Die Politisierung des Menschen. Instanzen der politischen Sozialisation. Ein Handbuch. Opladen, S. 51-70

Georg, Werner (1992): Jugendliche Lebensstile – ein Vergleich. In: Jugendwerk der Deutschen Shell (Hrsg.): Jugend '92 Lebenslagen, Orientierungen und Entwicklungsperspektiven im vereinigten Deutschland. Bd. 2 Im Spiegel der Wissenschaft. Opladen, S. 265-286

Gille, Martina (2000): Werte, Rollenbilder und soziale Orientierung. In: Gille, Martina/Krüger, Winfried (Hrsg.): Unzufriedene Demokraten. Politische Orientierungen der 16-29jährigen im vereinigten Deutschland. DJI-Jugendsurvey 2. Opladen, S. 143-203

Gille, Martina/Krüger, Winfried (Hrsg.) (2000): Unzufriedene Demokraten. Politische Orientierungen der 16-29jährigen im vereinigten Deutschland. DJI-Jugendsurvey 2. Opladen

Gille, Martina/Krüger, Winfried/de Rijke, Johann (2000): Politische Orientierungen. In: Gille, Martina/Krüger, Winfried: Unzufriedene Demokraten. Politische Orientierungen der 16- bis 29jährigen im vereinigten Deutschland. Opladen, S. 205-265

Grammes, Tilman (1997): Bestandsaufnahme und Dokumentation. In: Peter Massing/Georg Weißeno (Hrsg.): Politische Urteilsbildung. Aufgabe und Wege für den Politikunterricht, Bundeszentrale für politische Bildung, Schriftenreihe Band 344, Bonn, S. 19-72

Grundmann, Gunhild/Kötters, Catrin/Krüger, Heinz-Hermann (2000): Schulische Profilbildung und unterrichtliche Lernkultur. In: Krüger, Heinz-Hermann/Grundmann, Gunhild/Kötters, Catrin: Jugendliche Lebenswelten und Schulentwicklung. Opladen, S. 225-256

Grundmann, Gunhild/Pfaff, Nicolle (2000): Schule und jugendliches Gewaltverhalten. In: Krüger, Heinz-Hermann /Grundmann, Gunhild/Kötters, Catrin: Jugendliche Lebenswelten und Schulentwicklung. Opladen, S. 147-170

Grundmann, Matthias (1994): Diskussionsthemen im Freundes- und Familienkreis: Ihr Einfluß auf soziales Engagement bei Ost- und West-Berliner Jugendlichen. Beitrag zum 39. Kongreß der Deutschen Gesellschaft für Psychologie vom 25.-29.9.1994 in Hamburg

Günther, Cordula/Karig, Ute/Lindner, Bernd (1991): Wendezeit – Kulturwende? Zum Wandel von Freizeitverhalten und kulturellen Lebensstilen bei Heranwachsenden in Ostdeutschland. In: Büchner, Peter/Krüger, Heinz-Hermann (Hrsg.): Aufwachsen hüben und drüben. Opladen, S. 187-202

Händle, Christa/Oesterreich, Detlef/Trommer, Luitgard (1999): Aufgaben der politischen Bildung in der Sekundarstufe I. Studien aus dem Projekt Civic Education. Opladen

Händle, Christa (1999): Politische Bildung in der Schule. In: Händle, Christa/Oesterreich, Detlev/Trommer, Luitgard: Aufgaben der politischen Bildung in der Sekundarstufe I. Studien aus dem Projekt Civic Education. Opladen, S. 13-67

Heitmeyer, Wilhelm (1987): Rechtsextremistische Orientierungen bei Jugendlichen. Weinheim/München

Heitmeyer, Wilhelm u.a. (1993): Die Bielefelder Rechtsextremismusstudie. Weinheim/München[2]

Heitmeyer, Wilhelm u.a. (1995): Gewalt. Schattenseiten der Individualisierung bei Jugendlichen aus unterschiedlichen sozialen Milieus. Weinheim/München

Heitmeyer, Wilhelm/Müller, Joachim (1995): Fremdenfeindliche Gewalt junger Menschen. Bonn

Held, Josef/Horn, Hans-Werner/Maruakis, Athanasios (1996): Gespaltene Jugend. Politische Orientierungen jugendlicher Arbeitnehmerinnen. Opladen

Helsper, Werner/Krüger, Heinz-Hermann/Wenzel, Hartmut (Hrsg.) (1996): Schule und Gesellschaft im Umbruch. Bd.2, Weinheim

Helsper, Werner/Böhme, Jeanette/Kramer, Rolf Torsten/Lingkost, Annette (2001): Schulkultur und Schulmythos. Gymnasien zwischen exklusiver Bildung und höherer Volksschule. Rekonstruktionen zur Schulkultur 1. Opladen

Himmelmann, Gerhard (2001): Demokratie Lernen als Lebens-, Gesellschafts- und Herrschaftsform. Schwalbach/Ts.

Hitzler, Ronald/Bucher, Thomas/Niederbacher, Arne (2001): Leben in Szenen. Formen jugendlicher Vergemeinschaftung heute. Opladen

Hoffmann-Lange, Ursula (Hrsg.) (1995): Jugend und Demokratie in Deutschland. DJI-Jugendsurvey 1. Opladen

Hoffmann-Lange, Ursula (1999): Trends in der politischen Kultur Deutschlands. Sind Organisationsmüdigkeit, Politikverdrossenheit und Rechtsextremismus typisch für die deutsche Jugend? In: Gegenwartskunde 1999, H. 3, S. 365-390

Holtmann, Everhard (1998a): Ein "Denkzettel" mit ungewissem Verfallsdatum. Die Landtagswahl in Sachsen-Anhalt am 26. April 1998. In: Gegenwartskunde 1998, Heft 2, S. 193-200

Holtmann, Everhard (1998b): Protestpartei am rechten Rand. Die DVU in der Wählerschaft Sachsen-Anhalts. Magdeburg

Honneth, Axel (1994): Kampf um Anerkennung. Zur moralischen Grammatik sozialer Konflikte. Frankfurt a. M.

Hopf, Christel/Rieker, Peter/Sanden-Marcus, Martina/Schmidt, Christiane (1995): Familie und Rechtsextremismus. Familiale Sozialisation und rechtsextreme Orientierungen junger Männer. Weinheim/München

Hopf, Christel/Hopf, Wulf (1997): Familie, Persönlichkeit, Politik. Eine Einführung in die politische Sozialisation. Weinheim/München

Hopf, Christel (2000): Familie und Autoritarismus – zur politischen Bedeutung sozialer Erfahrungen in der Familie. In: Rippl, Susanne/Seipel, Christian/Kindervater, Angela (Hrsg.): Autoritarismus. Kontroversen und Ansätze der aktuellen Autoritarismusforschung. Opladen, S. 33-52

Hoppe, Heidrun (2000): Subjektorientierung: Chance für einen mädchen- und jungengerechten Politikunterricht. In: Oechsle, Mechtild/Wetterau, Karin (Hrsg.): Politische Bildung und Geschlechterverhältnis. Opladen, S. 247-264

Hurrelmann, Klaus/Ulich, Dieter (Hrsg.) (1991): Neues Handbuch der Sozialisationsforschung. Weinheim/Basel

Ijzendoorn, Marinus H. van (1979): Moralität, Kognition und politisches Bewußtsein. In: Zeitschrift für Pädagogik 1979, Heft 4, S. 547-567

Jugendwerk der Deutschen Shell (Hrsg.) (1992): Jugend '92. Lebenslagen, Orientierungen und Entwicklungsperspektiven im vereinigten Deutschland. Bde 1 und 2. Opladen

Jugendwerk der Deutschen Shell (Hrsg.) (1997): Jugend '97. Zukunftsperspektiven, Gesellschaftliches Engagement, Politische Orientierungen. Opladen

Jugendwerk der Deutschen Shell (Hrsg.) (2000): Jugend in Deutschland 2000. Bd. 1. Opladen

Kaase, Max (1997): Politische Beteiligung/Politische Partizipation. In: Andersen, Uwe/Woyke, Wichard (Hrsg.): Handwörterbuch des politischen Systems der Bundesrepublik Deutschland. Opladen, S. 473-478

Kaase, Max (1999): Wahlforschung und Demokratie. Eine Bilanz am Ende des Jahrhunderts. In: ZUMA-Nachrichten 1999, Nr. 44, S. 62-82

Keuffer, Josef (1996): Schülerpartizipation in Schule und Unterricht. In: Helsper, Werner/Krüger, Heinz-Hermann/Wenzel, Hartmut (Hrsg.): Schule und Gesellschaft im Umbruch. Bd.2. Weinheim, S. 160-181

Keuffer, Josef/Krüger, Heinz-Hermann/Reinhardt, Sibylle u.a. (Hrsg.) (1998): Schulkultur als Gestaltungsaufgabe. Weinheim

Klafki, Wolfgang (1995): Orientierungspunkte demokratischer Schulreform – Vierzehn Thesen zu den Schwerpunkten äußerer und innerer Schulreform in den neunziger Jahren. In: GEW Sachsen-Anhalt (Hrsg.): Selbstbewußte Kinder und humane Schule. Anregungen für eine bildungspolitische Grundsatzdiskussion. Magdeburg, S. 18-51

Klein, Ansgar/Schmalz-Bruns, Rainer (1997): Herausforderungen der Demokratie - Möglichkeiten und Grenzen der Demokratisierung. In: Klein, Ansgar/Schmalz-Bruns, Rainer (Hrsg.): Politische Beteiligung und Bürgerengagement in Deutschland. Bonn, S. 7-38

Klein, Ansgar/Schmalz-Bruns, Rainer (Hrsg.) (1997): Politische Beteiligung und Bürgerengagement in Deutschland. Bonn

Kleinert, Corinna/Krüger, Winfried/Willems, Helmut (1998): Einstellungen junger Deutscher gegenüber ausländischen Mitbürgern und ihre Bedeutung hinsichtlich politischer Orientierungen. Ausgewählte Ergebnisse des DJI-Jugendsurveys 1997. In: Aus Politik und Zeitgeschichte. Beilage zur Wochenzeitung Das Parlament B31/98, S. 14-27

Klieme, Eckhard/Funke, Joachim/Leutner, Detlev/Reimann, Peter/Wirth, Joachim (2001): Problemlösen als fächerübergreifende Kompetenz. Konzeption und erste Resultate aus einer Schulleistungsstudie. In: Zeitschrift für Pädagogik 2001, H. 2, S. 179-200

Klippert, Heinz (1984): Methodentraining. Übungsbausteine für den Unterricht. Weinheim/Basel

Klippert, Heinz (1991): Handlungsorientierter Politikunterricht. In: Cremer, Will (Hrsg.): Methoden in der politischen Bildung – Handlungsorientierung. Bonn, S. 9-30

Klippert, Heinz (1996): Handlungsorientierte Politische Bildung – Ein Ansatz zur Förderung demokratischer Handlungskompetenz. In: Weidinger, Dorothea (Hrsg.): Politische Bildung in der Bundesrepublik. Opladen, S. 277-286

Kohlberg, Lawrence (1974): Stufe und Sequenz: Sozialisation unter dem Aspekt der kognitiven Entwicklung. In: ders.: Zur kognitiven Entwicklung des Kindes. Drei Aufsätze. Frankfurt a. M., S. 7-255

Kohlberg, Lawrence (1974): Zur kognitiven Entwicklung des Kindes. Frankfurt a. M.

König, Hans-Dieter (Hrsg.) (1998): Sozialpsychologie des Rechtsextremismus. Frankfurt a. M.

Korte, Hermann (1993): Einführung in die Geschichte der Soziologie. 2. Auflage. Opladen

Kötters, Catrin/Krüger, Heinz-Hermann/Brake, Anna (1996): Wege aus der Kindheit. Verselbständigungsschritte ins Jugendalter. In: Büchner, Peter/Fuhs, Burkhard/Krüger, Heinz-Hermann (Hrsg.): Vom Teddybär zum ersten Kuß. Wege aus der Kindheit in Ost- und Westdeutschland. Opladen, S. 99-128

Kötters, Catrin (2000a): Wege aus der Kindheit in die Jugendphase. Biographische Schritte der Verselbständigung im Ost-West-Vergleich. Opladen

Kötters, Catrin (2000b): Elternhaus und Schule. In: Krüger, Heinz-Hermann/Grundmann, Gunhild/Kötters, Catrin: Jugendliche Lebenswelten und Schulentwicklung. Opladen, S. 37-72

Kötters, Catrin/Schmidt, Ralf/Ziegler, Christine (2001): Partizipation im Unterricht – Zur Differenz von Erfahrung und Ideal partizipativer Verhältnisse im Unterricht und deren Verarbeitung. In: Böhme, Jeanette/Kramer, Rolf-Torsten (Hrsg.): Partizipation in der Schule. Opladen, S. 93-122

Kötters-König, Catrin (2001): Handlungsorientierung und Kontroversität. Wege zur Wirksamkeit der politischen Bildung im Sozialkundeunterricht. In: Aus Politik und Zeitgeschichte. Beilage zur Wochenzeitung Das Parlament B50/2001, S. 6-12

Kracke, Bärbel/Noack, Peter/Hofer, Manfred/Klein-Allermann, Elke (1993): Die rechte Gesinnung. Familiale Bedingungen autoritärer Orientierungen ost- und westdeutscher Jugendlicher. In: Zeitschrift für Pädagogik 1993, H. 6, S. 971-988

Kromrey, Helmut (1995): Empirische Sozialforschung. Opladen

Kropp, Sabine (2000): Parteienfinanzierung im "Parteienstaat" - Problemlagen, Mißverständnisse und Reformüberlegungen. In: Gegenwartskunde 2000, Heft 4, S. 435-446

Krüger, Heinz-Hermann (Hrsg.) (1993): Handbuch der Jugendforschung. Opladen

Krüger, Heinz-Hermann/Lersch, Rainer (1993): Lernen und Erfahrung. Opladen

Krüger, Heinz-Hermann/Grundmann, Gunhild/Kötters, Catrin (1998): Diskurse zu Schule und Bildung - Werkstatthefte des ZSL: Partizipationsmöglichkeiten an Schulen in Sachsen-Anhalt. H. 13, Halle

Krüger, Heinz-Hermann/Kötters, Catrin (1998): Zum Wandel der Freizeitaktivitäten und kulturellen Orientierungen von Heranwachsenden in Ostdeutschland in den 90er Jahren. In: Büchner, Peter/Bois-Reymond, Manuela du/Ecarius, Jutta u.a.: Teenie-Welten. Aufwachsen in drei europäischen Regionen. Opladen, S. 201-212

Krüger, Heinz-Hermann (2000): Stichwort: Qualitative Forschung in der Erziehungswissenschaft. In: Zeitschrift für Erziehungswissenschaft 2000, H. 3, S. 323-343.

Krüger, Heinz-Hermann/Grundmann, Gunhild/Kötters, Catrin (2000): Jugendliche Lebenswelten und Schulentwicklung. Opladen

Krüger, Heinz-Hermann/Grundmann, Gunhild/Pfaff, Nicolle (2000): Schule und jugendliches Gewaltverhalten. In: Krüger, Heinz-Hermann/Grundmann, Gunhild/Kötters, Catrin: Jugendliche Lebenswelten und Schulentwicklung. Opladen, S. 147-169

Krüger, Heinz-Hermann/Kötters, Catrin (2000): Schule und jugendliches Freizeitverhalten. In: Krüger, Heinz-Hermann/Grundmann, Gunhild/Kötters, Catrin: Jugendliche Lebenswelten und Schulentwicklung. Opladen, S. 111-146

Krüger, Heinz-Hermann/Reinhardt, Sibylle (2000): Soziopolitische Orientierungen von Schülern als Aufgabe der politischen Bildung. In: Krüger, Heinz-Hermann/Wenzel, Hartmut (Hrsg.): Schule zwischen Effektivität und sozialer Verantwortung. Opladen, S. 95-108

Krüger, Heinz-Hermann/Wenzel, Hartmut (Hrsg.) (2000): Schule zwischen Effektivität und sozialer Verantwortung. Opladen

Krüger, Heinz-Hermann/Helsper, Werner (2001): Politische Orientierungen bei Schülern im Rahmen schulischer Anerkennungsbeziehungen – Eine quantitative und qualitative Studie in den neuen und alten Bundesländern. Projekt 9 im Rahmen des Forschungsverbundes „Stärkung von Integrationspotentialen einer modernen Gesellschaft". Antrag an das Bundesministerium für Bildung und Forschung. Halle/Saale (unveröffentlicht)

Krüger, Heinz-Hermann/Reinhardt, Sibylle u.a. (2001): Zwischenbericht „Jugend und Demokratie in Sachsen-Anhalt." Halle

Krüger, Heinz-Hermann/Pfaff, Nicolle (2001): Jugendkulturelle Orientierungen, Gewaltaffinität und Ausländerfeindlichkeit. Rechtsextremismus an Schulen in Sachsen-Anhalt. In: Aus Politik und Zeitgeschichte. Beilage zur Wochenzeitung Das Parlament B45/2001, S. 14-23

Krüger, Heinz-Hermann/Pfaff, Nicolle (2002a): Entpolitisierung von Jugendkulturen? Zum Zusammenhang von jugendkulturellen und politischen Orientierungen bei ostdeutschen Jugendlichen. In: Helsper, Werner/Kamp, Matthias/Stelmas-zyk, Bernd (Hrsg.): Jugend zwischen Pädagogik und Szene. Opladen (i.E.)

Krüger, Heinz-Hermann/Pfaff, Nicolle (2002b): Triangulation quantitativer und qualitativer Zugänge in der Schulforschung. In: Böhme, Jeannette/Helsper, Werner (Hrsg.): Handbuch der Schulforschung. Opladen (i.E.)

Kuhn, Hans-Peter (2000): Mediennutzung und politische Sozialisation. Opladen

Kuhn, Hans-Peter/Uhlendorff, Harald/Krappmann, Lothar (Hrsg.) (2000): Sozialisation zur Mitbürgerlichkeit. Opladen

Kultusministerium des Landes Sachsen-Anhalt (Hrsg.) (1999): Rahmenrichtlinien Gymnasium/Fachgymnasium Sozialkunde. Magdeburg

Kultusministerium des Landes Sachsen-Anhalt (Hrsg.) (2000): Schulgesetz des Landes Sachsen-Anhalt in der Fassung vom 27. August 1996, überarbeitete Fassung vom November 2000, Magdeburg

Laatz, Wilfried (1993): Empirische Methoden. Ein Lehrbuch für Sozialwissenschaftler. Thun/Frankfurt

Landua, Detlef/Sturzbecher, Dieter/Welskopf, Rudolf (2001): Ausländerfeindlichkeit unter ostdeutschen Jugendlichen. In: Sturzbecher, Dieter (Hrsg.): Jugend in Ostdeutschland. Opladen, S. 151-185

Loos, Peter/Schäffer, Burkhard (2001): Das Gruppendiskussionsverfahren. Opladen

Lüdtke, H. (1992): Zwei Jugendkulturen? Freizeitmuster in Ost und West. In: Jugendwerk der Deutschen Shell (Hrsg.): Jugend '92. Lebenslagen, Orientierungen und Entwicklungsperspektiven im vereinigten Deutschland. Band 2. Im Spiegel der Wissenschaft. Opladen, S. 239-264

Massing, Peter/Weißeno, Georg (Hrsg.) (1997): Politische Urteilsbildung. Aufgabe und Wege für den Politikunterricht, Bundeszentrale für politische Bildung, Schriftenreihe Band 344, Bonn

Massing, Peter (1998): Lassen sich durch handlungsorientierten Politikunterricht Einsichten in das Politische gewinnen? In: Breit, Gotthard/Schiele, Siegfried (Hrsg.): Handlungsorientierung im Politikunterricht. Bonn, S. 144-160

Mauthe, Anne/Pfeiffer, Hermann (1996): Schülerinnen und Schüler gestalten mit. In: Rolff, Hans-Günther u.a. (Hrsg.): Jahrbuch der Schulentwicklung. Bd. 9 Weinheim/München, S. 221-260

Melzer, Wolfgang (1992): Jugend und Politik in Deutschland. Opladen

Melzer, Wolfgang/Stenke, Dorit (1996): Schulentwicklung und Schulforschung in den ostdeutschen Bundesländern. In: Rolff, Hans-Günther u.a. (Hrsg.): Jahrbuch der Schulentwicklung. Bd. 9 Weinheim/München, S. 307-337

Meulemann, Heiner (1996): Werte und Wertewandel. Weinheim/München

Meyer, Meinert A./Schmidt, Ralf (Hrsg.) (2000): Schülermitbeteiligung im Fachunterricht. Opladen

Milburn, Michael A./Conrad, Sheree D. (2000): Die Sozialisation von Autoritarismus. In: Rippl, Susanne/Seipel, Christian/Kindervater, Angela (Hrsg.): Autoritarismus. Kontroversen und Ansätze der aktuellen Autoritarismusforschung. Opladen, S. 53-68

Möller, Kurt (2000): Rechte Kids. Eine Langzeitstudie über Auf- und Abbau rechtsextremistischer Orientierungen bei 13- bis 15jährigen. Weinheim/München

Mummendey, Hans Dieter (1987): Die Fragebogenmethode. Grundlagen und Anwendung in Persönlichkeits-, Einstellungs- und Selbstkonzeptforschung. Göttingen

Nölke, Eberhard (1998): Marginalisierung und Rechtsextremismus. In: König, Hans-Dieter (Hrsg.): Sozialpsychologie des Rechtsextremismus. Frankfurt a. M., S. 257-278

Oechsle, Mechtild/Wetterau, Karin (Hrsg.) (2000): Politische Bildung und Geschlechterverhältnis. Opladen

Oerter, Rolf (1997): Psychologische Aspekte: Können Jugendliche politisch mitentscheiden? In: Palentien, Christian/Hurrelmann, Klaus (Hrsg.): Jugend und Politik. Neuwied/Kriftel/Berlin, S. 32-46

Oesterreich, Detlef (1993): Autoritäre Persönlichkeit und Gesellschaftsordnung. Weinheim/München

Oesterreich, Detlef (2000): Autoritäre Persönlichkeit und Sozialisation im Elternhaus. Theoretische Überlegungen und empirische Ergebnisse. In: Rippl, Susanne/Seipel, Christian/Kindervater, Angela (Hrsg.): Autoritarismus. Kontroversen und Ansätze der aktuellen Autoritarismusforschung. Opladen, S. 69-92

Oesterreich, Detlef (2001): Die politische Handlungsbereitschaft von deutschen Jugendlichen im internationalen Vergleich. In: Aus Politik und Zeitgeschichte. Beilage zur Wochenzeitung Das Parlament B50/2001, S. 13-22

Oser, Fritz (1998): Theorien zur Moralentwicklung und Demokratieentwicklung in Europa. In: Keuffer, Josef/Krüger, Heinz-Hermann/Reinhardt, Sibylle u.a. (Hrsg.): Schulkultur als Gestaltungsaufgabe. Weinheim, S.463-478

Palentien, Christian/Hurrelmann, Klaus (Hrsg.) (1997): Jugend und Politik. Neuwied/Kriftel/Berlin

Picot, Sibylle (2001a): Jugend und freiwilliges Engagement. In: Bundesministerium für Familie, Senioren, Frauen und Jugend: Freiwilliges Engagement in Deutschland. Ergebnisse der Repräsentativerhebung zu Ehrenamt, Freiwilligenarbeit und bürgerschaftlichem Engagement. Bd. 1. Gesamtbericht. Stuttgart, S. 146-156

Picot, Sibylle (2001b): Jugend und freiwilliges Engagement. In: Bundesministerium für Familie, Senioren, Frauen und Jugend: Freiwilliges Engagement in Deutschland. Ergebnisse der Repräsentativerhebung zu Ehrenamt, Freiwilligenarbeit und bürgerschaftlichem Engagement. Bd. 3. Frauen und Männer, Jugend, Senioren, Sport. Stuttgart, S. 111-208

Power, Clark (1998): Der Just Community Ansatz für eine moralische Erziehung in einer demokratischen Gesellschaft. In: Keuffer, Josef/Krüger, Heinz-Hermann/Reinhardt, Sibylle u.a. (Hrsg.): Schulkultur als Gestaltungsaufgabe. Weinheim, S. 435-449

Randoll, Dirk (1997): Schulwirklichkeiten. Vergleichende Betrachtung der Ergebnisse einer Befragung von Abiturienten und ihren Lehrern zur Wahrnehmung von Schule. Baden-Baden

Reinhardt, Sibylle (1980): Moralisches Urteil im politischen Unterricht. In: Gegenwartskunde 1980, Heft 4, S. 449-460

Reinhardt, Sibylle (1992): Kontroverses Denken, Überwältigungsverbot und Lehrerrolle. In: Breit, Gotthard/Massing, Peter (Hrsg.): Grundfragen und Praxisprobleme der politischen Bildung. Bonn, S. 140-148

Reinhardt, Sibylle (1996): Braucht die Demokratie politische Bildung? Eine nur scheinbar absurde Frage. In: Aus Politik und Zeitgeschichte B47/96, S. 9-22

Reinhardt, Sibylle/Richter, Dagmar/Scherer, Klaus-Jürgen (1996): Politik und Biographie. Schwalbach/Ts.

Reinhardt, Sibylle (1997a): Handlungsorientierung. In: Sander, Wolfgang (Hrsg.): Handbuch politische Bildung. Schwalbach/Ts., S. 105-114

Reinhardt, Sibylle (1997b): Männlicher oder weiblicher Politikunterricht? Fachdidaktische Konsequenzen einer sozialen Differenz. In: Reinhardt, Sibylle/Weise, Elke (Hrsg.): Allgemeine Didaktik und Fachdidaktik. Weinheim, S. 37-66

Reinhardt, Sibylle/Weise, Elke (Hrsg.) (1997): Allgemeine Didaktik und Fachdidaktik. Weinheim

Reinhardt, Sibylle (1998): Moralische Selbstbestimmung und schulische Interaktion in Deutschland. In: Keuffer, Josef/Krüger, Heinz-Hermann/Reinhardt, Sibylle u.a. (Hrsg.): Schulkultur als Gestaltungsaufgabe. Weinheim, S. 450-463

Reinhardt, Sibylle (1999): Werte-Bildung und politische Bildung. Zur Reflexivität von Lernprozessen. Opladen

Reinhardt, Sibylle (2000): Bildung zur Solidarität. In: Breit, Gotthard/Schiele, Siegfried (Hrsg.): Werte in der politischen Bildung. Schwalbach/Ts., S. 288-302

Reinhardt, Sibylle/Tillmann, Frank (2001): Politische Orientierungen Jugendlicher. Ergebnisse und Interpretationen der Sachsen-Anhalt-Studie "Jugend und Demokratie". In: Aus Politik und Zeitgeschichte. Beilage zur Wochenzeitung Das Parlament B45/2001, S. 3-13

Reinhardt, Sibylle (2002): Jugendliche Anerkennungen zwischen Gemeinschaft und Politik - Bericht aus der Sachsen-Anhalt-Studie "Jugend und Demokratie". In: Hafeneger, Benno/Henkenborg, Peter/Scherr, Albert (Hrsg.): Die Idee der Anerkennung in der Pädagogik. Schwalbach /Ts. (i.E.)

Reuband, Karl-Heinz (1997): Aushandeln statt Gehorsam. Erziehungsziele und Erziehungspraktiken in den alten und neuen Bundesländern im Wandel. In: Böhnisch, Lothar/Lenz, Karl (Hrsg.): Familien. Eine interdisziplinäre Einführung. Weinheim/München, S. 129-154

Richter, Dagmar (1996): Politikwahrnehmung bei Studierenden. In: Reinhardt, Sibylle/Richter, Dagmar/Scherer, Klaus-Jürgen: Politik und Biographie. Schwalbach/Ts., S. 29-77

Rieker, Peter (1997): Ethnozentrismus bei jungen Männern. Weinheim/München

Rippl, Susanne/Seipel, Christian/Kindervater, Angela (Hrsg.) (2000): Autoritarismus. Kontroversen und Ansätze der aktuellen Autoritarismusforschung. Opladen

Rolff, Hans-Günther u.a. (Hrsg.) (1996): Jahrbuch der Schulentwicklung. Bd. 9. Weinheim/München

Rost, Friedrich (1989): Mitbestimmung – Mitwirkung. In: Lenzen, Dieter (Hrsg.): Pädagogische Grundbegriffe, Bd.2, Stuttgart, S.1052-1059

Sander, Wolfgang (Hrsg.) (1997): Handbuch politische Bildung. Schwalbach/Ts.

Sauer, Birgit (2000): "Trouble in politics" - ein Überblick über politikwissenschaftliche Geschlechterforschung. In: Oechsle, Mechtild/Wetterau, Karin (Hrsg.): Politische Bildung und Geschlechterverhältnis. Opladen, S. 123-150

Scherer, Klaus-Jürgen (1996): Zuwendung und Abwendung von Politik? Jugend, Generationen der 70er und 90er Jahre. In: Reinhardt, Sibylle/Richter, Dagmar/Scherer, Klaus-Jürgen: Politik und Biographie. Schwalbach/Ts., S. 78-112

Scherr, Albert (2001): Fremdenfeindlichkeit und Rechtsextremismus. In: Gegenwartskunde, 2001, S. 173-186

Schiele, Siegfried (1998): Handlungsorientierung: Lichtblick oder Nebelschleier? In: Breit, Gotthard/Schiele, Siegfried (Hrsg.): Handlungsorientierung im Politikunterricht. Bonn, S. 1-12

Schmidt, Ralf (2001): Partizipation in Schule und Unterricht. In: Aus Politik und Zeitgeschichte. Beilage zur Wochenzeitung Das Parlament B45/2001, S. 24-30

Schmidtchen, Gerhard (1997): Wie weit ist der Weg nach Deutschland? Opladen

Schmitt, Gisela (1980): Sozialisation durch die Familie – Forschungsergebnisse und ihr Beitrag zur politischen Bildung. In: Schiele, Siegfried/Schneider, Herbert (Hrsg.): Die Familie in der politischen Bildung. Stuttgart, S. 35-48

Schnabel, Kai Uwe (1993): Ausländerfeindlichkeit bei Jugendlichen in Deutschland. In: Zeitschrift für Pädagogik 1993, H. 5, S. 799-824

Schneider, Sibylle (=Reinhardt, Sibylle) (1967): Zum Entwicklungsstand der Schülermitverwaltung. In: Gesellschaft – Staat – Erziehung 1967, Heft 1, S. 48-54

Schröder, Helmut (1995): Jugend und Modernisierung. Weinheim/München

Schubarth, Winfried (2000): Gewaltprävention in Schule und Jugendhilfe. Theoretische Grundlagen, empirische Ergebnisse, Praxismodelle. Neuwied

Schulze, Gerhard (1976): Jugend und politischer Wandel. München

Schulze, Gerhard (1977): Politisches Lernen in der Alltagserfahrung. München

Schuster, Beate/Uhlendorff, Harald/Schmidt, Brita/Traub, Angelika (2000): Bedingungen mitbürgerlichen Engagements: Interaktionserfahrungen in der Familie und Verantwortungsübernahme durch Heranwachsende. In: Kuhn, Hans-Peter/Uhlendorff, Harald/Krappmann, Lothar (Hrsg.): Sozialisation zur Mitbürgerlichkeit. Opladen, S. 19-36

Seipel, Christian/Rippl, Susanne (2000): Ansätze der Rechtsextremismusforschung – ein empirischer Theorievergleich. In: Zeitschrift für Soziologie der Erziehung und Sozialisation, S. 303-318

Silbereisen, Rainer K./Vaskovic, Laszlo A./Zinnecker, Jürgen (1996): Jungsein in Deutschland. Jugendliche und junge Erwachsene 1991 und 1996. Opladen

Statistisches Landesamt des Landes Sachsen-Anhalt (1996): Berichte zu Bevölkerung und Bildung. Halle

Statistisches Landesamt des Landes Sachsen-Anhalt (1999): Berichte zu Bevölkerung und Bildung. Halle

Sturzbecher, Dieter (Hrsg.) (1997): Jugend und Gewalt in Ostdeutschland: Lebenserfahrungen in Schule, Freizeit und Familie. Göttingen

Sturzbecher, Dieter (Hrsg.) (2001): Jugend in Ostdeutschland. Opladen

Teschner, Manfred (1968): Politik und Gesellschaft im Unterricht. Eine soziologische Analyse der Bildung an hessischen Gymnasien. Frankfurt a. M.

Tillmann, Frank/Langer, Wolfgang (2000): Demokratische Vor-Laute. Schüler/innenwahl zum Bundestag '98. Ein Test in Sachsen-Anhalt. Opladen

Tillmann, Klaus-Jürgen (1991): Sozialisationstheorien. Eine Einführung in den Zusammenhang von Gesellschaft, Institution und Subjektwerdung. Reinbek

Treibel, Annette (1993): Einführung in soziologische Theorien der Gegenwart. Opladen

Utzmann-Krumbholz, Hilde (1994): Rechtsextremismus und Gewalt: Affinitäten und Resistenzen von Mädchen und jungen Frauen. Düsseldorf

Wehling, Hans-Georg (1992): Zehn Jahre Beutelsbacher Konsens – Eine Nachlese. In: Breit, Gotthard/Massing, Peter (Hrsg.): Grundfragen und Praxisprobleme der politischen Bildung. Bonn, S. 129-134

Weidinger, Dorothea (Hrsg.) (1996): Politische Bildung in der Bundesrepublik, Opladen

Weinbrenner, Peter (1998): Handlungsorientierung im Politikunterricht als methodisches Prinzip. In: Breit, Gotthard/Schiele, Siegfried (Hrsg.): Handlungsorientierung im Politikunterricht. Bonn, S. 203-213

Westle, Bettina (1997): Politische Folge- und Kritikbereitschaft der Deutschen. In: ZUMA-Nachrichten 1997, Nr. 41, S. 100-126

Westle, Bettina (1998): Konsens und Konflikt als Elemente der pluralistischen Demokratie. Zum Demokratieverständnis von West- und Ostdeutschen. in: ZUMA-Nachrichten 1998, Nr. 43, S. 116-133

Wetterau, Karin (2000): Politische Bildung in Zeiten der Politikverdrossenheit oder wie geschlechtsneutral ist die politische Bildung? In: Oechsle, Mechtild/Wetterau, Karin (Hrsg.): Politische Bildung und Geschlechterverhältnis. Opladen, S. 29-51

Wilk, Liselotte/Beham, Martina (1994): Familienkindheit heute: Vielfalt der Formen - Vielfalt der Chancen. In: Wilk, Liselotte/Bacher, Johann (Hrsg.): Kindliche Lebenswelten. Eine sozialwissenschaftliche Annäherung. Opladen, S. 89-160

Wilk, Liselotte/Bacher, Johann (Hrsg.) (1994): Kindliche Lebenswelten. Eine sozialwissenschaftliche Annäherung. Opladen

Willems, Helmut/Würtz, Stefanie/Eckert, Roland (1994): Analyse fremdenfeindlicher Gewalttäter. Bonn

Willems, Helmut/Eckert, Roland (1995): Wandlungen politischer Gewalt in der Bundesrepublik. In: Gruppendynamik 1995, Heft 1, S. 89-123

Würtz, Stefanie (2000): Wie fremdenfeindlich sind Schüler? Eine qualitative Studie über Jugendliche und ihre Erfahrungen mit dem Fremden. Weinheim/München

Würtz, Stefanie/Hamm, Sabine/Willems, Helmut/Eckert, Roland (1996): Gewalt und Fremdenfeindlichkeit in der Erfahrung von Schülern und Lehrern. In: Schubarth, Wilfried/Kolbe, Fritz-Ullrich/Willems, Helmut (Hrsg.): Gewalt an Schulen. Ausmaß, Bedingungen und Prävention. Opladen, S. 85-131

Zimmerling, Dieter/Blase, Dieter (1991): Sachsen-Anhalt. Braunschweig

Die Autorinnen und Autoren

Catrin Kötters-König, Jg. 1970, Dr. phil.; Studium des Lehramts für Gymnasien an der Martin-Luther-Universität Halle-Wittenberg, bis Ende 2000 wissenschaftliche Mitarbeiterin am Zentrum für Schulforschung und Fragen der Lehrerbildung der Martin-Luther-Universität Halle-Wittenberg im Projekt „Jugend und Demokratie in Sachsen-Anhalt", seit Ende 2000 Wissenschaftliche Assistentin am Zentrum für Schulforschung und Fragen der Lehrerbildung der Martin-Luther-Universität Halle-Wittenberg.

Heinz-Hermann Krüger, Jg. 1947, Dr. phil. habil.; Studium der Erziehungswissenschaft, Germanistik und Soziologie an der Ruhr-Universität Bochum, seit 1993 Professor für Allgemeine Erziehungswissenschaft an der Martin-Luther-Universität Halle-Wittenberg.

Nicolle Pfaff, Jg. 1976, Dipl. Päd.; Studium der Erziehungswissenschaft an der Martin-Luther-Universität Halle-Wittenberg, bis 12/2001 wissenschaftliche Mitarbeiterin am Zentrum für Schulforschung und Fragen der Lehrerbildung der Martin-Luther-Universität Halle-Wittenberg im Projekt „Jugend und Demokratie in Sachsen-Anhalt", seit 01/2002 Promotionsstipendiatin der Hans-Böckler-Stiftung.

Sibylle Reinhardt, Jg. 1941, Dr. phil. habil.; Studium der Soziologie, Politikwissenschaft und Germanistik in Frankfurt am Main, von 1970-1994 Gymnasiallehrerin und Fachleiterin in der Referendarausbildung in Wuppertal, seit 1994 Professorin für Didaktik der Sozialkunde im Institut für Politikwissenschaft der Martin-Luther-Universität Halle-Wittenberg.

Ralf Schmidt, Jg. 1968, M.A.; Studium der Erziehungswissenschaft, Soziologie und Philosophie an der Universität Karlsruhe (TH) und der Martin-Luther-Universität Halle-Wittenberg, von 2000-02/2002 wissenschaftlicher Mitarbeiter am Zentrum für Schulforschung und Fragen der Lehrerbildung der Martin-Luther-Universität Halle-Wittenberg im Projekt „Jugend und Demokratie in Sachsen-Anhalt", seit 04/2002 Netzwerkkoordinator des Landes Sachsen-Anhalt im BLK-Programm „Demokratie lernen und leben" im Landesinstitut für Lehrerfortbildung, Lehrerweiterbildung und Unterrichtsforschung von Sachsen-Anhalt (LISA) in Halle.

Frank Tillmann, Jg. 1973, Student der Soziologie an der Martin-Luther-Universität Halle-Wittenberg, Projektleitung der Schülerwahlen in Sachsen-Anhalt im Jahr 1998, von 2000-2001 wissenschaftliche Hilfskraft im Projekt „Jugend und Demokratie in Sachsen-Anhalt".

Adrienne Krappidel, Jg. 1981, Studentin der Politikwissenschaft an der Martin-Luther-Universität Halle-Wittenberg, 2001 Praktikantin im Projekt „Jugend und Demokratie in Sachsen-Anhalt".

Anhang: Fragebogen für Schülerinnen und Schüler

Aus Platzgründen werden im Folgenden der allgemeine Einführungstext zum Fragebogen und Textstellen, die in inhaltliche Abschnitte des Instruments einleiten sowie das ursprüngliche Layout des Fragebogens vernachlässigt. Es wird der reine Itemtext abgedruckt. Die vorgegebenen Antwortkategorien können nachfolgender Liste entnommen werden, wobei die je hinter der Frageformulierung angegebene Zahl jeweils auf die zugehörige Antwortskala verweist. Die in der Originalfassung jeder Fragestellung zugeordneten Handlungsanleitungen für das Ausfüllen des Fragebogens werden hier nur in den Fällen abgedruckt, in denen sich das Bearbeitungsprinzip nicht aus der Fragestellung ergibt. Der Fragebogen ist in der Originalversion einsehbar unter:
http://www.erzwiss.uni-halle.de/gliederung/paed/politik/.

---

verwandte Antwortskalen

(1) sehr interessiert / ziemlich interessiert / etwas interessiert / recht wenig interessiert /gar nicht interessiert

(2) habe ich bereits gemacht / kommt für mich nicht in Frage / kommt für mich in Frage

(3) trifft gar nicht zu / trifft eher nicht zu / trifft eher zu / trifft vollkommen zu

(4) eher düster / eher zuversichtlich / gemischt, mal so – mal so

(5) gar kein Vertrauen / wenig Vertrauen / einiges Vertrauen / viel Vertrauen

(6) überhaupt nicht wichtig / nicht so wichtig / wichtig / sehr wichtig / schwer zu sagen

(7) ja / nein

(8) öfters im Halbjahr / einmal im Halbjahr / einmal im Schuljahr / nie

(9) oft / manchmal / selten / nie

(10) sehr zufrieden / zufrieden / unentschieden / unzufrieden / sehr unzufrieden

(11) täglich / mehrmals pro Woche / einmal pro Woche / seltener oder nie

(12) noch nie gehört / rechne mich selbst dazu / gehöre nicht dazu – finde sie ganz gut / Gruppe ist mir egal / Gruppe kann ich nicht leiden / Gegner bzw. Feinde von mir

(13) bin Mitglied – übe Amt aus / bin Mitglied – übe kein Amt aus / bin kein Mitglied – könnte mir vorstellen, da mit zu machen / bin kein Mitglied – könnte mir nicht vorstellen, da mit zumachen

(14) mehrmals pro Woche / einmal pro Woche / alle paar Wochen / seltener oder nie

(15) Vater / Mutter / Freunde, Freundinnen / Lehrer, Lehrerinnen / andere / da lass ich mir nicht reinreden

(16) schon öfter / einmal / noch nie

(17) ja / nein / weiß nicht

1. Sind Sie politisch interessiert? (1)
Ich bin politisch ...

2. Angenommen Sie möchten politisch in einer Sache, die Ihnen wichtig ist, Einfluss nehmen bzw. Ihren Standpunkt zur Geltung bringen. Welche der Möglichkeiten kommen für Sie in Frage und welche nicht? (2)

a) Sich an Wahlen beteiligen
b) Absichtlich nicht zur Wahl gehen
c) Eine extreme Partei wählen
d) Briefe an Politiker schreiben
e) Sich in öffentlichen Versammlungen an Diskussionen beteiligen
f) Ein politisches Amt übernehmen
g) Sich in einem Mitbestimmungsgremium im Betrieb, in der Schule, in der Ausbildungsstätte beteiligen
h) Briefe zu politischen oder gesellschaftlichen Themen an eine Zeitung/den Rundfunk/das Fernsehen schreiben
i) In eine Partei eintreten und aktiv mitarbeiten
j) Mitarbeit in einer Bürgerinitiative
k) In einer anderen politischen Gruppierung mitmachen
l) Eine Partei/Bürgerinitiative/ politische Gruppierung mit Geldspenden unterstützen
m) Sich an einer Unterschriftenaktion beteiligen
n) Teilnahme an einer genehmigten politischen Demonstration
o) Teilnahme an einer nicht genehmigten Demonstration
p) Teilnahme an einem beschlossenen gewerkschaftlichen Streik
q) Hausbesetzung, Besetzung von Fabriken, Ämtern
r) Beteiligung an einem wilden Streik

3. Woher haben Sie Ihre politischen Kenntnisse? (3)

a) Aus dem Politikunterricht (Sozialkunde) in der Schule
b) Aus dem Unterricht in anderen Schulfächern, wie Geschichte, Geographie oder Religion
c) Aus Gesprächen mit Lehrern
d) Aus Gesprächen mit meiner Mutter
e) Aus Gesprächen mit meinem Vater
f) Aus Gesprächen mit anderen Erwachsenen (z.B. Verwandte)
g) Aus Zeitungen
h) Aus Nachrichtensendungen und politischen Magazinen im Fernsehen/Radio
i) Aus Filmen im Fernsehen oder im Kino
j) Aus Gesprächen mit meinem besten Freund oder meiner besten Freundin
k) Aus Gesprächen in meiner Clique
l) Aus Gesprächen mit Gleichaltrigen
m) Aus eigener politischer Arbeit
n) Aus dem Internet

4. Viele Leute verwenden die Begriffe LINKS und RECHTS, wenn es darum geht, unterschiedliche politische Einstellungen zu kennzeichnen. Wenn Sie an Ihre eigenen politischen Ansichten denken, wo würden Sie sich einordnen?
links
eher links als rechts
weder links noch rechts
eher rechts als links
rechts
das weiß ich noch nicht

5. Man kann ja die Zukunft, wie das Leben in unserer Gesellschaft weitergehen wird, eher düster oder eher zuversichtlich sehen. Wie ist das bei Ihnen? (4)

6. Bitte beantworten Sie die folgenden beiden Fragen unter A und B! Stellen Sie sich einmal vor, am nächsten Sonntag wäre A) BUNDESTAGSWAHL / B) LANDTAGSWAHL und Sie dürften wählen! Welcher Partei würden Sie Ihre Stimme geben?
CDU/CSU
SPD

Bündnis 90/Die Grünen
PDS
FDP
DVU
Die Republikaner
andere Partei, und zwar: *(Bitte notieren)*
ich würde die Wahl aus Protest verweigern
ich würde sowieso nicht wählen
das weiß ich nicht
dazu mache ich keine Angabe

7. In welchem Maße treffen die folgenden Aussagen Ihrer Meinung nach zu? (3)

a) Heutzutage ist alles so unsicher geworden, dass man auf alles gefasst sein muss

b) Heute ändert sich alles so schnell, dass man nicht weiß, woran man sich halten soll

c) Früher waren die Leute besser dran, weil jeder wusste, was er zu tun hatte

8. In einer Demokratie ist die wichtigste Funktion von Wahlen?

das Interesse der Bürger/innen an der Regierung zu steigern

einen gewaltfreien Wechsel der Regierung zu ermöglichen

im Land bestehende Gesetze beizubehalten

den Armen mehr Macht zu geben

9. Man kann ja die eigene Zukunft, wie das Leben weitergehen wird, eher düster oder eher zuversichtlich sehen. Wie ist das bei Ihnen? (4)

10. Es gibt verschiedene Möglichkeiten, als was man sich selbst fühlen kann. (3)

a) Bürger meines Wohnortes
b) Bürger von Sachsen-Anhalt
c) Ostdeutscher
d) Bundesbürger
e) Deutscher
f) Europäer
g) Weltbürger

11. Wie zufrieden oder wie unzufrieden sind Sie – alles in allem – mit der Demokratie, so wie sie in der Bundesrepublik besteht?

sehr zufrieden
ziemlich zufrieden
etwas zufrieden
etwas unzufrieden
ziemlich unzufrieden
sehr unzufrieden
weiß ich nicht

12. Wer sollte in einer Demokratie das Land regieren?

Moralische oder religiöse Führer
Eine kleine Gruppe gebildeter Personen
Von allen gewählte Abgeordnete
Experten für Regierungsaufgaben und politische Angelegenheiten

13. Inwieweit stimmen Sie mit den folgenden Aussagen überein? (3)

a) Jeder Bürger hat das Recht, notfalls für seine Überzeugung auf die Straße zu gehen

b) Jeder sollte das Recht haben, für seine Meinung einzutreten, auch wenn die Mehrheit anderer Meinung ist

c) Eine lebensfähige Demokratie ist ohne politische Opposition nicht denkbar

d) Jede demokratische Partei sollte grundsätzlich die Chance haben, an die Regierung zu kommen

e) Die Auseinandersetzungen zwischen den verschiedenen Interessengruppen in unserer Gesellschaft und ihre Forderungen an die Regierung schaden dem Allgemeinwohl

f) Der Bürger verliert das Recht zu Streiks und Demonstrationen, wenn er damit die öffentliche Ordnung gefährdet

g) In jeder demokratischen Gesellschaft gibt es bestimmte Konflikte, die mit Gewalt ausgetragen werden müssen

h) Aufgabe der politischen Opposition

3

ist es nicht, die Regierung zu kritisieren, sondern sie in ihrer Arbeit zu unterstützen

i) Die Interessen des ganzen Volkes sollten immer über den Sonderinteressen des Einzelnen stehen

j) Auch wer in einer Auseinandersetzung Recht hat, sollte einen Kompromiss suchen

k) Vieles spricht dafür, für bestimmte Verbrechen die Todesstrafe auch in der Bundesrepublik einzuführen

l) Zur Aufrechterhaltung von Ruhe und Ordnung sollte die Polizei mit harten Maßnahmen durchgreifen können

14. Wenn alle Parteien zusammen die Regierung bilden würden, was wäre dann der schlimmere Nachteil für die Demokratie?

dass im Parlament nicht mehr so viel Kritik an der Arbeit der Regierung geübt würde

dass es innerhalb der Regierung ständig zu Streitereien und Zank zwischen den Angehörigen der einzelnen Parteien käme

15. In der Politik kann man nicht alles auf einmal haben. Im folgenden sind vier politische Ziele genannt.

*(Bitte nummerieren Sie die Ziele in der Reihenfolge 1 bis 4. Das Ziel, das Sie **am wichtigsten** finden, bekommt eine 1. Das **zweitwichtigste** Ziel bekommt eine 2 usw.)*

Die Aufrechterhaltung von Ruhe und Ordnung

Mehr Einfluss der Bürgerinnen und Bürger auf die Entscheidung der Regierung

Kampf gegen die steigenden Preise

Schutz des Rechts auf freie Meinungsäußerung

16. Inwieweit stimmen Sie den folgenden Aussagen zu? (3)

a) Politiker kümmern sich darum, was einfache Leute denken

b) Die Bundestagsabgeordneten bemü-

hen sich um einen engen Kontakt zur Bevölkerung

c) Die Parteien wollen nur die Stimmen der Wähler, ihre Ansichten interessieren sie nicht

d) Die Parteien betrachten den Staat als Selbstbedienungsladen

e) Die meisten Parteipolitiker sind vertrauenswürdige und ehrliche Menschen

f) Den Parteien geht es nur um die Macht

g) Die meisten Parteien und Politiker sind korrupt

h) Ich glaube, dass von der Bundesregierung genügend für die Jugend getan wird

i) Ich glaube, dass von der Regierung des Landes Sachsen-Anhalt genügend für die Jugend getan wird

17. Wie viel Vertrauen bringen Sie den folgenden Einrichtungen und Organisationen entgegen? (5)

a) Bundesregierung
b) Bundestag
c) Bundesumweltministerium
d) Bundesverfassungsgericht
e) Bundeswehr
f) Bürgerinitiativen
g) Fernsehen
h) Gerichte
i) Gewerkschaften
j) Greenpeace
k) Großunternehmen
l) Kirchen
m) Politische Parteien
n) Polizei
o) Presse (Zeitungen und Zeitschriften)
p) Schule

18. Bitte geben Sie zu jeder Verhaltensweise auf der folgenden Liste an, wie wichtig es für Sie persönlich ist, so zu sein oder sich so zu verhalten! (6)

a) Pflichtbewusst sein
b) Unabhängig sein
c) Verantwortung für andere überneh-

4

men

d) Ehrgeizig sein

e) Das Leben genießen

f) Kritisch sein

g) Auf Sicherheit bedacht sein

h) Sich selbst verwirklichen

i) Sich anpassen

j) Anderen Menschen helfen

k) Etwas leisten

l) Tun und lassen, was man will

m) Durchsetzungsfähig sein

n) Eigene Fähigkeiten entfalten

o) Rücksicht auf andere nehmen

p) Ein aufregendes, spannendes Leben führen

q) Sich gegen Bevormundung wehren

r) Ein hohes Einkommen anstreben

s) Pünktlich sein

t) Sich anstrengen

u) Im Streitfall einen Ausgleich suchen

v) Im Umgang mit anderen fair sein

w) Alle Menschen gleichberechtigt behandeln

x) Gerecht sein

y) Soziale Unterschiede zwischen Menschen abbauen

z) Gefühlsbetont sein

19. Wie genau treffen folgende Aussagen auf Sie zu? (3)

a) Manchmal muss man sich mit Gewalt wehren

b) Es kommt öfter vor, dass ich mich mit anderen prügele

c) Mit Gewalt kann man keine Probleme lösen

20. Inwieweit treffen diese Aussagen für Sie zu? (3)

a) Wenn jemandem etwas zustößt, denke ich oft „Geschieht ihm recht"

b) Ich lerne gerne fremde Menschen kennen

c) Neue und ungewöhnliche Situationen sind mir unangenehm

d) Wer nicht für mich ist, ist gegen mich

e) Ich gehe Menschen, die anders sind, aus dem Weg

f) Wenn andere auf mich angewiesen sind, lasse ich sie dies gern spüren

g) Menschen, die Bewährtes in Frage stellen, regen mich auf

h) Ich beschäftige mich gern mit fremden Ideen

i) Ich habe Mitleid mit Menschen, die sich in Schwierigkeiten befinden

j) Ich lerne gern etwas Neues dazu

k) Ich habe feste Meinungen, die ich von anderen nicht in Frage stellen lasse

l) Ich wünsche mir für die Zukunft ein möglichst ruhiges Leben

21. Inwieweit treffen die folgenden Aussagen über in Deutschland lebende Ausländer Ihrer Meinung nach zu? (3)

a) Durch die vielen Ausländer in Deutschland fühlt man sich zunehmend als Fremder im eigenen Land

b) Sie machen die Arbeit, die die Deutschen nicht erledigen wollen

c) Sie sind eine Belastung für das soziale Netz

d) Sie sind eine Bereicherung für die Kultur in Deutschland

e) Ihre Anwesenheit in Deutschland führt zu Problemen auf dem Wohnungsmarkt

f) Sie tragen zur Sicherung der Renten bei

g) Sie nehmen den Deutschen Arbeitsplätze weg

h) Sie begehen häufiger Straftaten als die Deutschen

i) Ausländische Firmen schaffen Arbeitsplätze

j) Ich bin der Meinung, dass es zu viele Ausländer in Deutschland gibt

k) Gewalt gegen Ausländer lehne ich prinzipiell ab

l) Gegen Ausländerfeindlichkeit muss man sich aktiv wehren

22. Wie alt sind Sie?

23. Sind Sie weiblich oder männlich?
weiblich
männlich

24. Welche Staatsangehörigkeit haben Sie (z.B. BRD, Polen)?

25. Sind Sie in Deutschland geboren? (7)

26. Wie heißt der Ort, in dem Sie wohnen?

27. Wie viele Geschwister haben Sie?
(Bitte tragen Sie in die Kästchen ein, wie viel Brüder und Schwestern Sie haben. Wenn Sie z.B. keine Schwester haben, tragen Sie in das entsprechende Kästchen eine 0 ein!)
Ich habe Brüder
Ich habe Schwestern

28. Wie wohnen Sie?
mit meinen Eltern
nur mit meiner Mutter
nur mit meinem Vater
mit meiner Mutter und ihrem Lebenspartner/meinem Stiefvater
mit meinem Vater und seiner Lebensgefährtin/meiner Stiefmutter
nur mit meinen Großeltern oder anderen Verwandten
mit Eltern und Großeltern
im Heim/ Betreutes Wohnen
in einer Wohngemeinschaft (WG)
in einem Internat/ Lehrlingswohnheim
mit meinem festen Freund/ meiner festen Freundin
allein in einer Wohnung

29. Welches Beschäftigungsverhältnis haben Ihre Eltern zur Zeit? (A) Vater / (B) Mutter
-berufstätig
-arbeitslos
-Rentner
-Hausmann/Hausfrau
-in Umschulung/Ausbildung

30. Welchen höchsten Schulabschluss haben Ihre Eltern? (A) Vater / (B) Mutter
-Abschluss 8. Klasse
-Mittlere Reife/Abschluss 10. Klasse
-Abitur
-anderes: *(Bitte notieren!)*
-weiß nicht

31. Welche höchste Berufsausbildung haben Ihre Eltern? (A) Vater / (B) Mutter
-abgeschlossene Lehre
-Meister
-Fachschule
-Fachhochschule, Fachakademie
-Universität, Hochschule
-anderes: *(Bitte notieren!)*
-weiß nicht

32. Welche Berufe üben Ihre Eltern zur Zeit aus? Geben Sie bitte die genaue Berufsbezeichnung an! (Zum Beispiel Kfz-Mechaniker, Verkäuferin im Kaufhaus, selbständiger Bäckermeister, Angestellter in einer Bank, Lehrerin in einer Grundschule, Versicherungsvertreter, Sekretärin) (Vater / Mutter)
(Wenn Ihr Vater oder Ihre Mutter oder beide zur Zeit nicht berufstätig sind, nennen Sie bitte den Beruf, den sie zuletzt ausgeübt haben! Bitte je notieren!)

33. Haben Sie bereits ein Berufs- oder Studienziel?
Nein
Ja, das folgende: *(Bitte notieren!)*

34. Für Berufsschüler: Andere Schüler bitte sofort weiter mit der nächsten Frage! Welchen Beruf erlernen Sie?

35. Welche Note hatten Sie auf dem letzten Zeugnis in Sozialkunde?

36. Bitte schätzen Sie ungefähr ein, wie Ihr Notendurchschnitt auf dem letzten

Zeugnis war!

1 bis 2
2 bis 3
3 bis 4
4 bis 5
5 bis 6

37. Bitte bewerten Sie die folgenden Aussagen zu Ihrer Schule! (3)

a) Wenn Schülervertreter gewählt werden, die Vorschläge zur Lösung von Schulproblemen machen, wird es an der Schule besser

b) Wenn jemand aus meiner Klasse sich ungerecht behandelt fühlt, bin ich bereit, mit ihm/ihr zusammen mit dem Lehrer oder der Lehrerin darüber zu sprechen

c) Ich bin daran interessiert, an Diskussionen über Schulprobleme teilzunehmen

d) Wenn Probleme an unserer Schule diskutiert werden, kann ich meistens etwas dazu sagen

e) In unserer Schule bleibt uns nichts anderes übrig, als den Unterricht so hinzunehmen wie er ist

f) Schüler dürfen bei der Unterrichtsgestaltung mitentscheiden

38. Bitte bewerten Sie auch die folgenden Aussagen zu Ihrer Schule! (3)

a) Wenn wir gute Vorschläge machen, dann können wir den Unterricht wirklich in unserem Sinne beeinflussen

b) Bei uns hat die Schülervertretung eine große Bedeutung

c) Ich halte die Schülervertretung für eine sinnvolle Einrichtung

d) Schüler dürfen bei der Erstellung oder Änderung der Hausordnung mitentscheiden

e) Schüler dürfen Ausflüge und Schulveranstaltungen organisieren

f) Schüler dürfen sich an der Ausgestaltung der Schule beteiligen

g) Schüler dürfen bei der Notengebung

mitentscheiden

h) Schüler dürfen Freizeitangebote mit auswählen

i) Schüler dürfen über die Gestaltung der Projekttage/-woche mitentscheiden

39. Wir haben hier eine Reihe von Tätigkeiten zusammengestellt, wie man sich in der Schule beteiligen kann. Wären Sie bereit, in der Schule die folgenden Tätigkeiten zu übernehmen? Und haben Sie diese Tätigkeiten bereits ausgeübt? (7)

a) bei der Schülerzeitung mitarbeiten

b) sich für das Amt des Klassensprechers zur Verfügung stellen

c) mit dem Lehrer sprechen, wenn sich die Klasse (oder einzelne Schüler) ungerecht behandelt fühlt

d) bei Schülertreffen mitmachen, bei denen es um Dinge geht, mit denen wir an der Schule nicht einverstanden sind

e) an Schulveranstaltungen außerhalb der Unterrichtszeit über Fragen der Schule teilnehmen

f) mit dem Schulleiter sprechen, wenn wir Probleme mit einem Lehrer haben

g) bei der Herstellung oder Verteilung von Flugblättern zu Problemen der Schule mithelfen

h) bei einer Unterschriftensammlung zu Schulfragen mitmachen

i) an einer Demonstration gegen bildungs- oder schulpolitische Entwicklungen teilnehmen

j) in der Schülervertretung mitarbeiten

40. Bitte überlegen Sie für jede Aussage, inwieweit dies für Ihre Schule und Ihre Lehrer zutrifft! (3)

a) Bei den meisten Lehrern müssen wir alles auf Kommando machen

b) Bei den meisten Lehrern muss während des Unterrichts vollkommene Ruhe herrschen

7

c) Die meisten Lehrer werden gleich ungeduldig, wenn man einmal etwas Falsches sagt

d) Die meisten Lehrer wollen immer nur eine bestimmte Antwort hören

e) Die Lehrer fragen uns häufig nach unserer Meinung, wenn etwas entschieden werden soll

f) Man wird an dieser Schule von den meisten Lehrern ernst genommen

g) Die meisten Lehrer versuchen, auf die Eigenarten und Probleme einzelner Schüler einzugehen

h) Unsere Lehrer bemühen sich, dass alle Schüler wirklich etwas lernen

i) Bei uns hat es wenig Sinn, mit den Lehrern über Noten zu reden, da man doch nichts erreicht

j) Bei uns würde ein Lehrer niemals zugeben, dass er sich einmal geirrt hat

k) Unsere Lehrer kümmern sich immer nur um die Leistungen einiger weniger Schüler

l) Wenn man in der Schule Probleme hat, findet man niemand, der sich um einen kümmert

m) In unserer Schule geht man unbeachtet in der großen Schülerzahl unter

n) Auf Schüler, die nicht mitkommen, nehmen unsere Lehrer wenig Rücksicht

o) Ich habe das Gefühl, viele Lehrer glauben, uns kann man wenig beibringen

p) Die Lehrer erklären den Unterrichtsstoff im allgemeinen nicht sehr gut

q) Unsere Lehrer gehen zu wenig auf unsere Fragen ein

41. Nehmen Sie in diesem Schuljahr am Sozialkundeunterricht teil? (7)

42. Wie häufig kommt das Folgende in Ihrem Sozialkundeunterricht vor? (8)

a) dass wir Projektunterricht machen

b) dass wir auch während einer Unterrichtsstunde außerhalb der Schule

Orte zum Lernen aufsuchen

c) dass wir eine Exkursion durchführen (z.B. Gericht, Parlament ...)

d) dass Experten am Unterricht teilnehmen, die über Betriebe, Umweltorganisationen oder anderes berichten und informieren

e) dass wir eine Zukunftswerkstatt oder die Szenario-Technik machen

43. Bitte bewerten Sie, wie oft in Ihrem Sozialkundeunterricht das Folgende vorkommt! (9)

a) Im Sozialkundeunterricht verwenden wir auch aktuelle Zeitungsberichte

b) Im Sozialkundeunterricht schauen wir uns fachbezogene Videos an

c) Wir führen im Sozialkundeunterricht Diskussionen durch, die von einem Schüler geleitet werden

d) Im Sozialkundeunterricht wechseln Phasen, in denen wir etwas Neues lernen, mit Diskussionen

e) Im Sozialkundeunterricht untersuchen wir Fälle, Konflikte, Probleme und beurteilen unterschiedliche Sichtweisen

f) Die Lehrer gestalten den Sozialkundeunterricht abwechslungsreich

g) Die Lehrer gehen im Sozialkundeunterricht auf unsere Fragen ein

h) In unserem Sozialkundeunterricht dürfen wir mitentscheiden, wie der Unterricht abläuft

44. Wie oft arbeiten Sie auf die folgende Art und Weise im Sozialkundeunterricht? (9)

a) Die Schüler sitzen und hören zu, der Lehrer redet

b) Der Lehrer redet und stellt Fragen, einzelne Schüler antworten

c) Der Lehrer und die Schüler diskutieren gemeinsam

d) Die Schüler arbeiten in Gruppen

e) Die Schüler führen eigene Untersuchungen durch

f) Die Schüler bearbeiten Arbeitsblätter

g) Wir machen Rollenspiele

h) Wir führen Streitgespräche (Pro-Contra-Diskussion, Debatte) durch

45. Bitte geben Sie an, wie häufig das Folgende im laufenden Schuljahr an Ihrer Schule vorgekommen ist! (9)

a) dass Sachen von anderen absichtlich zerstört oder beschädigt wurden

b) dass jemand mit Absicht geschlagen oder verprügelt wurde

c) dass jemand bedroht wurde, damit er tut, was ein anderer von ihm wollte

d) dass jemandem eine Sache mit Gewalt weggenommen wurde

e) dass Sie selbst Opfer gewalttätiger Aktionen wurden

f) dass Sie selbst bei gewalttätigen Aktionen mitgemacht haben

g) dass Schuleigentum absichtlich beschädigt oder zerstört wurde

h) dass Schüler ausgelacht wurden

i) dass Schüler schlecht über andere geredet haben

j) dass Schüler andere Schüler mit Worten fertig gemacht haben

k) dass Schüler absichtlich Freundschaften zerstört haben

46. Was machen die Schüler bzw. die Lehrer, wenn sie in Ihrer Schule Gewalt beobachten? (9)

a) greifen die Lehrer ein

b) greifen die Schüler ein

c) reden die Lehrer mit dem Täter darüber

d) reden die Lehrer mit dem Opfer darüber

e) diskutieren die Lehrer mit der Klasse darüber

47. Sind Sie mit dem Unterricht in Sozialkunde, Deutsch und Geschichte in diesem Schuljahr zufrieden? (10)

a) Sozialkunde

b) Deutsch

c) Geschichte

48. Wir haben eine Reihe von wichtigen Stoffen des politischen Unterrichts zusammengestellt. Welche der aufgeführten Themen bzw. Bereiche aus der politischen Bildung an den Schulen wurden in diesem Schuljahr in Ihrem Sozialkundeunterricht behandelt? Und welche drei Themen bzw. Bereiche interessieren Sie am meisten und welche am wenigsten? (A: 7, B und C: keine)

A) Bitte kreuzen Sie hier jeweils an, ob diese Stoffe im laufenden Schuljahr im Sozialkundeunterricht behandelt wurden.
B) Bitte kreuzen Sie hier die 3 BEREICHE an, die Sie am meisten interessieren!
C) Bitte kreuzen Sie hier die 3 BEREI-CHE an, die Sie am wenigsten interessieren!

a) Politische Tagesfragen der Innen- und Außenpolitik

b) Rechtsfragen aus dem Alltag

c) Geschichte der DDR

d) Parteien und Interessenverbände

e) Staatsaufbau und Verfassungsrecht

f) Wirtschaftsordnungen (z.B. Planwirtschaft, Marktwirtschaft)

g) Spezielle Wirtschaftsfragen (z.B. Geld, Preise, Außenhandel)

h) Gesellschaftssysteme (z.B. Kommunismus, Demokratie, Sozialismus, Faschismus, korporativer Ständestaat)

i) Einzelne soziale Institutionen (z.B. Gemeinde, Familie)

j) Internationale Beziehungen und Organisationen (z.B. UNO, Europarat, Entwicklungshilfe, Abrüstung)

k) Politische Theorien (z.B. Liberalismus, Marxismus, kirchliche Soziallehren)

l) Soziologische Probleme der modernen Gesellschaft (z.B. Arbeitslosigkeit, Werbung und Manipulation, Jugendkriminalität, soziale Vorurteile)

m) Andere Bereiche: (*Bitte gegebenenfalls notieren und ankreuzen!*)

9

49. Sollte der Sozialkundelehrer bei der Besprechung politischer Streitfragen auch persönlich Stellung nehmen oder sollte er sich im Unterricht eigener politischer Stellungnahmen möglichst enthalten?
Soll persönlich Stellung nehmen
Soll möglichst nicht persönlich Stellung nehmen

50. Die folgenden Aussagen beziehen sich auf Dinge, die in Ihrer Schule passieren können. Denken Sie bitte bei der Bewertung dieser Aussagen an den Unterricht in Sozialkunde! (9)
a) Lehrer achten im Sozialkundeunterricht unsere Meinung und ermutigen uns, diese auch im Unterricht zu äußern
b) Lehrer legen im Sozialkundeunterricht viel Wert auf das Lernen von Fakten und Daten über politische und historische Ereignisse
c) Schüler können selbst dann ihre Meinung im Sozialkundeunterricht sagen, wenn diese von der Meinung der Lehrer abweicht
d) Schüler können selbst dann ihre Meinung im Sozialkundeunterricht sagen, wenn diese von der Meinung der meisten Mitschüler abweicht
e) Schüler bringen aktuelle politische Fragen zur Sprache, um sie im Unterricht zu diskutieren

51. Inwieweit treffen die folgenden Aussagen auf Sie zu? (3)
a) Sozialkunde gehört zu meinen Lieblingsfächern
b) Sozialkunde ist für meine weitere Ausbildung und mein berufliches Weiterkommen wichtig
c) Ich muss mich nur anstrengen, dann schaffe ich die Aufgaben schon, die mir in der Schule gestellt werden
d) Ich kann machen, was ich will, die Arbeiten der anderen finde ich immer besser als meine
e) Schon bevor ich mit einer Aufgabe anfange, weiß ich, dass ich sie nicht gut mache
f) Ich gebe bei Aufgaben, die schwierig für mich werden, schnell auf
g) Mit meinen schulischen Leistungen bin ich zufrieden
h) Wenn ich mich mit anderen vergleiche, bin ich in der Schule sehr ehrgeizig
i) Auch wenn ich mich noch so anstrenge, richtig zufrieden sind die Lehrer nie mit mir
j) In der Schule habe ich das Gefühl, dass ich weniger zustande bringe als andere
k) Immer, wenn ich versuche, in der Schule voranzukommen, kommt etwas dazwischen, was mich daran hindert

52. Mal ganz ehrlich – wie gern gehen Sie in die Schule?
sehr gern
gern
nicht so gern
gar nicht gern

53. Wie stark fühlen Sie sich durch die Anforderungen in der Schule belastet?
überhaupt nicht
ein bisschen
stark
sehr stark

54. Inwieweit treffen die folgenden Aussagen für Sie zu? (3)
a) Ich habe Angst vor Klassenarbeiten
b) Abends im Bett mache ich mir Sorgen darüber, wie ich am nächsten Tag in der Schule abschneiden werde
c) Vor Prüfungen und Klassenarbeiten habe ich oft Magen- oder Bauchschmerzen
d) Wenn im Unterricht mein Name fällt, habe ich gleich ein ungutes Gefühl

10

e) Wenn ich an die Zukunft denke, beunruhigt mich, dass ich meine Schule nicht schaffe

f) Wenn ich an die Zukunft denke, beunruhigt mich, dass ich später arbeitslos werde

g) Aus Angst, etwas Falsches zu sagen, beteilige ich mich selten am Unterricht

h) Es kommt häufig vor, dass ich am Anfang von Klassenarbeiten keinen klaren Gedanken fassen kann

i) Ich bin froh, wenn ich nicht mehr zur Schule gehen muss

j) Ich habe mir schon mal gewünscht, ich würde ganz anders aussehen

k) Manchmal komme ich mir ganz unwichtig vor

l) Wenn ich an die Zukunft denke, beunruhigt mich, dass ich später einsam sein könnte

m) Im großen und ganzen bin ich mit mir zufrieden

n) Oft kann ich mich noch so anstrengen, trotzdem schaffe ich nicht, was andere ohne Mühe können

o) Ich fange oft Sachen an und schaffe es nicht, sie zu Ende zu bringen

p) Ich habe mir schon oft etwas vorgenommen, und es dann doch nicht erreicht

q) Was später alles passiert liegt nicht in meiner Hand

r) Ich habe das Gefühl, mir stehen noch alle Wege offen

s) Gegen meine Launen komme ich manchmal kaum an

t) Manchmal ist mir alles völlig egal

55. Bitte geben Sie an, welche Fähigkeiten Sie an Ihrer Schule erwerben! (3)

a) die Standpunkte anderer zu achten

b) nicht immer meinen Standpunkt durchzusetzen, sondern auch andere zum Zuge kommen zu lassen

c) Aufgaben, die ich übernommen habe, nicht aufzuschieben

d) anderen beizustehen, wenn sie Probleme haben

e) in einer Gruppe mit anderen zusammenzuarbeiten

f) meine Sachen ordentlich zu halten

g) auch bei schwierigen Dingen nicht gleich aufzugeben

h) regelmäßig meine Aufgaben zu erledigen

i) mich beim Arbeiten nicht ablenken zu lassen

j) selbstständig zu arbeiten

k) wenn es nötig ist, meinen Standpunkt zu vertreten

l) persönliche Selbstständigkeit

m) politisches Bewusstsein

56. Wie gehen Ihre Eltern mit Ihnen um? (3)

a) Meine Eltern unterstützen mich, wenn ich mir etwas nicht zutraue

b) Meine Eltern nehmen immer ernst, was ich sage

c) Meine Eltern geben meist nach, wenn sie einsehen, dass ich recht habe

d) Meine Eltern nehmen Rücksicht auf mich und erwarten das gleiche von mir

e) Meine Eltern sagen häufig zu mir, dass ich etwas noch nicht verstehe, wenn ich anderer Meinung bin

f) Meine Eltern sind häufig böse mit mir, wenn ich etwas gemacht habe, was ihnen nicht recht ist

g) Ich weiß überhaupt nicht, warum mir etwas erlaubt wird oder nicht

h) Wenn meine Eltern mir etwas verbieten, wissen sie oft selbst nicht warum

i) Meine Eltern sind streng zu mir

j) Meine Eltern haben meist etwas anderes zu tun, wenn ich mal mit ihnen zusammensein möchte

k) Meine Eltern halten mir oft eine Moralpredigt

57. Wenn Sie Ihre Pflichten nicht erledigen oder etwas tun, was Ihre Eltern

nicht wollen, machen Ihre Eltern dann folgendes? (3)

a) Meine Eltern reden mit mir und wir finden eine gemeinsame Lösung
b) Sie geben mir Hausarrest
c) Meine Eltern erklären mir ihre Entscheidung
d) Meine Eltern werden wütend und fangen an zu toben
e) Sie erteilen mir Fernsehverbot
f) Sie entziehen mir das Taschengeld
g) Ich bekomme eine Ohrfeige
h) Sie schicken mich auf mein Zimmer
i) Meine Eltern lassen mich oft eine Zeitlang links liegen, wenn ich etwas angestellt habe
j) Meine Eltern reden nicht mehr mit mir

58. Inwieweit treffen die folgenden Aussagen für Sie bzw. für Ihre Familie zu? (3)

a) Ich fühle mich meistens in meiner Familie wohl
b) Zu Hause fühle ich mich öfter allein
c) Ich fühle mich öfter bedrückt oder traurig
d) Bei mir zu Hause gibt es oft Ärger und Streit
e) Bei uns in der Familie geht es hektisch zu
f) Ich habe oft Streit mit meinen Eltern

59. Inwieweit treffen die folgenden Aussagen für Ihre Familie zu? (3)

a) In meiner Familie liegen wir bei politischen Themen alle auf einer Linie
b) In meiner Familie sind die anderen nur selten für mich da, wenn ich sie brauche
c) In meiner Familie kann ich mich auf die anderen immer verlassen
d) Meine Eltern mögen mich nur dann, wenn ich mich anpasse
e) In meiner Familie wird viel gelacht
f) Bei anderen ist meine Familie gut angesehen

g) Mir ist es wichtig, dass ich die berufliche und soziale Stellung meiner Eltern erreiche
h) Das, was ich im Sozialkundeunterricht gelernt habe, hat schon zu Meinungsverschiedenheiten zwischen mir und meinen Eltern geführt

60. Haben Sie und Ihre Eltern in den folgenden Bereichen ähnliche Ansichten? (17)

a) Politische Ansichten
b) Einstellungen zu Ausländern

61. Und haben Sie und die Mehrheit Ihrer Freunde in den folgenden Bereichen ähnliche Ansichten? (17)

a) Politische Ansichten
b) Einstellungen zu Ausländern

62. Ist Ihr Vater/Ihre Mutter politisch interessiert? Und sind Ihre Freunde allgemein und Ihr bester Freund/beste Freundin im Speziellen politisch interessiert? (1)

a) Mein Vater ist politisch
b) Meine Mutter ist politisch
c) Meine Freunde sind politisch
d) Mein bester Freund/meine beste Freundin ist politisch

63. Bitte geben Sie an, wie häufig das Folgende in Ihrer Familie vorkommt! (9)

a) Meine Mutter unterhält sich mit mir über politische Angelegenheiten
b) Mein Vater unterhält sich mit mir über politische Angelegenheiten
c) Meine Eltern unterhalten sich miteinander über politische Angelegenheiten

64. Bitte geben Sie an, wie häufig das Folgende in Ihrem Freundeskreis vorkommt! (9)

a) Meine Freunde unterhalten sich über politische Angelegenheiten
b) Mein bester Freund/meine beste

12

Freundin unterhält sich mit anderen über politische Angelegenheiten

c) Ich unterhalte mich mit meinen Freunden über politische Angelegenheiten

d) Ich unterhalte mich mit meinem besten Freund/ meiner besten Freundin über politische Angelegenheiten

65. Bitte geben Sie an, mit wem Sie Ihre Freizeit verbringen! (11)

a) Ich treffe mich mit meiner Clique, die aus Mädchen und Jungen meiner Schulklasse besteht

b) Ich treffe mich mit meiner Clique, die aus Mädchen und Jungen besteht, die vorwiegend nicht in meiner Schulklasse sind

c) Ich treffe mich mit dem/der einen oder anderen Freund oder Freundin

d) Ich treffe mich mit meiner besten Freundin/meinem besten Freund

e) Ich verbringe meine Freizeit allein

f) Ich verbringe meine Freizeit mit meinen Eltern

66. Manche Gruppen von Leuten sind bekannt geworden, weil sie etwas Besonderes machen. Wie finden Sie folgende Gruppen? (12)

a) Punks

b) Skins

c) Hooligans (Randalierende Fußballfans)

d) Friedensbewegung

e) Frauenbewegung

f) Umweltschützer

g) christliche Gruppen

h) Neonazis

i) Autonome

j) Tierschützer

k) Kernkraftgegner

l) Faschos

m) Gegner der Gentechnologie

n) Techno-Fans

o) Hip-Hop-Fans

p) Boy-Group-Fans

q) Heavy-Metal-Fans

r) Fans klassischer Musik

67. An welchen Arbeitsgruppen und Arbeitsgemeinschaften Ihrer Schule nehmen Sie teil?

68. Sind Sie derzeit Mitglied einer Organisation oder eines Vereins und üben Sie dort ein Amt aus? (13)

a) Gesangverein

b) Sportverein

c) Kulturverein, z.B. Jugendorchester, Theaterring

d) Freiwillige Hilfsorganisation, z.B. Feuerwehr

e) Sonstige Hobby-Vereinigungen

f) Heimat- und Bürgerverein

g) Jugendclub/Jugendzentrum

h) Wohlfahrtsverbände

i) Kirchliche, konfessionelle Jugendgruppe

j) Jugendorganisation/ Jugendverband (z.B. Pfadfinder)

k) Gewerkschaftsjugend

l) Bürgerinitiative

m) Umweltschutz-/Menschenrechtsorganisation

n) Politische Partei, und zwar (*Bitte notieren!*)

o) Andere Vereine und Verbände, und zwar (*Bitte notieren!*)

69. Wie oft machen Sie das Folgende in Ihrer Freizeit? (14)

a) auf der Straße „rumhängen"

b) Sport treiben/Fitnessstudio/Sauna

c) zeichnen/malen/fotografieren/ filmen

d) ein Instrument spielen/Musik machen

e) Musik hören

f) Rock-/Popkonzerte besuchen

g) mit Freunden telefonieren

h) mit meiner festen Freundin/ meinem festen Freund zusammen sein

i) Auto/Motorrad/Moped/Fahrrad reparieren oder damit in der Gegend herumfahren

j) fernsehen

k) Videos anschauen
l) mit Computerspielen beschäftigen
m) programmieren oder Arbeiten am Computer
n) Bücher lesen
o) Briefe, Tagebuch, Gedichte schreiben
p) lernen für die Schule/beruflich weiterbilden
q) surfen im Internet/Chatten
r) Politik-Sendungen ansehen oder anhören
s) Theater/Museen/Ausstellungen/ klassische Musikkonzerte besuchen
t) ins Kino gehen
u) zur Disko/auf eine Party gehen
v) über Politik diskutieren
w) Einkaufs-/Schaufensterbummel machen
x) mal ganz für sich allein sein und ausspannen
y) in die Kirche zum Gottesdienst/zur Messe gehen
z) Beiträge für eine Schüler-/Jugendzeitung schreiben

a) jemanden verprügelt
b) die Schule/die Berufsschule geschwänzt
c) leichte Drogen genommen
d) harte Drogen genommen
e) im Supermarkt/in Geschäften etwas geklaut
f) jemandem Geld gestohlen
g) Ausländer angepöbelt
h) Graffitis gesprüht
i) in Straßenbahn/Bus/Bahn schwarz gefahren
j) mutwillig fremdes Eigentum zerstört oder beschädigt

70. Wessen Meinungen und Anregungen sind für Sie bei folgenden Dingen am wichtigsten? (15)
a) Was ich anziehe
b) Welche Frisur ich trage
c) Was ich in meiner Freizeit mache
d) Wer zu meinen Freunden und Freundinnen gehört
e) Mit wem ich gehe
f) Welchen Beruf ich erlernen möchte/erlernen wollte
g) Wie ich mich in der Schule/in der Ausbildung verhalte
h) Welche Musik ich höre
i) In politischen Fragen
j) Welche Bücher ich lese
k) Welche Zeitschriften ich lese
l) Was im Leben wichtig ist
m) Welche Partei ich wähle

Haben Sie folgendes schon mal gemacht? (16)

14